NA CONTRAMÃO DA LIBERDADE

TIMOTHY SNYDER

Na contramão da liberdade

A guinada autoritária nas democracias contemporâneas

Tradução
Berilo Vargas

Copyright © 2018 by Timothy Snyder
Todos os direitos reservados.

Grafia atualizada segundo o Acordo Ortográfico da Língua Portuguesa de 1990, que entrou em vigor no Brasil em 2009.

Título original
The Road to Unfreedom: Russia, Europe, America

Capa
Kiko Farkas e Gabriela Gennari/ Máquina Estúdio

Imagens
p. 46: (à esquerda) Universal History Archive/ Getty Images
p. 46: (à direita) Fine Art Images/ Heritage Images/ Getty Images
p. 183: Konstantinks/ Shutterstock

Mapas
Beehive Mapping

Preparação
Alexandre Boide

Revisão
Ana Maria Barbosa
Angela das Neves

Índice remissivo
Luciano Marchiori

Dados Internacionais de Catalogação na Publicação (CIP)
(Câmara Brasileira do Livro, SP, Brasil)

Snyder, Timothy
    Na contramão da liberdade : A guinada autoritária nas democracias contemporâneas/ Timothy Snyder ; tradução Berilo Vargas. — 1ª ed. — São Paulo : Companhia das Letras, 2019.

    Título original : The Road to Unfreedom : Russia, Europe, America.
    ISBN 978-85-359-3213-3

    1. Estados Unidos – Política e governo – Século 21 2. Europa – História – Século 21 3. Países ocidentais – Política e governo – Século 21 4. Relações internacionais 5. Rússia – Política e governo – Século 21 I. Título.

19-23845   CDD-973.93

Índice para catálogo sistemático:
1. Relações internacionais : Política e governo : Século 21 973.93

Iolanda Rodrigues Biode – Bibliotecária – CRB-8/10014

[2019]
Todos os direitos desta edição reservados à
EDITORA SCHWARCZ S.A.
Rua Bandeira Paulista, 702, cj. 32
04532-002 — São Paulo — SP
Telefone: (11) 3707-3500
www.companhiadasletras.com.br
www.blogdacompanhia.com.br
facebook.com/companhiadasletras
instagram.com/companhiadasletras
twitter.com/cialetras

Para os repórteres, heróis da nossa época

Sumário

Prólogo 9

1. Individualismo ou totalitarismo 25
2. Sucessão ou fracasso 51
3. Integração ou império 87
4. Novidade ou eternidade 138
5. Verdade ou mentiras 194
6. Igualdade ou oligarquia 262
Epílogo 338

Agradecimentos 343
Notas 347
Índice remissivo 413

Prólogo (2010)

Meu filho nasceu em Viena. Foi um parto difícil, e a primeira preocupação do obstetra austríaco e da parteira polonesa era o bebê. Ele respirava, a mãe o segurou por um momento e logo foi levada para a sala de cirurgia. A parteira, Ewa, o entregou a mim. Meu filho e eu ficamos um pouco perdidos em meio ao que ocorreu em seguida, mas estávamos juntos. Ele olhava para cima, com olhos cor de violeta sem foco, enquanto os cirurgiões passavam correndo, entre ruídos de passos e estalar de máscaras, uma confusão de roupas verdes. No dia seguinte tudo parecia bem. As enfermeiras me instruíram a sair da enfermaria no horário habitual, cinco da tarde, deixando a mãe e o bebê aos seus cuidados até de manhã. Pude então, com certo atraso, anunciar o nascimento por e-mail. Alguns amigos leram a boa notícia no momento exato em que eram informados de uma catástrofe que tirou a vida de outros. Um amigo, colega acadêmico com quem eu tinha me encontrado em Viena num século diferente, correra para pegar um avião em

Varsóvia. Minha mensagem, apesar de disparada à velocidade da luz, jamais o alcançou.

O ano de 2010 foi uma época de reflexão. Uma crise financeira dois anos antes tinha eliminado boa parte da riqueza do mundo, e uma recuperação hesitante estava favorecendo os ricos. Um afro-americano era presidente dos Estados Unidos. Uma grande aventura continental nos anos 2000, a ampliação da União Europeia para o leste, parecia concluída. Uma década depois da entrada no século xxi, duas décadas após o fim do comunismo na Europa, a sete décadas do início da Segunda Guerra Mundial, aquele parecia um ano de avaliações.

Eu trabalhava numa delas naquele ano, com um historiador na hora de sua morte. Admirava Tony Judt principalmente por sua história da Europa, *Pós-guerra*, publicada em 2005, que descrevia o improvável êxito da União Europeia em juntar fragmentos de impérios para formar a maior economia e a zona democrática mais importante do mundo. O livro termina com uma reflexão sobre a lembrança do Holocausto dos judeus na Europa. No século xxi, sugeria ele, procedimentos habituais e dinheiro não seriam suficientes: a decência política exigiria uma história de horror.

Em 2008, Tony descobrira que sofria de esclerose lateral amiotrófica (ELA), uma doença neurológica degenerativa. Tinha certeza de que morreria em breve, preso a um corpo que não serviria à sua mente. Depois que Tony perdeu o uso das mãos, começamos a gravar nossas conversas sobre temas do século xx. Estávamos ambos preocupados, em 2009, com as suposições norte-americanas de que o capitalismo era inalterável, e a democracia, inevitável. Tony escrevera sobre intelectuais irresponsáveis que contribuíram para o autoritarismo no século xx. Àquela altura ele estava aflito com uma nova irresponsabilidade no século xxi: uma rejeição total a ideias que enfraquecia a discussão, estropiava a política e normalizava a desigualdade.

Enquanto conversávamos, eu escrevia sobre os assassinatos políticos em massa cometidos pela Alemanha nazista e pela União Soviética na Europa dos anos 1930 e 1940. Começava com as pessoas e suas casas, em particular judeus, bielorrussos, ucranianos, russos, bálticos e poloneses que tinham experimentado ambos os regimes nos lugares onde o poderio nazista e o soviético se sobrepunham. Embora os capítulos do livro fossem sombrios — epidemias de fome planejadas, valas comuns, câmaras de gás —, sua premissa era otimista: era possível determinar as causas dos assassinatos em massa, rememorar as palavras dos mortos. A verdade podia ser contada para ensinar lições.

Um capítulo desse livro era dedicado a um momento decisivo do século xx: a aliança nazi-soviética que iniciou a Segunda Guerra Mundial na Europa. Em setembro de 1939, a Alemanha nazista e a União Soviética invadiram a Polônia, ambas com o objetivo de destruir o Estado e a classe política do país. Em abril de 1940, a polícia secreta soviética assassinou 21 892 prisioneiros de guerra poloneses, em sua grande maioria instruídos oficiais da reserva. Os homens (e uma mulher) foram mortos com tiros na nuca em cinco centros de matança, um deles a floresta de Katyn, perto de Smolensk, na república russa da União Soviética. Para os poloneses, o massacre de Katyn se tornou sinônimo da repressão em geral.

Depois da Segunda Guerra Mundial, a Polônia foi um regime comunista e um satélite soviético, por isso não se poderia discutir Katyn. Só quando a União Soviética se dissolveu, em 1991, os historiadores puderam esclarecer o que tinha acontecido. Documentos soviéticos não deixavam dúvida de que o assassinato em massa fora uma política deliberada, pessoalmente aprovada por Ióssif Stálin. Desde o fim da União Soviética, a nova Federação Russa tem se esforçado para lidar com o legado do terror stalinista. Em 3 de fevereiro de 2010, quando eu terminava meu livro, o primeiro-ministro russo fez uma surpreendente proposta ao seu homólogo polonês: uma cerimônia conjunta para recordar Katyn naquele abril, o sétimo aniversário do crime. À meia-noite do dia 1º de abril, no dia em que estava programado o nascimento de meu filho, despachei meu livro para a editora. Em 7 de abril, uma delegação do governo polonês, encabeçada pelo primeiro-ministro, chegou à Rússia. No dia seguinte, minha mulher deu à luz.

Dois dias depois, uma segunda delegação polonesa partiu para a Rússia. Dela faziam parte o presidente e a primeira-dama, comandantes das Forças Armadas nacionais, deputados, militantes políticos, padres e parentes dos assassinados em Katyn em 1940. Um dos integrantes era meu amigo Tomasz Merta, admirado teórico político — e vice-ministro da Cultura, departamento governamental responsável pelas comemorações nacionais. No começo da manhã de 10 de abril de 2010, um sábado, Tomasz embarcou num avião, que caiu às 8h41, perto de uma pista de pouso do aeródromo militar russo em Smolensk. Não houve sobreviventes. Numa maternidade em Viena um celular tocou, e a nova mamãe gritou em polonês no quarto.

À noite, li as respostas ao anúncio de nascimento que eu enviara. Um amigo temia que eu não assimilasse a tragédia em meio à minha alegria: "Para que você não fique numa situação constrangedora, preciso lhe dizer que Tomasz Merta morreu". Outro amigo, cujo nome estava na lista de passageiros, escreveu dizendo que tinha mudado de ideia e ficado em casa. Sua mulher daria à luz poucas semanas depois.

Terminou afirmando: "De hoje em diante tudo será diferente".

Nas maternidades austríacas, as mães permanecem internadas por quatro dias, para que as enfermeiras lhes ensinem como alimentar, dar banho, cuidar da criança. É tempo suficiente para que as famílias se conheçam, para que os pais descubram que línguas compartilham, para que conversas comecem. No dia seguinte, na maternidade, o assunto em polonês era conspiração. Boatos ganharam forma: os russos tinham derrubado o avião a tiros; o governo polonês participara do complô para matar o presidente, que não fazia parte do mesmo grupo político do primeiro-ministro. Uma nova mamãe polonesa me perguntou minha opinião. Eu disse que tudo era muito improvável.

No dia seguinte, minha família recebeu alta para ir embora. Com o bebê dormindo num moisés, escrevi dois artigos sobre Tomasz: um obituário em polonês e um relato do desastre em inglês, que terminava com uma palavra de esperança sobre a Rússia. Um presidente polonês perdera a vida na pressa de relembrar um crime cometido em solo soviético. Manifestei a esperança de que o primeiro-ministro russo, Vladímir Pútin, aproveitasse a ocasião para refletir mais amplamente a respeito da história do stalinismo. Talvez fosse um apelo razoável, em meio ao luto de abril de 2010; como previsão, não poderia estar mais errado.

Desde então, tudo foi diferente. Pútin, que já tinha cumprido dois mandatos presidenciais antes de se tornar primeiro-ministro, anunciou em setembro de 2011 o desejo de voltar a ser presidente. Seu partido saiu-se mal nas eleições parlamentares de dezembro daquele ano, mas mesmo assim obteve maioria no Parlamento. Pútin voltou a ser presidente em maio de 2012, depois de outro processo eleitoral que pareceu fraudado. E tomou providências para que as discussões do passado soviético, como a que ele mesmo tinha iniciado a respeito de Katyn, fossem tratadas como infrações penais. Na Polônia, a catástrofe de Smolensk uniu a sociedade por um dia e em seguida polarizou-a durante anos. A obsessão com o desastre de abril de 2010 intensificou-se com o tempo, relegando a segundo plano o massacre de Katyn, que suas vítimas queriam relembrar, e na prática varrendo para debaixo do tapete todos os episódios históricos de sofrimento polonês. A Polônia e a Rússia pararam de refletir sobre a história. Os tempos estavam mudando. Ou talvez nossa noção de tempo estivesse mudando.

A União Europeia mergulhou em uma sombra. Nossa maternidade de Viena, onde um plano de saúde de baixo custo cobria todas as despesas, era um lembrete do sucesso do projeto europeu, um exemplo de serviços que são garantidos a todos na maior parte da Europa, ainda que impensáveis nos Estados Unidos. O mesmo poderia ser dito a respeito do veloz e confiável metrô que me levava ao hospital: normal na Europa, inexequível em boa parte do território norte-americano. Em 2013, a Rússia se voltou contra a União Europeia, condenando-a como decadente e hostil. Seu êxito poderia levar os russos a pensar que antigos impérios eram capazes de se transformar em prósperas democracias, por isso sua existência subitamente estava em perigo.

Com a Ucrânia, um vizinho imediato, aproximando-se da UE, a Rússia invadiu o país e anexou parte de seu território em 2014. Em 2015, a Rússia ampliou uma extraordinária campanha de guerra cibernética a partir da Ucrânia para a Europa e os Estados Unidos, com a ajuda de numerosos europeus e norte-americanos. Em 2016, os britânicos decidiram em plebiscito sair da União Europeia, como Moscou vinha sugerindo havia tempos, e os norte-americanos elegeram Donald Trump como seu presidente, um resultado que os russos tinham trabalhado para alcançar. Entre outras limitações, o novo presidente norte-americano se mostrava incapaz de refletir sobre a história: não conseguiu demonstrar respeito à memória do Holocausto quando surgiu a ocasião, nem condenar os nazistas em seu próprio país.

O século XX tinha enfim acabado de fato, deixando lições não aprendidas. Uma nova forma de fazer política estava surgindo na Rússia, na Europa e nos Estados Unidos, uma nova falta de liberdade para satisfazer a uma nova época.

Escrevi aqueles dois artigos sobre o desastre de Smolensk depois de anos de reflexão a respeito da política de vida e de morte, numa noite em que a membrana entre elas parecia esgarçada. "Sua felicidade no meio da infelicidade", como um dos meus amigos tinha escrito, e a primeira parecia tão imerecida quanto a segunda. Começo e fim estavam próximos demais, ou pareciam postos na ordem errada, a morte antes da vida, morrer antes de viver — o tempo não estava funcionando direito.

Em abril de 2010, ou mais ou menos nessa época, o caráter humano mudou. Quando escrevi o anúncio de nascimento do meu primeiro filho, tive que ir ao meu escritório para usar um computador; os smartphones ainda não eram muito difundidos. Eu esperava respostas em dias ou semanas, não de imediato. Quando minha filha nasceu, dois anos depois, isso havia mudado: ter um smartphone era a norma, e as respostas ou vinham imediatamente ou não vinham. Ter dois filhos é diferente de ter um; apesar disso, acho que, para todos nós, o tempo, quando a internet virou sinônimo de redes sociais, ficou mais fragmentado e esquivo.

As máquinas criadas para poupar tempo o estão consumindo. Quando perdemos a capacidade de aglutinar e recordar, tudo parece novo. Após a morte de Tony, em agosto de 2010, viajei para falar sobre o livro que tínhamos escrito juntos, ao qual ele dera o título de *Pensando o século XX*. Percorrendo os Estados Unidos, percebi que seu tema fora esquecido. Em quartos de hotel, vi a televisão russa brincar com a traumática história racial norte--americana, sugerindo que Barack Obama nascera na África. Pareceu-me estranho que a celebridade do ramo do entretenimento Donald Trump se interessasse pelo assunto não muito tempo depois.

Ao entrar no novo século, norte-americanos e europeus foram guiados por uma fábula sobre "o fim da história", que chamarei aqui de *política da inevitabilidade*, o sentimento de que o futuro é apenas a repetição do presente, que as leis do progresso são conhecidas, que não existem alternativas, e portanto não há nada que se possa fazer. Na versão capitalista americana dessa fábula, a natureza produziu o mercado, que produziu a democracia, que produziu a felicidade. Na versão europeia, a história produziu os países, que aprenderam com a guerra que a paz era boa, e portanto escolheram a integração e a prosperidade.

Antes do colapso da União Soviética, em 1991, o comunismo também tinha a sua política da inevitabilidade: a natureza enseja a tecnologia; a tecnologia produz mudanças sociais; mudanças sociais conduzem à revolução; a revolução materializa a utopia. Quando isso não aconteceu, defensores da política da inevitabilidade europeus e norte-americanos sentiram-se triunfantes. Os europeus empenharam-se em concluir a criação da União Europeia em 1992. Os norte-americanos concluíram que o fracasso da fábula comunista confirmava a verdade da fábula capitalista. Norte-americanos e europeus continuaram contando para si mesmos suas fábulas de inevitabilidade por mais um quarto de século depois do fim do comunismo, e dessa forma criaram uma geração alheia à história, a dos *millenials*.

A política norte-americana da inevitabilidade, como todas essas fábulas, mostrou-se resistente aos fatos. O destino da Rússia, da Ucrânia e da Bielorrússia depois de 1991 demonstrou suficientemente bem que a queda de um sistema não cria uma lousa em branco sobre a qual a natureza gera mercados, e mercados produzem direitos. O Iraque poderia ter confirmado essa lição em 2003, tivessem os iniciadores da guerra ilegal dos Estados Unidos pensado em suas desastrosas consequências. A crise financeira de 2008 e a desregulamentação das contribuições de campanha nos Estados Unidos, em 2010, maximizaram a influência dos ricos e reduziram a dos eleitores. Enquanto a desigualdade econômica aumentava, os horizontes temporais encolhiam, e cada vez menos norte-americanos acreditavam que o futuro lhes reservava uma versão melhor do presente. Na falta de um Estado funcional que assegurasse benefícios sociais básicos, garantidos em outros países — instrução, aposentadoria, assistência médica, transporte, licença-maternidade e paternidade, férias remuneradas —, os norte-americanos podiam ser diariamente massacrados e perder o senso do futuro.

O colapso da política da inevitabilidade introduziu outra experiência de tempo: a *política da eternidade*. Enquanto a inevitabilidade promete um futuro melhor para todos, a eternidade coloca um país no centro de uma história cíclica de vitimização. O tempo não é mais uma linha reta para o futuro, mas um círculo que traz de volta, de forma incessante e infinita, as mesmas ameaças do passado. Na inevitabilidade, ninguém é responsável, porque todos sabemos que os detalhes se resolverão da melhor forma possível; na eternidade, ninguém é responsável porque todos sabemos que o inimigo está a caminho, independentemente do que fizermos. Os defensores da política da eternidade espalham a convicção de que o governo não pode ajudar a sociedade como um todo, apenas tomar precauções contra ameaças. O progresso dá lugar à condenação.

Quando no poder, os políticos da eternidade fabricam crises e manipulam a sensação resultante. Para não pensarem em sua própria incapacidade ou indisposição para reformar, instruem os cidadãos a sentirem euforia ou indignação a breves intervalos, afogando o futuro no presente. Em termos de política externa, os políticos da eternidade desmerecem e desfazem as conquistas de países que podem ser vistos como modelo para seus cidadãos. Usando a tecnologia para difundir ficção política, tanto dentro como fora do país, negam a verdade e tentam reduzir a vida a espetáculo e sentimento.

Talvez houvesse mais coisas acontecendo nos anos 2010 do que pudemos apreender. Talvez a brusca sucessão de momentos entre o desastre aéreo de Smolensk e a presidência de Trump tenha sido uma época de transformação que não conseguimos viver como tal. Talvez estejamos pulando diretamente da sensação de uma época para a de outra porque sejamos incapazes de perceber como a história nos molda e como nós moldamos a história.

A inevitabilidade e a eternidade transformam fatos em narrativas. Os adeptos da inevitabilidade veem cada fato como um bipe que não altera em nada a história geral do progresso; os que acreditam na eternidade classificam cada novo acontecimento como apenas mais um exemplo de uma ameaça imune à passagem do tempo. Uns e outros fingem que são história; uns e outros dispensam a história. Os partidários da política da inevitabilidade ensinam que os detalhes do passado são irrelevantes, uma vez que qualquer coisa que aconteça serve apenas para prover mais grãos para o moinho do progresso. Os partidários da política da eternidade saltam de um momento para outro, deixando de lado décadas ou séculos, para construir um mito de inocência e perigo. Imaginam ciclos de ameaça no passado, criando um padrão imaginário que identificam no presente produzindo crises artificiais e dramas diários.

A inevitabilidade e a eternidade têm estilos de propaganda específicos. Os partidários da política da inevitabilidade tecem os fatos numa trama de bem-estar. Os defensores da política da eternidade suprimem fatos para negar a realidade de que as pessoas são mais livres e mais ricas em outros países e refutar a ideia de que reformas podem ser formuladas com base em conhecimento.

Nos anos 2010, boa parte do que acontecia era a criação deliberada de ficção política, histórias superdimensionadas e mentiras nem tão pequenas que exigiam atenção e colonizavam o espaço necessário para a contemplação. Mesmo assim, fosse qual fosse a impressão causada na época pela propaganda, não se tratava do veredicto final da história. Há uma diferença entre a memória, as impressões que nos transmitem, e a reflexão histórica, as conexões que nos empenhamos em fazer — se quisermos.

Este livro é uma tentativa de reconquistar o presente para o tempo histórico e, com isso, trazê-lo de volta para a política. Isso significa tentar compreender um conjunto de acontecimentos interligados em nossa história mundial contemporânea, da Rússia aos Estados Unidos, numa época em que a factualidade em si foi posta em dúvida. A invasão russa da Ucrânia em 2014 foi um teste de realidade para a União Europeia e para os Estados Unidos. Muitos europeus e norte-americanos consideraram mais fácil aceitar os fantasmas da propaganda da Rússia do que defender a ordem jurídica. Europeus e norte-americanos perderam tempo se perguntando se tinha havido mesmo uma invasão, se a Ucrânia era mesmo um país, se de alguma forma não merecera de fato ser invadida. Isso expôs uma ampla vulnerabilidade, que a Rússia logo tratou de explorar dentro da União Europeia e dos Estados Unidos.

A história como disciplina começou como um confronto com a propaganda de guerra. No primeiro livro de história, *As guerras do Peloponeso*, Tucídides teve o cuidado de estabelecer uma distinção entre os relatos feitos pelos governantes de suas próprias ações e as verdadeiras razões das decisões que tomaram. Em nossa época, com a desigualdade crescente irrigando o terreno da ficção política, o jornalismo investigativo se torna cada vez mais precioso. Seu renascimento começou durante a invasão russa da Ucrânia, com repórteres corajosos produzindo matérias a partir de lugares perigosos. Na Rússia e na Ucrânia, iniciativas jornalísticas atacaram os problemas da cleptocracia e da corrupção, e em seguida repórteres com experiência nesses assuntos cobriram a guerra.

O que já aconteceu na Rússia é o que pode acontecer nos Estados Unidos e na Europa: a estabilização de uma desigualdade colossal, a substituição da política pela propaganda, a passagem da política da inevitabilidade para a política da eternidade. Os governantes russos puderam convidar europeus e norte-americanos para a eternidade porque a Rússia chegou lá primeiro. Os russos compreenderam as fraquezas dos Estados Unidos e da Europa porque já as tinham detectado e explorado em âmbito doméstico.

Para muitos europeus e norte-americanos, os acontecimentos dos anos 2010 — a ascensão da política antidemocrática, a guinada russa contra a Europa e a invasão da Ucrânia, o referendo do Brexit, a eleição de Trump — foram uma surpresa. Os norte-americanos tendem a reagir de duas maneiras quando são surpreendidos: imaginar que o acontecimento inesperado não está de fato acontecendo, ou alegar que é uma novidade absoluta e, portanto, insuscetível de compreensão histórica. Ou tudo de alguma forma acabará bem, ou tudo vai tão mal que nada pode ser feito. A primeira resposta é um mecanismo de defesa da política da inevitabilidade. A segunda, o rangido que a inevitabilidade produz pouco antes de desmoronar e desabar na eternidade. A política da inevitabilidade primeiro corrói a responsabilidade cívica para depois ser tragada para a da eternidade ao deparar com um desafio sério. Os norte-americanos reagiram dessas duas maneiras quando o candidato da Rússia se tornou presidente dos Estados Unidos.

Nas décadas de 1990 e 2000, a influência fluía do oeste para o leste, no transplante de modelos econômicos e políticos, na difusão da língua inglesa e na ampliação da União Europeia e da Otan (Organização do Tratado do Atlântico Norte). Enquanto isso, espaços desregulados do capitalismo norte-americano e europeu convidavam os russos ricos para um reino que não levava em conta a divisão geográfica entre Oriente e Ocidente — o das contas bancárias offshore, das empresas de fachada e das negociatas anônimas, onde a riqueza roubada do povo russo era lavada. Em parte por essa razão, nos anos 2010 a influência passou a fluir do leste para o oeste, à medida que a exceção das transações offshore se tornava regra e a ficção política da Rússia alcançava penetração fora de suas fronteiras. Em *As guerras do Peloponeso*, Tucídides definiu "oligarquia" como o domínio de poucos, opondo-a à "democracia". Para Tucídides, "oligarquia" significava um governo de poucos e ricos; a palavra nesse sentido ganhou vida novamente na língua russa nos anos 1990, e em seguida, com boas razões, na língua inglesa nos anos 2010.

Conceitos e práticas passavam do leste para o oeste. Exemplo disso é a palavra "fake" [falsa], como na expressão "fake news". Parece invenção norte-americana, e Donald Trump a reivindica; mas o termo era usado na Rússia e na Ucrânia bem antes de começar sua carreira nos Estados Unidos. Significava criar um texto fictício que posava como jornalismo, com o duplo objetivo de espalhar confusão a respeito de determinado acontecimento e de desacreditar o jornalismo como um todo. Os partidários da política da eternidade primeiro se incumbiram, eles próprios, de espalhar fake news, depois passaram a alegar que toda notícia é falsa, e por fim que só seus espetáculos são reais. A campanha russa para inundar de ficção a esfera pública internacional começou na Ucrânia em 2014 e depois se espalhou para os Estados Unidos em 2015, onde ajudou a eleger um presidente em 2016. As técnicas eram as mesmas em toda parte, apesar de se tornarem mais sofisticadas com o tempo. A Rússia nos anos 2010 era um regime cleptocrático que buscava exportar a política da eternidade: demolir a factualidade, preservar a desigualdade e acelerar tendências similares na Europa e nos Estados Unidos. Isso é bem visível a partir da Ucrânia, onde a Rússia travou uma guerra de verdade ao mesmo tempo que ampliava campanhas para desfazer a União Europeia e os Estados Unidos. O conselheiro do primeiro candidato presidencial norte-americano pró-Rússia tinha sido conselheiro do último presidente ucraniano pró-Rússia. Táticas russas que fracassaram na Ucrânia tiveram êxito nos Estados Unidos. Oligarcas russos e ucranianos esconderam seu dinheiro de uma maneira que sustentava a carreira de um candidato presidencial norte-americano. Isso tudo faz parte da mesma história, a história do nosso momento e das nossas escolhas.

Será que a história pode ser tão contemporânea? Pensamos nas Guerras do Peloponeso como história antiga, uma vez que os atenienses combateram os espartanos mais de 2 mil anos atrás. Mas Tucídides, seu historiador, descreveu acontecimentos que tinha vivido. Incluiu discussões do passado na medida em que eram necessárias para esclarecer o que estava em jogo no presente. Este livro segue humildemente tal abordagem.

Na contramão da liberdade mergulha na história russa, ucraniana, europeia e norte-americana como um gesto necessário para definir os problemas políticos do presente e dissipar alguns mitos que os envolvem. Utiliza-se de fontes primárias dos países envolvidos e busca padrões e conceitos que possam nos ajudar a compreender nossa própria época. Os idiomas das fontes — russo, ucraniano, polonês, alemão, francês e inglês — são ferramentas de estudo e também fontes de experiência. Li, vi e ouvi a mídia da Rússia, da Ucrânia, da Europa e dos Estados Unidos ao longo desses anos, viajei a muitos lugares pertinentes para a pesquisa e pude por vezes comparar relatos dos acontecimentos com minha própria experiência, ou com a experiência de pessoas que conheci. Cada capítulo é dedicado a um acontecimento e a um ano em particular — a volta do pensamento totalitário (2011); o colapso da política democrática na Rússia (2012); o ataque russo à União Europeia (2013); a revolução na Ucrânia e a invasão russa subsequente (2014); a difusão da ficção política na Rússia, na Europa e nos Estados Unidos (2015); e a eleição e a presidência de Donald Trump (2016).

Ao sugerir que os alicerces políticos não podem de fato mudar, a política da inevitabilidade espalha incerteza sobre o que são de fato esses alicerces. Se acharmos que o futuro é uma extensão automática da boa ordem política, não precisamos indagar que ordem é essa, por que é boa, como se sustenta e como pode ser aperfeiçoada. A história é — e deve ser — pensamento político, no sentido de ser capaz de abrir uma brecha entre a inevitabilidade e a eternidade, impedindo-nos de flutuar de uma para a outra, ajudando-nos a ver o momento em que podemos provocar mudanças.

Enquanto emergimos da inevitabilidade e nos confrontamos com a eternidade, uma história de desintegração pode servir como guia para executar os devidos reparos. A erosão mostra o que resiste, o que pode ser reforçado, o que pode ser reconstruído e o que precisa ser reinventado. Levando em conta que compreender é conquistar poder, os títulos dos capítulos deste livro são formulados como alternativas: "Individualismo ou totalitarismo"; "Sucessão ou fracasso"; "Integração ou império"; "Novidade ou eternidade"; "Verdade ou mentiras"; "Igualdade ou oligarquia". Dessa forma, individualidade, resistência, cooperação, inovação, honestidade e justiça figuram como virtudes políticas. Essas qualidades não são meras trivialidades ou preferências, mas fatos históricos, não menos concretos do que as forças materiais podem ser. As virtudes são inseparáveis das instituições que inspiram e alimentam.

Uma instituição pode cultivar certas ideias do bem e também depender delas. Para prosperar, as instituições precisam de virtudes; para serem cultivadas, as virtudes precisam de instituições. A questão moral do bem e do mal na vida pública jamais pode ser separada da investigação histórica estrutural. As políticas da inevitabilidade e da eternidade é que fazem as virtudes parecerem irrelevantes ou até risíveis: a inevitabilidade por prometer que o bem é o que já existe e deve, previsivelmente, ampliar-se; a eternidade por afirmar que o mal é sempre externo e que somos, para sempre, vítimas inocentes.

Se quisermos dispor de um relato melhor do bem e do mal, teremos que ressuscitar a história.

1. Individualismo ou totalitarismo (2011)

Com a lei nossa terra deve avançar, mas com a ilegalidade perecerá.

Saga de Njal, *c.* 1280

Aquele que pode abrir uma exceção é um soberano.

Carl Schmitt, 1922

A política da inevitabilidade é a ideia de que não existem ideias. Os que a adotam negam a importância das ideias, provando com isso apenas que se acham sob influência de uma poderosa ideia. Segundo o clichê da política da inevitabilidade, "não há alternativas". Aceitá-lo é negar a responsabilidade individual de observar a história e promover mudanças. A vida se torna uma caminhada sonâmbula para um túmulo já marcado, num lote já comprado.

A eternidade emerge da inevitabilidade como um fantasma

de um cadáver. A versão capitalista da política da inevitabilidade — o mercado como substituto da política — gera desigualdade econômica, que enfraquece a crença no progresso. Quando a mobilidade social é interrompida, a inevitabilidade dá lugar à eternidade, e a democracia cede a vez à oligarquia. Um oligarca contando a fábula de um passado inocente, talvez com a ajuda de ideias fascistas, oferece uma falsa proteção ao povo, cujas dores são reais. A crença de que a tecnologia está a serviço da liberdade abre caminho para o espetáculo desse oligarca. Enquanto a distração substitui a concentração, o futuro se dissolve nas frustrações do presente, e a eternidade torna-se o dia a dia. O oligarca faz a travessia para a política real partindo de um mundo de ficção, e governa invocando o mito e fabricando crises. Nos anos 2010, uma dessas pessoas, Vladímir Pútin, escoltou outra, Donald Trump, da ficção para o poder.[1]

A Rússia chegou primeiro à política da eternidade, e os poderosos locais protegeram a si mesmos e a sua riqueza exportando-a. O oligarca-chefe, Vladímir Pútin, escolheu o filósofo fascista Ivan Ilin como guia. O poeta Czesław Miłosz escreveu em 1953 que "só na metade do século xx os habitantes de muitos países europeus compreenderam, em geral por meio do sofrimento, que complexos e difíceis livros de filosofia têm influência direta sobre seu destino". Alguns dos livros de filosofia que hoje importam foram escritos por Ilin, que morreu um ano depois que Miłosz fez sua observação. O renascimento de Ivan Ilin pelo discurso oficial na Rússia nos anos 1990 e 2000 deu vida nova à sua obra, quando o fascismo se adaptava para tornar possível a oligarquia, na forma de ideias específicas que vêm ajudando governantes a trocarem a inevitabilidade pela eternidade.[2]

O fascismo dos anos 1920 e 1930, a era de Ilin, tinha três características essenciais: celebrava a vontade e a violência, acima da razão e do direito; propunha um líder com uma conexão mítica com o seu povo; e caracterizava a globalização como uma conspiração, e não como um conjunto de problemas. Ressuscitado nas condições de desigualdade de hoje na forma da política da eternidade, o fascismo serve aos oligarcas como catalisador das transições que se afastam do debate público e se aproximam da ficção política; que se afastam da eleição com significado e se aproximam da falsa democracia; que se afastam do primado da lei e se aproximam de regimes personalistas.[3]

A história sempre continua, e as alternativas sempre aparecem. Ilin representa uma dessas alternativas. Ele não é o único pensador fascista ressuscitado no nosso século, porém é o mais importante. É um guia na estrada cada vez mais escura da falta de liberdade, que leva da inevitabilidade para a eternidade. Estudando suas ideias e sua influência, podemos perscrutar essa estrada à procura de luz e de saídas. Isso significa pensar historicamente: perguntar como ideias do passado podem ter importância no presente, comparar a era de globalização de Ilin com a nossa, reconhecendo que então, como agora, as possibilidades eram reais, e havia mais de duas. O sucessor natural do véu da inevitabilidade é a mortalha da eternidade, mas há alternativas que precisam ser descobertas antes que a mortalha assuma seu lugar. Aceitando a eternidade, sacrificamos a individualidade e não vemos mais possibilidades. A eternidade é outra ideia segundo a qual não existem ideias.

Quando a União Soviética entrou em colapso, em 1991, os partidários norte-americanos da política da inevitabilidade proclamaram o fim da história, enquanto alguns russos buscavam novas autoridades num passado imperial. Ao ser fundada, em 1922, a União Soviética herdou quase todo o território do Império Russo. Os domínios do tsar tinham sido os maiores do mundo, estendendo-se de oeste a leste do meio da Europa às costas do Pacífico, e de norte a sul do Ártico à Ásia Central. Apesar de a Rússia ser basicamente um país de camponeses e nômades, suas classes médias e seus intelectuais, quando o século XX começou, pensavam numa maneira de tornar mais moderno e mais justo um império governado por um autocrata.

Ivan Ilin, nascido numa família nobre em 1883, foi um jovem típico de sua geração. No começo dos anos 1900, queria que a Rússia se tornasse um Estado governado por leis. Após o desastre da Primeira Guerra Mundial e a experiência da Revolução Bolchevique de 1917, Ilin tornou-se um contrarrevolucionário, um defensor de métodos violentos contra a revolução e, com o tempo, autor de um fascismo cristão destinado a derrotar o bolchevismo.[4] Em 1922, poucos meses antes de a União Soviética ser fundada, ele foi exilado de sua terra natal. Escrevendo em Berlim, ofereceu um programa para os adversários da nova União Soviética, conhecidos como Brancos. Eram homens que tinham lutado contra o Exército Vermelho dos bolcheviques na longa e sangrenta Guerra Civil Russa e em seguida partiram, como Ilin, para o asilo político na Europa. Mais tarde, Ilin formulou seus escritos como orientação para governantes russos que chegassem ao poder depois do fim da União Soviética. Morreu em 1954.

Depois que uma nova Federação Russa emergiu da defunta União Soviética, em 1991, o pequeno volume de Ilin intitulado *Nossas tarefas* começou a circular em novas edições locais, compilações de suas obras foram publicadas, e suas ideias ganharam poderosos seguidores. Ele morrera esquecido na Suíça; Pútin organizou um novo sepultamento em Moscou em 2005. Os documentos pessoais de Ilin tinham ido parar na Michigan State University: Pútin despachou um mensageiro para solicitá-los de volta. Àquela altura Pútin citava Ilin nos discursos presidenciais que proferia todos os anos na assembleia geral do Parlamento russo. Eram discursos importantes, redigidos pessoalmente por Pútin. Nos anos 2010, Pútin recorreu a Ilin para explicar por que a Rússia tinha de enfraquecer a União Europeia e invadir a Ucrânia. Quando lhe pediram que dissesse o nome de um historiador, Pútin citou Ilin como sua autoridade no passado.[5]

A classe política russa seguiu o exemplo de Pútin. Seu mestre da propaganda, Vladislav Surkov, adaptou ideias de Ilin ao mundo da mídia moderna. Surkov orquestrou a ascensão de Pútin ao poder e supervisionou a consolidação da mídia que assegurou seu mandato aparentemente eterno. Dmítri Medvedev, o chefe formal do partido político de Pútin, recomendava Ilin à juventude russa. O nome do autor estava nos lábios dos líderes dos falsos partidos de oposição, dos comunistas e dos liberal-democratas (de extrema direita), que desempenharam sua parte na criação do simulacro de democracia que Ilin tinha recomendado. Ilin foi citado pelo chefe do tribunal constitucional, inclusive no momento em que sua ideia de que a lei significava amor por um líder ganhava força. Foi mencionado por governadores regionais russos enquanto a Rússia se tornava o Estado centralizado que ele defendia. No começo de 2014, membros do partido governante da Rússia e todos os funcionários públicos do país receberam do Krêmlin uma coleção das publicações políticas de Ilin. Em 2017, a televisão local comemorou o centésimo aniversário da Revolução Bolchevique com um filme que apresentava Ilin como uma autoridade moral.[6]

Ilin era um partidário da política da eternidade. Seu pensamento entrou em voga quando a versão capitalista da política da inevitabilidade colapsava na Rússia dos anos 1990 e 2000. Enquanto a Rússia se tornava uma cleptocracia organizada nos anos 2010, e a desigualdade interna adquiria proporções assombrosas, a influência de Ilin atingia o ponto máximo. A ofensiva russa à União Europeia e aos Estados Unidos revelou, ao selecioná-los como alvos, certas virtudes políticas que Ilin, como filósofo, ignorava ou desprezava: individualismo, sucessão, integração, novidade, verdade, igualdade.[7]

* * *

Ilin propôs suas ideias pela primeira vez aos russos um século atrás, depois da Revolução Bolchevique. Apesar disso, tornou--se um filósofo para a nossa época. Nenhum pensador do século xx foi reabilitado em tão grande estilo no século xxi, nem teve tanta influência na política mundial. Se isso passou despercebido foi porque vivemos sob o jugo da inevitabilidade: acreditamos que ideias não têm importância. Pensar historicamente é aceitar que aquilo que não conhecemos pode ser importante e trabalhar para tornar familiar aquilo que não conhecemos.

Nossa política da inevitabilidade faz eco à dos anos de Ilin. Assim como o período do fim dos anos 1980 ao começo dos 2010, o do fim da década de 1880 ao começo da de 1910 foi de globalização. Um dos lugares-comuns das duas épocas sustenta que o crescimento induzido pelas exportações produz uma política esclarecida e acaba com o fanatismo. Esse otimismo se desfez durante a Primeira Guerra Mundial e as revoluções e contrarrevoluções que vieram em seguida. Ilin foi, ele próprio, um dos primeiros exemplos dessa tendência. Partidário do primado da lei quando jovem, pulou para a extrema direita, ao mesmo tempo que admirava as táticas que observara na extrema esquerda. O ex-esquerdista Mussolini liderou seus fascistas na Marcha sobre Roma logo depois que Ilin foi expulso da Rússia; o filósofo via no Duce um lampejo de esperança para um mundo corrupto.[8]

Ilin considerava o fascismo a política do mundo futuro. No exílio nos anos 1920, incomodava-se com o fato de os italianos terem chegado primeiro ao fascismo. Consolava-se com a ideia de que os Brancos russos tinham servido de inspiração para o golpe dado por Mussolini: "o Movimento Branco como tal é mais profundo e mais amplo do que o fascismo [italiano]". Essa profundidade e essa amplitude, explicava Ilin, vinham da adoção de um cristianismo do tipo que exigia o sacrifício do sangue dos inimigos de Deus. Acreditando, nos anos 1920, que os exilados russos ainda poderiam conquistar o poder, Ilin referia-se a eles como "meus irmãos Brancos, fascistas".[9] Ilin mostrava-se igualmente impressionado com Adolf Hitler. Apesar de visitar a Itália e passar férias na Suíça, a casa de Ilin de 1922 a 1938 foi Berlim, onde trabalhava para uma instituição acadêmica patrocinada pelo governo. Sua mãe era alemã; ele fez psicanálise com Sigmund Freud em alemão, estudou filosofia alemã e escrevia em alemão tão bem e tão frequentemente quanto o fazia em russo. Em seu trabalho diário, editava e escrevia críticas à política soviética (*Um mundo no abismo*, em alemão, *O veneno do bolchevismo*, em russo, por exemplo, apenas no ano de 1931). Ilin via Hitler como defensor da civilização contra o bolchevismo: o Führer, segundo escreveu, tinha "prestado enorme serviço a toda a Europa", impedindo novas revoluções segundo o modelo russo. Ilin notou, como ponto positivo, que o antissemitismo de Hitler se baseava na ideologia dos Brancos russos. Lamentava que "a Europa não compreenda o Movimento Nacional Socialista". O nazismo era, acima de tudo, um "Espírito" do qual os russos precisavam participar.[10]

Em 1938, Ilin mudou-se da Alemanha para a Suíça, onde morou até morrer, em 1954. Era sustentado financeiramente no país pela mulher de um empresário germano-americano, além de ganhar algum dinheiro dando palestras em alemão. A essência dessas palestras, como observou um estudioso suíço, era de que a Rússia deveria ser vista não como um perigo comunista no presente, mas como uma salvação cristã no futuro. De acordo com Ilin, o comunismo tinha sido imposto à inocente Rússia pelo Ocidente decadente. Um dia a Rússia libertaria a si mesma e aos demais com a ajuda do fascismo cristão. Um resenhista suíço caracterizou seus livros como "nacionais no sentido de que se opõem a todo o Ocidente".[11]

As opiniões políticas de Ilin não mudaram quando a Segunda Guerra Mundial começou. Seus contatos na Suíça eram homens da extrema direita: Rudolf Grob achava que os suíços deveriam imitar a Alemanha nazista; Theophil Spoerri pertencia a um grupo que excluía judeus e maçons; Albert Riedweg era um advogado de direita cujo irmão, Franz, era o cidadão suíço mais importante do aparelho de extermínio nazista. Franz Riedweg casou com a filha do ministro da Guerra alemão e ingressou nas ss nazistas. Tomou parte nas invasões alemãs da Polônia, da França e da União Soviética — essa última vista por Ilin como um teste para o bolchevismo, no qual os nazistas poderiam libertar os russos.[12]

Quando a União Soviética venceu a guerra e ampliou seu império para o oeste em 1945, Ilin passou a escrever para futuras gerações de russos. Caracterizava sua obra como o brilho de uma lamparina acesa numa grande escuridão. Com essa pequena chama, os governantes russos dos anos 2010 começaram um incêndio.[13]

Ilin era consistente. Sua primeira grande obra de filosofia, em russo (1916), foi também sua última grande obra de filosofia, em sua versão editada e traduzida para o alemão (1946).[14]

O único bem existente no universo, segundo Ilin, tinha sido a totalidade de Deus antes da criação. Quando criou o mundo, Deus despedaçou a Verdade una e total que era ele mesmo. Ilin dividia o mundo entre o "categórico", o reino perdido daquele conceito único e perfeito, e o "histórico", a vida humana com seus fatos e suas paixões. Para ele, a tragédia da existência era que os fatos não podiam ser reconstituídos na totalidade de Deus, nem as paixões no propósito de Deus. O pensador romeno E. M. Cioran, que em determinado momento da vida também foi um defensor do fascismo cristão, explicou o conceito: antes da história, Deus era perfeito e eterno; depois de iniciar a história, Deus parece "frenético, cometendo um erro atrás do outro". Como afirmou Ilin: "Quando Deus mergulhou na existência empírica, foi despojado de sua harmoniosa unidade, de razão lógica e de propósito organizacional".[15] Para Ilin, nosso mundo humano de fatos e paixões não significa nada. O autor considerava imoral que um fato pudesse ser apreendido em seu ambiente histórico: "o mundo da existência empírica não pode ser justificado teologicamente". Paixões são nocivas. Deus errou na criação ao liberar "a natureza perversa do sensual". Deus cedeu a um impulso "romântico" criando seres — ou seja, nós — movidos pelo sexo. E com isso "o conteúdo romântico do mundo subjuga a forma racional de pensar, e o pensamento dá lugar à intenção irrefletida", o amor físico. Deus nos largou no meio do "relativismo espiritual e moral".[16]

Ao condenar Deus, Ilin libertou a filosofia, ou pelo menos um filósofo: ele mesmo. Preservou a visão de uma "totalidade" divina que existia antes da criação do mundo, mas atribuiu a si mesmo a missão de revelar como essa totalidade poderia ser reconquistada. Tendo tirado Deus de cena, podia se permitir fazer julgamentos sobre o que é e o que deveria ser. Há um mundo devoto que precisa de alguma forma ser redimido, e essa tarefa sagrada caberá aos homens que compreendam sua difícil situação — graças a Ilin e a seus livros.[17]

Era uma visão totalitária. Devemos almejar uma condição em que pensemos e sintamos como um só, o que significa não pensar e não sentir de forma nenhuma. Precisamos deixar de existir como seres humanos individuais. "O mal começa", escreveu Ilin, "onde a pessoa começa." Nossa individualidade apenas prova que o mundo é imperfeito: "a fragmentação empírica da existência humana é uma condição do mundo incorreta, transitória e metafisicamente falsa". Ilin desprezava as classes médias, cuja sociedade civil e cuja vida privada, em sua opinião, mantinham o mundo fragmentado e Deus à distância. Pertencer a uma camada de sociedade que oferecia aos indivíduos avanços sociais era ser o pior tipo de ser humano possível: "essa condição constitui o nível mais baixo de existência social".[18]

Como toda imoralidade, a política da eternidade começa abrindo uma exceção para si mesma. Tudo o mais na criação tem que ser ruim, mas eu e meu grupo somos bons, porque sou quem sou e meu grupo é meu. Outros podem se deixar confundir e enfeitiçar pelos fatos e paixões da história, mas meu país e eu preservamos uma inocência pré-histórica. Como o único bem que existe é essa qualidade invisível que reside em nós, a única política possível é a que protege a nossa inocência, independentemente dos custos. Quem aceita a política da eternidade não espera uma vida mais longa, mais feliz ou mais fecunda; aceita o sofrimento como sinal de retidão se considerar que os outros, os culpados, sofrem mais. A vida é desagradável, brutal e curta; o prazer da vida é torná-la mais desagradável, mais brutal e mais curta para os outros.[19]

Ilin abriu uma exceção para a Rússia e seus cidadãos. Proclamou que a inocência russa não era observável no mundo. Era o ato de fé de Ilin dirigido ao seu próprio povo: a salvação exigia ver a Rússia como ela não era. Uma vez que os fatos do mundo são apenas os detritos corrompidos da fracassada criação de Deus, a verdadeira visão era a contemplação do invisível. Corneliu Codreanu, o fundador de um fascismo romeno similar, viu São Miguel Arcanjo na prisão e registrou sua experiência em poucas linhas. Apesar de Ilin vestir sua ideia de contemplação com vários livros, na realidade não passava disto: ele via seu próprio país como justo, e a pureza dessa visão era mais importante do que qualquer coisa que os russos fizessem. O país, "puro e objetivo", era o que o filósofo via quando fechava os olhos para tudo o mais.[20] A inocência assumiu uma forma biológica específica. O que Ilin enxergava era um corpo russo virginal. Como os fascistas e outros autoritários de sua época, insistia em afirmar que seu país era uma criatura, "um organismo da natureza e da alma", um animal no Éden sem o pecado original. Não cabia ao indivíduo decidir quem pertencia ao organismo russo, uma vez que não são as células que decidem que pertencem a um corpo. A cultura russa, escreveu o autor, produzia automaticamente "união fraterna" para onde quer que o poderio nacional se estendesse. Ilin escrevia sobre os "ucranianos" sempre entre aspas, porque negava sua existência fora do organismo russo. Falar em Ucrânia era ser inimigo mortal da Rússia. Ilin partia do princípio de que a Rússia pós-soviética incluiria a Ucrânia.[21]

Para Ilin, o poder soviético concentrava todas as energias satânicas de factualidade e paixão num só lugar. Apesar disso, afirmava que o triunfo do comunismo mostrava que a Rússia era mais, e não menos, inocente. Segundo ele, o comunismo era uma sedução de estrangeiros e russos desenraizados aos quais chamava de "Tarzãs". Estes tinham a maior vontade de violar a imaculada Rússia justamente porque era inocente e indefesa. Em 1917, os russos tinham sido bons demais para resistir à carga de pecados que chegava do Ocidente. Apesar das depredações dos líderes soviéticos, os russos retinham uma bondade imperceptível. Ao contrário da Europa e dos Estados Unidos, que aceitavam fatos e paixões como inerentes à vida, a Rússia preservava um "Espírito" subjacente que se lembrava da totalidade de Deus. "O país não é Deus", escreveu Ilin, "mas a força de sua alma vem de Deus."[22]

Quando Deus criou o mundo, a Rússia de alguma forma escapou da história, permanecendo na eternidade. A terra natal de Ilin, segundo ele, estava portanto livre do fluxo do avanço do tempo e da combinação acumulada de acasos e escolhas que lhe parecia tão intolerável. A Rússia, em vez disso, viveu repetidos ciclos de ameaça e defesa. Tudo o que acontecia só podia ser um ataque do mundo exterior contra a inocência russa, ou uma resposta justificada da nação a essa ameaça. Nesse sistema, era fácil para Ilin, que não conhecia direito a verdadeira história russa, abranger séculos em frases simples. O que um historiador poderia interpretar como difusão do poderio de Moscou para o norte da Ásia e metade da Europa era, para Ilin, nada mais do que "autodefesa". De acordo com o autor, todas as batalhas travadas pelos russos foram defensivas. A Rússia sempre foi vítima de um "bloqueio continental" por parte da Europa. Em sua visão, "a nação russa, desde sua plena conversão ao cristianismo, pode contar quase mil anos de sofrimento histórico". A Rússia não comete injustiças; só pode ser vítima de injustiças. Fatos não têm importância, e responsabilidades se esfumam.[23]

Antes da Revolução Bolchevique, Ilin era estudante de direito e acreditava no progresso. Depois de 1917, tudo parecia possível e permitido. A ilegalidade da extrema esquerda teria que ser superada por uma ilegalidade ainda maior da extrema direita. Na maturidade, portanto, Ilin retratou em sua obra a ilegalidade russa como virtude patriótica. "O fato é que", escreveu ele, "o fascismo é um excesso redentor de arbitrariedade patriótica." A palavra russa *proizvol*, arbitrariedade, sempre foi o pesadelo dos reformistas russos. Apresentando *proizvol* como um elemento de patriotismo, Ilin insurgia-se contra a reforma legal e anunciava que a política deveria seguir os caprichos de um único governante.[24]

O uso feito por Ilin da palavra russa *spasitelnii*, "redentor", trouxe um profundo significado religioso para a política. Como outros fascistas — por exemplo, Adolf Hitler em *Minha luta* —, ele atribuiu novos propósitos às ideias cristãs de sacrifício e redenção. Hitler afirmava que ia redimir o mundo para um Deus distante livrando-o dos judeus. "E portanto acredito estar agindo como o criador todo-poderoso gostaria", escreveu Hitler. "Enquanto contiver os judeus, estarei fazendo a obra do Senhor." A palavra russa *spasitelnii* seria empregada normalmente por um cristão ortodoxo para se referir à redenção dos crentes pelo sacrifício de Cristo no Calvário. O que Ilin queria dizer era que a Rússia precisava de um redentor que fizesse o "sacrifício cavalheiresco" de derramar o sangue de outros para tomar o poder. Um golpe fascista era "um ato de salvação", o primeiro passo para o retorno da totalidade do universo.[25]

O homem que redimisse o imperfeito mundo de Deus teria que ignorar o que Deus disse sobre o amor. Jesus instruiu seus discípulos dizendo que, depois de amar a Deus, a lei mais importante era amar o próximo. Na parábola do bom samaritano, Jesus se refere a Levítico 19,33-34: "Se um estrangeiro habita convosco na vossa terra, não o molestareis. *Mas* o estrangeiro que habita convosco será para vós como um compatriota, e tu o amarás como a ti mesmo, pois fostes estrangeiros na terra do Egito. Eu *sou* o IAWEH vosso Deus". Para Ilin, não havia a figura do próximo. A individualidade é corrupta e passageira, e a única conexão significativa é a totalidade divina perdida. Enquanto o mundo estiver fraturado, amar a Deus significa uma luta constante "contra os inimigos da ordem divina na terra". Fazer qualquer coisa que não seja participar dessa guerra é executar o mal: "Quem se opõe à luta cavalheiresca contra o demônio é, ele próprio, o demônio". Fé era sinônimo de guerra: "Que tua oração seja uma espada e tua espada uma oração!".[26]

Por ser o mundo pecador e Deus estar ausente, seu herói deve surgir de alguma esfera não corrompida mais além da história. "O poder", imaginava Ilin, "vem, por conta própria, para o homem forte." Um homem aparecerá do nada, e os russos hão de reconhecer o redentor: "Aceitaremos nossa liberdade e nossas leis do patriota russo que conduza a Rússia à salvação". Emergindo da ficção, o redentor ignora os fatos do mundo e cria um mito em torno de si. Assumindo o fardo das paixões dos russos, canaliza "a natureza perversa do sensual" rumo a uma grande unidade. O líder será "suficientemente másculo", como Mussolini. Ele "enrijece no serviço justo e varonil. É inspirado pelo espírito de totalidade, mais do que por uma motivação pessoal ou partidária. É forte e independente e segue sozinho porque vê o futuro da política e sabe o que precisa ser feito". Os russos hão de ajoelhar-se perante "o órgão vivo da Rússia, o instrumento da autorredenção".[27]

O redentor suprime a factualidade, direciona a paixão e gera o mito ordenando um violento ataque a um inimigo selecionado. O fascista despreza qualquer política com raízes na sociedade (suas preferências, seus interesses, suas visões do futuro, os direitos de seus integrantes e assim por diante). O fascismo parte não de uma avaliação do que está dentro, mas da rejeição do que está fora. O mundo exterior é a matéria-prima literária de uma imagem do inimigo composta pelo ditador. A exemplo do teórico jurídico alemão Carl Schmitt, Ilin definia a política como "a arte de identificar e neutralizar o inimigo". Ilin abriu seu artigo "Do nacionalismo russo" com a simples afirmação de que "A Rússia nacional tem inimigos". O mundo imperfeito tinha que se opor à Rússia porque essa nação era a única fonte de totalidade divina.[28]

O redentor tinha obrigação de ir à guerra e o direito de escolher suas batalhas. Ilin acreditava que a guerra era justificável quando "as realizações espirituais da nação estão ameaçadas", e sempre estarão enquanto existir individualidade. Ir à guerra contra os inimigos de Deus era expressar inocência. Fazer a guerra (e não o amor) era o jeito apropriado de liberar a paixão, porque não colocava em risco, mas protegia, a virgindade do corpo nacional. Nos anos 1930, os fascistas romenos cantavam os "peitos de aço e as almas de lírio". Conduzindo outros ao derramamento de sangue, o redentor da Rússia atrairia para si toda a energia sexual da Rússia e orientaria sua liberação. A guerra era o único "excesso" que Ilin endossava, uma comunhão mística entre o organismo virginal e o redentor transcendental. A verdadeira "paixão" era a violência fascista, a espada em riste que era também uma oração de joelhos.[29]

"Tudo começa em mística e termina em política", lembra-nos o poeta Charles Péguy.[30] O pensamento de Ilin começou com a contemplação de Deus, do sexo, e da verdade em 1916 e terminou um século depois como ortodoxia do Krêmlin e justificativa da guerra contra a Ucrânia, a União Europeia e os Estados Unidos.

Destruição é sempre mais fácil do que criação. Ilin achava difícil especificar a forma institucional que uma Rússia redimida assumiria — e seu problema não resolvido hoje persegue os líderes do país. O principal desses problemas é a durabilidade do Estado russo. As instituições legais que possibilitam a sucessão de poder permitem aos cidadãos visualizar um futuro em que os ocupantes dos cargos mudam, mas o Estado permanece. O fascismo, porém, é sobre uma conexão sagrada e eterna entre o redentor e seu povo. O fascista apresenta instituições e leis como as barreiras corrompidas entre líder e povo, que precisam ser contornadas ou destruídas.

Ilin tentou projetar um sistema político russo, mas em seus esboços nunca superou esse dilema. Tentou resolver o problema semanticamente, tratando a personalidade do redentor como instituição. O redentor deveria ser visto como "líder" (*gosudar*), "chefe de Estado", "ditador democrático" e "ditador nacional", uma salada de títulos que lembrava os líderes fascistas dos anos 1920 e 1930. O redentor seria responsável por todas as funções executivas, legislativas e judiciárias, além de comandar as Forças Armadas. A Rússia seria um Estado centralizado sem unidades federativas. Não deveria ser um Estado de partido único, como tinham sido os regimes fascistas dos anos 1930. Mesmo um partido era demais. A Rússia deveria ser um Estado de partido zero, redimido apenas por um homem. Os partidos só deveriam existir, segundo Ilin, para ajudar a ritualizar as eleições.[31]

Permitir que os russos votassem em eleições livres, pensava Ilin, era como dar aos embriões a possibilidade de escolher suas espécies. O voto secreto ensejaria aos cidadãos pensar em si mesmos como indivíduos, confirmando, desse modo, o caráter maligno do mundo. "O princípio da democracia é o irresponsável átomo humano", portanto a individualidade tem que ser superada por hábitos políticos que estimulem e sustentem o amor coletivo dos russos por seu redentor. Assim sendo, "precisamos rejeitar o entendimento mecânico da política", bem como "a fé cega no número de votos e em seu significado político". Votar deveria unir o país num gesto de sujeição. As eleições deveriam ser públicas, e os votos, assinados.[32]

Ilin imaginava a sociedade como uma estrutura empresarial, em que cada pessoa e cada grupo teria um lugar definido. Não haveria distinção entre o Estado e a população, mas "a unidade orgânico-espiritual do governo com o povo e do povo com o governo". O redentor estaria sozinho no topo, e as classes médias ficariam esmagadas na base, sob o peso de todos os demais. Na linguagem normal, as classes médias estão no meio porque as pessoas sobem (e descem) passando por elas. Posicionar as classes médias na base era afirmar a justiça da desigualdade. A mobilidade social estava excluída desde o início.[33]

Desse modo, uma ideia que Ilin concebeu como fascista permite e justifica a oligarquia, o governo de poucos e ricos — como na Rússia dos anos 2010. Se o objetivo do Estado é preservar a riqueza do redentor e de seus amigos, então o primado da lei é impossível. Sem o primado da lei, é difícil ganhar o dinheiro que garantirá uma vida melhor. Sem avanço social, nenhuma história de futuro parece plausível. A fraqueza da política de Estado é reformulada como a conexão mística de um líder com o povo. Em vez de governar, o líder produz crise e espetáculo. A lei deixa de significar um conjunto de normas neutras que permite o avanço social e passa a ser sinônimo de subordinação ao status quo: o direito de ser espectador, o dever de ser entretido.

Ilin usava a palavra "lei", mas não endossava o primado da lei. Por "lei" ele entendia as relações entre o capricho do redentor e a obediência de todos os demais. Mais uma vez, uma ideia fascista mostrava-se conveniente para uma oligarquia emergente. A afetuosa obrigação das massas russas consistia em converter cada capricho do redentor num sentimento de obrigação legal da parte delas. A obrigação, claro, não era recíproca. Os russos tinham um "arranjo especial da alma" que lhes permitia suprimir o próprio raciocínio e aceitar "a lei em nossos corações". Com isso Ilin queria dizer a supressão do raciocínio individual em favor da submissão nacional. Com o redentor no comando desse sistema, a Rússia ostentaria "a identidade metafísica de todo o povo da mesma nação".[34]

A nação russa, convocada para uma guerra instantânea contra ameaças espirituais, era uma criatura que se tornara divina graças à submissão a um líder arbitrário surgido da ficção. O redentor assumiria o fardo de dissolver todos os fatos e todas as paixões, com isso tornando inútil qualquer aspiração de qualquer indivíduo russo a ver, sentir ou mudar o mundo. O lugar de cada russo na estrutura empresarial seria fixo como uma célula num corpo, e o indivíduo perceberia essa imobilidade como liberdade. Unidos pelo redentor, com seus pecados lavados no sangue de outros, os russos acolheriam Deus de volta à sua criação. O totalitarismo fascista cristão é um convite a Deus para retornar ao mundo a ajudar a Rússia a pôr fim à história em toda parte.[35] Ilin atribuiu a um ser humano o papel do verdadeiro Cristo, necessário para romper as leis do amor em nome de Deus. Ao fazê-lo, tornou difusa a linha divisória entre o que é humano e o que não é, e entre o que é possível e o que não é. A fantasia de uma Rússia de inocência eterna inclui a fantasia de um redentor de inocência eterna, que não comete injustiças e, portanto, jamais morrerá.[36] Ilin não conseguia responder à pergunta relativa a quem sucederia o redentor, uma vez que, com isso, converteria o redentor em ser humano, sujeito a envelhecer e morrer, não menos parte do universo defeituoso do que qualquer um de nós. Em outras palavras, Ilin não tinha nenhuma ideia terrena sobre como o Estado russo poderia perdurar.

O pavor do que virá em seguida produz uma sensação de ameaça que pode ser projetada nos outros como política externa. O totalitarismo é seu próprio e verdadeiro inimigo, e esse é o segredo que ele esconde inclusive de si mesmo, atacando os outros.

Nos anos 2010, as ideias de Ilin eram convenientes aos bilionários pós-soviéticos, e os bilionários pós-soviéticos eram convenientes a essas ideias. Pútin e seus amigos e aliados acumularam vastas fortunas fora da lei e em seguida refizeram o Estado para preservar os próprios ganhos. Tendo conseguido isso, os governantes russos precisaram definir a política como ser, mais do que fazer. Uma ideologia como a de Ilin pretende explicar por que certos homens detêm riqueza e poder em termos que não envolvam ganância e ambição. Que ladrão não preferiria ser chamado de redentor?[37]

Para homens criados na União Soviética dos anos 1970, as ideias de Ilin eram confortáveis por uma segunda razão. Para os cleptocratas russos daquela geração, os homens que assumiram o poder nos anos 2010, todo o seu estilo de pensamento lhes era familiar. Embora Ilin se opusesse ao poderio soviético, a forma da sua argumentação era inquietantemente parecida com a do marxismo, do leninismo e do stalinismo em que todos os cidadãos soviéticos foram educados. Apesar de os cleptocratas não serem de forma nenhuma filósofos, a instrução que receberam na juventude os aproximou de maneira surpreendente das justificativas de que precisariam em sua maturidade. Ilin e o marxismo a que se opunha compartilhavam uma origem e uma linguagem filosóficas: a do hegelianismo.[38]

A ambição de G. W. F. Hegel era resolver a diferença entre o que é e o que deveria ser. Segundo sua argumentação, uma coisa chamada Espírito, uma união de todos os pensamentos e de todas as mentes, emergia ao longo do tempo, através dos conflitos que definiam épocas. A visão de Hegel era uma forma atraente de entender o nosso mundo turbulento, pois sugeria que catástrofe era sinal de progresso. A história era um "abatedouro", mas o derramamento de sangue tinha um objetivo. Essa ideia permitia que filósofos posassem de profetas, videntes de padrões ocultos que se resolveriam na forma de um mundo melhor, juízes de quem tinha que sofrer agora para que todos se beneficiassem mais tarde. Se o Espírito era o único bem, então qualquer meio que a história escolhesse para a sua consumação era bom também.[39]

Karl Marx desaprovava a ideia de Espírito de Hegel. Ele e outros hegelianos de esquerda afirmavam que o filósofo tinha enfiado Deus de contrabando em seu sistema sob o título de Espí-

43

rito. O bem absoluto, sugeria Marx, não era Deus, mas a essência perdida da humanidade. A história era uma luta, mas seu sentido era a vitória do homem contra as circunstâncias para recuperar sua própria natureza. O desenvolvimento da tecnologia, afirmava Marx, permitiu que alguns homens dominassem outros, formando classes sociais. No capitalismo, a burguesia controlava os meios de produção, oprimindo a massa de trabalhadores. Essa opressão por si instruía os trabalhadores sobre o caráter da história e fazia deles revolucionários. O proletariado ia vencer a burguesia, apropriar-se dos meios de produção e, dessa maneira, devolver o homem a si mesmo. Quando não houvesse mais propriedade, pensava Marx, os seres humanos viveriam numa feliz cooperação.[40]

Ilin era um hegeliano de direita. Numa frase tipicamente mordaz, escreveu que Marx nunca foi além da "sala de espera" da filosofia hegeliana. Mesmo assim, Ilin concordava que por "Espírito" Hegel se referia a Deus. Como Marx, Ilin achava que a história tinha começado com o pecado original, que condenou a humanidade ao sofrimento. Foi perpetrado não pelo homem contra o homem através da propriedade, como os marxistas consideravam, mas por Deus contra o homem através da criação do mundo. Em vez de matar Deus, como os hegelianos de esquerda fizeram, Ilin o deixou ferido e solitário. A vida era pobre e caótica, como os marxistas pensavam, mas não por causa da tecnologia e da luta de classes. As pessoas sofriam porque a criação de Deus era insoluvelmente conflituosa. Fatos e paixões não poderiam ser alinhados pela revolução, apenas pela redenção. A única totalidade era a de Deus, que uma nação escolhida restauraria graças a um milagre realizado por um redentor.[41]

Vladímir Lênin (1870-1924) foi o mais importante dos marxistas, uma vez que foi quem encabeçou uma revolução em nome da filosofia. Como militante de um partido pequeno e ilegal no

Império Russo, Lênin achava que uma elite disciplinada tinha o direito de fazer a história avançar. Se o único bem no mundo era a devolução do homem à sua essência, então para aqueles que compreendiam o processo era razoável apressá-la. Esse raciocínio tornou possível a Revolução Bolchevique de 1917. A União Soviética era governada por um pequeno grupo que reivindicava legitimidade para essa política específica da inevitabilidade. Lênin e Ilin não conheceram um ao outro, mas eram misteriosamente próximos: o patronímico de Lênin era "Ilitch", e ele usava "Ilin" como pseudônimo de escritor; o verdadeiro Ilin leu e criticou essa obra. Quando Ilin foi preso pela polícia secreta bolchevique, a Tcheká, Lênin interveio em seu favor para expressar admiração pela filosofia do autor.[42]

Ilin desprezava a revolução de Lênin, mas endossava sua violência e seu voluntarismo. Como Lênin, achava que a Rússia precisava de uma elite filosófica (ele mesmo) para definir fins e meios. Como a utopia socialista marxista, a "totalidade divina" de Ilin exigia uma revolução violenta — ou melhor, uma contrarrevolução violenta. Outros filósofos russos percebiam a semelhança. Nikolai Berdiáiev via na obra de Ilin "o pesadelo do bem maligno". Resenhando um livro que Ilin publicou em 1925, Berdiáiev escreveu que "uma Tcheká em nome de Deus é mais horripilante do que uma Tcheká em nome do diabo". Seu julgamento foi profético: "Os bolcheviques não teriam nenhum problema fundamental em aceitar o livro de Ivan Ilin. Eles se consideram portadores do bem absoluto e se opõem com força aos que consideram malignos".[43]

Enquanto Ilin envelhecia na Alemanha e na Suíça, suas posições seguiam os passos das dos sucessores de Lênin. Depois que Lênin morreu, em 1924, Ióssif Stálin concentrou poderes. Ilin compartilhava os julgamentos stalinistas sobre a perversidade contagiante da cultura ocidental até nos mínimos detalhes. Acre-

Lênin *Ilin*

ditava, por exemplo, que o jazz era um complô deliberado para reduzir ouvintes europeus a dançarinos estúpidos incapazes de relações sexuais normais. *Pravda*, o jornal do Partido Comunista, apresentou uma descrição extraordinariamente semelhante da experiência de escutar música afro-americana: "algum centauro deve estar regendo com seu falo gigantesco". Apesar de Ilin ter escrito livros relatando historicamente o terror sob Stálin, sua postura em relação à lei na prática era bem semelhante à dos perpetradores do terror. Andrei Vichinski, notório promotor dos julgamentos políticos midiáticos, acreditava que "a lei formal está subordinada à lei da revolução". Essa era, sem tirar nem pôr, a posição de Ilin no que dizia respeito à sua planejada contrarrevolução.[44]

Apesar de ter inicialmente esperado que a Segunda Guerra Mundial destruísse a União Soviética de Stálin, na esteira do conflito Ilin apresentou a Rússia de forma muito parecida com a de Stálin, que considerava a União Soviética a terra natal do socialismo. Se a União Soviética fosse destruída, argumentava Stálin, o comunismo não teria futuro, e a única esperança da humanidade estaria perdida. Dessa maneira, qualquer ação para defender a União Soviética era justificada. Ilin via a Rússia como a terra natal de Deus, a ser preservada a qualquer custo, uma vez que era o único território a partir do qual a totalidade divina poderia ser restaurada. Depois da guerra, Stálin deu prioridade à nação russa (em vez de Ucrânia, Bielorrússia, Ásia Central e Cáucaso, com suas dezenas de povos que compunham a União Soviética). A Rússia, afirmava Stálin, salvara o mundo do fascismo. A visão de Ilin era que a Rússia salvaria o mundo, mas não *do* fascismo, e sim *com* o fascismo. Em ambos os casos, o único receptáculo do bem absoluto era a Rússia, e o inimigo perene, o Ocidente decadente.[45]

O comunismo soviético foi uma política da inevitabilidade que cedeu à política da eternidade. Com o passar das décadas, a ideia da Rússia como farol do mundo deu lugar à imagem do país como vítima de uma hostilidade irracional. No início, o bolchevismo não era um Estado, mas uma revolução, a esperança de que outros no mundo inteiro seguissem seu exemplo. Depois passou a ser um Estado com uma tarefa: construir o socialismo imitando, e em seguida derrotando, o capitalismo. O stalinismo era uma visão do futuro que justificava milhões de mortes pela fome e mais ou menos outro milhão de mortes por execução nos anos 1930. A Segunda Guerra Mundial mudou esse enredo. Stálin e seus adeptos e sucessores afirmavam, depois de 1945, que a carnificina a que os russos se infligiram nos anos 1930 tinha sido necessária para derrotar os alemães nos anos 1940. Se a década de 1930 dizia respeito aos anos 1940, então a questão não era um distante futuro socialista. O rescaldo da Segunda Guerra Mundial foi o começo do fim da política soviética da inevitabilidade e, consequentemente, o gesto de abertura para uma política russa da eternidade.

A política econômica de Stálin — de industrialização forçada pela agricultura coletivizada — criou mobilidade social para duas gerações, mas não para a terceira. Nos anos 1950 e 1960, os integrantes da cúpula soviética concordaram em não matar uns aos outros, o que tirou o dinamismo da política. Na década de 1970, Leonid Brêjniev deu um passo lógico em direção à política da eternidade, pintando a Segunda Guerra Mundial como o apogeu da história soviética. Os cidadãos soviéticos foram instruídos a olhar não para a frente, mas para trás, para o triunfo de seus pais ou avós na guerra. O Ocidente não era mais o inimigo porque representava um capitalismo que seria suprimido; o Ocidente fora o inimigo porque a União Soviética tinha sido invadida pelos ocidentais em 1941. Cidadãos soviéticos nascidos nos anos 1960 e 1970 foram criados no culto do passado que definia o Ocidente como a ameaça perpétua. As últimas décadas do comunismo soviético prepararam os cidadãos soviéticos para a visão de mundo de Ilin.[46]

A oligarquia que surgiu na Federação Russa depois de 1991 tinha muito a ver com a centralização da produção no comunismo, as ideias de economistas russos posteriores e a ganância dos governantes locais. O pensamento predominante nos Estados Unidos contribuiu para o desastre, sugerindo que os mercados criariam instituições, em vez de ressaltar que instituições eram necessárias para os mercados.

No século XXI, ficou provado que era mais fácil culpar o Ocidente do que fazer um balanço das opções da Rússia. Os governantes russos que culpavam o Ocidente nos anos 2010 eram os mesmos indivíduos que haviam saqueado a riqueza nacional. Os que proclamavam ideias de Ilin em altos cargos do Estado eram beneficiários, e não vítimas, da carreira do capitalismo na Rússia. Os homens do entorno de Pútin tomaram providências para que o primado da lei não tivesse a menor chance no país, uma vez que criaram, para seu próprio benefício, um monopólio estatal da corrupção. As ideias de Ilin abençoavam a desigualdade radical dentro do país, alterando a pauta da política da reforma para a inocência, ao mesmo tempo que definiam o Ocidente como uma fonte permanente de ameaça espiritual.[47]

Nenhum Estado russo poderia ser construído com base nos conceitos de Ilin, mas eles ajudaram os ladrões a se apresentar como redentores. Permitiram que novos governantes escolhessem inimigos e, consequentemente, criassem problemas fictícios, que não poderiam ser resolvidos — como, por exemplo, a hostilidade incessante de um Ocidente decadente. A noção de que a Europa e os Estados Unidos eram inimigos eternos porque invejavam a intocada cultura russa era pura ficção, mas gerava uma política real: a tentativa de destruir no exterior as conquistas que os governantes da Rússia não conseguiam alcançar em casa.

A política da eternidade não é capaz de tornar imortal Pútin ou qualquer outro homem, mas pode tornar certas ideias impensáveis. E é isto que a eternidade significa: a mesma coisa repetida de forma interminável, um tédio estimulante para os crentes por causa da ilusão de que se trata de algo particularmente seu. Claro, esse sentimento de "nós e eles" — ou, como preferem os fascistas, "amigos e inimigos" — é a menos específica de todas as experiências humanas; viver dentro disso é sacrificar a individualidade.[48]

A única coisa que se ergue entre a inevitabilidade e a eternidade é a história, tal como considerada e vivida por indivíduos. Se apreendemos a eternidade e a inevitabilidade como ideias dentro da nossa própria história, podemos ver o que aconteceu conosco e o que podemos fazer a respeito. Compreendemos o totalitarismo como ameaça às instituições, mas também a nosso próprio eu.

Na fúria do seu ataque, as ideias de Ilin mostram claramente o individualismo como uma virtude política, aquela que possibilita todas as demais. Somos indivíduos que veem que existem muitas coisas boas e que política implica reflexão responsável e escolha, mais do que uma visão da totalidade? Vemos que existem outros indivíduos no mundo que podem estar envolvidos

49

no mesmo projeto? Entendemos que ser um indivíduo requer constante atenção a uma infindável factualidade e uma constante seleção entre muitas paixões irredutíveis?

A virtude do individualismo fica visível na agonia do nosso momento, mas só resistirá se enxergarmos a história e nossa posição dentro dela e aceitarmos nossa parcela de responsabilidade.

2. Sucessão ou fracasso (2012)

A história prova que todas as ditaduras, todas as formas autoritárias de governo, são transitórias. Só os sistemas democráticos são permanentes.

Vladímir Pútin, 1999

A concepção de Ilin de um país inocente ocultava o esforço exigido para formar um Estado duradouro. Propor que um redentor russo enfeitiçasse o mundo era esquivar-se da questão de como ele haveria de estabelecer instituições políticas. Nas desacreditadas eleições democráticas de 2011 e 2012, Vladímir Pútin vestiu o manto do redentor heroico e colocou seu país diante do dilema de Ilin. Ninguém pode mudar a Rússia para melhor enquanto Pútin viver e ninguém sabe o que acontecerá quando ele morrer.

Os fascistas da época de Ilin se esquivavam com fantasias do problema da durabilidade. Em 1940, o fascista romeno Alexandru Randa proclamou que líderes fascistas "transformam a nação numa força permanente, num 'corpus mysticus' livre de fronteiras".[1] O carisma do redentor remove da nação o conceito de história. Adolf Hitler dizia que tudo que importava era a luta racial e que a eliminação dos judeus restauraria o eterno equilíbrio da natureza. Seu Reich de Mil Anos durou doze, e ele cometeu suicídio. Um Estado não perdura só porque um líder engana uma geração. O problema da durabilidade política não pode ser resolvido por pessoas que só pensam no presente. Governantes precisam pensar além de si mesmos e de seus clãs, imaginar de que maneira outras pessoas os sucederão no futuro. Estados funcionais dão aos seus cidadãos um senso de continuidade. Se os Estados são sustentáveis, os cidadãos podem conceber mudanças sem temer catástrofes. O mecanismo que garante que um Estado sobreviva a um governante é chamado de princípio de sucessão. Um mecanismo comum nesse sentido é a democracia. O significado de cada eleição é a promessa da próxima. Como todo cidadão é falível, a democracia transforma erros cumulativos em crença coletiva no futuro. A história prossegue.

A União Soviética que expulsou Ilin e educou Pútin tinha uma relação problemática com o tempo. Carecia de princípio de sucessão e durou apenas 69 anos. Os bolcheviques não se preocuparam com sucessão porque acreditavam estar iniciando uma revolução global, e não criando um Estado. A Revolução Russa de 1917 destinava-se ao mundo, um relâmpago que veio para tocar fogo na civilização e recomeçar a história do zero. Quando essa profecia falhou, os bolcheviques não tiveram opção a não ser estabelecer um Estado nos territórios que controlavam, um novo regime, ao qual deram o nome de União Soviética.

Na União Soviética, tal como foi fundada em 1922, o poder era exercido pelo Partido Comunista. O partido reivindicava sua legitimidade não num princípio legal ou numa continuidade com o passado, mas na glória da revolução e na brilhante promessa do futuro. Por princípio, toda autoridade emanava da classe trabalhadora. Os operários eram representados pelo partido, o partido por seu comitê central, o comitê central por seu politburo, e o politburo geralmente por um único líder, Lênin e depois Stálin. O marxismo-leninismo era uma política da inevitabilidade: o curso dos acontecimentos era conhecido de antemão, o socialismo substituiria o capitalismo, e líderes do partido conheciam os detalhes e preparavam os planos. O Estado inicial foi construído de propósito para acelerar o tempo, replicar a indústria que o capitalismo tinha criado em outras partes. Uma vez que dispusesse das fábricas e das cidades, a União Soviética poderia revogar o princípio da propriedade, resultando na harmonia socialista, e o Estado poderia desaparecer.[2]

Apesar de a agricultura controlada pelo Estado e a economia planejada da União Soviética terem gerado uma infraestrutura moderna, os operários nunca conquistaram o poder, e o Estado jamais desapareceu. Como nenhum princípio sucessório foi estabelecido, a morte de cada líder ameaçava o sistema inteiro. Depois da morte de Lênin, em 1924, Stálin levou seis anos para derrotar seus rivais, vários dos quais foram assassinados. Ele presidiu a dramática modernização do Primeiro Plano Quinquenal de 1928-33, que construiu cidades e fábricas ao custo da morte de milhões pela fome e do exílio de outros milhões para campos de concentração. Stálin foi também o principal autor do Grande Terror de 1937-8, no qual 682 691 cidadãos soviéticos foram fuzilados, e do terror menor de 1939-41, quando as fronteiras soviéticas foram ampliadas para o oeste durante a aliança com a Alemanha nazista. Entre outros episódios de assassinatos e deportações em massa, esse terror menor envolveu a morte de 21 892 cidadãos poloneses em Katyn e outros lugares em 1940.[3]

Stálin ficou surpreso quando foi traído por seu aliado Hitler em 1941, mas depois da vitória do Exército Vermelho em 1945 descreveu-se como salvador do projeto socialista e da nação russa. Após a Segunda Guerra Mundial, a União Soviética pôde estabelecer um império externo de regimes replicados na região de suas fronteiras: Polônia, Romênia, Hungria, Tchecoslováquia, Bulgária. Também reincorporou Estônia, Letônia e Lituânia, os três países bálticos inicialmente anexados graças à aliança com Hitler.

Depois da morte de Stálin, em 1953, só um candidato ao poder foi morto, e até o fim dos anos 1950 Nikita Khruschóv parecia consolidado no poder. Khruschóv, porém, foi substituído em 1964 por Leonid Brêjniev. Brêjniev acabou se revelando o mais importante sucessor de Stálin, porque redefiniu a postura soviética em relação ao tempo: sepultou a política marxista da inevitabilidade e a substituiu pela política soviética da eternidade.

A Revolução Bolchevique tinha relação com a juventude, com um novo começo depois do capitalismo. Essa imagem dependia, dentro e especialmente fora do país, dos expurgos sangrentos que permitiram que novos homens e mulheres galgassem as fileiras do partido. Quando esse processo chegou ao fim, nos anos 1960, os governantes soviéticos já estavam envelhecendo, junto com seu Estado. Em vez de se referir a uma futura vitória do comunismo, Brêjniev passou a falar, nos anos 1970, do "socialismo que realmente existe". Uma vez que os cidadãos soviéticos já não esperavam que o futuro lhes trouxesse melhoras, a nostalgia tinha que preencher o vácuo deixado pela utopia. Brêjniev substituiu a promessa de perfeição futura pelo culto de Stálin e da sua liderança na Segunda Guerra Mundial. A história da revolução dizia respeito a um futuro inevitável; a memória da guerra se voltava para um passado eterno. Esse passado precisava ser de total vitimização: era proibido — mais que isso, ilegal — mencionar que Stálin começara a guerra como aliado de Hitler. Para que uma política da inevitabilidade se tornasse política da eternidade, foi necessário sacrificar os fatos históricos.[4]

O mito da Revolução de Outubro prometia tudo; o mito da Grande Guerra Patriótica não prometia coisa nenhuma. A Revolução de Outubro previa um mundo imaginário no qual todos os homens seriam irmãos. Comemorar a Grande Guerra Patriótica era evocar um eterno retorno de fascistas do Ocidente, que estariam sempre tentando destruir a União Soviética, ou talvez simplesmente a Rússia. Uma política de esperança radical deu lugar a uma política de medo infinito (que justificava despesas extraordinárias com armamento convencional e nuclear). Os grandes desfiles militares do Exército Vermelho na Praça Vermelha em Moscou serviam para demonstrar que o estado de coisas na União Soviética não poderia ser alterado. Os homens que governavam a Rússia nos anos 2010 foram educados dentro desse espírito.[5]

O mesmo se aplicava à verdadeira função do Exército Vermelho: preservar o status quo na Europa. Nos anos 1960, alguns comunistas tchecoslovacos acreditavam que o comunismo pudesse ser renovado. Quando a União Soviética e seus aliados do Pacto de Varsóvia invadiram a Tchecoslováquia para depor os comunistas reformistas em 1968, Brêjniev falou em "assistência fraterna". Segundo a Doutrina Brêjniev, os Exércitos soviéticos interromperiam qualquer ação na Europa comunista que Moscou considerasse uma ameaça. O regime pós-invasão na Tchecoslováquia falava em "normalização", o que capturava perfeitamente o espírito do momento. O estado de coisas existente era o normal. Dizer o contrário, na União Soviética de Brêjniev, era condenar-se a viver no hospício.[6]

Brêjniev morreu em 1982. Depois de dois breves intervalos de governo de homens moribundos, Mikhail Gorbatchóv assumiu o poder em 1985. Gorbatchóv achava que o comunismo poderia ser reformado e que era possível prometer um futuro melhor. Seu

55

principal adversário era o próprio partido, em particular os inflexíveis lobbies adaptados ao status quo. Assim sendo, Gorbatchóv tentou criar novas instituições para poder controlar o partido. Estimulou os governantes comunistas dos satélites soviéticos na Europa Oriental a fazer o mesmo. Comunistas poloneses, enfrentando crise econômica e oposição política, confiaram em sua palavra, marcaram eleições parcialmente livres em 1989, mas perderam. Isso levou à formação de um governo polonês não comunista e a revoluções semelhantes em todo o Leste Europeu.[7] Dentro da União Soviética, Gorbatchóv enfrentou desafio parecido. O Estado soviético, quando construído em 1922, tinha sido estruturado na forma de uma federação de repúblicas nacionais: Rússia, Ucrânia, Bielorrússia e assim por diante. Reformar o Estado, como pretendia Gorbatchóv, significava dar estímulos às unidades federativas. Eleições democráticas foram feitas em várias repúblicas soviéticas para criar novas elites que pudessem implementar reformas econômicas. Por exemplo, eleições realizadas na República Socialista Federativa Soviética da Rússia em março de 1990 criaram uma nova assembleia, que escolheu Boris Iéltsin como seu presidente. Iéltsin era um exemplo típico dos novos líderes políticos produzidos pela democracia, no sentido de que acreditava que a Rússia tinha sido prejudicada pela União Soviética. Em cada uma das repúblicas soviéticas, as sociedades julgavam ter sido exploradas pelo sistema em benefício de outras regiões.[8]

A crise explodiu no início do segundo semestre de 1991. A legitimidade do próprio Gorbatchóv vinha do partido, que ele estava tentando substituir por um Estado. Para isso, teve que inventar uma fórmula capaz de ao mesmo tempo reconhecer o status das repúblicas e criar um centro funcional, numa atmosfera de insatisfação nacionalista, ansiedade política e déficit econômico. Sua solução foi um novo tratado de união, a ser assinado naquele mês de agosto. Um grupo de conservadores soviéticos mandou prender Gorbatchóv em sua datcha, onde ele passava férias, na noite de 18 de agosto. Os golpistas não tinham uma ideia clara do que fazer em seguida, além de transmitir balé pela televisão. Quem saiu vitorioso do golpe foi Iéltsin, que desafiou os conspiradores em Moscou, subiu num tanque e converteu-se em herói popular. Gorbatchóv conseguiu voltar para Moscou, mas a partir de então quem mandava mesmo era Iéltsin.[9] Quando Iéltsin se tornou seu político mais importante, os dias da União Soviética estavam contados. Governantes ocidentais temiam instabilidade e passaram a fazer campanha para conservar intacta a União Soviética. Em agosto de 1991, o presidente norte-americano George H. W. Bush viajou a Kíev para tentar convencer os ucranianos a não se retirarem da União Soviética: "Liberdade não é a mesma coisa que independência", pregou. Em outubro ele disse a Gorbatchóv: "Espero que você saiba qual é a posição do nosso governo: apoiamos o centro". Em dezembro de 1991, Iéltsin separou a Rússia da União Soviética assinando um acordo com governantes recém-eleitos da Ucrânia soviética e da Bielorrússia soviética. A República Socialista Federativa Soviética da Rússia tornou-se um Estado independente, conhecido como Federação Russa. Todas as outras antigas repúblicas da União Soviética foram pelo mesmo caminho.[10]

A nova Federação Russa foi estabelecida como república constitucional, legitimada pela democracia, com um presidente e um Parlamento que seriam escolhidos em eleições livres. No papel, a Rússia dispunha de um princípio de sucessão.

Ilin tinha previsto uma transição diferente da autoridade soviética para a autoridade russa: ditadura fascista, a preservação de todo o território soviético, guerra permanente contra o Ocidente pecador. Os russos começaram a ler Ilin nos anos 1990. Suas ideias não tiveram nenhum efeito sobre o fim da União Soviética, mas influenciaram a consolidação pelos oligarcas pós-soviéticos de um novo tipo de autoritarismo nos anos 2000 e 2010. É impossível para um ser humano fazer o que Ilin imaginava que um redentor russo deveria: emergir do reino da ficção e atuar a partir do espírito de totalidade. Mas uma proeza cenográfica de propagandistas habilidosos (ou, na bela expressão russa, "tecnólogos políticos") pode criar a aparência desse milagre terreno. O mito de um redentor teria que se fundamentar em mentiras tão imensas que não pudessem ser questionadas, porque duvidar delas seria duvidar de tudo. Não foram tanto as eleições, e sim as ficções, que permitiram uma transição de poder uma década depois do fim da União Soviética, de Boris Iéltsin para Vladímir Pútin. Portanto, Ilin e Pútin ascenderam juntos, o filósofo e o político de ficção.[11]

A democracia jamais criou raízes na Rússia, no sentido de que o poder jamais mudou de mãos depois de eleições livres. Iéltsin foi presidente da Federação Russa porque houve uma votação quando a Rússia ainda era uma república soviética, em junho de 1991. Os votantes não estavam elegendo o presidente de uma Rússia independente, porque isso não existia. Mas Iéltsin continuou presidente depois da independência. Na verdade, essa reivindicação de poder institucionalmente ambígua era típica do início dos anos 1990. Quando o Império Soviético na Europa Oriental e em seguida a própria União Soviética desmoronaram, vários acordos de bastidores, negociações em assembleia e eleições parcialmente livres geraram sistemas híbridos de governo. Em outros Estados pós-comunistas, eleições presidenciais e legislativas livres e limpas vieram logo em seguida. A Federação Russa não conseguiu realizar nenhuma votação que pudesse ter legitimado Iéltsin ou preparado o terreno para um sucessor. Num desdobramento que

Ilin não previu, mas que é fácil de conciliar com sua doutrina, os muito ricos escolheram o redentor da Rússia.[12]

O pequeno grupo de endinheirados que orbitava em torno de Iéltsin, batizados de "oligarcas", queria manipular a democracia em favor de Iéltsin e de seus próprios interesses. O fim do planejamento econômico soviético provocou uma violenta corrida em busca de indústrias e recursos lucrativos, inspirando esquemas de arbitragem financeira que rapidamente criaram uma nova classe de ricos. A privatização desenfreada não era, nem de longe, a mesma coisa que economia de mercado, pelo menos no entendimento convencional. Os mercados exigem o primado da lei, aspecto mais desafiador das transformações pós-soviéticas. Os norte-americanos, que encaram o primado da lei como uma coisa implícita, alimentavam a fantasia de que os mercados criariam as instituições necessárias. Foi um erro. Era importante que os Estados recém-independentes estabelecessem o primado da lei e, acima de tudo, que administrassem uma transição de poder dentro das normas jurídicas por intermédio de eleições livres.

Em 1993, Iéltsin dissolveu o Parlamento russo e despachou homens armados contra os deputados. Explicou a seus parceiros ocidentais que se tratava de uma reestruturação necessária para acelerar as reformas de mercado, uma versão aceita na imprensa norte-americana. Desde que fosse em nome do livre mercado, os partidários da política da inevitabilidade estariam dispostos a enxergar um ataque ao Parlamento como um passo rumo à democracia. Iéltsin em seguida usou o conflito com o Parlamento como justificativa para fortalecer o cargo de presidente. Em 1996, a equipe de Iéltsin (segundo seus próprios relatos) fraudou eleições que lhe garantiram mais um mandato presidencial.[13]

Em 1999, Iéltsin estava visivelmente mal de saúde e vivia embriagado, tornando mais urgente o problema da sucessão. Eleições se faziam necessárias para substituí-lo e, da perspectiva dos oligarcas, tinham que ser administradas de modo a tornar os resultados previsíveis. Era preciso eleger um sucessor que permitisse à família de Iéltsin (tanto no sentido convencional de sua parentela como no sentido russo de oligarcas amigos) continuar viva e preservar sua riqueza. A "Operação Sucessor", como o problema ficou conhecido no Krêmlin, era composta de duas fases: encontrar um novo homem que não fosse um parceiro conhecido de Iéltsin e então criar um falso problema que ele pudesse transmitir a impressão de resolver.[14]

Para encontrar um sucessor, o estafe de Iéltsin organizou uma pesquisa de opinião pública sobre os heróis favoritos do mundo das artes populares. O vencedor foi Max Stierlitz, herói de uma série de romances soviéticos adaptados para vários formatos, sendo o mais famoso a minissérie de televisão *Dezessete momentos da primavera*, de 1973. O Stierlitz da ficção era um soviético infiltrado no serviço de inteligência militar alemão durante a Segunda Guerra Mundial, um espião comunista fardado de nazista. Vladímir Pútin, que ocupara um cargo inexpressivo nas províncias da Alemanha Oriental durante sua carreira na KGB, era visto como o que havia de mais parecido com o fictício Stierlitz.* Tendo enriquecido como auxiliar do prefeito de São Petersburgo nos anos 1990, Pútin era conhecido no Krêmlin e tido como alguém que sabia atuar em equipe. Trabalhava para Iéltsin em Moscou desde 1998, basicamente como chefe do Serviço Federal de Segurança (FSB, antiga KGB). Quando nomeado primeiro-ministro por Iéltsin, em agosto de 1999, Pútin era desconhecido do grande público,

---

* De sua parte, Pútin descreveria o personagem fictício de Stierlitz como seu professor e, já presidente, condecorou o ator que interpretou Stierlitz na adaptação televisiva de 1973. Esse ator, Viacheslav Tikhonov, apareceu em 2004 e 2010 em filmes dirigidos por Nikita Mikhalkov, que segundo consta apresentou a Pútin os escritos de Ilin.

portanto um candidato implausível para cargos eletivos nacionais. Seus índices de aprovação não passavam de 2%. Por isso, era hora de criar uma crise para que ele pudesse transmitir a impressão de ser capaz de resolvê-la.[15] Em setembro de 1999, uma série de bombas explodiu em cidades russas, matando centenas de civis. Não se descartava a hipótese de que os responsáveis fossem agentes do FSB. Na cidade de Riazan, por exemplo, agentes do FSB foram detidos por colegas locais como suspeitos das explosões. Apesar de a possibilidade de terrorismo interno ter sido levantada na época, as questões factuais foram superadas pelo patriotismo virtuoso, quando Pútin ordenou uma nova guerra contra a parte da Rússia tida como culpada pelos atentados: a república tchetchena do Sudoeste do país, na região do Cáucaso, que declarara independência em 1993 e travou combates contra o Exército russo que acabaram em um impasse. Não havia provas de que os tchetchenos tivessem alguma coisa a ver com as bombas. Graças à Segunda Guerra da Tchetchênia, o índice de aprovação de Pútin chegou a 45% em novembro. Em dezembro, Iéltsin anunciou sua renúncia e endossou Pútin como sucessor. Em consequência da cobertura televisiva desigual, da manipulação da contagem de votos e da atmosfera criada pelo terrorismo e pela guerra, Pútin obteve a maioria absoluta necessária para ganhar a eleição presidencial de março de 2000.[16]

A tinta que escreve a ficção política é o sangue.

Inaugurou-se, dessa maneira, um novo tipo de política, conhecido na época como "democracia gerenciada", que os russos aprenderiam a dominar e depois exportariam. Quem ficou com o crédito pela tecnologia política da Operação Sucessor foi Vladislav Surkov, brilhante especialista em relações públicas de origem tchetchena que foi vice-chefe da casa civil de Iéltsin. A democracia coreografada em que foi pioneiro, na qual um candidato misterioso usava crises fabricadas para conquistar um poder real, continuou sendo posta em prática, com Surkov assumindo uma série de cargos oferecidos por Pútin.

Durante os dois primeiros mandatos presidenciais de Pútin, entre 2000 e 2008, Surkov explorou conflitos contornáveis para ganhar popularidade ou interferir nas instituições. Em 2002, depois que as forças de segurança russas mataram dezenas de civis ao invadir um teatro tomado por terroristas, a televisão passou a ser controlada pelo Estado. E, depois do cerco de terrorista a uma escola de província em 2004, o cargo de governador regional foi abolido. Para justificar o fim desses cargos eletivos, Surkov, citando Ilin, afirmou que os russos ainda não sabiam votar. Na opinião de Surkov, a Rússia "não estava preparada e não poderia estar preparada para a vida nas condições da democracia moderna". Apesar disso, continuou Surkov, a Rússia era superior a outros Estados pós-soviéticos em sua soberania. Afirmou ainda que nenhum dos países não russos da antiga União Soviética era capaz de ser independente e soberano.[17]

A superioridade russa alegada por Surkov não passou por um teste que os governantes do país na época ainda consideravam relevante: a semelhança com o restante do continente europeu, de quem a Rússia esperava aprovação e reaproximação. Em 2004, três antigas repúblicas da União Soviética — Lituânia, Letônia e Estônia — ingressaram na União Europeia, juntamente com outros países do Leste Europeu que foram satélites soviéticos. Para serem aceitos, esses países precisaram demonstrar sua soberania em quesitos específicos, nos quais a Rússia havia falhado: a criação de um mercado que permitisse a livre concorrência, de uma administração que implementasse as leis da União Europeia e de uma democracia que realizasse eleições livres e limpas.

Os Estados que ingressaram na União Europeia tinham princípios de sucessão vigentes. A Rússia não. Surkov transformou essa deficiência numa suposta superioridade, falando de "democracia soberana". Ao fazê-lo, afastou como num passe de mágica o problema da Rússia — o de que, sem democracia de fato, ou pelo menos algum princípio de sucessão, não havia razão para esperar que o país perdurasse como Estado soberano. Surkov sugeriu que a "democracia soberana" era uma medida provisória que permitiria à Rússia encontrar seu próprio caminho dentro do conceito de sociedade política ocidental. No entanto, esse termo foi adotado com entusiasmo por nacionalistas radicais, como o fascista Aleksandr Dúguin, que entendia a democracia soberana como uma situação permanente, uma política da eternidade. A partir de então, qualquer tentativa de fazer da Rússia uma verdadeira democracia poderia ser barrada, segundo Dúguin, com o argumento da soberania.[18]

A democracia é um processo para mudar governantes. Restringir a democracia com um adjetivo — "democracia popular" durante o comunismo, "democracia soberana" a partir de então — significa eliminar esse processo. De início, Surkov tentou, resolutamente, manter as duas coisas incompatíveis ao mesmo tempo, alegando ter preservado a instituição da democracia instalando no poder a pessoa certa: "Eu diria que em nossa cultura política a personalidade é a instituição". Ilin tinha recorrido ao mesmo truque: chamava seu redentor de "ditador democrático", uma vez que supostamente representava o povo. Os pilares do Estado russo, segundo Surkov, eram "centralização, personificação e idealização": o Estado tinha que ser unificado, com a autoridade concedida a um indivíduo glorificado. Citando Ilin, Surkov concluía que o povo russo deveria ter apenas a dose de liberdade de que era capaz. O que Ilin definia como "liberdade", claro, era submergir numa coletividade que se sujeitava a um líder.[19]

O ato de malabarismo de Surkov foi possível no contexto da próspera primeira década do século xxi. Entre 2000 e 2008, durante os dois primeiros mandatos de Pútin como presidente, a economia russa cresceu a uma taxa média de quase 7% ao ano. Pútin venceu sua guerra na Tchetchênia. O governo explorou os altos preços do gás natural e do petróleo no mercado mundial para distribuir alguns lucros das exportações para a população. A instabilidade do período Iéltsin tinha passado, e era compreensível que muitos russos se sentissem satisfeitos e agradecidos. A Rússia também usufruía de uma posição estável no cenário internacional. Pútin ofereceu ajuda à Otan depois dos ataques terroristas de 11 de setembro de 2001. Em 2002, referiu-se com termos positivos à "cultura europeia" e evitou retratar a Otan como adversária. Em 2004, manifestou-se a favor do ingresso da Ucrânia na União Europeia, afirmando que esse desdobramento atenderia os interesses econômicos da Rússia. Comparou a ampliação da União Europeia à expansão de uma zona de paz e prosperidade até as fronteiras da Rússia. Em 2008, participou de uma reunião de cúpula da Otan.[20]

Em 2004, Pútin obteve a maioria absoluta necessária para conquistar o cargo de presidente e iniciar um segundo mandato de quatro anos. Fraudulentas ou não, as eleições regulares pelo menos deram aos russos a garantia de que havia um prazo para o poder presidencial. Era compreensível os russos imaginarem que em 2008 uma nova figura qualquer surgiria, como Pútin em 2000. Pela Constituição russa, Pútin estava impedido legalmente de concorrer a um terceiro mandato em 2008, por isso escolheu o próprio sucessor, o desconhecido Dmítri Medvedev. Uma vez eleito presidente, Medvedev nomeou Pútin primeiro-ministro. Com Medvedev, a Constituição russa foi alterada, e o mandato presidencial, estendido para seis anos. Pútin estaria apto a voltar a concorrer em 2012, e mais uma vez em 2018. Essa era claramente sua intenção: a vitória do seu partido, o Rússia Unida, nas eleições legislativas de dezembro de 2011 e em todas as votações subsequentes; a vitória nas eleições presidenciais de março de 2012 e de novo em março de 2018 — um total de vinte anos no cargo pelo menos, o estabelecimento de uma eternidade política. Apesar disso, o único mecanismo disponível para retornar ao cargo de presidente em 2012 era a eleição (aparentemente) democrática. Como antes, Pútin teria que trapacear; mas dessa vez, quando apanhado, ele admitiria. Era a colocação em prática da identificação de Surkov entre a personalidade e a instituição, ou da proposta de Ilin de eleições rituais. Por ter enfraquecido o mecanismo de sucessão, Pútin teria que insistir que a Rússia não precisava disso. Matar o futuro político obrigava o presente político a ser eterno; fazer do presente uma eternidade exigia crise infindável e ameaças permanentes.

Em 4 de dezembro de 2011, os russos foram solicitados a conceder maioria ao Rússia Unida na câmara baixa do Parlamento. Foi um momento especial, uma vez que Medvedev, então presidente, e Pútin, então primeiro-ministro, já tinham anunciado sua intenção de trocar de lugar. Quando o partido deles ganhasse as eleições legislativas, e Pútin, as eleições presidenciais em março do ano seguinte, Medvedev se tornaria primeiro-ministro.

Muitos russos desaprovavam a perspectiva de um Pútin eterno. Depois do colapso financeiro global de 2008, o crescimento russo tinha desacelerado. Nem Pútin nem Medvedev apresentaram um programa que tornasse a Rússia menos dependente das exportações de commodities ou oferecesse a perspectiva de mobilidade social. Assim sendo, muitos viam essas eleições como a última chance de impedir a estagnação e votaram como lhes parecia apropriado.

Pelas contas de observadores russos independentes, o Rússia Unida recebeu cerca de 26% dos votos nas eleições de 4 de dezembro. Apesar disso, o partido conseguiu votos suficientes para garantir maioria no Parlamento. Observadores russos e internacionais criticaram a cobertura tendenciosa da mídia, bem como a manipulação física e digital dos votos. (Nick Griffin, líder do Partido Nacional Britânico e negacionista do Holocausto, estava presente como "observador" amigo do regime. Declarou que as eleições russas eram "muito mais honestas do que as da Grã-Bretanha".) Em 5 de dezembro começaram os protestos. Em 10 de dezembro, cerca de 50 mil pessoas saíram às ruas de Moscou; em 24 de dezembro o número cresceu para 80 mil. Houve manifestações em 99 cidades durante aquele mês, nos maiores protestos da história da Federação Russa. O principal slogan era "Queremos eleições livres!".[21]

A fraude se repetiu nas eleições presidenciais de 4 de março de 2012. Pútin obteve a maioria de que precisava para ser nomeado presidente depois de um único turno. Dessa vez a manipulação eleitoral foi mais digital do que manual. Dezenas de milhões de eleitores cibernéticos foram acrescentados ao pleito, diluindo os votos dados por seres humanos e dando a Pútin uma maioria fictícia. Em alguns distritos, Pútin recebeu votos em números redondos, sugerindo que metas estabelecidas pelas autoridades centrais tinham sido interpretadas de forma literal por funcionários locais. Na Tchetchênia, Pútin recebeu 99,8% dos votos; o número provavelmente refletia o controle absoluto do seu aliado tchetcheno Ramzan Kadirov. Pútin recebeu totais parecidos em hospitais psiquiátricos e em outros locais sujeitos a controle estatal. Em Novosibirsk, manifestantes reclamaram de que os votos contabilizados correspondiam a 146% da população. Mais uma vez, observadores independentes, tanto os russos como os internacionais, registraram as irregularidades. E, mais uma vez, estrangeiros de extrema direita simpáticos ao regime endossaram os resultados.[22]

Em 5 de março de 2012, em Moscou, cerca de 25 mil cidadãos protestaram contra as eleições presidenciais falsificadas. Para o próprio Pútin, aqueles meses, entre dezembro de 2011 e março de 2012, foram um tempo de escolhas. Ele poderia ter dado ouvido às críticas às eleições parlamentares. Poderia ter reconhecido o resultado da votação presidencial e ganhado no segundo turno, e não no primeiro — foi uma questão de orgulho, nada mais. Poderia ter compreendido que muitos manifestantes estavam preocupados com o primado da lei e o princípio da sucessão em seu país. Em vez disso, pareceu sentir-se pessoalmente ofendido.[23]

Pútin preferiu dar mais importância à ilusão transitória de ganhar no primeiro turno do que à lei e colocou seus sentimentos feridos acima das convicções dos compatriotas. Reconheceu, com indiferença, que houve fraude: Medvedev acrescentou, prestativamente, que todas as eleições russas tinham sido fraudulentas. Ao rechaçar o princípio de "uma pessoa, um voto" e continuar afirmando que as eleições prosseguiriam, Pútin desprezava as escolhas dos cidadãos, esperando, apesar disso, que eles tomassem parte em futuros rituais de apoio. Desse modo, aceitava a postura de Ilin em relação à democracia, rejeitando aquilo que o autor descrevera como "fé cega no número de votos e em seu significado político" não só em atos, mas também em palavras. Estava em jogo uma disputa pelo poder: quem frauda ganha.[24]

Se chegou à presidência em 2000 como um herói misterioso do reino da ficção, Pútin voltou em 2012 como o destruidor vingativo do primado da lei. A decisão de roubar a eleição sob seus próprios holofotes colocou no limbo a condição da Rússia como Estado. Sua ascensão ao cargo de presidente em 2012 foi, portanto, o começo de uma crise de sucessão. Como o homem que estava no poder era também o homem que tinha eliminado o futuro, o presente precisaria ser eterno.

Em 1999 e 2000, o Krêmlin usara os tchetchenos como inimigo necessário. A Tchetchênia agora estava derrotada, e o chefe militar tchetcheno Kadirov era membro importante do regime de Pútin. Depois da fraude de 2011 e de 2012, a emergência política interna era permanente, e portanto o inimigo também tinha que ser. Algum oponente externo intragável precisava ser vinculado aos manifestantes, de maneira que eles, e não Pútin, pudessem ser pintados como um perigo para o Estado russo. As ações dos manifestantes tinham que ser desatreladas do problema interno real que Pútin criara e associadas a uma falsa ameaça externa à soberania nacional. A política da eternidade requer e produz problemas que são insolúveis por serem fictícios. Para a Rússia em 2012, o problema fictício passou a ser o desígnio da União Europeia e dos Estados Unidos de destruir o país.

O inimigo perene de Leonid Brêjniev, o Ocidente decadente, tinha voltado: mas dessa vez a decadência era de uma variedade mais explicitamente sexual. Ilin descrevera a oposição às suas opiniões como "perversão sexual", referindo-se à homossexualidade. Um século depois, foi essa também a primeira reação à oposição democrática. Os que queriam que os votos fossem recontados em 2011 e 2012 não eram cidadãos russos desejosos de que a lei fosse observada, que seus desejos fossem respeitados e que seu Estado perdurasse. Eram agentes estúpidos da decadência sexual global, cujas ações ameaçavam o organismo nacional inocente.[25]

Em 6 de dezembro de 2011, dia seguinte ao primeiro protesto em Moscou, o presidente da Federação Russa, que ainda era Dmítri Medvedev, retuitou uma mensagem dizendo que um dos principais manifestantes era "uma ovelha estúpida chupadora de pau". Vladímir Pútin, ainda primeiro-ministro, mas em vias de voltar a ser presidente, declarou na televisão russa que as fitas brancas usadas pelos manifestantes o faziam pensar em preservativos. Em seguida, comparou os manifestantes a macacos e imitou um. Em visita à Alemanha, Pútin afirmou, para surpresa de Angela Merkel, que a oposição russa era "sexualmente deformada". O ministro do Exterior Serguei Lavrov passou a defender que o governo tinha que tomar providências contra a homossexualidade para proteger a inocência da sociedade russa.[26]

Um confidente de Pútin, Vladímir Iakunin, desenvolveu a imagem da ovelha, transformando-a em teoria geopolítica. Na opinião de Iakunin, publicada num longo artigo em novembro de 2012, a Rússia vivia em eterno confronto com uma conspiração de inimigos, que controlavam o curso da história desde o início dos tempos. Esse grupo global tinha divulgado propaganda homossexual no mundo inteiro para reduzir as taxas de natalidade na Rússia e, dessa maneira, preservar o poderio do Ocidente. A difusão dos direitos dos homossexuais era uma política deliberada que visava transformar os russos num "rebanho" facilmente manipulável pelos mandachuvas do capitalismo.[27]

Em setembro de 2013, um diplomata russo repetiu esse argumento numa conferência sobre direitos humanos na China. Os direitos dos homossexuais eram nada menos que a arma preferida de uma conspiração neoliberal global, destinada a preparar sociedades tradicionais virtuosas, como a Rússia e a China, para a exploração. O presidente Pútin deu o passo seguinte em sua própria reunião de cúpula global pessoal em Valdai, poucos dias depois, comparando a parceria de indivíduos do mesmo sexo ao satanismo. Vinculou os direitos dos homossexuais a um modelo ocidental que "abre caminho direto para a degradação e o primitivismo, resultando numa profunda crise demográfica e moral". O Parlamento russo tinha àquela altura aprovado uma lei "com o objetivo de proteger as crianças contra informações que pregam a negação de valores tradicionais de família".[28]

A sexualidade humana é matéria-prima inesgotável para fabricar preocupações. A tentativa de posicionar a heterossexualidade dentro e a homossexualidade fora da Rússia era factualmente ridícula, mas os fatos não tinham a menor importância. O objetivo da campanha antigay era transformar demandas por mais democracia numa nebulosa ameaça à inocência russa: voto = Ocidente = sodomia. A Rússia precisava se manter inocente, e todos os problemas tinham que ser de responsabilidade alheia.

A campanha não dependia de uma demonstração factual da heterossexualidade da elite russa. Nos quatro anos anteriores, durante a gestão de Pútin como primeiro-ministro, Surkov o colocara numa série de sessões de fotos com peles e plumas. A tentativa de Pútin e Medvedev de se apresentarem como amigos viris posando com roupas brancas semelhantes depois de partidas de badminton também não convenceu. Pútin divorciou-se da mulher justamente quando a campanha antigay começava, o que deixava o grande defensor dos valores de família sem uma família tradicional. A questão da identidade de gênero ficou associada ao presidente russo. Em 2016, Pútin afirmou que não era uma mulher para ter dias ruins. Em 2017, negou que fosse noivo de Donald Trump. Naquele ano, passou a ser infração penal retratar Pútin como palhaço gay. Uma intelectual atenta resumiu assim a posição dele: "Os beijos de Pútin são reservados para crianças e animais".[29]

Pútin apresentava a masculinidade como argumento contra a democracia. Como afirmou o sociólogo alemão Max Weber, o carisma pode dar início a um sistema político, mas não assegura sua continuidade. É normal, segundo Weber, a formação de um clã político e comercial em torno de um líder carismático. Mas, se quiser fazer mais do que simplesmente redistribuir o butim e planejar o próximo saque, esse homem precisa descobrir um jeito de transferir sua autoridade para outra pessoa, idealmente utilizando-se de um meio que permita a transferência de poder outras vezes. Resolver o problema de sucessão é pré-requisito do estabelecimento de um Estado moderno.[30] Weber definiu dois mecanismos que permitem que uma erupção de carisma se transforme em instituições duradouras: 1) pelo costume, por exemplo, numa monarquia na qual o filho mais velho sucede ao pai; ou 2) pelo direito, por exemplo, numa democracia em que eleições regulares permitem que parlamentares e governantes sejam substituídos. Pútin não parece planejar uma sucessão monárquica. Tem mantido as filhas longe da vida política (embora a família se beneficie do capitalismo de conchavos). Resta a possibilidade lógica do direito, que no mundo moderno geralmente significa democracia. O próprio Pútin rechaçou essa alternativa. E com isso a demonstração de masculinidade criou uma aparência de poder à custa da integridade da Rússia como Estado.[31]

Durante as catástrofes que inflige a si próprio, certo tipo de homem sempre encontra um jeito de culpar uma mulher. No caso de Vladímir Pútin, essa mulher foi Hillary Clinton.

Se o primeiro impulso do Krêmlin foi associar a oposição democrática à sodomia global, o segundo foi afirmar que os manifestantes trabalhavam para uma potência estrangeira, cujo principal diplomata era uma mulher: os Estados Unidos. Em 8 de dezembro de 2011, três dias depois de os protestos começarem, Pútin culpou Hillary Clinton: "ela deu o sinal". Em 15 de dezembro, ele afirmou que os manifestantes eram pagos. Não foram apresentadas provas, nem era essa a questão. Se, como afirmava Ilin, votar era apenas uma abertura à influência estrangeira, então o trabalho de Pútin era inventar uma história qualquer sobre influência externa e usá-la para afetar a política interna. A questão era escolher o inimigo que melhor atendesse às necessidades do líder, não o inimigo que de fato representasse uma ameaça ao país. Na verdade, era melhor não falar em ameaças verdadeiras, uma vez que isso revelaria fraquezas reais e sugeriria a falibilidade dos aspirantes a ditador. Quando Ilin escreveu que a arte da política era "identificar e neutralizar o inimigo", não quis dizer que estadistas precisavam localizar com precisão qual potência estrangeira representava de fato uma ameaça. Sua afirmação era que o primeiro passo da política era a decisão do líder sobre que inimigo estrangeiro consolidaria uma ditadura. O problema geopolítico de fato da Rússia era a China. Mas, justamente porque o poderio chinês era real e próximo, refletir sobre a verdadeira geopolítica da Rússia poderia levar a conclusões deprimentes.[32]

O Ocidente foi escolhido como inimigo justamente porque não representava ameaça à Rússia. Ao contrário da China, a União Europeia não dispunha de Exército, nem compartilhava uma longa fronteira com a Rússia. Os Estados Unidos tinham um Exército, mas haviam retirado a vasta maioria de suas tropas do continente europeu: de cerca de 300 mil em 1991 para cerca de 60 mil em 2012. A Otan ainda existia e aceitara como membros antigos países comunistas da Europa. Mas o presidente Barack Obama cancelara o plano norte-americano de construir um sistema de defesa antimíssil no Leste Europeu em 2009, e em 2010 a Rússia permitia que aviões norte-americanos atravessassem o espaço aéreo russo para abastecer suas forças no Afeganistão. Nenhum governante russo temia uma invasão da Otan em 2011 ou 2012, nem sequer fingia essa preocupação. Em 2012, os governantes norte-americanos acreditavam estar em busca de um "restabelecimento" de relações com a Rússia. Quando Mitt Romney se referiu à Rússia como "o principal inimigo geopolítico" dos Estados

Unidos, em março de 2012, foi ridicularizado. Quase ninguém, na vida pública ou na mídia norte-americana, prestava atenção a Moscou. A Rússia nem ao menos era citada nas pesquisas de opinião nos Estados Unidos sobre ameaças e desafios globais.[33] A União Europeia e os Estados Unidos foram apresentados como ameaças porque as eleições russas eram fraudadas. No final de 2011 e no primeiro semestre de 2012, canais de televisão e jornais russos compuseram a narrativa de que todos aqueles que protestavam contra a fraude eleitoral eram pagos por instituições ocidentais. O esforço começou em 8 de dezembro de 2011, com a notícia da declaração de Pútin de que Clinton tinha deflagrado os protestos. Com a manchete "Pútin propõe punições mais severas para fantoches do Ocidente", *Noviie Izvestiia* informou que ele estava convencido de que "as forças de oposição russas deram início a protestos em grande escala depois do 'sinal verde' dado pela secretária de Estado dos Estados Unidos, Hillary Clinton". A associação entre oposição e traição era tida como evidente, e a única questão restante era a do castigo apropriado. Em março, a televisão russa divulgou um filme, descrito como "documentário", segundo o qual cidadãos russos que saíam às ruas eram pagos por estrangeiros mal-intencionados.[34]

Exatamente porque tornara o Estado russo vulnerável, Pútin precisava afirmar que isso era responsabilidade de seus oponentes. Dizendo acreditar que "seria inadmissível permitir a destruição do Estado para satisfazer a sede de mudança", reservava para si mesmo o direito de definir como ameaças à Rússia as opiniões de que não gostava.[35]

A partir de 2012, não havia sentido em imaginar uma Rússia pior no passado e melhor no futuro, mediada por um governo reformista no presente. A inimizade dos Estados Unidos e da União

Europeia precisava se tornar a premissa da política russa. Pútin reduzira o Estado russo ao seu clã oligárquico e ao seu momento. A única maneira de evitar uma visão de colapso futuro era descrever a democracia como uma ameaça imediata e permanente. Depois de transformar o futuro num abismo, Pútin tinha que fazer parecer que agitar os braços à beira desse abismo equivalia a aplicar golpes de judô.

Em 2012, Pútin deixou claro que encarava a democracia apenas como um apoio ritualizado a sua própria pessoa. Isso significava, como informou ao Parlamento russo em seu discurso anual, "submissão e respeito a leis, regras e regulamentos". Os russos como indivíduos não tinham o direito de protestar contra os atos antidemocráticos do seu governo, segundo a sua lógica, uma vez que a democracia lhes exigia que pusessem suas almas de acordo com as leis que proibiam aquelas manifestações. Pútin repetia a opinião de Ilin sobre eleições e direito. Portanto, "liberdade" para ele significava a subordinação às palavras de um líder arbitrário. Depois que Pútin voltou ao cargo de presidente, em maio de 2012, o Estado russo foi de fato transformado num sentido que correspondia às propostas de Ilin. Toda medida importante dava vida a um elemento dos textos constitucionais de Ilin.[36]

Textos considerados difamatórios foram transformados em infração penal. Uma lei que proibia insultos a sensibilidades religiosas fez da polícia a curadora de uma esfera pública ortodoxa. Publicar cartuns com Jesus como personagem ou jogar Pokémon Go numa igreja virou crime. A autoridade e o orçamento do FSB foram ampliados, e concedeu-se a seus funcionários autoridade para atirar sem advertência prévia. Uma nova unidade do FSB foi batizada com o nome de Félix Dzerjinski, fundador da Tcheká (antecessora de GRU, NKVD, KGB e FSB). A definição de traição foi ampliada, passando a incluir a cláusula de informações a organizações não governamentais fora da Rússia, o que convertia o ato de dizer a verdade por e-mail em crime grave. Um "extremismo" não muito bem definido foi proibido. Organizações não governamentais que trabalhavam "contra os interesses da Rússia" foram banidas. Aquelas que recebessem fundos do exterior — uma noção bem genérica, que incluía qualquer forma de cooperação internacional, como realizar conferências — deveriam registrar-se como "agentes estrangeiros".[37]

Na manhã em que a lei dos "agentes estrangeiros" entrou em vigor, apareceram grafites nas sedes das ONGS espalhadas por Moscou com a frase AGENTE ESTRANGEIRO EUA. Um dos alvos foi o *Memorial*, um depósito de material sobre a história da Rússia no século XX. O passado da própria Rússia tornou-se ameaça estrangeira. O *Memorial* tinha documentado os sofrimentos de cidadãos soviéticos, incluindo russos, durante o período stalinista. Claro, se todos os problemas da Rússia vinham de fora, não havia muito sentido em preocupar-se com esses assuntos. A política da eternidade destrói a história.[38]

Na política da eternidade, o passado fornece um valioso estoque de símbolos de inocência explorados por governantes para ilustrar a harmonia da pátria e a dissonância do resto do mundo. A terceira reação de Pútin aos protestos de 2011 e 2012 foi endossar explicitamente e propagar a versão da política da eternidade de Ilin — imaginar a Rússia como um organismo virginal perturbado apenas pela ameaça de penetração estrangeira.

Em 15 de dezembro de 2011, dez dias depois do início dos protestos contra a fraude eleitoral e duas décadas depois da dissolução da União Soviética, Pútin concebeu uma Rússia em que os conflitos históricos eram problemas literários. Sentado num estúdio radiofônico com o escritor fascista Aleksandr Prokhanov, Pútin discorreu sobre uma Rússia que homenagearia monumentos soviéticos ao terror contra cidadãos soviéticos, especificamente a Tcheká e seu fundador, Félix Dzerjinski. Se alguma coisa tinha dado errado na história russa, disse Pútin, foi o fim da União Soviética. Um acontecimento histórico no qual Iéltsin, seu patrono, havia sido figura central, e que possibilitara sua própria ascensão política, de repente se tornava uma misteriosa passagem para um mal-estar nacional. A Rússia precisava, na proposição de Pútin, de um sentido diferente da palavra *revolução*: um ciclo que retornasse indefinidamente ao mesmo lugar.[39]

"Será que podemos dizer", perguntou Pútin a milhões de ouvintes, "que nosso país está totalmente recuperado e curado depois dos dramáticos acontecimentos que nos ocorreram após o colapso da União Soviética, e que agora temos um Estado forte e saudável? Não, claro que ainda estamos bem doentes, mas aqui devemos nos lembrar de Ivan Ilin: 'Sim, nosso país ainda está doente, mas não abandonamos o leito da nossa mãe doente'." O comentário sugeria que Pútin tinha lido a sério os escritos de Ilin, mas sua interpretação desse trecho era curiosa. Para Ilin, era a fundação — e não a dissolução — da União Soviética que tinha ferido a Rússia. Ilin quis ficar com sua mãe de carne e osso, mas não pôde, porque foi expulso da União Soviética pela Tcheká. Disse Ilin ao seu interrogador: "Considero a autoridade soviética um resultado histórico inevitável da grande doença social e espiritual que vem tomando conta da Rússia há vários séculos".[40]

Como ex-oficial da KGB, Pútin era um tchekista, como os russos ainda dizem, que queria governar o país por intermédio da Igreja ortodoxa russa. Desejava uma reconciliação do que chamava de tradições de Vermelhos e Brancos, comunistas e ortodoxos, terror e Deus. Um senso de história exigiria algum tipo de confronto com os dois aspectos da história nacional. A política da eternidade dava a Pútin a liberdade de aceitar ao mesmo tempo Vermelhos e Brancos como inocentes respostas russas a ameaças externas. Se todos os conflitos eram culpa de agentes externos, não havia necessidade de levar em consideração os russos, suas opções ou seus crimes. A extrema direita e a extrema esquerda deveriam ser juntadas num ícone bicéfalo. Pútin proibia as contradições. Supervisionava um renascimento da obra de Ilin no qual a crítica à União Soviética era ignorada. Seria estranho lembrar que Ilin tinha recomendado que os tchekistas fossem expurgados da vida política na Rússia pós-soviética.[41]

Em 2005, Pútin tinha mandado sepultar novamente o cadáver de Ilin num mosteiro onde a polícia secreta estatal soviética incinerara os corpos de milhares de cidadãos russos executados durante o Grande Terror. No momento do novo sepultamento de Ilin, o chefe da Igreja ortodoxa russa era um homem que tinha sido agente da KGB nos tempos soviéticos. Na cerimônia, uma banda militar tocou o hino nacional russo, cuja melodia é a mesma do antigo hino soviético. O homem que segundo consta apresentou Pútin aos escritos de Ilin, o diretor de cinema Nikita Mikhalkov, era filho do compositor responsável pelas duas versões. Mikhalkov era um ávido estudioso de Ilin, como revela seu manifesto político: a Rússia era uma "unidade espiritual-material", uma "união milenar de múltiplas nacionalidades e tribos". A Rússia era o centro da Eurásia, "um continente cultural-histórico independente, uma união orgânica, nacional, centro do mundo geopolítico e sagrado".[42]

Quando depositou flores no túmulo de Ilin, em 2009, Pútin estava acompanhado por seu sacerdote ortodoxo favorito, Tikhon Chevkunov, que não se opunha a ver os carrascos soviéticos como patriotas russos. O próprio Pútin, falando poucos anos depois, não teve a menor dificuldade em considerar bíblicos os valores do comunismo: "Certa ideologia dominou a União Soviética e, independentemente dos nossos sentimentos a respeito dela, era baseada em alguns valores claros, na verdade quase religiosos. O Código Moral do Arquiteto do Comunismo, se vocês o lerem, é apenas uma cópia patética da Bíblia". Muitos contemporâneos de Ilin o tinham chamado de "um tchekista de Deus". Ele foi sepultado novamente como tal, com honras outorgadas por tchekistas e por homens de Deus, e por homens de Deus que eram tchekistas, e tchekistas que eram homens de Deus.[43] Ilin foi devolvido, de corpo e alma, à Rússia que fora obrigado a deixar. E esse retorno, com seu endosso das contradições e sua rejeição dos fatos, foi a mais pura expressão de respeito pela tradição de Ilin. Sem a menor dúvida, Ilin se opôs ao sistema soviético. Mas esse sistema, uma vez tendo deixado de existir, era história; e para Ilin os fatos do passado eram apenas matéria-prima para a construção de um mito da inocência. Alterando ligeiramente as opiniões de Ilin, era possível ver a União Soviética não como uma imposição externa à Rússia, como ele a enxergava, mas como Rússia e, por conseguinte, imaculada. E assim os russos poderiam recordar o sistema soviético como a inocente reação russa à hostilidade do mundo. Seus governantes honravam o próprio passado soviético sepultando novamente um inimigo da União Soviética.

Vassili Grossman, o grande romancista e cronista soviético dos crimes do nacional-socialismo e do stalinismo, escreveu: "Tudo flui, tudo muda. Não se pode pegar o mesmo transporte duas vezes". Ele estava falando do "transporte para um campo de concentração" e fazendo uma referência ao adágio de Heráclito: "Tudo flui, tudo muda. Não se pode entrar no mesmo rio duas vezes". Na sensibilidade de Ilin, adaptada por Pútin, o tempo não era um rio fluindo para a frente, mas uma fria lagoa redonda onde as ondulações se dirigem sempre para dentro, rumo a uma misteriosa perfeição russa. Nada de novo acontecia e nada de novo jamais poderia acontecer; o Ocidente atacava a inocência russa de forma incessante. A história, no sentido do estudo do passado, tinha que ser rejeitada, pois já levantaria dúvidas.

No filme de Mikhalkov *Solnechnyi udar* [Insolação], de 2014, ele mostra russos étnicos serem condenados à morte por uma agente judia da polícia secreta, sugerindo com isso que as execuções injustas eram cometidas por pessoas que poderiam ser consideradas estrangeiras, fosse por nacionalidade ou por gênero. Em 2017, quando a Rússia precisou, de alguma forma, tratar do centenário da Revolução Bolchevique, a televisão nacional transmitiu um drama em vários capítulos sobre Liev Trótski, associando de forma velada a revolução ao judaísmo. O herói no fim do drama não era outro senão Ivan Ilin. E dessa maneira a Rússia comemorou o centenário da revolução consagrando um filósofo contrarrevolucionário segundo o qual os russos deveriam pensar no passado em termos de ciclos de inocência. Uma lição tinha sido aprendida.[44]

Assim como endossou a política da eternidade de Ilin, Pútin aceitou a definição da nação russa proposta pelo pensador fascista. Em 23 de janeiro de 2012, pouco depois das eleições legislativas, e pouco antes das presidenciais, Pútin publicou um artigo no qual desenvolvia a opinião de Ilin sobre a questão nacional. Ao afirmar que a oposição política era sexual e estrangeira, Pútin já tinha situado toda a responsabilidade pelos problemas russos fora da alçada do redentor ou do organismo russo. Com a afirmação de que a Rússia era uma "civilização" inocente em sua essência, Pútin fechava o círculo lógico. A Rússia era, por sua natureza, produtora e exportadora de harmonia, e precisava ter permissão para levar aos vizinhos seu tipo de paz.[45]

Nesse artigo, Pútin aboliu as fronteiras jurídicas da Federação Russa. Escrevendo como futuro presidente, descreveu a Rússia não como um Estado, mas como uma condição espiritual. Citando Ilin nominalmente, afirmou que a Rússia não tinha conflitos entre nacionalidades, e a rigor não poderia ter. A "questão nacionalista" na Rússia era, segundo Ilin, uma invenção dos inimigos, uma importação conceitual do Ocidente que não se aplicava ao seu país. Como Ilin, Pútin escreveu que a civilização russa gerava fraternidade. "A grande missão russa", afirmou Pútin, "é unificar e atar a civilização. Nessa civilização-Estado não há minorias nacionais, e o princípio do reconhecimento de 'amigo ou inimigo' é definido com base numa cultura comum." Que o ponto de partida da política seja a definição de "amigo ou inimigo" é a ideia fascista básica, formulada pelo teórico nazista Carl Schmitt e endossada e propagada por Ilin.[46]

Ao referir-se à Rússia como civilização em seus escritos, Pútin englobava todos aqueles que em seu ponto de vista faziam parte dessa civilização. Em vez de falar do Estado ucraniano, cuja soberania, integridade territorial e fronteiras a Rússia reconhecia oficialmente, Pútin preferia imaginar os ucranianos como um povo espalhado por uma vasta extensão do que chamava de território russo, "dos Cárpatos a Kamchatka", e portanto como elemento da civilização russa. Se os ucranianos eram simplesmente mais um grupo russo (como "tártaros, judeus e bielorrussos"), então a Ucrânia como Estado independente e soberano era irrelevante e, como governante da Rússia, Pútin tinha o direito de falar em nome do povo ucraniano. A conclusão foi feita com um brado de desafio, declarando ao mundo que russos e ucranianos jamais se separariam, e ameaçando ir à guerra contra aqueles que não entendessem isso: "Vivemos juntos há séculos. Juntos triunfamos nas guerras mais horríveis. E continuaremos a viver juntos. E, àqueles que querem nos separar, só posso dizer uma coisa: esse dia não vai chegar".[47]

Quando Pútin lançou o desafio, em janeiro de 2012, ninguém no Ocidente estava prestando atenção. As manchetes eram dominadas pelos eleitores russos e sua insatisfação; ninguém na Europa, nos Estados Unidos ou na Ucrânia pensava nas relações russo-ucranianas. Apesar disso, Pútin, agindo com grande rapidez, tinha formulado uma política da eternidade que transformava os protestos dos russos contra suas eleições de faz de conta numa ofensiva europeia e norte-americana contra a Rússia, na qual a Ucrânia seria o campo de batalha. De acordo com Pútin, a questão não era que os russos, como cidadãos individuais, tinham sido tratados injustamente porque seus votos não contavam. Era que a Rússia, como civilização, tinha sido tratada injustamente porque o Ocidente não compreendia que a Ucrânia era russa. A discussão não era que Pútin tinha enfraquecido o Estado russo minando seu princípio de sucessão. Era que europeus e norte-americanos desafiavam a civilização russa ao reconhecer a Ucrânia. Em seu primeiro discurso no Parlamento como presidente em 2012, Pútin afirmou esse conceito de Estado-civilização.[48]

Ninguém estava tentando dividir a Federação Russa como Estado soberano com fronteiras. Mas a Ucrânia também era um. O fato de a Ucrânia ser um Estado soberano diferente da Rússia era questão elementar de direito internacional, assim como o Canadá não era a mesma coisa que os Estados Unidos, nem a Bélgica o mesmo que a França. Ao apresentar um fato banal do status quo jurídico como violação da imaculada civilização russa, Pútin derrubava um conceito de direito em vigor, que a Rússia tinha respeitado nas duas décadas anteriores, em favor de pretensões culturais de caráter bem específico. A Rússia era não só inocente como generosa, de acordo com o seu raciocínio, uma vez que só através da civilização russa os ucranianos seriam capazes de compreender quem eram.

Mesmo o mais servil dos governantes da Ucrânia teria dificuldade para aceitar a descrição feita por Pútin de sua sociedade. O presidente da Ucrânia na época, Viktor Yanukóvytch, era bem conhecido na Rússia e nem de longe representava uma ameaça. Yanukóvytch caíra em desgraça em 2004, quando uma eleição presidencial foi fraudada em seu benefício, e Pútin ficara constrangido quando uma nova votação foi realizada e outro candidato ganhou. O estrategista político norte-americano Paul Manafort, que trabalhava num plano para aumentar a influência da Rússia nos Estados Unidos, foi enviado a Kíev para ajudar Yanukóvytch. Sob a tutela de Manafort, Yanukóvytch adquiriu certas habilidades; graças à corrupção de seus rivais, conseguiu uma segunda chance.[49]

Yanukóvytch venceu a eleição de 2010 de forma legítima e começou seu mandato oferecendo à Rússia essencialmente tudo o que a Ucrânia poderia dar, incluindo direitos de estabelecer bases para a Marinha russa na península ucraniana da Crimeia até o ano de 2042. Isso impossibilitava a Ucrânia de ingressar na aliança da Otan pelo menos por três décadas, de acordo com o que os próprios ucranianos, russos e norte-americanos entenderam na época. A Rússia anunciou que ampliaria sua presença no mar Negro adicionando embarcações de guerra, fragatas, submarinos, navios de desembarque de tropas e novas aeronaves da aviação naval. Um especialista russo declarou que as forças russas permaneceriam em seus portos do mar Negro "até o Dia do Juízo Final".[50]

De repente, em 2012, a nova doutrina de Pútin passou a contestar a própria noção de que a Ucrânia e a Rússia tivessem status jurídico similar para poder assinar um tratado. Em 2013 e 2014, a Rússia tentaria transformar Yanukóvytch de cliente servil em fantoche impotente, induzindo dessa forma os ucranianos a se rebelarem contra um governo que suspendia seus direitos, copiava a legislação repressiva russa e empregava a violência. A ideia de Pútin de uma civilização russa e suas tentativas de intimidar Yanukóvytch levariam a revolução à Ucrânia.[51]

82

Quando alunos de história lhe pediram que citasse uma autoridade em história, Pútin só conseguiu pensar num nome: Ivan Ilin. Ora, Ilin era muitas coisas, mas não historiador. Se as regularidades intemporais do pensador fascista pudessem substituir o tempo histórico, se a identidade pudesse substituir a política, então a questão da sucessão talvez pudesse ser adiada.[52]

No primeiro discurso ao Parlamento russo como presidente em 2012, Pútin descreveu seu próprio lugar na perspectiva temporal russa como a realização de um ciclo eterno: como o retorno

de um senhor antigo de Kíev que os russos chamam de *Vladímir*. A política da eternidade requer pontos do passado que o presente possa completar como um ciclo, demonstrando a inocência do país, o direito legítimo de seu governante e a futilidade de pensar no futuro. O primeiro desses pontos identificados por Pútin foi o ano de 988, quando seu xará, um chefe guerreiro do começo da Idade Média, conhecido em sua época como Volodímir ou Valdemar, se converteu ao cristianismo. No mito do passado de Pútin, Volodímir/ Valdemar foi um russo cuja conversão ligou para sempre as terras da Rússia, da Bielorrússia e da Ucrânia de hoje.[53]

O amigo monástico de Pítin, Tikhon Chevkunov, afirmava que "quem ama a Rússia e lhe quer bem só pode rezar para Vladímir, colocado à frente da Rússia pela vontade de Deus". Nessa formulação, Vladímir Pútin é o redentor russo que surge de fora da história ("pela vontade de Deus") e incorpora de forma mística um passado milenar simplesmente por ser portador de um nome. O tempo se torna um laço místico, vazio de factualidade. Quando uma estátua de Volodímir/ Valdemar foi inaugurada em Moscou (com a grafia moderna de "Vladímir"), a mídia russa teve o cuidado de não mencionar que a cidade de Moscou sequer existia quando Volodímir/ Valdemar foi governante. Em vez disso, a televisão russa repetiu que o novo monumento era a primeira homenagem desse tipo ao líder do Rus. A informação era falsa. Na verdade, em Kíev havia uma estátua de Volodímir/ Valdemar desde 1853.[54]

Nos registros historiográficos, a pessoa em questão era conhecida como Volodímir (como governante de Kíev) e Valdemar (para seus parentes escandinavos). Pertencia a um clã dos vikings, conhecido como o Rus, que tinha aberto caminho para o sul ao longo do rio Dnieper para vender escravos em portos do Sul. O Rus fez de Kíev seu principal entreposto comercial e, por fim, sua capital. A morte de cada chefe militar viking provocava brigas sangrentas. Volodímir/ Valdemar tinha sido príncipe de Nóvgorod, onde (de acordo com fontes árabes) se converteu ao islamismo a fim de negociar com os vizinhos búlgaros muçulmanos. Para conquistar Kíev, Volodímir/ Valdemar foi à Escandinávia em busca de ajuda militar contra seus irmãos. Venceu a campanha e o controle do Rus. Volodímir formalizou os ritos pagãos de Kíev e mandou os cristãos locais fazerem sacrifícios ao deus do trovão. A certa altura, Volodímir casou com a irmã do imperador bizantino, um golpe político que exigiu sua conversão. Só então o cristianismo, e não o paganismo, tornou-se fonte de legitimação do governante de Kíev.[55]

O cristianismo não impedia as guerras parricidas, fratricidas e filicidas, porque não oferecia um princípio de sucessão. Volodímir tinha aprisionado o filho Sviatopolk e marchava contra o filho Iaroslav quando morreu em 1015. Depois da morte de Volodímir, Sviatopolk matou três irmãos seus, mas foi derrotado no campo de batalha por outro, Iaroslav. Sviatopolk então se juntou ao rei polonês e seu Exército para derrotar Iaroslav, que, por sua parte, recrutou um contingente de pechenegues (gente que tinha bebido no crânio do seu avô) para derrotar Sviatopolk, que foi morto durante a batalha. Então, outro irmão, Mstislav, marchou contra Iaroslav e o derrotou, criando as condições para uma trégua e um governo conjunto dos dois. Quando Mstislav morreu, em 1036, Iaroslav passou a governar sozinho. A sucessão de Volodímir para o filho Iaroslav levou dezessete anos e só foi concluída quando dez filhos do patriarca estavam mortos. A vida e o governo de Volodímir/ Valdemar de Kíev, vistos como história, e não nos termos de uma política da eternidade, deixa uma lição: a importância de um princípio de sucessão.[56]

Sem dúvida o Estado russo pode ser mantido, durante um tempo, por emergência eletiva e por guerra seletiva. A própria preocupação criada pela falta de um princípio de sucessão pode ser projetada como vinda do exterior, criando uma hostilidade real e, com isso, recomeçando todo o processo. Em 2013, a Rússia pôs-se a seduzir ou intimidar seus vizinhos europeus para convencê-los a abandonarem suas próprias instituições e sua história. Se a Rússia não pode tornar-se Ocidente, que o Ocidente se torne Rússia. Se os defeitos da democracia norte-americana podem ser explorados para eleger alguém apadrinhado pelos russos, então Pútin poderia provar que o mundo lá fora não é melhor do que a Rússia. Se a União Europeia ou os Estados Unidos viessem a se desintegrar antes de Pútin morrer, ele poderia cultivar uma ilusão de eternidade.

3. Integração ou império (2013)

A Europa, por mais graves que sejam seus numerosos defeitos
e injustiças, adquiriu, apesar disso, um dote assombrosamente
inestimável de capacidades e conhecimentos que ainda é capaz
de partilhar com o resto de um planeta que mais do que nunca
precisa deles para a sua sobrevivência.

Zygmunt Bauman, 2013

Um Estado com um princípio de sucessão existe no tempo. Um Estado que administra suas relações externas existe no espaço. Para os europeus do século xx, esta era a questão central: depois do império, o que viria? Quando já não era possível para as potências europeias dominar grandes territórios, como poderiam os restos e fragmentos sobreviverem como Estados? Durante algumas décadas, dos anos 1950 até os 2000, a resposta parecia evidente: a criação, o aprofundamento e a ampliação da União Europeia, uma relação entre Estados conhecida como integração. Os impérios europeus tinham sido produzidos pela primeira globalização, bem como seus desastrosos desenlaces: a Primeira Guerra Mundial, a Grande Depressão, a Segunda Guerra Mundial, o Holocausto. A integração europeia ofereceu os fundamentos para uma segunda globalização, que, na Europa pelo menos, prometia ser diferente.

A integração europeia durou o suficiente para que os europeus se acostumassem e esquecessem da ressonância e o poder de outros modelos políticos. Mas a história jamais termina, e alternativas sempre aparecem. Em 2013, a Federação Russa propôs uma alternativa para essa integração, sob o nome de "Eurásia": império para a Rússia, Estado-nação para todos os demais. Um problema dessa proposta era que o Estado-nação tinha se mostrado insustentável na Europa. Na história das grandes potências europeias, o imperialismo acabava se misturando em integração, com o Estado-nação quase não aparecendo. As grandes potências do continente nunca foram Estados-nações: antes da Segunda Guerra Mundial, tinham sido impérios, onde cidadãos e súditos eram desiguais; depois, ao perderem seus impérios, juntaram-se num processo de integração no qual a soberania era compartilhada. Os Estados-nações do Leste Europeu, fundados como tal, entraram em colapso nos anos 1930 e 1940. Em 2013, havia todas as razões para suspeitar que, na falta de um sistema continental de maior abrangência, os Estados europeus também se dissolveriam. Uma forma de desintegração, a da União Europeia, muito provavelmente levaria a outra, a dos Estados europeus.

Os governantes russos pareciam compreender isso. Ao contrário de seus equivalentes europeus, discutiam abertamente os anos 1930. O projeto Eurásia da Rússia tinha suas raízes nos anos 1930, justamente a década em que os Estados-nações europeus entraram em colapso e mergulharam na guerra. A Eurásia tornou-se plausível na Rússia enquanto seus dirigentes mantinham a integração impossível para seu povo. Ao mesmo tempo, o Krêmlin reabilitou pensadores fascistas da época e promoveu pensadores russos contemporâneos que retomavam essas ideias. Os maiores eurasianistas dos anos 2010 — Aleksandr Dúguin, Aleksandr Prokhanov e Serguei Glaziev — reviveram ideias nazistas ou as reformularam para objetivos russos.

Em sua época, Ivan Ilin alinhava-se ao pensamento corrente quando acreditava que o futuro, como o passado, pertencia a impérios. Nos anos 1930, a principal questão parecia ser se os novos impérios seriam de extrema direita ou extrema esquerda.[1]

A Primeira Guerra Mundial trouxe o colapso dos velhos impérios terrestres europeus: não só a Rússia de Ilin, mas a monarquia dos Habsburgo, o Império Alemão e o Império Otomano. Depois disso, um experimento na criação de Estados-nações foi empreendido em seus territórios. A França tentou apoiar essas novas entidades, mas durante a Grande Depressão perdeu influência na Europa Central e no Leste Europeu para a Itália fascista e a Alemanha nazista. Quando um governador regional polonês ou um fascista romeno declaravam que a era da democracia liberal tinha acabado, estavam dando voz a uma convicção geral no continente, a rigor uma convicção amplamente partilhada do outro lado do Atlântico. Nos anos 1930, os Estados Unidos eram um império, no sentido de que numerosos súditos seus — os nativos e os afro-americanos — não eram cidadãos plenos. Se iria ou não se tornar uma democracia era uma questão em aberto; muitos dos seus homens mais influentes achavam que não. George Kennan, diplomata norte-americano que se tornaria o extraordinário pensador estratégico do seu país, propôs em 1938 que os Estados Unidos deveriam "ir pela estrada que leva através de mudanças constitucionais ao Estado autoritário". Usando o lema "América em primeiro lugar", o famoso aviador Charles Lindbergh pregava simpatia pelos nazistas.[2]

EUROPA
c. 1930

A Segunda Guerra Mundial também ensinou aos europeus que a escolha era entre fascismo e comunismo, impérios da extrema direita ou da extrema esquerda. Começou com uma aliança imbatível entre os dois extremos, um pacto militar ofensivo germano-soviético de agosto de 1939 que rapidamente destruiu o sistema europeu, eliminando Estados inteiros. A Alemanha já tinha demolido a Áustria e a Tchecoslováquia; juntos, a Wehrmacht e o Exército Vermelho invadiram e destruíram a Polônia; e depois a União Soviética ocupou e anexou a Lituânia, a Letônia e a

Estônia. Com respaldo econômico soviético, a Alemanha invadiu e derrotou a França em 1940. A segunda etapa da guerra começou em junho de 1941, quando Hitler traiu Stálin e a Alemanha invadiu a União Soviética. Os extremos passaram para lados opostos. A intenção beligerante de Berlim era imperial: o controle do solo fértil da Ucrânia soviética que, na opinião de Hitler, faria da Alemanha uma economia autossuficiente e uma potência mundial. Como aliadas ou inimigas, a extrema direita e a extrema esquerda pareciam as únicas opções viáveis. Até mesmo a resistência aos nazistas costumava ser encabeçada por comunistas.[3]

De modo geral, a derrota da Alemanha nazista em 1945 desacreditou o fascismo: ou porque os europeus passaram a encará-lo como um desastre moral, ou porque o fascismo afirmava se resumir a ganhar ou perder. Depois que o Exército Vermelho expulsou a Wehrmacht da União Soviética e do Leste Europeu, a autoridade soviética foi restabelecida na Estônia, na Letônia e na Lituânia, e regimes comunistas foram estabelecidos na Romênia, na Polônia e na Hungria — todos países onde o autoritarismo de direita parecia obra do destino poucos anos antes. Em 1950, o comunismo se estendia praticamente por toda a zona de Estados-nações formados depois da Primeira Guerra Mundial. Na esteira da Segunda Guerra Mundial, assim como da Primeira, o Estado-nação europeu se mostrava insustentável.[4]

O poderio econômico norte-americano tinha sido decisivo durante a guerra. Apesar de os Estados Unidos terem demorado a entrar no conflito militar na Europa, foram os responsáveis por suprir materialmente seus aliados britânicos e soviéticos. Na Europa do pós-guerra, os Estados Unidos subsidiaram a cooperação econômica para apoiar o centro político e minar os extremos e, dessa maneira, no longo prazo, criar um mercado estável para suas exportações. Esse reconhecimento de que os mercados exigem uma base social era compatível com a política interna norte-americana; nas três décadas que se seguiram à guerra, a distância entre ricos e pobres nos Estados Unidos diminuiu. Nos anos 1960, o voto foi estendido aos afro-americanos, reduzindo o caráter imperial da política nacional. Apesar de a União Soviética e seus satélites do Leste Europeu recusarem ajuda norte-americana depois da guerra, os países da Europa Ocidental retomaram o experimento com o primado da lei e eleições democráticas, com apoio financeiro dos Estados Unidos. Embora a política variasse muito de um Estado para outro, em geral a Europa naquelas décadas montou um sistema de assistência médica e seguridade social que gerações posteriores considerariam um direito garantido. Na Europa Ocidental e Central, o Estado não seria mais dependente do império, mas poderia ser resgatado pela integração.[5]

A integração europeia começou em 1951. Ilin morreu apenas três anos depois. Como os pensadores e líderes russos que o ressuscitaram meio século depois, ele nunca levou a sério a integração europeia. Conservou sua visão maniqueísta da política até o fim: o Império Russo significava salvação, e todos os outros regimes marcavam pontos negativos na ladeira da degeneração para o satanismo. Quando olhava para a Europa do pós-guerra, Ilin se concentrava em Espanha e Portugal, impérios marítimos governados por ditadores de direita. Acreditava que Francisco Franco e António de Oliveira Salazar tinham preservado a herança do fascismo e reconstituiriam tal norma no continente. Na Grã-Bretanha e na França do pós-guerra, Ilin via dois impérios em vez de uma monarquia constitucional e uma república, e supunha que o elemento imperial era o que havia de duradouro.[6]

Se os Estados europeus eram impérios, escreveu Ilin, era natural que a Rússia fosse um e devesse continuar sendo. O império era o estado de coisas natural; os impérios fascistas seriam os mais bem-sucedidos; a Rússia seria o império fascista perfeito.

* * *

No meio século transcorrido entre a morte de Ilin e sua reabilitação, uma Europa voltada à integração substituiu o continente dos impérios. A Alemanha inaugurou o modelo. Derrotados na guerra e em seguida divididos, os alemães aceitaram um convite da vizinha França e, junto com Bélgica, Holanda, Luxemburgo e Itália, estabeleceu uma Comunidade Europeia do Carvão e do Aço em 1951. Os governantes da Alemanha Ocidental, Konrad Adenauer em particular, viam que o caminho para a soberania e unificação nacional passava pela integração continental. Enquanto outros impérios europeus também perdiam suas guerras coloniais e seus mercados coloniais, esse projeto foi se ampliando. Até mesmo a Grã-Bretanha, a superpotência imperial, aderiu ao empreendimento (além da Dinamarca e da Irlanda) em 1973. Portugal e Espanha viveram um novo ciclo de descolonização, substituíram o autoritarismo pela democracia parlamentar e em seguida se juntaram ao projeto europeu (ambos em 1986). A Europa estava em um processo de transição conveniente depois do imperialismo.[7]

Nos anos 1980, a democracia através da integração tinha se tornado a norma em boa parte da Europa. Todos os países-membros da Comunidade Europeia eram democracias, quase todas bem mais prósperas do que os regimes comunistas mais a leste. Nas décadas de 1970 e 1980, a distância no padrão de vida entre a parte ocidental e a porção oriental da Europa cresceu, e as novidades nas comunicações tornavam cada mais difícil ocultar esse fato. Enquanto Mikhail Gorbatchóv tentava reformar o Estado para revigorar a economia soviética, os Estados europeus ocidentais construíam uma nova estrutura política que tinha como base a cooperação econômica. Em 1992, poucos meses depois de a União Soviética deixar de existir, a Comunidade Europeia foi convertida em União Europeia (UE). A UE era um exercício da coordenação de leis, da aceitação de uma suprema corte compartilhada e de uma área de livre mercado e circulação. Mais tarde se tornou, para a maioria dos países-membros, uma zona com fronteira e moeda comuns.[8]

Para a maioria dos Estados comunistas da Europa Oriental, a União Europeia também se mostrou um destino seguro depois do imperialismo, embora de um jeito diferente. Nos anos 1930 e 1940, os Estados do Leste Europeu criados depois da Primeira Guerra Mundial foram capturados pelo Império Alemão, pelo Império Soviético, ou por ambos. Depois das revoluções de 1989, os governantes recém-eleitos dos Estados que tinham se livrado da dominação soviética manifestaram a aspiração de aderir ao projeto europeu. Esse "retorno à Europa" foi uma reação à lição de 1918 e 1945: sem uma estrutura maior, o Estado-nação era inexequível. Em 1993, a UE começou a assinar acordos de associação com Estados do Leste Europeu, dando início a um relacionamento jurídico. Nos anos 1990, três critérios de aceitação foram estabelecidos para os candidatos: economia de mercado que permitisse a livre concorrência; democracia e direitos humanos; e capacidade administrativa para aplicar leis e regulamentos europeus.[9]

Em 2004 e 2007, sete Estados pós-soviéticos (Polônia, Hungria, Romênia, Bulgária, República Tcheca, Eslováquia, Eslovênia) e três antigas repúblicas soviéticas (Lituânia, Letônia e Estônia) ingressaram na União Europeia. Em 2013, a Croácia também aderiu. O tipo de pequena unidade política que tinha fracassado depois de 1918 e 1945 agora podia perdurar, já que havia uma ordem continental para dar suporte à soberania. Em 2013, a UE incluía tanto as metrópoles dos velhos impérios marítimos desintegrados depois da Segunda Guerra Mundial como as antigas periferias dos impérios terrestres desfeitos durante ou depois da Primeira.

O que a UE não fez até 2013 foi estender-se para territórios que fizeram parte das fronteiras originais da União Soviética, tal como estabelecida em 1922. Foi quando, vinte anos depois dos seus vizinhos ocidentais, a Ucrânia encaminhou seu acordo de associação com a UE. Em algum momento posterior, a integração ucraniana à União Europeia poderia superar essa última barreira. A Ucrânia era o eixo entre a nova Europa voltada à integração e a velha Europa dos impérios. Os russos que quisessem restaurar o imperialismo em nome da Eurásia começariam pela Ucrânia.

A política de integração tinha diferenças fundamentais em relação à política imperialista. Por um lado, a UE se assemelhava a um império por ser um grande território econômico. Por outro, era diferente de um império por ter como princípio organizador a igualdade, e não a desigualdade.[10]

Uma potência imperial não reconhece as entidades políticas dentro do que considera territórios coloniais, por isso as destrói ou subverte, alegando que nunca existiram. Os europeus na África alegavam que as unidades políticas africanas não existiam e, portanto, não estavam sujeitas ao direito internacional. Os norte-americanos que estendiam suas fronteiras para o oeste assinavam tratados com nações indígenas e depois os ignoravam, apelando para o argumento lógico de que essas nações não eram soberanas. Os alemães que invadiam a Polônia em 1939 afirmavam que o Estado polonês não existia; os soviéticos que com eles se encontraram no meio do país usavam o mesmíssimo argumento. Moscou negou o status soberano dos vizinhos ao ocupar e anexar a Lituânia, a Letônia e a Estônia em 1940, chegando a ponto de considerar crime ter servido nas Forças Armadas desses Estados. Quando invadiu a União Soviética, em 1941, a Alemanha negou que estivesse invadindo um Estado, tratando os povos soviéticos como súditos coloniais.[11]

Ao longo de toda a história do imperialismo europeu, as potências europeias partiam do princípio de que o direito internacional se aplicava a suas questões com outras nações da Europa — mas não aos seus domínios coloniais, onde acumulavam poder e riqueza. Na Segunda Guerra Mundial, os europeus aplicaram seus princípios coloniais uns aos outros. A integração do pós-guerra foi uma volta à ideia de que o direito governava as relações entre os europeus, que perdiam suas colônias dentro do continente e depois no resto do mundo. Na UE, o que se pretendia com tratados era transformar a economia, que por sua vez reformularia a política. O reconhecimento da soberania era a condição essencial de todo o projeto. A integração europeia partia do pressuposto de que as fronteiras entre os Estados eram fixas e que mudanças deveriam ser feitas dentro dos países e em cooperação, e não com um invadindo o outro. Cada país-membro da UE deveria um Estado onde vigorava a lei, com a integração entre eles governada pelo direito.[12]

O resultado disso que se via em 2013 era uma criação formidável, embora vulnerável. A economia da UE era maior que a dos Estados Unidos, que a da China, e cerca de oito vezes maior que a da Rússia. Com seus trâmites democráticos, seus sistemas de bem-estar social e sua proteção ao meio ambiente, a UE oferecia um modelo alternativo à desigualdade norte-americana, russa e chinesa. Abrangia a maior parte dos países tidos como os menos corruptos do mundo. Na falta de Forças Armadas unificadas e de instituições de política externa persuasivas, a UE dependia do direito e da economia para o exercício de sua atividade diplomática, bem como para seu funcionamento interno. Sua política externa implícita consistia em convencer governantes e sociedades que desejassem ter acesso aos mercados europeus a adotarem o primado da lei e a democracia. Cidadãos de países não membros que desejassem os mercados ou os valores europeus faziam pressão para que seus governos negociassem com a UE e rejeitavam pelo voto os políticos que não o fizessem. Isso pareceu funcionar nas décadas de 1980, 1990 e nos anos 2000.

O ponto vulnerável da UE era a política europeia da inevitabilidade: *a fábula da nação sábia*. Cidadãos dos países-membros da Europa Ocidental achavam que seus países não existiam mais e que tinham feito escolhas melhores depois de aprenderem com a história, em particular com a guerra, que a paz era um bem. Enquanto os antigos impérios se viam obrigados a abandonar colônias e tomar parte no processo de integração, essa fábula da

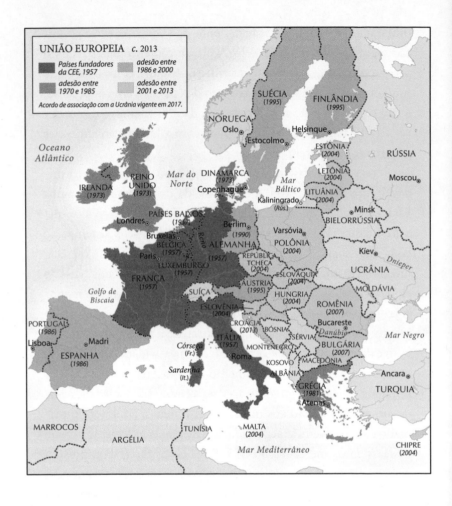

nação sábia facilitou o processo, permitindo que os europeus desviassem os olhos tanto da derrota nas guerras coloniais como das atrocidades que cometeram ao perder.

Na história, não havia uma era do Estado-nação: na maioria dos casos, com exceções como a da Finlândia, o império acabava e a integração começava, sem que houvesse intervalos. Nos casos incontornáveis de Alemanha, França, Grã-Bretanha, Itália, Holanda, Espanha e Portugal, não houve um momento intermediário entre imperialismo e integração, com uma nação soberana e um Estado florescendo em isolamento. É verdade que cidadãos desses países acreditavam, irrefletidamente, que seus países tinham uma história como Estado-nação: depois de um momento de reflexão, em geral é possível se dar conta de que não era bem assim. Essa reflexão não costuma ocorrer, porque o ensino da história em toda a Europa se concentra no aspecto nacional. Na falta de uma educação séria sobre o próprio passado imperial, e de conhecimento comparativo que permita enxergar padrões, os europeus se acomodaram com uma falsidade. A fábula da nação sábia, aprendida na infância, consolava os adultos, ajudando-os a esquecer as verdadeiras dificuldades históricas. Ao recitar a fábula da nação sábia, governantes e sociedades acabavam saudando a si mesmos por terem escolhido a Europa, quando na verdade a integração do continente era uma necessidade existencial do pós--imperialismo.[13]

Nos anos 2010, os cidadãos do Leste Europeu cometiam o mesmo erro, porém de forma diferente. Embora a maioria dos dissidentes anticomunistas tivesse percebido a necessidade de um "retorno à Europa" depois de 1989, a condição de país-membro da União Europeia após 2004 ou 2007 não permitia o esquecimento. As crises decorrentes da Primeira e da Segunda Guerra, quando a instituição do Estado-nação se mostrou inviável, foram reformuladas como momentos singulares de vitimização nacional. Os jovens do Leste Europeu não eram instruídos a refletir sobre as razões do fracasso de seus Estados nas décadas de 1930 e 1940. Enxergando a si mesmos exclusivamente como vítimas inocentes do imperialismo alemão e soviético, festejavam o breve momento entre as duas guerras em que havia Estados-nações no território oriental da Europa. Esqueciam-se de que esses Estados estavam condenados à ruína não só pela má índole estrangeira, mas também por sua própria estrutura: sem uma ordem continental, tinham poucas chances de sobreviver.

A UE jamais tentou estabelecer uma educação histórica comum para todos os europeus. Com isso, a fábula da nação sábia fez parecer possível que os Estados-nações, como haviam escolhido entrar na Europa, também poderiam optar por sair. Uma volta a um passado imaginário parecia possível, até desejável. E, dessa maneira, a política da inevitabilidade abriu uma brecha para a política da eternidade.

Nos anos 2010, nacionalistas e fascistas que se opunham à UE prometeram aos europeus o retorno a uma história nacional imaginária, e seus oponentes raramente enxergavam o verdadeiro problema. Como todos aceitavam a fábula na nação sábia, a UE era definida tanto pelos que a apoiavam como pelos que a rejeitavam como uma opção, e não como uma necessidade nacional. O Partido da Independência do Reino Unido (UKIP), de Nigel Farage, na Grã-Bretanha, a Frente Nacional, de Marine Le Pen, na França, e o partido Freiheitliche, de Heinz-Christian Strache, na Áustria, por exemplo, encontraram um espaço confortável na política da eternidade. Os governantes de um país-membro da UE, a Hungria, criaram um regime autoritário de direita dentro do bloco a partir de 2010. Outro país-membro, a Grécia, enfrentou o colapso financeiro depois da crise mundial de 2008. Seus eleitores foram para a extrema direita ou para a extrema esquerda. Os políticos húngaros e gregos passaram a ver o investimento chinês e russo como um caminho alternativo para o futuro.

A rejeição explícita pelos russos de um futuro para a UE era novidade. A Rússia foi a primeira potência europeia pós-imperial a não ver a UE como uma transição segura para seu Estado nacional, bem como a primeira a atacar a integração como uma forma de negar a possibilidade de soberania, de prosperidade e de democracia para outros países. Quando o ataque começou, as vulnerabilidades da UE ficaram expostas, os populistas em seu seio prosperaram e seu futuro tornou-se sombrio. A grande questão da história europeia estava novamente em aberto, porque certas possibilidades tinham sido fechadas na Rússia.[14]

A Rússia de Pútin foi incapaz de criar um Estado estável com princípio de sucessão e primado da lei. Uma vez que o fracasso precisava ser mostrado como êxito, a Rússia teve que se apresentar como modelo para a Europa, e não o contrário. Isso exigia que o êxito fosse definido não em termos de prosperidade e liberdade, mas de sexualidade e cultura, e que a União Europeia e os Estados Unidos fossem definidos como ameaças não por alguma coisa que tivessem feito, mas pelos valores que supostamente representavam. Pútin executou essa manobra com espantosa rapidez quando voltou ao cargo de presidente, em 2012.

Até então, os políticos russos falavam favoravelmente da integração europeia. Iéltsin aceitava a Europa como modelo, pelo menos da boca para fora. Pútin descrevia a aproximação da UE da fronteira da Rússia como uma oportunidade de cooperação. A ampliação da Otan para o leste em 1999 não foi apresentada por Pútin como ameaça. Ele até tentou convencer os Estados Unidos e a Otan a cooperarem com a Rússia para enfrentar o que considerava problemas de segurança comuns a ambas as partes. Quando os Estados Unidos foram atacados por terroristas islâmicos em 2001, Pútin se ofereceu para colaborar com a Otan em territórios que faziam fronteira com a Rússia. Pútin não se referiu à ampliação da União Europeia em 2004 como ameaça. Pelo contrário, falou em termos favoráveis, ainda naquele ano, de um futuro ingresso da Ucrânia na União Europeia. Em 2008, Pútin esteve presente na reunião de cúpula da Otan em Bucareste. Em 2009, Medvedev permitiu que aviões norte-americanos sobrevoassem a Rússia para abastecer tropas no Afeganistão. Em 2010, o embaixador da Rússia na Otan, o nacionalista radical Dmítri Rogozin, mostrou-se preocupado com a possibilidade de a Otan deixar o Afeganistão. Rogozin queixou-se da falta de espírito de luta da Otan, "sua disposição para a capitulação". Ele queria tropas da Otan na fronteira da Rússia.[15]

O princípio básico que orientava a política externa russa em 2011 não encarava a União Europeia e os Estados Unidos como ameaças. A ideia era que ambos deveriam cooperar com a Rússia de igual para igual. A década de 2000 foi uma oportunidade perdida para criar um Estado russo que pudesse ser visto como tal. A Rússia não conseguia realizar alternâncias democráticas no Poder Executivo. O que tinha sido uma oligarquia de clãs em disputa nos anos 1990 foi transformado numa cleptocracia na qual o próprio Estado se tornou o único clã oligárquico. Em vez de estabelecer o monopólio da aplicação da lei, o Estado comandado por Pútin monopolizava a corrupção. Sem dúvida, a Rússia oferecia alguma estabilidade aos seus cidadãos nos anos 2000, graças à exportação de gás natural e petróleo. No entanto, não cumpriu a promessa de avanços sociais à maior parte da população. Os russos que fundavam empresas poderiam ser presos a qualquer momento por quaisquer supostas violações legais, e com grande frequência isso acontecia.[16]

Em questões de paz e guerra, Moscou também tomou medidas que tornaram mais difícil para os europeus verem a Rússia de igual para igual. Em abril de 2007, a Estônia ficou paralisada durante semanas num grande ciberataque. Embora na época a situação fosse confusa, mais tarde se compreendeu que tinha sido a primeira salva de tiros numa guerra cibernética da Rússia contra a Europa e os Estados Unidos. Em agosto de 2008, a Rússia invadiu a vizinha Geórgia e ocupou parte do seu território. O assalto convencional foi seguido de uma guerra cibernética: o presidente georgiano perdeu o controle do seu site na internet, as agências de notícias locais foram hackeadas e boa parte do tráfego de internet do país foi bloqueado. A Rússia invadiu a Geórgia a fim de tornar a integração à Europa impossível para o país vizinho, mas na verdade a estava renunciando para si mesma.[17]

Nos anos 2010, a oligarquia dominante na Federação Russa já tinha tornado as reformas não apenas impossíveis, mas impensáveis. Escrevendo para a imprensa alemã em novembro de 2010, Pútin tentou conseguir ao mesmo tempo duas coisas inconciliáveis, afirmando que a União Europeia deveria integrar-se com a Rússia sem esperar que seu país mudasse em nada. Uma vez que a Federação Russa não poderia adotar os princípios europeus, raciocinava ele, então a Europa deveria deixar de lado esses princípios. Pútin começava a conceber uma integração invertida, na qual os Estados europeus se tornassem mais parecidos com a Rússia, o que representaria o fim da UE.[18]

Uma extraordinária diferença entre a Europa imperialista e a Europa voltada à integração era a postura em relação à lei. Nessa questão, o político Pútin seguia os passos do filósofo Ilin: a fé inicial no direito deu lugar ao endosso da ilegalidade como atitude patriótica. A grande preocupação de Ilin quando jovem, na Rússia pré-revolução, tinha sido o espírito da lei. Ele achava que os russos precisavam se submeter à legalidade, mas não via como.[19]

Um século depois, a enfadonha União Europeia tinha resolvido esse problema. O tedioso processo de adesão envolvia a exportação do espírito da lei. A integração europeia era um meio de transportar a ideia do primado da lei de lugares onde era mais funcional para locais onde funcionava menos. Nos anos 1990, acordos de associação assinados entre a União Europeia e candidatos a membros davam início a relações jurídicas, ou seja, filiação plena. A perspectiva de filiação futura deixava claros os benefícios da legalidade de uma forma que todo cidadão era capaz de entender.

Na maturidade, Ilin rejeitou o primado da lei em favor da arbitrariedade — *proizvol* — do fascismo. Abandonando a esperança de que a Rússia pudesse ser governada pela lei, ele apresentou a ilegalidade (*proizvol*) como virtude patriótica. Pútin seguiu a mesma trajetória, citando Ilin como autoridade histórica. Quando concorreu à presidência pela primeira vez, em 2000, falava da necessidade de uma "ditadura da lei". Uma vez que os dois conceitos contradiziam um ao outro, um deles desapareceu. Como candidato a presidente em 2012, Pútin rejeitou a ideia de uma Rússia integrada à Europa, o que significava ignorar incentivos externos que favoreciam o primado da lei. Em vez disso, a ideia de *proizvol* seria apresentada como um patriotismo redentor. O conceito em vigor na língua russa corrente é *bespredel,* a ausência de limites, a capacidade de um governante de fazer o que quiser. O termo foi retirado do jargão do crime.[20]

Seguindo essa lógica, Pútin não é um estadista fracassado, mas um redentor nacional. O que a União Europeia descreveria como insucessos de governo deveria ser vivenciado como o florescimento da inocência russa.

Pútin preferiu o império à integração. Se a União Europeia não aceitasse o convite de se integrar com a Rússia, explicou Pútin em 2011 e 2012, os russos ajudariam a Europa a tornar-se eurasiana, ou seja, mais parecida com a própria Rússia. Uma União Alfandegária Eurasiana com as ditaduras pós-soviéticas da Bielorrússia e do Cazaquistão foi estabelecida em 1º de janeiro de 2010, quando Pútin era primeiro-ministro. Como candidato a presidente no fim de 2011 e começo de 2012, Pútin propôs uma "União Eurasiana" mais ambiciosa, como alternativa para a UE que incluísse seus países-membros e, com isso, contribuísse para seu desaparecimento. A ideia eurasiana foi descrita como o ponto de partida de uma nova ideologia e de uma nova geopolítica para o mundo.

Em artigo para o jornal *Izvestiia* publicado em 3 de outubro de 2011, Pútin anunciou o grande projeto da Eurásia. A Rússia reuniria Estados que não se haviam mostrado membros viáveis da União Europeia (e, implicitamente, no futuro, Estados que saíssem da União Europeia quando houvesse um colapso). Isso abria espaço para ditaduras presentes e futuras. Na *Nezavisimaia Gazeta* de 23 de janeiro de 2012, Pútin afirmou, citando Ilin, que a integração não era sobre conquistas comuns, conforme os europeus pensavam, mas sobre o que ele definia como "civilização". Pela lógica de Pútin, o primado da lei deixava de ser uma aspiração global para se tornar aspecto de uma civilização ocidental estrangeira. A integração, no entendimento de Pútin, não dizia respeito a trabalhar em cooperação com outros, e sim à autocelebração; a questão não era fazer, mas ser. Não havia necessidade de fazer nada para tornar a Rússia mais parecida com a Europa. Era a Europa que precisava ficar mais parecida com a Rússia.[21]

Obviamente, para a União Europeia, vir a parecer-se com a Rússia significaria a ruína. Num terceiro artigo, publicado no *Moskovskie Novosti* em 27 de fevereiro de 2012, Pútin chegou a essa mesma conclusão. A Rússia jamais poderia ser membro da UE, por causa do "lugar único ocupado pela Rússia no mapa político do mundo, seu papel na história e no desenvolvimento da civilização". A Eurásia, portanto, "integraria" seus futuros membros com a Rússia sem as problemáticas exigências associadas à UE. Ditador nenhum precisaria renunciar; eleições livres não precisariam ser realizadas; nenhuma lei teria que ser submetida a crivos. A Eurásia era um sistema desmancha-prazeres, destinado a impedir que Estados nacionais aderissem à UE e que suas sociedades considerassem isso possível. No longo prazo, explicava Pútin, a Eurásia esmagaria a UE numa "União da Europa" maior, um "espaço" entre o Atlântico e o Pacífico, "de Lisboa a Vladivostok". Não ingressar na Eurásia, segundo Pútin, seria "promover o separatismo na mais ampla acepção da palavra".[22]

Como candidato a presidente em 2011 e 2012, Pútin prometeu livrar a Rússia de padrões gerais e estender peculiaridades russas para os demais. Se a Rússia podia ser retratada como uma fonte não poluída de valores civilizacionais que outros perderam, a questão de reformar a cleptocracia russa se tornava irrelevante. Por ser um farol para o resto do mundo, a Rússia deveria ser festejada, e não alterada. Pútin corroborava o que dizia com seus atos, uma vez que tornara a integração europeia impensável para o seu povo. Seu jeito de exercer o cargo de presidente tornava a virada eurasiana irreversível. O abandono dos trâmites democráticos em 2011 e 2012 equivalia a zombar de um dos critérios fundamentais da filiação à UE. Esvaziar as ruas de manifestantes por meio da violência, e em seguida os descrever como agentes da Europa, era definir a União Europeia como inimiga.[23]

A Rússia não tinha nenhum princípio de sucessão plausível, e o futuro do Estado russo era incerto, mas nada disso poderia ser dito. Pútin era capaz de controlar o Estado, porém não de reformá-lo. Por isso a política externa precisava tomar o lugar da política interna, e a diplomacia tinha que se voltar para a cultura, e não para a segurança. Na prática, isso significava exportar o caos russo enquanto se falava em ordem, espalhando desintegração em nome da integração. Depois que tomou posse como presidente, em maio de 2012, Pútin apresentou a Eurásia como uma ferramenta para dissolver a União Europeia a fim de simplificar a ordem mundial e permitir que os impérios disputassem territórios. O buraco negro no centro do seu sistema não poderia ser preenchido, mas poderia sugar os vizinhos. Na sua posse, Pútin propôs que a Rússia se tornasse "uma liderança e um centro de gravidade para toda a Eurásia". Num discurso para o Parlamento naquele mês de dezembro, falou de uma catástrofe iminente que inauguraria uma nova era de guerras coloniais em busca de recursos. Num momento como aquele, seria leviano propor reformas ou vislumbrar progressos. Durante essa emergência permanente, proclamou Pútin, a Rússia recorreria a seu caráter nativo excepcional dentro de "grandes espaços russos".[24]

A referência a "grandes espaços", um conceito do pensador jurídico nazista Carl Schmitt, não foi nem o momento mais notável do discurso. Usando a estranha palavra "passionaridade", Pútin evocou uma habilidade especial russa de prosperar em meio ao caos global. Essa "passionaridade" determinaria, segundo Pútin, "quem vai tomar a dianteira e quem continuará do lado de fora e inevitavelmente perderá sua independência". O peculiar termo é invenção de um pensador russo, Liev Gumilióv. Ao contrário de Ilin, que tinha sido redescoberto, Gumilióv era cidadão soviético. Seu termo distintivo "passionaridade" era reconhecível pelos russos, ainda que passasse despercebido no resto do mundo. Como sabiam seus compatriotas, Gumilióv era o exemplar moderno do pensamento eurasiano.

Bem antes de Pútin anunciar sua política eurasiana, o pensamento eurasiano já representava uma proposta especificamente russa para dominar e transformar a Europa. Essa importante tendência intelectual tinha surgido nos anos 1920 como resposta à discórdia inicial entre "eslavófilos" e "ocidentalizantes". Os ocidentalizantes do século XIX acreditavam que a história era unitária e que o caminho para o progresso era um só. Para eles, o problema da Rússia era o atraso, e por isso reforma ou revolução eram necessárias para conduzir o país a um futuro moderno e europeu. Os eslavófilos consideravam que o progresso era ilusório e que a Rússia era dotada de um caráter excepcional e particular.

O cristianismo ortodoxo e o misticismo popular, afirmavam eles, expressavam um espírito profundo, desconhecido no Ocidente. Segundo os eslavófilos, a história russa tinha começado com a conversão ao cristianismo em Kíev, mil anos antes. Ilin começou como ocidentalizante e acabou como eslavófilo, uma trajetória muito comum.[25]

Os primeiros eurasianistas eram eruditos russos exilados dos anos 1920, contemporâneos de Ilin, que rejeitavam tanto a posição eslavófila como a ocidentalizante. Concordavam com os eslavófilos quanto à decadência do Ocidente, mas negavam o mito de continuidade cristã com a antiga Kíev. Os eurasianistas não viam nenhuma conexão significativa entre o antigo Rus de Volodímir/ Valdemar e a Rússia moderna. Preferiam concentrar-se nos mongóis, que tinham derrotado facilmente o que restava do Rus no começo dos anos 1240. Em sua visão, as convenções propícias do domínio mongol permitiram a fundação de uma nova cidade, Moscou, num ambiente a salvo das corrupções europeias, como a herança clássica da Grécia e de Roma, o Renascimento, a Reforma e o Iluminismo. O destino da Rússia moderna era transformar a Europa na Mongólia.[26]

Os eurasianistas dos anos 1920 logo se dispersaram, e alguns renunciaram a suas opiniões iniciais. Tinham um talentoso seguidor dentro da União Soviética: Liev Gumilióv (1912-92). Gumilióv nasceu numa família extraordinária e teve uma das vidas soviéticas mais trágicas e espalhafatosas imagináveis. Os pais de Liev eram os poetas Nikolai Gumilióv e Anna Akhmátova. Quando Liev tinha nove anos, o pai foi executado pela Tcheká; a mãe então escreveu um dos poemas mais famosos da Rússia moderna, que continha o verso: "ela ama, ela adora gotículas de sangue, a terra russa". Em virtude da situação dos pais, Lev teve dificuldade para mergulhar nos estudos universitários nos anos 1930; era seguido de perto pela polícia secreta e denunciado pelos colegas.

Em 1938, durante o Grande Terror, foi condenado a cinco anos no gulag, num campo em Norilsk. Isso inspirou o famoso *Réquiem* da mãe, no qual Anna se refere a Liev como "meu filho, meu horror". Em 1949, Gumilióv foi novamente condenado ao gulag, dessa vez a dez anos perto de Karanganda. Depois da morte de Stálin, em 1953, foi solto, mas os anos no gulag deixaram marcas. Gumilióv via possibilidades inspiradoras na repressão e acreditava que as verdades biológicas fundamentais da vida eram reveladas em ambientes extremos.[27]

Escrevendo como um acadêmico na União Soviética das décadas de 1960, 1970 e 1980, Gumilióv reviveu a tradição eurasiana. Concordava com seus professores que a Mongólia era a fonte do caráter russo e seu amparo contra a decadência ocidental. Como os eruditos exilados dos anos 1920, pintava a Eurásia como uma terra central que se estendia do oceano Pacífico a uma insignificante e doentia península europeia no extremo ocidental.[28]

Enquanto os eurasianos originais tinham sido estudiosos sérios, com formação disciplinar nas universidades do Império Russo, Gumilióv era um típico autodidata soviético, um amador com interesse entusiasmado em vários campos. Para definir a fronteira entre Eurásia e Europa, por exemplo, recorria ao clima. Usava a temperatura média de janeiro para traçar uma linha atravessando a Alemanha. De um lado ficava a Eurásia e do outro, a Europa. Não por acaso, quando Gumilióv apresentou esse argumento, a Alemanha Oriental vivia sob domínio soviético, e a Alemanha Ocidental não.

A contribuição de Gumilióv para o eurasianismo foi sua teoria da etnogênese: uma explicação sobre o nascimento das nações. Começava com uma interpretação bem específica da astrofísica e da biologia humana. Gumilióv afirmava que a sociabilidade dos seres humanos era gerada por raios cósmicos. Alguns organismos eram mais capazes do que outros de absorver energia do espaço

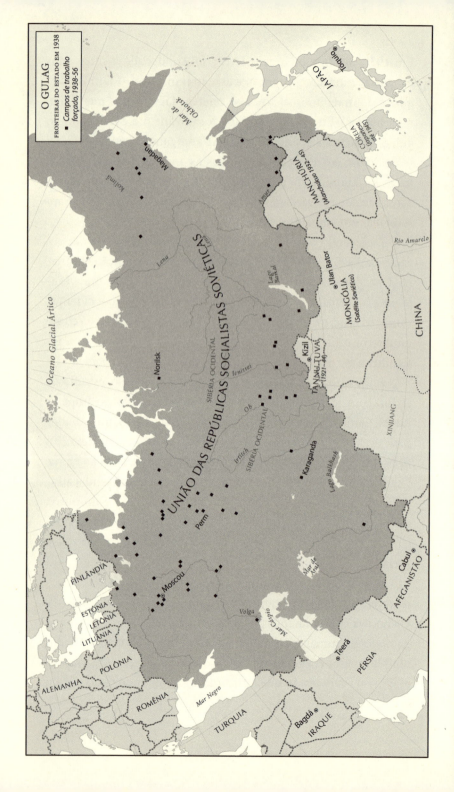

e retransmiti-la para outros. Esses líderes especiais, possuidores da "passionaridade" que Pútin mencionou no discurso de 2012, eram os fundadores dos grupos étnicos. De acordo com Gumilióv, portanto, a gênese de cada nação poderia ser retraçada até uma explosão de energia cósmica, iniciando um ciclo que durava mais de mil anos. Os raios cósmicos que animaram as nações ocidentais tinham sido emitidos no passado distante, ou seja, o Ocidente estava morto. A nação russa surgiu de emissões cósmicas em 13 de setembro de 1380, o que a tornava jovem e vibrante.[29]

Gumilióv acrescentou uma forma particular de antissemitismo à tradição eurasiana, que permitia aos russos responsabilizar os judeus e o Ocidente por suas próprias falhas. O conceito em questão era o da "quimera", ou nação falsa. Nações saudáveis como a dos russos, advertia Gumilióv, precisavam tomar cuidado com grupos "quiméricos" que obtinham vida não de raios cósmicos, mas de outros grupos. Referia-se aos judeus. Para Gumilióv, a história do Rus não mostrava que a Rússia era antiga, mas sim que os judeus eram uma ameaça eterna. Gumilióv alegava que no Rus medieval eram os judeus que traficavam escravos, estabelecendo-se como "polvos comercial-militares". Esses judeus, de acordo com Gumilióv, eram agentes de uma civilização ocidental permanentemente hostil que procurava enfraquecer e difamar o Rus. Também afirmava que o Rus tinha que pagar tributo aos judeus, em sangue. Dessa forma, Gumilióv desenvolveu três elementos básicos de antissemitismo moderno: o judeu como comerciante desalmado, como bebedor de sangue cristão e como agente de uma civilização estrangeira.[30]

Apesar dos anos no gulag, Gumilióv se identificava com a União Soviética, que considerava sua pátria russa. Fazia amigos, ensinava para estudantes e sua influência, mesmo depois da morte, em 1992, era considerável. O economista Serguei Glaziev, que assessorou Iéltsin e Pútin, fazia referências a Gumilióv e usava seus conceitos. Glaziev falava de uma união econômica com planejamento estatal "baseado na filosofia do eurasianismo". Gumilióv era amigo do filósofo Iuri Borodai e seu filho Aleksandr. O jovem Borodai sonhava com a "passionária armada", pessoas que seriam "catalisadoras de poderosos movimentos" que haveriam de libertar "todo o território da Eurásia".

Como presidente, Vladímir Pútin não só citaria Gumilióv com relação ao projeto eurasiano, mas também nomearia Serguei Glaziev seu conselheiro sobre a Eurásia. Não muito tempo depois, Aleksandr Borodai desempenhou papel importante na invasão russa da Ucrânia.[31]

Falar em "Eurásia" na Rússia dos anos 2010 era referir-se a duas correntes de pensamento distantes que se sobrepunham em dois pontos: a corrupção do Ocidente e a malignidade judaica. O eurasianismo dos anos 2010 era a mistura bruta de uma tradição russa desenvolvida por Gumilióv com ideias nazistas mediadas pelo fascista russo mais jovem Aleksandr Dúguin (nascido em 1962). Dúguin não era um seguidor dos eurasianistas originais, nem um estudioso de Gumilióv. Simplesmente usava os termos "Eurásia" e "eurasianismo" para dar a ideias nazistas uma ressonância mais russa. Dúguin, nascido meio século depois de Gumilióv, era um garoto antiestablishment da União Soviética dos anos 1970 e 1980, tocando sua guitarra e cantando sobre a morte de milhões de pessoas em fornos. A obra de sua vida consistia em levar o fascismo para a Rússia.[32]

Quando a União Soviética acabou, Dúguin viajou à Europa Ocidental em busca de aliados intelectuais. Mesmo com a integração da Europa, havia pensadores periféricos da extrema direita que preservavam ideias nazistas, festejavam a pureza nacional e denunciavam a cooperação econômica, política e jurídica como parte de uma conspiração global. Eram os interlocutores de Dúguin. Uma primeira influência foi Miguel Serrano, autor de *Hitler: O último avatar*, segundo o qual a raça ariana devia sua superioridade a origens extraterrestres. Dúguin, como Gumilióv, encontrou o redentor russo de Ilin procurando-o fora da esfera terrena. Se o líder tem que chegar não corrompido pelos acontecimentos, é preciso que venha de algum lugar fora da história. Ilin resolveu a questão apresentando um redentor surgido da ficção numa súbita materialização de misticismo erótico. O Ilin da maturidade e o Dúguin da juventude olhavam para as estrelas.[33]

No começo dos anos 1990, Dúguin tornou-se íntimo do partidário francês da teoria da conspiração Jean Parvulesco, que lhe falou a respeito do conflito antigo entre pessoas do mar (atlanticistas) e pessoas da terra (eurasianistas). Segundo a ideia de Parvulesco, os norte-americanos e britânicos cediam a ideias abstratas judaicas porque suas economias marítimas os separavam das verdades terrestres da experiência humana. Alain de Benoist, do movimento neofascista francês conhecido como Nouvelle Droite, explicou a Dúguin a centralidade dos Estados Unidos nesses planos, como representante da cultura abstrata (judaica). Tratava-se de atualizações de ideias nazistas, como Dúguin compreendia muito bem. Na época, Dúguin escrevia sob o pseudônimo de "Sievers", uma referência a Wolfram Sievers, nazista alemão executado por crimes de guerra em 1947, que ficara conhecido por colecionar os ossos de judeus assassinados.[34]

Os contatos europeus de Dúguin lhe permitiram levar conceitos nazistas de volta para a Rússia. Em 1993, ele e Eduard Limonov, que se referia a Dúguin como o "são Cirilo e Metódio do fascismo", fundaram o Partido Nacional-Bolchevique. Seus membros erguiam os punhos quando saudavam a morte. Em 1997, Dúguin fez um apelo por um "fascismo sem fronteiras e vermelho". Ele ostentava típicas opiniões fascistas: a democracia é vazia; a classe média é o mal; os russos precisam ser governados por um "Homem do Destino"; os Estados Unidos são malévolos; a Rússia é inocente.[35]

Como Ilin, Dúguin tinha uma dívida com Carl Schmitt. Foi Schmitt quem formulou uma visão da política mundial sem leis e Estados, baseada nos desejos subjetivos insaciáveis de grupos culturais por mais e mais terras. Schmitt rejeitava "o conceito vazio de território estatal" e via a nação como "fundamentalmente um organismo". Em sua opinião, o continente eurasiano era um "grande espaço" a ser controlado por aqueles que fossem capazes de tomá-lo. Schmitt alegava que as potências marítimas, como a Grã-Bretanha e os Estados Unidos, eram portadoras de noções abstratas e judaicas de direito. Formulou um conceito de leis internacionais segundo o qual o mundo seria dividido em alguns poucos "grandes espaços", dos quais "potências espacialmente estrangeiras" seriam excluídas. Com isso queria dizer que os Estados Unidos não deveriam ter influência nenhuma na Europa. Dúguin preservava essas ideias alterando apenas a entidade supostamente ameaçada pelos judeus, pelos Estados Unidos e pelas leis: não mais a Alemanha nazista, mas a Rússia contemporânea.[36]

Dúguin desdenhava de Ilin, em sua opinião um filósofo inferior, que não desempenhava nada mais do que uma "função técnica" no regime de Pútin. Apesar disso, boa parte dos escritos de Dúguin soa como uma paródia de Ilin. "O Ocidente", afirmou Dúguin numa repreensão típica, "é o lugar onde Lúcifer caiu. É o centro do polvo capitalista global." O Ocidente, prosseguiu, "é a matriz da perversão e da perversidade cultural, da fraude e do cinismo, da violência e da hipocrisia". Era tão decadente que entraria em colapso a qualquer momento, e apesar disso representava uma ameaça constante. A democracia não era sua renovação, mas o sinal de um cataclismo iminente. Dúguin reagiu à reeleição de Barack Obama como presidente dos Estados Unidos em 2012 nos seguintes termos: "Que ele arruíne esse país, que a justiça finalmente prevaleça, para que esse monstruoso colosso de pés de barro, essa nova Cartago, que espalha seu abominável poderio econômico e político pelo mundo inteiro e tenta lutar com todos e contra todos, rapidamente desapareça". Essas caracterizações do Ocidente são axiomas, não observações. Os fatos do presente são irrelevantes, bem como os do passado. Para Dúguin, assim como para Ilin, o passado só importa como reservatório de símbolos, daquilo que Dúguin chamou de "arquétipos". O passado dava a Dúguin aquilo a que os russos se referiam como "recurso espiritual", uma fonte de imagens a serem usadas para alterar o presente.[37]

Escrevendo no começo do século XXI, Dúguin se viu diante do êxito da União Europeia, entidade hiperjurídica que resgatava Estados no pós-imperialismo; Dúguin jamais pronunciava seu nome. Quando lhe pediam um comentário sobre a UE, Dúguin dizia que estava condenada. Bem antes de Pútin começar a falar de uma Eurásia que deveria incluir a Ucrânia como um elemento da civilização russa, Dúguin definiu o Estado independente da Ucrânia como um obstáculo ao destino eurasiano da Rússia. Em 2005, Dúguin fundou um movimento juvenil financiado pelo governo cujos membros recomendavam a desintegração e a russificação da Ucrânia. Em 2009, ele previu uma "batalha pela Crimeia e pelo leste da Ucrânia". A existência da Ucrânia, na opinião de Dúguin, constituía "um perigo enorme para toda a Eurásia".[38]

Conceitos das três correntes misturadas do fascismo russo — o totalitarismo cristão de Ilin, o eurasianismo de Gumilióv e o nazismo "eurasiano" de Dúguin — apareceram no discurso de Pútin quando ele buscava uma saída do dilema que tinha criado para o seu país em 2012. Ideias fascistas irromperam na esfera pública russa durante a tentativa do governo Obama de "reiniciar" as relações com a Federação Russa. A drástica mudança de orientação russa não tinha relação nenhuma com algum ato inamistoso vindo de fora. A inimizade ocidental não era uma questão que dissesse respeito ao que um ator ocidental *fazia*, mas ao que se dizia que o Ocidente *era*.

Em 2012, pensadores fascistas foram colocados em voga na corrente dominante do pensamento russo por um presidente que parecia achar que precisava deles. Ilin fora submetido a uma ressurreição tão plena quanto um Estado poderia conceder a um filósofo. Gumilióv foi citado por Pútin em seu discurso mais importante. Dúguin tornou-se convidado frequente no maior canal de televisão da Rússia. A ideia eurasiana era a preocupação de um novo laboratório de ideias, o Clube Izborsk. Seus membros incluíam Dúguin, Glaziev e Tikhon Chevkunov — o sacerdote favorito de Pútin e seu acompanhante na visita à sepultura de Ilin. Chevkunov era autor da ideia cíclica de que Pútin reencarnava Volodímir/ Valdemar do Rus — e também autor do livro mais vendido na Rússia em 2012.[39]

O fundador e a força propulsora do Clube Izborsk era o romancista fascista Aleksandr Prokhanov, presente no programa radiofônico de dezembro de 2011 no qual Pútin citou Ilin. Como Dúguin, Prokhanov usava a noção de Eurásia para significar o retorno da autoridade soviética em formato fascista. Também como Dúguin, repetia as ideias de Carl Schmitt; se Prokhanov tinha uma convicção fundamental, era a da luta interminável do vazio e abstrato povo do mar contra o efusivo e honrado povo terrestre. Como Adolf Hitler, Prokhanov culpava a comunidade judaica mundial por inventar as ideias que escravizavam sua terra natal. Também responsabilizava os judeus pelo Holocausto. Como Dúguin, Prokhanov adotava abertamente a ficção política, tentando criar drásticas imagens que transpirassem significado antes que as pessoas tivessem oportunidade de pensar por conta própria. Exemplo da sua mente criativa foi sua reação à eleição de

Barack Obama como presidente dos Estados Unidos. Comentando um encontro de Obama com russos, Prokhanov resmungou que era "como se todos tivessem recebido uma teta negra e todos nela mamassem com gosto e vigor mamífero [...]. No fim, aquilo me deixou humilhado".[40]

Em meio aos rios de tinta das publicações de Prokhanov, o que havia de mais pertinente à Eurásia foi uma entrevista dada por ele em Kíev, na Ucrânia, em 31 de agosto de 2012, antes da inauguração do Clube Izborsk. Naquele mês de março, a Ucrânia e a União Europeia tinham iniciado negociações de associação, e o governo ucraniano elaborava um plano de ação destinado a preparar o país para a assinatura do acordo no ano seguinte. Perplexo com a atitude de Prokhanov para com a Europa, o entrevistador lhe fez perguntas que revelavam temas eurasianos básicos: a precedência da ficção sobre o fato; a convicção de que o êxito europeu era sinal de desastre; a crença numa conspiração judaica global; e a certeza do destino russo da Ucrânia.

A uma pergunta sobre o alto padrão de vida na UE, Prokhanov respondeu: "Atravesse a nado o rio Dnieper e veja cogumelos crescendo lindamente debaixo do sol!". A visão momentânea de uma experiência eslávica essencial era mais importante do que um bem-estar duradouro, criado por décadas de trabalho em benefício de centenas de milhões de pessoas. A manobra seguinte de Prokhanov foi afirmar que factualidade era hipocrisia: "A Europa é um bicho nocivo que aprendeu a chamar coisas hediondas e repugnantes de belas". Fosse o que fosse que os europeus parecessem estar fazendo ou dizendo, "você não vê o rosto deles atrás da máscara". De qualquer maneira, a Europa estava morrendo: "A raça branca está perecendo: casamento gay, pederastas governam as cidades, mulheres não conseguem achar homens". E a Europa estava matando a Rússia: "Não contraímos aids, eles deliberadamente nos infectaram".[41]

O problema fundamental, disse Prokhanov nessa entrevista, eram os judeus. "O antissemitismo", afirmou, "não resulta do fato de os judeus terem nariz torto, nem conseguirem pronunciar corretamente a letra 'r'. Resulta do fato de os judeus terem tomado conta do mundo e estarem usando o seu poder para o mal." Numa manobra típica dos fascistas russos, Prokhanov empregou o simbolismo do Holocausto para descrever a comunidade judaica internacional como um criminoso coletivo e todos os demais como vítimas: "Os judeus uniram a humanidade para jogar a humanidade na fornalha da ordem liberal, que agora está sofrendo uma catástrofe". A única defesa contra a conspiração judaica internacional era um redentor russo. O eurasianismo era a missão messiânica da Rússia para redimir a humanidade. "Precisa abranger o mundo inteiro."[42]

Esse grandioso projeto de redenção, segundo Prokhanov, começaria quando a Rússia, a Ucrânia e a Bielorrússia se fundissem. "Quando falo de Rússia", explicou Prokhanov, "tenho em mente pessoas que vivem na Ucrânia e na Bielorrússia." A Ucrânia tinha diante de si uma "colossal missão messiânica", porque o destino de Kíev era curvar-se perante Moscou e dessa forma dar início à conquista russa do mundo. "Se o primeiro império foi estabelecido aqui", disse Prokhanov, referindo-se ao Rus, mil anos antes, "o império futuro já foi proclamado por Pútin. É a União Eurasiana, e a contribuição da Ucrânia para esse império pode ser magnífica." No fim, perguntou Prokhanov, "por que estar na periferia de Londres quando se pode estar no centro da Eurásia?". Prokhanov temia que o presidente da Ucrânia, Viktor Yanukóvytch, não desse conta da tarefa. Talvez, pensou ele em voz alta, o governo da Ucrânia tivesse que ser mudado.[43]

O Clube Izborsk, centro intelectual do novo nacionalismo russo, foi inaugurado poucos dias depois, em 8 de setembro de 2012. Seu manifesto começava pela afirmação, tornada familiar por Ilin, de que a factualidade era uma arma do Ocidente contra a Rússia:

> O Estado russo foi mais uma vez exposto à letal ameaça representada por centros liberais: uma ameaça de dentro da sociedade russa e de fora de suas fronteiras. A letal "máquina" ideológica e informativa que destruiu todas as bases e todos os valores do império "Branco" dos Románov e depois destruiu todas as fundações do império "Vermelho" soviético está ativa em toda parte. A queda desses impérios transformou o grande espaço eurasiano num caos de povos em guerra, de crenças e culturas em campos de sangue. Essa "máquina" liberal foi construída com a ajuda de antropólogos e historiadores, cientistas sociais e especialistas na "teoria do caos", economistas e mestres das guerras de informação. Desintegra os princípios fundamentais sobre os quais está construído o Estado eurasiano unificado. Elimina os códigos subjacentes de consciência nacional de que a nação precisa para ser vitoriosa e para ampliar sua existência na história. Essa "máquina" de martelar golpeia a Igreja ortodoxa, base espiritual da nação. Impede a construção de um aparelho de segurança nacional, deixando a Rússia desarmada numa época de conflitos militares cada vez mais numerosos. Semeia a discórdia em meio à harmonia das principais confissões religiosas da Rússia. Impede a reconciliação de épocas históricas da Rússia. Prolonga o desastroso Tempo de Dificuldades russo, demonizando o líder russo e todas as instituições de autoridade.[44]

Não havia no manifesto referência a nenhuma política europeia ou norte-americana específica. O problema não era o que europeus e norte-americanos faziam, mas o fato de a União Europeia e os Estados Unidos existirem. Como Prokhanov já tinha deixado claro, a inimizade do Ocidente era um pressuposto, mesmo quando atores ocidentais adotavam políticas amistosas com a Rússia. Os autores do manifesto substituíram a história pela eternidade: o padrão cíclico da perfídia ocidental e da inocência russa. De acordo com o manifesto, impérios eurasianos anteriores tinham

> prosperado como nenhum outro império anterior, e então se arrebentaram num "buraco negro", do qual, aparentemente, não havia como retornar. Mas o Estado tinha mais uma vez renascido, em outra forma, com outro centro histórico, e mais uma vez cresceu e prosperou antes de entrar em declínio e desaparecer. Essa circularidade, a morte do Estado e seu triunfo sobre a morte conferem à história russa um caráter ressurrecional, com a civilização russa ressurgindo inevitavelmente dos mortos. O primeiro império foi o de Kíev-Nóvgorod. O segundo foi o da Moscóvia. O terceiro foi o da dinastia Románov. O quarto foi a União Soviética. O Estado russo de hoje, apesar da perda de grandes territórios, ainda traz a marca do império. A geopolítica do continente eurasiano mais uma vez junta vigorosamente espaços que foram perdidos. É a legitimação do "projeto eurasiano" iniciado por Pútin.[45]

Em vez de usar a história russa para estabelecer interesses ou avaliar perspectivas dentro da sociedade, a Eurásia oferecia declarações poéticas destinadas a criar uma unidade lírica a partir de matanças anteriores. Se o terror soviético assassinou incontáveis sacerdotes ortodoxos russos nos anos 1930, tudo bem, porque seus espíritos se levantaram nos anos 1940 para abençoar o Exército Vermelho:

> A unificação de duas eras históricas, uma aliança estratégica de "Vermelhos" e "Brancos" em face do perigo liberal — esta é a enorme missão de visão mundial dos verdadeiros estadistas. Essa aliança é possível à luz da mística Vitória Russa de 1945, quando o

sistema "Vermelho" contou com o apoio devoto de todos os santos mortos nos anos em que a Igreja foi perseguida, e as armas da "Vitória Vermelha" tornaram-se as santas armas russas. A futura Vitória Russa exige a união de "Vermelhos" e "Brancos". Exige a criação de um Estado no qual, como disse V. V. Pútin, comissários "Vermelhos" podem conviver com oficiais "Brancos".

A glorificação tanto da extrema esquerda como da extrema direita no passado omitia o problema da Rússia no presente: a ausência de um centro, de um sustentáculo político, de um princípio de sucessão que permitisse a transferência de poder da esquerda para a direita ou da direita para a esquerda, preservando o Estado. Como toda atividade política era rechaçada como influência estrangeira, diferenças de opinião ou atos de oposição só podiam ser resultado de desígnios maldosos de europeus e norte-americanos, ressentidos com a imaculada inocência da Rússia.

A consciência messiânica russa, fundamentada nos ensinamentos de um "paraíso terrestre", numa existência ideal, no sonho ortodoxo de justiça divina — tudo isso pressupõe a negação da Rússia no nível de cosmovisão, os ataques à sua crença, sua cultura e seus códigos históricos. Uma invasão militar da Rússia — a consequência dessa intolerância e profunda hostilidade. E por isso o tema das armas russas é um tema sagrado para a Rússia. As armas russas protegem não apenas as cidades, os territórios, a ilimitada riqueza da terra. Protegem toda a ordem religiosa e cultural da Rússia, todos os santuários seculares e sagrados da Rússia.

Essas palavras foram publicadas em meio a um novo programa armamentista, que dobrou o orçamento anual de aquisição de armas da Rússia entre 2011 e 2013, criando as forças que seriam usadas para intervir na Ucrânia e na Síria. Os autores do manifesto sonhavam com uma Rússia totalitária e militarizada, que mobilizasse permanentemente toda a população e não prometesse nada além de sacrifício:

> A Rússia não precisa de reformas políticas apressadas. Precisa de fábricas de armas e altares. A perda do momento histórico depois da destruição do império "Vermelho", o atraso estratégico em comparação com o Ocidente "liberal" exigem da Rússia um salto de desenvolvimento. Esse salto envolve um "projeto de mobilização" que concentrasse todos os recursos da nação na preservação da soberania e na defesa do povo.

Depois dessa salva inicial, mais artigos de autoria de membros do Clube Izborsk aprimoraram a posição da entidade. A ordem liberal que produzia a factualidade, escreveu um dos autores, era obra dos "bastidores do mundo, cujo núcleo são os líderes sionistas". Outros membros do Clube Izborsk explicaram que a União Eurasiana de Pútin era "o projeto de restauração da Rússia como Império Eurasiano". Apresentavam a União Europeia como uma ameaça existencial à Rússia, uma vez que aplicava a lei e gerava prosperidade. A política externa russa deveria, portanto, apoiar a extrema direita dentro dos países-membros até que a UE entrasse em colapso, como Prokhanov previa em êxtase, em meio a uma "constelação de Estados fascistas europeus". A Ucrânia, escreveu um especialista do Clube Izborsk, "é toda nossa, e com o tempo acabará voltando para nós". De acordo com Dúguin, a anexação de território ucraniano pela Rússia era a "condição necessária" do projeto imperial eurasiano.[46]

Para os eurasianistas do Clube Izborsk, os fatos eram o inimigo, a Ucrânia era o inimigo, e os fatos sobre a Ucrânia eram o inimigo supremo. Uma tarefa intelectual do Clube Izborsk era produzir as narrativas que transportassem quaisquer desses fatos ao esquecimento. Na prática, a missão do Clube Izborsk era servir como barreira contra a factualidade. "Izborsk" foi escolhido como nome do laboratório de ideias porque a cidade de Izborsk é onde fica a fortaleza moscovita que resistiu, como lembrava o site do clube, "aos livonianos, poloneses e suecos". Agora o invasor era a "máquina liberal" da argumentação factual.[47]

Um dos bombardeiros russos de longo alcance, um Tu-95 construído para jogar bombas atômicas nos Estados Unidos, foi rebatizado como "Izborsk" em homenagem ao clube. Para o caso de o sinal de respaldo do Krêmlin não ter sido entendido, Prokhanov foi convidado a voar na cabine da tripulação da aeronave. Nos anos seguintes, esse e outros Tu-95 se aproximariam regularmente do espaço aéreo dos países-membros da União Europeia, obrigando-os a ativarem seus sistemas de defesa e escoltarem para longe os bombardeiros. O Tu-95 "Izborsk" seria usado para bombardear a Síria em 2015, dando origem a refugiados que emigrariam para a Europa.[48]

Serguei Glaziev, conselheiro de Pútin, leitor de Gumilióv, seguidor de Schmitt e membro do Izborsk, ligou a teoria eurasiana à prática. Depois de ter sido demitido do governo Iéltsin por corrupção em 1993, Glaziev recebeu uma mãozinha do adepto das teorias de conspiração norte-americano Lyndon LaRouche, que tinha opiniões parecidas. Em 1999, LaRouche publicou uma tradução em inglês do tratado de Glaziev: *Genocide: Russia and the New World Order* [Genocídio: a Rússia e a nova ordem mundial], segundo o qual uma cabala de neoliberais (judeus) tinha deliberadamente destruído a Rússia nos anos 1990. Como outros fascistas russos, Glaziev usava termos associados ao Holocausto (por exemplo, "genocídio") para sugerir que os judeus eram os verdadeiros criminosos, e os russos, as verdadeiras vítimas. Foi eleito para o Parlamento como comunista em 1999 e em seguida ajudou a fundar o partido nacionalista radical Rodina em 2003. Isso não era tão contraditório como poderia parecer. Na "democracia gerenciada" da Rússia, a intenção do Rodina era tirar votos do Partido Comunista e levá-los para um grupo em que Pútin confiava. Glaziev achava que uma economia planificada deveria servir aos interesses da nação russa, a qual, em sua opinião, incluía a Ucrânia: "Não podemos esquecer a importância histórica que a Pequena Rússia (Ucrânia) tem para nós. Nunca separamos Rússia e Ucrânia em nossa mente".[49]

A política externa russa surgiu, escreveu Glaziev, "da filosofia do eurasianismo". A exemplo de Schmitt, Glaziev sustentava que os Estados eram obsoletos. O projeto eurasiano era "baseado num conceito espacial fundamentalmente diferente": a ideia de Schmitt sobre "grandes espaços" dominados por uma grande potência. Os Estados Unidos precisavam ficar longe, decretou Glaziev, porque não faziam parte do grande espaço eurasiano. Por ser um bastião da soberania do Estado, a União Europeia tinha que cair, e os cidadãos dos países-membros precisavam da concessão da totalidade fascista pela qual ansiavam. "Os europeus", escreveu Glaziev, "perderam o senso de direção. Vivem num mosaico, num mundo fragmentado sem relações compartilhadas." A autoridade russa poderia trazê-los de volta ao que Glaziev considerava "realidade".[50]

Glaziev não discutia as preferências do povo que vivia na União Europeia. Os europeus de fato precisavam descobrir em primeira mão a profundidade do sistema russo, em que a expectativa de vida em 2012 era a 111ª do mundo, a polícia não era digna de confiança, subornos e chantagens faziam parte do cardápio da vida diária e a prisão era uma experiência recorrente na classe média? Em sua distribuição de riqueza, a Rússia era o país mais desigual do mundo; a riqueza muito maior da UE era também muito mais equitativamente distribuída entre os seus cidadãos.

Glaziev ajudou seu patrono a manter a cleptocracia mudando o tema da conversa de prosperidade para valores — para o que Pútin chamava de "civilização".

A partir de 2013, os princípios da Eurásia orientaram a política externa da Federação Russa. O Conceito de Política Externa oficial para aquele ano — publicado em 18 de fevereiro com a assinatura do ministro do Exterior Serguei Lavrov, e o endosso especial do presidente Vladímir Pútin — incluía, em meio aos clichês que permaneciam inalterados de ano para ano, uma série de mudanças correspondentes às ideias de Ilin, o eurasianista, e suas tradições fascistas.

O Conceito de Política Externa repetia a caracterização do futuro feita por Pútin como um caos turbulento e uma corrida pela apropriação de recursos. Com o enfraquecimento dos Estados, grandes espaços ressurgiriam. Nesse mundo não poderia haver "oásis" para a "turbulência global", por isso a União Europeia estava condenada ao fracasso. O primado da lei cederia a uma contenda entre civilizações. "A competição global exige, pela primeira vez na história contemporânea, uma dimensão civilizacional." A Rússia era responsável não só pelo bem-estar dos seus cidadãos, mas pela segurança de "compatriotas" indefinidos fora de suas fronteiras. A Eurásia era um "modelo de unificação", aberto às antigas repúblicas da União Soviética e também a membros da atual UE. Sua base de cooperação era "a preservação e a extensão de uma herança cultural e civilizacional comum".[51]

O Conceito deixava claro que o processo de substituição da União Europeia pela Eurásia deveria começar imediatamente, em 2013, numa época em que a Ucrânia negociava com a UE os termos de um acordo de associação. Segundo o Conceito, se a Ucrânia quisesse negociar com a UE, deveria aceitar Moscou como intermediária. Na Eurásia, a dominação russa era a ordem natural das coisas. No longo prazo, a Eurásia superaria a UE, levando à "criação de um espaço humanitário unificado do oceano Atlântico ao oceano Pacífico". Lavrov repetiria essa aspiração, citando Ilin como sua fonte.[52]

Por se tratar de uma organização consensual, a União Europeia era vulnerável a campanhas que intensificavam as emoções. Por ser composta de Estados democráticos, poderia ser enfraquecida por partidos políticos que defendessem a saída da UE. Como nunca tinha havido oposição significativa, não ocorreu aos europeus perguntar se debates na internet eram manipulados a partir de fora com intenções hostis. A política russa de destruir a UE assumiu diversas formas complementares: o recrutamento de líderes e partidos europeus para representar os interesses russos na desintegração europeia; a infiltração digital e televisiva no debate público para semear a desconfiança na UE; o recrutamento de nacionalistas e fascistas radicais para promover publicamente a Eurásia; e o endosso de separatismos de todos os tipos.

Pútin ofereceu amizade e apoio a políticos europeus dispostos a defender interesses russos. Um deles era Gerhard Schröder, o chanceler alemão aposentado, que estava na folha de pagamento da empresa energética russa Gazprom. Outro era Miloš Zeman, eleito presidente da República Tcheca em 2013 depois de uma campanha parcialmente financiada pela empresa russa de petróleo Lukoil, e reeleito em 2018 depois de uma campanha bancada por fontes não declaradas. Um terceiro era Silvio Berlusconi, que passava férias com Pútin antes e depois de deixar o cargo de primeiro-ministro italiano em 2011. Em agosto de 2013, Berlusconi foi condenado por fraude fiscal e proibido de ocupar cargos públicos até 2019. Pútin sugeriu que o verdadeiro problema de Berlusconi era a perseguição aos heterossexuais: "Se fosse gay, ninguém jamais encostaria um dedo nele". Aqui Pútin estava enunciando um dos princípios de sua civilização eurasiana: quando o assunto é desigualdade, passe a falar em sexualidade. Em 2018, Berlusconi deu início a seu retorno político.[53]

Nos países-membros pós-comunistas do Leste Europeu, como a República Tcheca, a Eslováquia, a Hungria e a Polônia, a Rússia financiou e organizou discussões na internet para lançar dúvidas sobre o valor da filiação à União Europeia. Esses sites fingiam oferecer notícias sobre temas variados, mas não perdiam a oportunidade de sugerir que a UE era decadente e arriscada. Nos grandes mercados europeus de mídia, a rede de televisão internacional RT — em inglês, espanhol, alemão e francês — era mais importante. A RT tornou-se a casa midiática de políticos europeus que se opunham à UE, como Nigel Farage, do Partido de Independência do Reino Unido (UKIP) e Marine Le Pen, do Front National francês.[54]

Farage e Le Pen propunham o retorno a um passado inexistente, quando os europeus viviam em Estados-nações sem imigrantes. Eram partidários da política da eternidade, insistindo para que seus concidadãos reconsiderassem a década de 1930 como uma idade de ouro. Tanto a Grã-Bretanha como a França tinham sido impérios marítimos que, com a independência de suas colônias, aderiram a um projeto de integração europeia. Nunca na história moderna nenhum dos dois foi um Estado-nação isolado do mundo. Graças à fábula da nação sábia, seus cidadãos em geral não compreendiam a própria história, portanto não sabiam o que estava em jogo no debate sobre a filiação à União Europeia. Uma vez que Grã-Bretanha e França não têm história moderna como Estados-nações, uma saída da UE seria um mergulho no desconhecido, e não o confortável retorno ao lar prometido pelo nacionalismo. Significaria juntar-se à Rússia como Estado remanescente de um imperialismo europeu fora do alcance da integração continental. Dessa forma, Farage e Le Pen eram parceiros naturais de uma Rússia cuja abordagem da história era a aniquilação.[55]

Em 2013, uma preocupação com o sexo gay uniu partidários russos e franceses da política da eternidade. Em maio daquele ano, o Parlamento francês ampliou os direitos dos casais formados por pessoas do mesmo sexo. Marine Le Pen e seu Front National se juntaram a ativistas russos para resistir ao que caracterizavam como uma conspiração sodomita global. Em junho, Le Pen visitou a Rússia e aderiu com entusiasmo à nova campanha da Rússia pela "civilização". Desenvolveu o argumento russo de que os direitos dos gays eram a ponta de lança de uma conspiração neoliberal global contra países inocentes. Em suas palavras, "homofilia é um dos elementos da globalização", e a Rússia e a França precisavam resistir juntas "a um novo império internacional infectado pelo vírus da comercialização". Essa maneira particular de colocar as palavras era um aceno à crença, comum entre os nacionalistas russos, de que os russos eram inocentes demais para ter contraído aids e, portanto, sua presença na Rússia era resultado de guerra biológica. Le Pen concordava com gosto que os russos eram vítimas de uma "nova guerra fria que a União Europeia está travando contra a Rússia". Aymeric Chauprade, seu conselheiro em política externa, prometeu ao público russo que o Front National destruiria a UE se chegasse ao poder.[56]

Naquele exato momento, alguns norte-americanos confiáveis foram também convidados a defender a nova política de gênero da Rússia. A RT entrevistou Richard Spencer, o mais importante partidário da supremacia branca nos Estados Unidos, sobre a questão das relações russo-americanas. Spencer era casado com Nina Kouprianova, tradutora de Dúguin. Como Spencer admirava Pútin e acreditava que a Rússia era "a única potência branca do mundo", não chegou a ser uma surpresa o fato de ele imediatamente responsabilizar o governo Obama por iniciar uma "guerra fria" por causa da campanha antissodomia da Rússia. Três anos depois, Spencer lideraria seus seguidores entoando a versão modificada de um cântico nazista: "*Hail* Trump, *hail* nosso povo, *hail* vitória".[57]

A propósito, Donald Trump foi o segundo norte-americano famoso a apoiar Pútin naquele verão, durante o momento vulnerável em que a Rússia oficial reivindicava para si o papel de protetora da heterossexualidade. Embora na época não fosse visto em seu próprio país como um político, Trump já vinha sendo promovido por Konstantin Rikov, um empreendedor russo que atua no ramo da internet, como futuro presidente dos Estados Unidos. Trump inclusive estava no meio de uma longa campanha para deslegitimar o então presidente norte-americano, afirmando falsamente que Barack Obama não tinha nascido nos Estados Unidos. A RT tentou tornar a ideia plausível. Trump estava ainda mais ansioso, porém, para bajular o presidente de outro país. Em 18 de junho de 2013, Trump se perguntou, num tuíte, se Pútin "vai ser meu mais novo melhor amigo?".[58]

A contribuição de Trump para a heterossexualidade global foi levar um concurso de misses para os subúrbios de Moscou — ou melhor, ser espectador enquanto os russos faziam tudo. Em princípio, ele era o organizador; na verdade, recebeu 20 milhões de dólares para supervisionar o trabalho de seus colegas russos. Essa era uma rotina das relações entre os russos e Trump, àquela altura já longamente estabelecidas: Trump recebia dinheiro para que seu nome pudesse ajudar russos que sabiam alguma coisa sobre dinheiro e poder. Poucas semanas antes, em abril de 2013, o FBI tinha prendido 29 suspeitos de operarem dois esquemas de jogos ilegais dentro da Trump Tower. De acordo com os investigadores, a operação era supervisionada por Alimzhan Tokhtakhounov, cidadão russo também responsável por uma operação de lavagem de dinheiro num andar logo abaixo daquele ocupado por Trump no prédio. Enquanto o FBI procurava por ele, Tokhta-khounov assistia ao concurso de Miss Universo sentado a poucas cadeiras de distância de Trump. (O procurador da República que autorizou a busca na Trump Tower foi Preet Bharara. Ao tornar--se presidente, Trump demitiu Bharara.)[59]

O incorporador imobiliário russo Aras Agalarov foi parceiro de Trump na realização do concurso de misses na Rússia. Agalarov, cujo sogro tinha sido chefe da KGB no Azerbaijão soviético, era um oligarca especializado em relações com outros oligarcas. Construía shopping centers, condomínios fechados e, posteriormente, fez dois estádios de futebol para Pútin para a Copa do Mundo de 2018. Fez as obras para o concurso de Miss Universo, realizado em sua propriedade, a mulher dele como jurada, o filho cantando. Trump disse que durante o concurso "estive com todas as pessoas importantes". Fosse como fosse, suas relações com a família Agalarov continuaram. Trump mandou para o filho de Agalarov, o pop star Emin, um vídeo cumprimentando-o por seu aniversário. A família Agalarov ofereceu ajuda quando Trump resolveu concorrer à presidência. Um dos muitos exemplos de contato entre os coordenadores de campanha de Trump e russos poderosos foi uma reunião na Trump Tower em junho de 2016, na qual um advogado russo, instruído pelo procurador-geral da Federação Russa, ofereceu à campanha de Trump material sobre Hillary Clinton. Foi a família Agalarov que iniciou os contatos e reuniu o pessoal. Donald Trump Jr., quando soube da possibilidade de cooperar com uma potência estrangeira contra a candidatura de Clinton, comentou: "Amei".[60]

O amor começou naquele início do segundo semestre de 2013. Agalarov foi condecorado com a Ordem de Honra por Pútin pouco antes do concurso de Miss Universo. No dia em que Trump se indagou se Pútin viria a ser seu "novo melhor amigo", Le Pen fazia um passeio turístico pelo Parlamento russo. Nos anos seguintes, Le Pen e Trump apoiariam as aspirações presidenciais um do outro. A visita que fizeram a Moscou em 2013, aparentemente para falar de homossexualidade e heterossexualidade, aprofundou dívidas políticas e financeiras para com a Rússia. No fim de 2013 e começo de 2014, tanto Marine Le Pen como seu pai, Jean-Marie Le Pen, o fundador do partido, anunciaram que o Front National era financiado pela Rússia. Um mediador das transações financeiras entre a Rússia e o Front National era Aymeric Chauprade, que teve permissão para tomar 400 mil euros emprestados, como recompensa por conseguir um financiamento de um banco russo para Jean-Marie Le Pen.[61]

Apesar de o Front National aderir com prazer à campanha do Krêmlin contra a sodomia, seus grandes temas na França eram a imigração e o islã. Assim sendo, atores na Rússia tentavam conquistar votos para o Front National espalhando o medo do terrorismo islâmico. Em abril de 2015, hackers russos assumiram as transmissões de uma estação francesa de TV, fingindo ser o grupo terrorista islâmico Estado Islâmico, e depois divulgaram uma mensagem destinada a amedrontar os eleitores locais. Naquele mês de novembro, quando 130 pessoas foram mortas e 368 feridas num ataque terrorista real em Paris, Prokhanov previu que o terrorismo empurraria a Europa na direção do fascismo e da Rússia.[62]

Na campanha às eleições presidenciais francesas de 2017, Marine Le Pen elogiou seu patrocinador Pútin. Acabou em segundo lugar no primeiro turno em abril, derrotando todos os candidatos dos partidos tradicionais da França. Seu adversário no segundo turno foi Emmanuel Macron, que a máquina de propaganda russa insinuava ser o candidato gay do "lobby gay". No segundo turno, Le Pen obteve 34% dos votos. Apesar de ter perdido para Macron, saiu-se melhor do que qualquer outro candidato de extrema direita na história da França do pós-guerra.[63]

* * *

Apoiar o Front National era atacar a União Europeia. A França, era, depois da Alemanha, o membro mais importante da UE, e Le Pen, sua crítica mais relevante. Em 2013, o financiamento russo do Front National parecia ter muito mais probabilidade de alterar o futuro da UE do que o apoio a Nigel Farage e ao Brexit, seu projeto de tirar a Grã-Bretanha da União Europeia. Farage, como Le Pen, Spencer e Trump, defenderam Pútin durante sua viagem à Eurásia. Em 8 de julho de 2013, Farage afirmou, na RT, que "o projeto europeu na verdade começa a morrer".[64]

A mais alta prioridade da política externa russa no Reino Unido era, na verdade, o separatismo escocês. O Partido Nacional Escocês vinha recomendando o voto pela independência num referendo. Seu líder, Alex Salmond, era um admirador de Pútin. Nas semanas anteriores ao referendo, realizado em 18 de setembro de 2014, a mídia russa sugeria falsamente que a Escócia perderia seu sistema de saúde e seu time de futebol se permanecesse na Grã--Bretanha. Depois que a maioria dos eleitores escoceses preferiu ficar no Reino Unido, apareceram vídeos na internet lançando dúvidas sobre a validade do pleito. Um deles documentava fraude eleitoral na Rússia, mostrada como se fosse a Escócia. Esses vídeos depois foram divulgados no Twitter por contas baseadas na Rússia. Uma autoridade russa proclamou que o resultado era "uma falsificação total". Embora nenhuma irregularidade tenha sido relatada, mais ou menos um terço dos eleitores escoceses ficou com a impressão de que houve fraude. Teria sido uma vitória para a Rússia se a Escócia saísse do Reino Unido: mas seria também uma vitória para a Rússia se os britânicos passassem a desconfiar de suas instituições. Salmond participou desse esforço como apresentador de um programa na RT. Depois que o Partido Conservador venceu as eleições gerais no Reino Unido, em maio de 2015, a RT publicou um artigo de opinião em seu site afirmando que o sistema eleitoral britânico era manipulado.[65]

Apesar de poder formar sozinho o governo depois das eleições, o Partido Conservador estava dividido no tocante à filiação da Grã-Bretanha à União Europeia. Para acabar com as disputas dentro do partido, o primeiro-ministro David Cameron concordou com a realização de um referendo nacional, sem compromisso, sobre a questão. Foi uma notícia extremamente positiva para Moscou, embora não chegasse a ser uma surpresa. A Rússia vinha se preparando para essa possibilidade havia algum tempo. Em 2012, a inteligência russa tinha fundado na Grã-Bretanha uma organização de fachada com o nome Amigos Conservadores da Rússia. Um dos membros fundadores, o lobista britânico Matthew Elliott, era presidente da Vote Leave, a organização oficial que defendia a saída da Grã-Bretanha da União Europeia. Nigel Farage, líder do partido político fundado no programa para deixar a União Europeia, aparecia sempre na RT e manifestava sua admiração por Pútin. Um dos seus mais altos funcionários tomou parte numa campanha russa de difamação contra o presidente da Lituânia, que tinha criticado Pútin.[66]

Todos os grandes canais de televisão russos, incluindo a RT, apoiavam o voto pela saída da União Europeia nas semanas anteriores à votação de 23 de junho de 2016. Uma campanha de convencimento na internet, apesar de ter passado despercebida na época, provavelmente foi ainda mais importante. Trolls russos na internet, pessoas que participavam ao vivo de conversas com eleitores britânicos, e robôs tuiteiros russos, programas de computador que disparavam milhões de mensagens direcionadas, engajaram-se em massa a favor da campanha pela saída. Entre as contas do Twitter que postavam a respeito do Brexit, 419 estavam localizadas na Agência de Pesquisa de Internet da Rússia — posteriormente, cada uma delas, sem exceção, também postaria a favor da campanha presidencial de Donald Trump. Cerca de um terço da discussão sobre o Brexit no Twitter foi gerado por robôs tuiteiros — e mais de 90% dos robôs que tuitavam material político não estavam localizados no Reino Unido. Britânicos que refletiam sobre suas opções não faziam ideia, naquela época, de que estavam lendo material disseminado por robôs, nem que esses robôs eram parte de uma campanha de política externa russa para enfraquecer o seu país. A margem de voto foi de 52% a favor da saída e 48% a favor da permanência.[67]

Dessa vez, nenhuma voz na Rússia pôs em dúvida o resultado, talvez porque a votação tinha saído exatamente como Moscou desejava. O Brexit foi um enorme triunfo da política externa russa e um sinal de que uma cibercampanha conduzida a partir de Moscou era capaz de alterar a realidade.

Por algum tempo, políticos russos vinham insistindo com a Grã-Bretanha para que saísse da União Europeia. Em 2015, Konstantin Kossatchov, o presidente de um comitê de assuntos internacionais da Duma, tinha instruído os britânicos sobre o "mito" de que a UE era "infalível e invulnerável". Depois do referendo, Vladímir Pútin ofereceu um argumento tranquilizador sobre a desintegração da UE: o de que os britânicos tinham sido explorados pelos outros. Na realidade, muitos dos distritos britânicos mais subsidiados pela UE votaram para sair. Pútin gentilmente apoiava as incompreensões e os preconceitos que fizeram as coisas desandar: "Ninguém quer alimentar e subsidiar economias mais fracas, sustentar outros Estados, povos inteiros — isto é um fato óbvio". Moscou tinha convertido em arma a fábula da nação sábia. A rigor, a Grã-Bretanha nunca foi um Estado que tenha decidido sustentar outros, mas um império em colapso cuja condição de Estado foi resgatada pela integração europeia. A mais importante estação russa de televisão, o Pervi Kanal, confirmou em tom tranquilizador o mito de que a Grã-Bretanha poderia sobreviver sozinha, porque sempre foi assim: "Para esta nação é importante que nenhuma das suas alianças ou nenhum dos seus compromissos seja vinculante". Sob a impressão equivocada de que tinha uma história como Estado-nação, os britânicos (em especial os ingleses) decidiram pelo voto jogar-se num abismo onde a Rússia a aguardava.[68]

O apoio russo de inimigos austríacos da União Europeia era ostentoso. Como a Grã-Bretanha e a França, a Áustria era a metrópole de um velho imperialismo europeu que tinha aderido ao processo de integração. A Áustria foi o coração da monarquia dos Habsburgo e em seguida, durante as décadas de 1920 e 1930, um Estado-nação fracassado, sendo depois, ao longo de sete anos, parte da Alemanha nazista. Alguns dos líderes do seu partido Freiheitliche estavam ligados, por família ou ideologia (ou as duas coisas), ao período nazista. Era o caso de Johann Gudenus, que estudou em Moscou e falava russo.[69]

Durante a campanha presidencial austríaca de 2016, o Freiheitliche negociou um acordo de cooperação com o partido de Pútin na Rússia, aparentemente na expectativa de que seu candidato, Norbert Hofer, vencesse. Quase venceu. Em abril, ganhou o primeiro turno da eleição. Perdeu por pouco no segundo turno, que acabou repetido após acusações de violação eleitoral. Em dezembro de 2016, Hofer perdeu novamente no segundo turno. Levou 46% dos votos, o máximo que um candidato do Freiheitliche obteve numa eleição nacional austríaca.[70]

Como na França, o candidato da Rússia não ganhou, mas teve um desempenho muito melhor do que se esperava no início da campanha russa para destruir a União Europeia. Em dezembro de 2016, líderes do Freiheitliche voaram a Moscou para assinar o acordo de cooperação que tinham negociado com o partido político de Pútin. Em outubro de 2017, o Freiheitliche obteve 26% dos votos nas eleições parlamentares da Áustria, e em seguida juntou-se a um governo de coalizão em dezembro. Um partido de extrema direita, em parceria declarada com Moscou, ajudava a governar um país-membro da UE.[71]

Integração ou império? O novo imperialismo eurasiano destruiria a União Europeia? Ou a integração europeia chegaria a território que tinha sido parte da União Soviética em 1922? Era essa a grande questão no continente em 2013. Enquanto Moscou procurava de forma incessante destruir a UE naquele ano, Kíev finalizava um acordo de associação. O pacto comercial era popular na Ucrânia: oligarcas queriam acesso aos mercados da UE; donos de pequenos negócios queriam o primado da lei para competir com os oligarcas; estudantes e jovens em geral queriam um futuro de integração com a Europa. Embora o presidente Viktor Yanukóvytch se esforçasse para não ver, teria que fazer uma escolha. Se a Ucrânia assinasse um acordo de associação com a União Europeia, não poderia fazer parte da Eurásia de Pútin.[72]

Os próprios eurasianistas adotaram uma posição clara. Dúguin vinha recomendando havia tempos a destruição da Ucrânia. Prokhanov tinha sugerido em julho de 2013 que Yanukóvytch precisava ser afastado. Em setembro de 2013, Glaziev afirmou que a Rússia poderia invadir o território ucraniano se a Ucrânia não ingressasse na Eurásia. Em novembro de 2013, Yanukóvytch conseguiu deixar os dois lados descontentes: não assinou o acordo de associação completo, nem pôs a Ucrânia dentro da Eurásia. Em fevereiro de 2014, a Rússia invadiu a Ucrânia. Uma política russa da eternidade travava combate com uma política europeia da inevitabilidade. Os europeus na prática não tinham ideia do que fazer: nunca ninguém resistira à UE, menos ainda a combatera. Pouca gente percebia que um ataque à integração era também um ataque a seus frágeis Estados. Moscou continuava a campanha contra a UE no que supunha que seria o receptivo território da Ucrânia.[73]

Por não terem entendido o que estava em jogo no conflito na Ucrânia, os europeus se mostraram mais vulneráveis ao ataque russo do que os ucranianos. Por terem consciência de que seu próprio Estado era frágil, muitos ucranianos não tinham nenhuma dificuldade em ver a União Europeia como precondição para um futuro dentro da lei e com prosperidade. Consideravam a intervenção da Rússia como causa para uma revolução patriótica, pois viam a filiação à UE como um estágio na construção de um Estado ucraniano. Outros europeus tinham se esquecido da ligação entre um fato e outro, e por isso interpretaram o problema político apresentado pela guerra da Rússia na Ucrânia como diferença cultural. Os europeus se mostraram vulneráveis à soporífera propaganda russa segundo a qual esses problemas revelavam a distância entre a Ucrânia e a centralidade europeia.

A política russa da eternidade localizou com facilidade a cegueira no cerne da política europeia da inevitabilidade. Os russos só precisavam dizer, como o fariam em 2014 e 2015, que os ucranianos não eram uma nação sábia, uma vez que não tinham aprendido as lições da Segunda Guerra Mundial. Os sabichões europeus que concordavam com um aceno de cabeça e nada faziam reforçavam um desentendimento básico da própria história, pondo em risco a soberania dos seus próprios Estados.

A única escapatória das alternativas da inevitabilidade e da eternidade era a história: compreendê-la ou fazê-la. Os ucranianos, vendo sua situação de forma clara, precisavam fazer alguma coisa totalmente nova.

4. Novidade ou eternidade (2014)

> *Começar, antes que se torne um acontecimento histórico, é a capacidade suprema do homem; politicamente, é idêntico à liberdade do homem.*
>
> Hannah Arendt, 1951

A política russa da eternidade voltou mil anos no tempo para encontrar um momento mítico de inocência. Vladímir Pútin afirmava que sua visão milenar do batismo de Volodímir/ Valdemar de Kíev fazia da Rússia e da Ucrânia um só povo. Durante uma visita a Kíev em julho de 2013, Pútin apelou às almas e falou da geopolítica divina:

> Nossa unidade espiritual começou com o batismo do santo Rus, 1025 anos atrás. Desde então, muita coisa aconteceu na vida dos nossos povos, mas nossa unidade espiritual é tão forte que não está sujeita à ação de nenhuma autoridade: nem autoridades do gover-

no, e eu ousaria mesmo dizer que nem autoridades da Igreja. Porque, independentemente de qualquer autoridade existente sobre o povo, não pode haver nenhuma mais forte do que a autoridade do Senhor — nada pode ser mais forte do que isso. E este é o alicerce mais sólido da nossa unidade na alma da nossa gente.[1]

Em setembro de 2013 em Valdai, na reunião de cúpula presidencial oficial sobre política externa, Pútin expôs sua visão em termos seculares. Citou o "modelo orgânico" de Estado, de autoria de Ilin, segundo o qual a Ucrânia era órgão inseparável do virginal corpo russo. "Temos tradições comuns, uma mentalidade comum, uma história comum e uma cultura comum", declarou Pútin. "Temos idiomas muito parecidos. Nesse sentido, quero repetir mais uma vez, somos um só povo." O acordo de associação entre a União Europeia e a Ucrânia estava para ser assinado dois meses depois. A Rússia tentaria suspender o processo alegando que nada de novo pode acontecer dentro dessa esfera espiritual de influência — "o mundo russo", como Pútin começou dizendo. Sua tentativa de aplicar uma política russa da eternidade fora das fronteiras do seu país teve consequências indesejadas. Os ucranianos reagiram criando novos tipos de política.[2]

Nações são coisas novas que remetem a coisas velhas. E a maneira como o fazem é importante. É possível, como os governantes russos têm feito, pronunciar palavras mágicas rituais destinadas a reforçar o status quo dentro do país e justificar o imperialismo fora dele. Dizer que "Rus" é "Rússia", ou que o Volodímir/ Valdemar do Rus nos anos 980 é o Vladímir Pútin da Federação Russa nos anos 2010 significa remover os séculos de material interpretável que permitem o pensamento histórico e o discernimento político.[3]

Também é possível ver nos mil anos transcorridos desde o batismo de Volodímir/ Valdemar de Kíev uma história, e não uma fábula de eternidade. Pensar historicamente implica não trocar um mito nacional por outro, dizendo que a Ucrânia, e não a Rússia, é a herdeira do Rus, que Volodímir/ Valdemar era ucraniano, e não russo. Fazer essa afirmação é apenas substituir uma política russa da eternidade por uma ucraniana. Pensar historicamente é ver como uma coisa tal qual a Ucrânia pode ser possível, assim como uma coisa tal qual a Rússia pode ser possível. Pensar historicamente é enxergar os limites de estruturas, os espaços de indeterminação, as possibilidades de liberdade.[4]

As configurações que tornam a Ucrânia possível hoje são visíveis no período medieval e nos primeiros estágios da modernidade. O Rus de Volodímir/ Valdemar estava fraturado bem antes da derrota dos seus chefes guerreiros diante dos mongóis, no começo dos anos 1240. Depois das invasões mongóis, a maior parte do território do Rus foi absorvida pelo grão-ducado da Lituânia, nos séculos XIII e XIV. Os chefes militares cristãos do Rus então se tornaram figuras de destaque da Lituânia pagã.

O grão-ducado da Lituânia adotou a linguagem política do Rus em suas leis e cortes. A partir de 1386, os grão-duques lituanos geralmente governavam também a Polônia.

A ideia de um lugar chamado "Ucrânia" para designar parte das terras do antigo Rus surgiu depois de 1569, quando as relações políticas entre a Lituânia e a Polônia mudaram. Naquele ano, o reino da Polônia e o grão-ducado da Lituânia formaram uma comunidade política, uma união constitucional entre os dois reinos. Durante o regateio, a maior parte do território da atual Ucrânia passou da parte lituana para a parte polonesa da nova entidade. Isso deflagrou conflitos que criaram a ideia política de uma Ucrânia.[5]

Depois de 1569, no território da atual Ucrânia, as tradições cristãs orientais do Rus foram desafiadas pelo cristianismo ocidental, que se achava no meio de férteis transformações. Pensa-

dores poloneses católicos e protestantes, ajudados pela máquina de impressão, contestaram o domínio do cristianismo oriental nas terras do Rus. Alguns chefes guerreiros ortodoxos do Rus se converteram ao protestantismo ou ao catolicismo, adotando a língua polonesa para se comunicar entre si. Imitando modelos poloneses (e o exemplo de nobres poloneses que se mudaram para o leste), esses poderosos locais começaram a transformar a fértil estepe ucraniana em grandes fazendas agrícolas. Isso significava vincular a população local à terra como servos, para explorar a sua mão de obra. Os camponeses ucranianos que tentavam fugir da servidão com frequência acabavam encontrando outra forma de escravidão, uma vez que podiam ser vendidos como escravos pelos vizinhos muçulmanos, no extremo sul da Ucrânia de hoje. Esses muçulmanos, conhecidos como tártaros, viviam sob a suserania do Império Otomano.[6]

Os servos buscavam refúgio entre os cossacos, homens livres que viviam de saquear, caçar e pescar na orla sudeste da estepe, uma terra de ninguém entre os domínios polonês e otomano. Construíram sua fortaleza, ou *Sich*, numa ilha no meio do rio Dnieper, não muito longe da cidade atual de Dnipro, que leva o nome do rio no idioma local. Em tempos de guerra, milhares de cossacos lutavam como soldados contratados no Exército polonês. Quando os cossacos combatiam na infantaria e a nobreza polonesa na cavalaria, o Exército polonês raramente perdia. No começo do século XVII, a comunidade política polono-lituana era o maior Estado da Europa e chegou até a tomar Moscou por um breve tempo. Era uma república de nobres, na qual cada ramo da nobreza era representado no Parlamento. Na prática, alguns nobres eram mais poderosos do que outros, claro, e os ricos magnatas da Ucrânia estavam entre os cidadãos mais importantes da entidade. Os cossacos queriam ser nomeados nobres, ou pelo menos ter direitos legais definidos dentro dessa comunidade política. Isso não lhes foi concedido.[7]

Em 1648, essa tensão explodiu em rebelião. A comunidade política polono-lituana estava prestes a iniciar uma campanha contra o Império Otomano. Os cossacos se preparavam para entrar em campo contra os otomanos, mas acabaram encontrando um líder, Bogdan Khmelnitski, que os convenceu a se rebelarem contra os proprietários de terra polonizados. Ciente de que precisaria de aliados, Khmelnitski recrutou os tártaros, a quem ofereceu cristãos ucranianos locais como escravos. Quando os tártaros

desertaram, ele teve que procurar um novo aliado, e Moscou foi o único que encontrou. Não houve nada de predestinação nessa aliança. Tanto os cossacos como os moscovitas se consideravam herdeiros do Rus, mas não falavam a mesma língua e para se comunicar entre si dependiam de tradutores. Apesar de rebelde, Khmelnitski era cria do Renascimento, da Reforma e da Contrarreforma, e dominava os idiomas ucraniano, polonês e o latim (mas não o russo). Os cossacos estavam acostumados à cooperação por intermédio de contratos legais. Viam como arranjo temporário o que o lado moscovita considerava submissão permanente ao tsar. Em 1654, a Moscóvia invadiu a comunidade polono-lituana. Em 1667, as terras que formam a Ucrânia atual foram divididas ao longo do rio Dnieper, e a Moscóvia apossou-se de redutos cossacos. O status de Kíev de início era incerto, mas a cidade também acabou cedida à Moscóvia.[8]

Os moscovitas então se voltaram para o oeste depois de sua longa campanha asiática. A cidade de Kíev existira por cerca de oitocentos anos sem conexão política com Moscou. Passara pela Idade Média, pelo Renascimento e pelo Barroco, pela Reforma e pela Contrarreforma, como metrópole europeia. Uma vez unida à Moscóvia, sua academia tornou-se a mais alta instituição de ensino do reino que depois de 1721 passou a ser conhecido como Império Russo. Os homens instruídos de Kíev inflaram as classes profissionais de Moscou, depois as de São Petersburgo. Os cossacos foram assimilados pelas forças armadas imperiais russas. A imperatriz Catarina teve um amante cossaco e utilizou-se dele para conquistar a península da Crimeia. No fim do século XVIII, o Império Russo desmembrou a comunidade polono-lituana, extinguindo-a com a ajuda da Prússia e da monarquia dos Habsburgo. Dessa maneira, quase todas as antigas terras do Rus passaram a fazer parte do novo Império Russo.[9]

No século XIX, a integração imperial russa provocou uma reação patriótica ucraniana. A universidade imperial russa em Carcóvia foi o primeiro centro de uma tendência romântica a idealizar o camponês local e sua cultura. Na Kíev de meados do século, alguns membros de velhas famílias da nobreza começaram a identificar-se com o campesinato de fala ucraniana, mais do que com a autoridade russa ou polonesa. De início, os governantes russos viam nessas tendências um louvável interesse pela cultura "meridional russa", ou da "pequena Rússia". Após a derrota na Guerra da Crimeia de 1853-6 e do levante polonês de 1863-4, autoridades

imperiais russas passaram a considerar a cultura ucraniana um perigo político e proibiram publicações no idioma local. Os estatutos do grão-ducado de Lituânia, com seus ecos da legislação arcaica do Rus, perderam força. O lugar tradicional de Kíev como centro da ortodoxia oriental foi assumido por Moscou. A Igreja uniata, formada em 1596 com liturgia oriental e hierarquia ocidental, foi abolida.[10]

Uma terra do Rus que permaneceu fora do Império Russo foi a Galícia. Quando a comunidade política polono-lituana foi repartida no fim do século xviii, governantes da monarquia dos Habsburgo acabaram ficando com esses territórios. Como terra da Coroa dos Habsburgo, a Galícia reteve certas características da civilização do Rus, tais como a Igreja uniata. A monarquia dos Habsburgo rebatizou-a como "Igreja católica grega" e formava seus padres em Viena. Filhos e netos desses homens se tornaram ativistas nacionais ucranianos, editores de jornais e candidatos ao Parlamento. Quando o Império Russo passou a sufocar a cultura ucraniana, escritores e ativistas locais mudaram-se para a Galícia. Em 1867, a monarquia dos Habsburgo passou a ter uma Constituição liberal e uma imprensa livre, o que dava aos imigrantes políticos liberdade para continuar a obra ucraniana. A Áustria realizava eleições democráticas, e com isso a política partidária tornou-se política nacional em toda a monarquia. Refugiados do Império Russo definiam a política e a história ucranianas em termos de continuidade cultural e idiomática, e não de poderio imperial. Já os camponeses, a grande massa da população que falava ucraniano, estavam mais preocupados com a posse da terra.[11]

Depois da Revolução Bolchevique de novembro de 1917, um governante ucraniano declarou independência. Mas, ao contrário de outros povos do Leste Europeu, os ucranianos foram incapazes de formar um Estado. Nenhuma reivindicação ucraniana foi reconhecida pelas potências que venceram a Primeira Guerra Mundial. Kíev mudou de mãos uma dúzia de vezes, entre o Exército Vermelho, os Russos Brancos, seus adversários, um Exército local e o Exército polonês. Acuadas, as autoridades ucranianas fizeram uma aliança com a recém-independente Polônia, e juntos os Exércitos polonês e ucraniano tomaram Kíev em maio de 1920. Quando o Exército Vermelho contra-atacou, soldados ucranianos combateram ao lado de poloneses, sempre recuando, até chegarem a Varsóvia. No entanto, quando a Polônia e a Rússia bolchevique assinaram um tratado de paz em Riga, em 1921, as terras que ativistas ucranianos viam como suas foram divididas: quase tudo que pertencera ao Império Russo coube à incipiente União Soviética, enquanto a Galícia e outro distrito ocidental, Volínia, ficaram com a Polônia. Longe de ser excepcional, isso era mais do que típico. O Estado-nação ucraniano se desfez em questão de meses, enquanto seus vizinhos ocidentais duraram alguns anos, mas a lição era a mesma, e mais bem aprendida com o exemplo da Ucrânia: o Estado-nação era difícil e, na maioria dos casos, insustentável.[12]

A história ucraniana ressalta uma questão central da história europeia moderna: depois do império, vem o quê? De acordo com a fábula da nação sábia, os Estados-nações europeus aprenderam uma lição com a guerra e começaram a integrar-se. Para que esse mito faça sentido, os Estados-nações têm que ser concebidos dentro de períodos em que, na realidade, não existiram. O acontecimento mais importante de meados do século xx na Europa tem que ser removido: as tentativas feitas pelos europeus para estabelecer impérios dentro do próprio continente. O caso decisivo é a fracassada tentativa alemã de colonizar a Ucrânia em 1941. A rica terra negra ucraniana esteve no centro dos dois grandes projetos neoimperiais europeus do século xx — o soviético e o nazista. Nesse sentido também, a história ucraniana é mais do que típica e, portanto, indispensável. Nenhum outro território atraiu tanta atenção colonial dentro da Europa. Isso revela a regra: a história europeia gira em torno de colonização e descolonização.[13]

Ióssif Stálin entendia o projeto soviético como autocolonização. Por não ter possessões ultramarinas, a União Soviética precisava explorar suas terras ermas. A Ucrânia deveria, portanto, ceder sua dadivosa agricultura para os responsáveis soviéticos pela planificação centralizada do Primeiro Plano Quinquenal de 1928-33. O controle estatal da atividade agrícola matou de fome entre 3 milhões e 4 milhões de habitantes da Ucrânia soviética. Adolf Hitler via a Ucrânia como o território fértil que faria da Alemanha uma potência mundial. O controle da terra negra local era seu objetivo de guerra. Como resultado da ocupação alemã que começou em 1941, mais de 3 milhões de habitantes da Ucrânia soviética foram mortos, entre eles cerca de 1,6 milhão de judeus assassinados pelos alemães e por policiais e milícias locais. Além dessas perdas, mais cerca de 3 milhões de habitantes da Ucrânia soviética morreram em combate, como soldados do Exército Vermelho. Somando tudo, aproximadamente 10 milhões de pessoas foram mortas numa década, em consequência de duas colonizações rivais do mesmo território ucraniano.[14]

Depois que o Exército Vermelho derrotou a Wehrmacht, em 1945, as fronteiras da Ucrânia soviética foram ampliadas para o oeste, incluindo distritos tomados da Polônia, bem como territórios menores da Tchecoslováquia e da Romênia. Em 1954, a península da Crimeia foi removida da República Federativa Soviética da Rússia e anexada à Ucrânia. Esse foi o último de uma série de ajustes fronteiriços entre as duas repúblicas soviéticas. Como a Crimeia está ligada à Ucrânia por terra (e é uma ilha, do ponto de vista da Rússia), a grande questão era integrar a península à infraestrutura de abastecimento de água e às redes elétricas ucranianas. Os dirigentes soviéticos aproveitaram a oportunidade para explicar que a Ucrânia e a Rússia foram unificadas pelo destino. Por ser 1954 o ano do tricentésimo aniversário do acordo que tinha unido os cossacos e a Moscóvia contra a comunidade política polono-lituana, fábricas soviéticas produziram maços de cigarro e camisolas com o logo 300 ANOS. Foi um dos primeiros exemplos da política soviética da eternidade: legitimar o domínio não por realizações presentes ou promessas futuras, mas pelo laço nostálgico de um número redondo.[15]

A Ucrânia era a segunda república mais populosa da União Soviética, atrás da Rússia. Nos distritos do oeste da Ucrânia que tinham sido parte da Polônia antes da Segunda Guerra Mundial, nacionalistas ucranianos resistiram à imposição do mando soviético. Numa série de deportações no fim dos anos 1940 e no começo da década de 1950, eles e suas famílias foram mandados, às centenas de milhares, para o sistema soviético de campos de concentração, o gulag. Em apenas alguns dias de outubro de 1917, por exemplo, 76192 ucranianos foram transportados para o gulag no episódio que ficou conhecido como Operação Ocidente. Quase todos aqueles que ainda estavam vivos na época da morte de Stálin, em 1953, foram soltos por seu sucessor, Nikita Khruschóv. Nas décadas de 1960 e 1970, comunistas ucranianos juntaram-se a seus camaradas russos para governar o maior país do mundo. Durante a Guerra Fria, o sudeste da Ucrânia era um importante centro de atividades militares soviéticas. Foguetes eram construídos em Dnipropetrovsk, não muito longe de onde os cossacos mantiveram em outros tempos sua fortaleza.[16]

Apesar de sua política ter sido letal para os ucranianos, os governantes soviéticos jamais negaram que a Ucrânia fosse um país. A ideia vigente era que as nações desenvolveriam todo o seu potencial sob o governo soviético e depois se dissolveriam, quando o comunismo fosse alcançado. Nas primeiras décadas da União Soviética, a existência de uma nação ucraniana era aceita sem discussão, do jornalismo de Joseph Roth às estatísticas da Liga das Nações. A epidemia de fome de 1932-3 também foi uma guerra contra a nação ucraniana, por ter destruído a coesão social de vilarejos e coincidido com um sangrento expurgo de ativistas nacionais ucranianos. No entanto, persistia a vaga ideia de que uma nação ucraniana teria um futuro socialista. Só nos anos 1970, na época de Brêjniev, a política soviética abandonou oficialmente esse faz de conta. Com o mito da "Grande Guerra Patriótica", russos e ucranianos se misturaram como soldados na luta contra o fascismo. Quando abandonou a utopia em troca do "socialismo que realmente existe", Brêjniev deu a entender que o desenvolvimento de nações não russas estava concluído. Brêjniev recomendou que o russo se tornasse o idioma de comunicação de todas as elites soviéticas, e um auxiliar seu cuidava das questões ucranianas. As escolas foram russificadas, e as universidades deveriam seguir o exemplo. Nos anos 1970, ucranianos que se opunham ao regime soviético arriscavam-se a ir parar na prisão ou no hospício para protestar em defesa da cultura nacional.[17]

Certamente os comunistas ucranianos aderiram com entusiasmo e em grande número ao projeto soviético, ajudando comunistas russos a governarem regiões asiáticas da União Soviética. Depois de 1985, a tentativa de Gorbatchóv de passar por cima do partido afastou essas pessoas, embora sua política da glasnost, ou discussão aberta, incentivasse cidadãos soviéticos a expressarem sua indignação. Em 1986, seu silêncio depois do desastre nuclear de Tchernóbil o deixou desacreditado aos olhos de muitos ucranianos. Milhões de habitantes da Ucrânia soviética foram desnecessariamente expostos a altas doses de radiação. Era difícil esquecer em especial a ordem para que um desfile de Primeiro de Maio fosse realizado mesmo debaixo de uma nuvem mortífera. O envenenamento sem sentido de 1986 levou os ucranianos a começar a falar da falta de sentido da grande fome coletiva de 1933.[18]

No início do segundo semestre de 1991, o golpe fracassado contra Gorbatchóv abriu caminho para Bóris Iéltsin tirar a Rússia da União Soviética. Comunistas e oposicionistas ucranianos achavam que a Ucrânia logo faria o mesmo. Num referendo, 92% dos habitantes da Ucrânia soviética, incluindo a maioria em cada uma das regiões ucranianas, votaram pela independência.

* * *

Como na nova Rússia, os anos 1990 na nova Ucrânia foram marcados por privatizações de ativos soviéticos e esquemas de arbitragem financeira. Na Ucrânia, a nova classe de oligarcas consolidava-se em clãs duradouros, porém, ao contrário do que ocorria na Rússia, nenhum deles dominava o Estado por mais do que uns poucos anos de cada vez. E, coisa que nunca aconteceu na Rússia, na Ucrânia o poder mudava de mãos por meio de eleições democráticas. Tanto a Rússia como a Ucrânia perderam a oportunidade de realizar reformas econômicas nos anos relativamente prósperos que precederam a crise financeira mundial de 2008. Outra diferença em relação à Rússia era que na Ucrânia a União Europeia era vista como uma cura para a corrupção que impedia o progresso social e uma distribuição de riqueza mais equitativa. A filiação à UE era promovida de forma constante, pelo menos no discurso, por governantes ucranianos. O presidente ucraniano a partir de 2010, Viktor Yanukóvytch, promovia a ideia de um futuro integrado ao continente europeu, ainda que adotasse políticas que tornavam esse futuro mais improvável.[19]

A carreira de Yanukóvytch demonstra a diferença entre o pluralismo oligárquico ucraniano e o centralismo cleptocrático russo. Ele concorreu à presidência pela primeira vez em 2004. A contagem final foi manipulada a seu favor por seu protetor, Leonid Kutchma, o presidente que estava saindo. A política externa russa também deveria apoiar sua candidatura e declarar sua vitória. Depois de três semanas de protestos na Praça da Independência de Kíev (conhecida como Maidan), de uma decisão da suprema corte ucraniana e de novas eleições, Yanukóvytch reconheceu a derrota. Foi um momento importante na história local; confirmava a democracia como princípio de sucessão. Desde que o primado da lei vigorasse nas altas esferas da política, sempre havia uma esperança de que um dia pudesse estender-se para a vida diária.

Depois da derrota, Yanukóvytch contratou o consultor político norte-americano Paul Manafort para aprimorar sua imagem. Embora mantivesse residência na Trump Tower em Nova York, Manafort passava muito tempo na Ucrânia. Sob a tutela de Manafort, Yanukóvytch providenciou um corte de cabelo e ternos melhores e começou a falar com as mãos. Manafort o ajudou a elaborar uma "estratégia sulista" para a Ucrânia, parecida com a que seu Partido Republicano tinha usado nos Estados Unidos: enfatizar diferenças culturais e adotar uma política mais relacionada ao ser do que ao fazer. Nos Estados Unidos, isso significava explorar os ressentimentos dos brancos, apesar de serem uma maioria cujos membros detinham quase toda a riqueza; na Ucrânia, significava exagerar as dificuldades de pessoas que falavam russo, ainda que esse idioma fosse uma importante ferramenta da política e da economia nacionais, e a primeira língua daqueles que controlavam os recursos do país. Assim como o cliente seguinte de Manafort, Donald Trump, Yanukóvytch chegou ao poder através de uma campanha de ressentimentos culturais misturados com a esperança de que um oligarca pudesse defender o povo contra a oligarquia.[20]

Após vencer a eleição presidencial de 2010, Yanukóvytch concentrou-se em sua riqueza pessoal. Parecia estar importando práticas russas ao criar uma elite cleptocrática permanente, em vez de permitir a rotatividade dos clãs oligárquicos. O filho do seu dentista tornou-se um dos homens mais ricos da Ucrânia. Yanukóvytch enfraqueceu o sistema de freios e contrapesos do governo nacional, transformando, por exemplo, o juiz que fez sua ficha criminal desaparecer no ministro presidente da suprema corte ucraniana. Yanukóvytch também tentou administrar a democracia ao estilo russo. Mandou para a prisão um dos seus dois principais adversários e aprovou uma lei que desqualificava o outro como candidato à presidência. Com isso, foi para o segundo turno da eleição seguinte contra um adversário nacionalista escolhido a dedo. Yanukóvytch estava certo da vitória, depois da qual poderia dizer aos europeus e norte-americanos que tinha salvado a Ucrânia do nacionalismo.[21]

Como novo Estado, a Ucrânia tinha problemas enormes, sendo o mais óbvio a corrupção. Um acordo de associação com a União Europeia, que Yanukóvytch prometia assinar, seria um instrumento para respaldar o primado da lei dentro do país. A função histórica da UE era justamente o resgate dos Estados europeus depois dos tempos de imperialismo. Yanukóvytch pode não ter compreendido isso, mas muitos cidadãos ucranianos sim. Para eles, só a perspectiva de um acordo de associação tornava seu regime tolerável. Por isso, quando de repente declarou, em 21 de novembro de 2013, que a Ucrânia não assinaria o acordo de associação, o presidente tornou-se intolerável. Yanukóvytch tinha tomado sua decisão depois de conversar com Pútin. A política russa da eternidade, até então ignorada pela maioria dos ucranianos, estava subitamente batendo à porta.[22]

São os jornalistas investigativos que colocam à vista de todos a oligarquia e a desigualdade. Como cronistas do contemporâneo, são os primeiros a reagir à política da eternidade. Na Ucrânia oligárquica do século XXI, os repórteres davam a seus concidadãos uma chance de autodefesa. Mustafa Nayyem era um desses jornalistas investigativos, e esse 21 de novembro para ele foi a gota d'água. Escrevendo em sua página no Facebook, Nayyem insistiu com os amigos para irem à rua protestar. "Curtidas não contam", escreveu. As pessoas teriam que ocupar fisicamente as ruas. E foi o que fizeram: no começo, estudantes e jovens — milhares deles, de Kíev e de todo o país —, os cidadãos que mais tinham a perder com o congelamento do futuro.[23]

Foram para a Maidan e lá ficaram. E com isso tomaram parte na criação de uma coisa nova: uma nação.

Fossem quais fossem os defeitos do seu sistema político, os ucranianos, depois de 1991, partiam do pressuposto de que as disputas políticas tinham que ser resolvidas sem violência. As exceções, como o assassinato do popular repórter investigativo Georgiy Gongadze, em 2000, provocavam protestos. Num país que tinha testemunhado mais violência no século xx do que qualquer outro, a paz cívica do século xxi era uma conquista que inspirava orgulho. Junto com as eleições regulares e a ausência de guerra, o direito de se manifestar pacificamente era uma maneira de os ucranianos se distinguirem da Rússia. Por isso foi um impacto quando a polícia de choque atacou os manifestantes na Maidan, em 30 de novembro. A notícia de que "nossos filhos apanharam" espalhou-se por Kíev. O derramamento "da primeira gota de sangue" fez as pessoas agirem.[24]

Cidadãos ucranianos foram a Kíev ajudar os estudantes, porque a violência os incomodava. Um deles era Serhiy Nihoyan, descendente de armênios falantes de russo, proveniente do distrito meridional ucraniano conhecido como Donbas. Operário, foi manifestar solidariedade aos "estudantes, cidadãos da Ucrânia". A reação de proteger o futuro, deflagrada na mente de estudantes pelo medo de perder a integração com a Europa, foi desencadeada em outros pelo temor de perder a geração criada numa Ucrânia independente. Entre os representantes das gerações mais velhas que foram à Maidan proteger os estudantes estavam os "afegãos" — veteranos da invasão do Afeganistão pelo Exército Vermelho. Os protestos de dezembro de 2013 eram menos sobre a União Europeia e mais sobre a forma adequada de fazer política na Ucrânia, sobre "decência" e "dignidade".[25]

Em 10 de dezembro de 2013, a polícia de choque foi despachada novamente para desobstruir a Maidan de manifestantes. Mais uma vez a notícia se espalhou, e moradores de Kíev de todas as classes e profissões decidiram colocar o corpo no caminho dos cassetetes. Uma jovem empresária recordava que seus amigos "faziam a barba e vestiam roupa limpa para o caso de morrerem naquela noite". Uma historiadora literária de meia-idade arriscou-se com um casal de idosos, ele editor, e ela, médica:

> Meus amigos eram um inválido de bem mais de sessenta anos e sua mulher, mais ou menos da mesma idade — perto deles eu parecia jovem, forte e saudável (sou uma mulher de 53 anos, e é claro que na minha idade é difícil pensar em enfrentar fisicamente homens armados). Meus amigos são ambos judeus, e eu sou cidadã polonesa, mas andamos juntos, como patriotas ucranianos, convencidos de que nossa vida não valeria nada se os protestos fossem esmagados. Fomos até a Maidan, não sem alguma dificuldade. Minha amiga Lena, médica, a criatura mais doce do mundo, tem só um metro e meio de altura — eu tinha que mantê-la longe da polícia de choque, porque sabia que ela ia dizer aos policiais exatamente o que achava deles e daquela situação.

Em 10 de dezembro, a polícia foi incapaz de dispersar a multidão.[26]

Em 16 de janeiro de 2014, Yanukóvytch criminalizou retroativamente os protestos e legalizou o uso da força pelo governo. Os anais parlamentares incluíram um esboço de legislação que os manifestantes chamavam de "leis da ditadura". As medidas impunham limitações severas à liberdade de expressão e de associação, proibindo um "extremismo" indefinido e exigindo que organizações não governamentais que recebiam dinheiro do exterior se registrassem como "agentes estrangeiros". As leis foram apresentadas por deputados ligados a Moscou e eram cópias da legislação russa. Não houve audiências públicas, nenhum debate parlamentar, na verdade nem sequer uma votação adequada: em vez da contagem eletrônica, os deputados mostravam as mãos, e o número de mãos levantadas não chegou a constituir maioria. Apesar disso, as leis entraram em vigor. Os manifestantes compreenderam que seriam tratados como criminosos se fossem apanhados.[27]

Passados seis dias, dois manifestantes foram assassinados a tiros, e um terceiro, que tinha desaparecido, foi encontrado morto. Da perspectiva, digamos, dos Estados Unidos ou da Rússia, que são sociedades muito mais violentas, é difícil avaliar o peso que essas três mortes tiveram para os ucranianos. A matança desenfreada cometida por franco-atiradores quatro semanas depois eclipsaria essas três primeiras baixas. A invasão russa da Ucrânia, que começou cinco semanas mais tarde, causaria um derramamento de sangue tão maior que é quase impossível lembrar como a matança começou. Apesar disso, para a sociedade realmente afetada, houve momentos específicos que pareciam intoleráveis violações da decência comum. Na última semana de janeiro, cidadãos ucranianos que a princípio não apoiavam os protestos da Maidan começaram a chegar, em grande número, de todos os cantos do país. Como a percepção geral era a de que Yanukóvytch tinha sangue nas mãos, a continuação do seu governo era inconcebível para muitos ucranianos.[28]

Os manifestantes vivenciaram esse momento como uma deformação de sua sociedade política. Um protesto que começara como a defesa de um futuro de integração à Europa transformara-se na defesa de umas poucas e tênues conquistas do presente. Em fevereiro, a Maidan era uma espécie de furiosa barricada de resistência contra a Eurásia. Até então, poucos ucranianos tinham parado para pensar na política russa da eternidade. Mas os manifestantes não queriam o que lhes estava sendo oferecido: a violência conduzindo a uma vida sem futuro em meio a fragmentos do que poderia ter sido.

Quando fevereiro começou, Yanukóvytch ainda era presidente, e Washington e Moscou tinham planos para mantê-lo no poder. Um telefonema entre um secretário de Estado assistente e o embaixador norte-americano em Kíev, aparentemente gravado por um serviço secreto russo e vazado em 1º de fevereiro, revelou que a linha política oficial dos Estados Unidos consistia em apoiar um novo governo encabeçado por Yanukóvytch. A proposta estava fora de sintonia com as demandas dos manifestantes na Maidan e, a rigor, totalmente fora da realidade. O governo de Yanukóvytch já estava acabado, pelo menos na cabeça daqueles que tinham decidido arriscar a própria vida na Maidan depois dos assassinatos de 22 de janeiro de 2014. Uma pesquisa de opinião mostrou que apenas 1% dos manifestantes aceitaria um acordo político que deixasse Yanukóvytch no cargo. Em 18 de fevereiro começaram os debates parlamentares, na esperança de que algum tipo de acordo fosse alcançado. Em vez disso, no dia seguinte houve um sangrento confronto que tornou a continuação do regime de Yanukóvytch ainda mais improvável.[29]

A história da Maidan entre novembro de 2013 e fevereiro de 2014, obra de mais de 1 milhão de pessoas expondo o corpo à pedra fria, não é equivalente à história das tentativas fracassadas de sufocá-la. O derramamento de sangue dentro da Ucrânia a princípio era impensável para os manifestantes; mas só o derramamento de sangue fez norte-americanos e europeus prestarem atenção no país; e o derramamento de sangue serviu de pretexto para Moscou mandar o Exército russo e derramar muito mais. Por isso é difícil resistir à tentação de recordar a Ucrânia tal como era vista desde o início, já que a trajetória da narrativa seguia a trajetória das balas.

Para quem esteve na Maidan, o motivo do protesto era a defesa do que ainda julgavam possível: um futuro decente para o seu país. A violência para eles era importante porque servia como uma escala indicativa do intolerável. Vinha em erupções que duravam instantes ou horas: espancamentos em 21 de novembro e 10 de dezembro, desaparições e assassinatos em janeiro, um ataque a bomba em 6 de fevereiro e por fim um massacre promovido por franco-atiradores em 20 de fevereiro. Mas as pessoas iam à Maidan não para lá ficar instantes ou horas, mas dias, semanas e meses — sua fortaleza de espírito sugeria uma nova noção de tempo e novas formas de fazer política. Eles só permaneceram na Maidan porque descobriram novas maneiras de se organizar.[30]

A ocupação da praça produziu quatro formas de fazer política: a da sociedade civil, a da economia da doação, a do Estado do bem-estar social voluntário e a da amizade ao estilo da Maidan.

Kíev é uma capital bilíngue, fenômeno pouco comum na Europa e impensável na Rússia e nos Estados Unidos. Os europeus, russos e norte-americanos raramente consideram que o bilinguismo diário pode ser um sinal de maturidade política e imaginavam que uma Ucrânia que fala duas línguas devia estar dividida em dois grupos e duas metades. Os "ucranianos étnicos" só podem ser um grupo que age de uma maneira, e os "russos étnicos", um grupo que age de outra maneira. Isso é uma síntese de uma política que define as pessoas por etnia e propõe para elas uma eternidade de ressentimentos, e não uma política de futuro. Na Ucrânia, a língua é um espectro, mais do que uma linha divisória. Ou, quando é uma linha, passa por dentro das pessoas, e não entre elas.

Na Maidan, os ucranianos falavam como na vida cotidiana, usando o ucraniano e o russo conforme lhes parecesse mais adequado. A revolução foi iniciada por um jornalista que usava o russo para dizer às pessoas onde colocar a câmera, e o ucraniano para falar diante dela. Sua famosa postagem no Facebook ("Curtidas não contam") foi escrita em russo. Na Maidan, a questão de quem falava qual língua era irrelevante. O manifestante Ivan Surenko deu o seguinte testemunho, em russo: "A multidão da Maidan é tolerante nessa questão de idioma. Nunca ouvi nenhuma discussão a respeito". Numa pesquisa de opinião na Maidan, 59% das pessoas se definiam como falantes de ucraniano, 16% como falantes de russo e 25% como falantes das duas línguas. Os idiomas eram usados de acordo com as necessidades da situação. Um orador falava ucraniano num palco construído na Maidan, uma vez que é essa a língua da política. Mas podia muito bem retornar à multidão e conversar com os amigos em russo. Era esse o comportamento diário de uma nova nação política.[31]

A atividade política dessa nação dizia respeito ao primado da lei: primeiro a esperança de que o acordo de associação com a União Europeia pudesse reduzir a corrupção, depois a determinação de impedir que o direito desaparecesse completamente debaixo das ondas de violência do Estado. Nas pesquisas, os manifestantes quase sempre escolhiam "a defesa do primado da lei" como o seu principal objetivo. A teoria política era simples: o Estado precisava que a sociedade civil o conduzisse para a Europa, que por sua vez o afastaria da corrupção. Uma vez iniciada a violência, essa teoria política expressou-se através de formas mais poéticas. O filósofo Volodymyr Yermolenko escreveu: "A Europa é também uma luz no fim do túnel. Quando é que se precisa dessa luz? Quando tudo em volta é escuro como breu".[32]

Nesse meio-tempo, a sociedade civil tinha que trabalhar na escuridão. Os ucranianos estabeleciam redes horizontais sem nenhuma relação com partidos políticos. Como disse o manifestante Ihor Bihun: "Não havia filiação fixa. Nem hierarquia". A atividade política e social na Maidan de dezembro de 2013 a fevereiro de 2014 nascia de associações temporárias, baseadas na vontade e na capacidade. A ideia essencial era que liberdade era responsabilidade. Havia portanto pedagogia (bibliotecas e escolas), segurança (*Samoobrona*, ou autodefesa), assuntos externos (o conselho da Maidan), ajuda para vítimas de violência e pessoas à procura de entes queridos (Euromaidan sos), e contrapropaganda (Info-Resist). Como afirmou o manifestante Andrij Bondar, a auto-organização era um desafio ao disfuncional Estado ucraniano:

> Na Maidan uma sociedade civil ucraniana de incrível capacidade de auto-organização e solidariedade está se desenvolvendo. De um lado, essa sociedade é diferenciada internamente: por ideologia, língua, cultura, religião e classe, mas de outro é unida por sentimentos elementares. Não precisamos da sua permissão! Não vamos pedir nada para vocês! Não temos medo de vocês! Nós mesmos nos encarregaremos de tudo.[33]

A economia da Maidan era a da doação. Nos primeiros dias, como disse Natália Stelmakh, o povo de Kíev doou com generosidade extraordinária: "Em dois dias outros voluntários e eu conseguimos juntar em grívnias o equivalente a cerca de 40 mil dólares em espécie, só da gente simples de Kíev". Ela lembrava-se de ter tentado impedir que uma pessoa aposentada doasse metade da sua pensão mensal. Fora as doações em dinheiro, as pessoas cediam alimentos, roupas, lenha, remédios, arame farpado e capacetes. Um visitante se surpreenderia ao deparar com uma profunda disciplina em meio ao caos aparente, dando-se conta de que aquilo que parecia uma extraordinária manifestação de hospitalidade era, na verdade, um Estado do bem-estar social espontâneo. O ativista político polonês Sławomir Sierakowski ficou muito impressionado: "Você percorre a Maidan e é presenteado com alimento, roupas, lugar para dormir e assistência médica".[34]

No começo de 2014, a ampla maioria dos manifestantes, cerca de 88% das centenas de milhares de pessoas que apareceram, não era de Kíev. Apenas 3% representavam partidos políticos, e 13% eram membros de organizações não governamentais. De acordo com pesquisas feitas na época, quase todos os manifestantes — cerca de 86% — decidiam vir por conta própria, e vinham como indivíduos, famílias ou grupos de amigos. Tomavam parte no que o curador de arte Vasyl Cherepanyn definiu como "política corpórea": tirar o rosto da frente da tela e misturar seu corpo a outros corpos.[35]

O protesto paciente em meio a riscos cada vez maiores fez nascer a ideia do "amigo da Maidan", a pessoa em que se confiava por causa das provações comuns. O historiador Yaroslav Hrytsak descreveu uma forma de fazer amizades:

> Na Maidan, você é um pixel, e pixels sempre trabalham em grupo. Grupos eram quase sempre formados espontaneamente: você ou seu amigo esbarravam num conhecido seu ou do seu amigo; e a pessoa em quem você esbarrava não andava sozinha — também estava acompanhada de amigos. E assim todos começavam a andar juntos. Uma noite andei com um improvável grupo de "mercenários": meu amigo filósofo e um empresário que eu conhecia. Estava acompanhado de um homenzinho minúsculo de olhos tristes. Parecia um palhaço triste, e descobri que era mesmo um palhaço profissional, organizador de um grupo beneficente que trabalhava com crianças que sofriam de câncer.[36]

Chegando à Maidan como indivíduos, os cidadãos ucranianos ingressavam em novas instituições. Ao praticarem a política corpórea, punham em risco a própria vida. Como disse o filósofo Yermolenko: "Estamos lidando com revoluções nas quais as pessoas fazem de si mesmas uma doação". E as pessoas falavam disso como uma espécie de transformação pessoal, uma opção diferente de qualquer outra. Hrytsak e outros se lembravam do filósofo francês Albert Camus e da ideia de revolta como o momento em que se prefere a morte à submissão. Cartazes na Maidan citavam uma carta de 1755 do pai-fundador norte-americano Benjamin Franklin: "Quem abre mão da Liberdade Essencial para conseguir um pouco de Segurança Temporária não merece nem Liberdade nem Segurança".[37]

Um grupo de advogados ucranianos aguardava na praça, dia após dia, segurando uma placa com os dizeres ADVOGADOS DA MAIDAN. Quem tivesse apanhado ou sofrido qualquer tipo de abuso por parte do Estado podia relatar o malfeito e mover uma ação. Advogados e outras pessoas presentes na Maidan não estavam preocupados com o persistente problema da filosofia política russa: como gerar um espírito de respeito à lei num sistema autocrático. Apesar disso, por meio de suas ações em defesa de uma visão do direito, estavam tratando do mesmo problema que tinha perturbado Ilin.[38]

Um século antes, nos anos de declínio do Império Russo, Ilin tinha desejado uma Rússia governada pelo direito, mas não conseguia imaginar como fazer o espírito da lei chegar ao povo. Depois da Revolução Bolchevique, aceitou que a ilegalidade da extrema esquerda tinha que ser respondida com a ilegalidade da extrema direita. No exato momento em que Pútin aplicava a noção de lei de Ilin aos russos, os ucranianos demonstravam a possibilidade de resistir ao atalho autoritário. Os ucranianos demonstravam seu apego à lei cooperando com outros e pondo a própria vida em risco.

Se os ucranianos podiam resolver o enigma legal de Ilin invocando a Europa e a solidariedade, os russos também poderiam, certo? Esse era o pensamento que os líderes russos não permitiriam que seus cidadãos levassem em consideração. Por isso, dois anos depois dos protestos em Moscou, líderes russos aplicaram as mesmas táticas em Kíev: a homossexualização dos protestos para evocar um senso de civilização eterna e depois a aplicação da violência para que a mudança parecesse impossível.

No fim de 2011, quando os russos protestaram contra as eleições de faz de conta, seus governantes associaram os protestos à homossexualidade. No fim de 2013, frente a frente com a Maidan na Ucrânia, os homens do Krêmlin se valeram da mesma manobra. Depois de dois anos de propaganda antigay na Federação Russa, os ideólogos e animadores do espetáculo estavam confiantes. Partiam do pressuposto de que a União Europeia era homossexual, e portanto o movimento ucraniano em direção à Europa devia ser também. O Clube Izborsk afirmava que a UE "geme sob o peso da dominação do lobby LGBT".[39]

Em novembro e dezembro de 2013, a mídia russa que cobria a Maidan introduzia o tema irrelevante do sexo gay a todo instante, a troco de nada. Quando cobria o primeiro dia das manifestações de estudantes ucranianos a favor do acordo de associação, a mídia russa tentou fascinar seus leitores equiparando a política ucraniana a homens bonitos e sexo gay. Uma página de mídia social de Vitali Klitschko, pugilista campeão de pesos pesados que liderava um partido político ucraniano, foi hackeada, e material gay introduzido. Em seguida, isso foi apresentado como notícia para milhões de russos num grande canal de televisão, a NTV. Antes que pudessem assimilar que havia protestos a favor da UE no país vizinho, os russos foram convidados a contemplar um tabu sexual.[40]

Logo depois que os estudantes começaram os protestos na Maidan, o canal de televisão russo NTV alertou para a "homoditadura" na Ucrânia. Viktor Chestakov, escrevendo para a *Odna*

Rodina, afirmou que "um fantasma ronda a Maidan, o fantasma da homossexualidade. O fato de que os primeiros e mais zelosos partidários da integração na Ucrânia são pervertidos sexuais locais é conhecido há muito tempo".[41]

Dmítri Kisselióv, a principal figura da mídia televisiva russa, entusiasmou-se com o tema. Em dezembro de 2013, foi nomeado diretor de um novo conglomerado de mídia conhecido como Rossiia Segodnia, ou Rússia Hoje. Seu objetivo era dissolver a apuração das notícias pela mídia estatal russa num novo tipo de busca: a da ficção útil. Saudou sua nova equipe com as palavras "objetividade é um mito" e definiu a nova linha editorial como "amor à Rússia".[42]

Em 1º de dezembro de 2013, a imprensa mundial noticiou o espancamento de estudantes pela polícia de choque ucraniana na noite anterior. Enquanto estudantes se amontoavam numa igreja cuidando dos feridos, Kisselióv descobriu um jeito de formular os protestos nos termos da geopolítica sexual. Naquela noite em *Vesti Nedeli*, recordando para seus telespectadores a Grande Guerra do Norte, do começo do século XVIII, ele descreveu a União Europeia como uma nova aliança contra a Rússia. Dessa vez, porém, segundo Kisselióv, os inimigos suecos, poloneses e lituanos eram guerreiros da perversão sexual. No entanto, a Polônia e a Lituânia não foram inimigas da Rússia na Grande Guerra do Norte. Ignorar a própria história é essencial para a política da eternidade.[43]

Em outro episódio, Kisselióv manifestou sua satisfação por ter descoberto uma revista com uma foto, de dez anos antes, na qual Klitschko aparecia nu. No estúdio, Kisselióv acariciava o equipamento negro usado pela polícia de choque ucraniana enquanto a câmera dava um zoom. Ao mesmo tempo, o jornal *Segodnia* elogiava-se efusivamente por ter publicado uma foto mostrando Klitschko ao lado de um escritor ucraniano gay. No contexto político da Ucrânia, tratava-se de dois ativistas numa entrevista coletiva. Na Rússia, a orientação sexual de um e a beleza masculina do outro eram a notícia.[44]

A integração europeia era interpretada pelos políticos russos como a legalização do casamento de pessoas do mesmo sexo (que não constava do acordo de associação da Ucrânia com a UE) e, portanto, como a disseminação da homossexualidade. Quando o ministro alemão do Exterior visitou Kíev, em 4 de dezembro, o jornal *Komsomol'skaia Pravda* deu à notícia do encontro o título de "Lenha gay para a fogueira da Maidan".[45]

Apesar de ter esmagado protestos na Rússia em 2011 e 2012, o regime de Pútin tentava redefinir a política em termos de inocência, mais do que de ação. Em vez de perguntar como experiências do passado poderiam instruir os reformistas do presente sobre as possibilidades do futuro, os russos precisavam adaptar seu modo de pensar a um novo ciclo que os instruísse sobre sua própria inocência. Descobriu-se que uma verdade eterna da civilização russa era a neurose sexual. Se a Rússia era de fato um organismo virginal ameaçado pela malícia míope do mundo, como Ilin tinha sugerido, então a violência era uma defesa justa contra a penetração. Para Pútin, tanto quanto para Ilin, a Ucrânia era parte desse corpo nacional. Para que a Eurásia viesse a existir, a política interna ucraniana teria que se tornar mais parecida com a russa.

Quando Yanukóvytch anunciou que não assinaria o acordo de associação com a União Europeia em novembro de 2013, seu gesto foi festejado pelo governo russo como uma vitória. Mas isso não significava que Yanukóvytch concordara em aderir à Eurásia, medida que o tornaria ainda mais impopular entre os ucranianos. Em dezembro de 2013 e janeiro de 2014, o Krêmlin tentou ajudar Yanukóvytch a esmagar os protestos e, com isso, possibilitar sua guinada da UE para a Eurásia. Yanukóvytch afirmava que tanto a

Europa como a Rússia queriam a Ucrânia, e portanto precisavam lhe pagar alguma coisa. Embora a UE se recusasse, Pútin estava pronto para oferecer dinheiro a Yanukóvytch.[46]

Em 17 de dezembro de 2013, Pútin ofereceu a Yanukóvytch um pacote de 15 bilhões de dólares em compras de títulos e preços reduzidos para aquisição de gás natural. A ajuda parecia condicional: a oferta vinha junto com a exigência russa de que as ruas de Kíev fossem esvaziadas de manifestantes. A essa altura a polícia de choque ucraniana já tinha fracassado duas vezes em sua missão, uma em 30 de novembro e outra em 10 de dezembro. Também havia sequestrado e espancado manifestantes suspeitos de serem líderes. Nada disso funcionou, e os russos resolveram ajudar. Um grupo de 27 especialistas russos na supressão de protestos, funcionários do FSB e instrutores do Ministério do Interior, foram mandados a Kíev. Em 9 de janeiro de 2014, o embaixador russo na Ucrânia informou a Yanukóvytch que os membros da polícia de choque ucraniana receberiam cidadania russa depois da iminente operação para reprimir a Maidan. Tratava-se de uma garantia muito importante, por implicar que os policiais não precisavam temer as consequências de suas ações. Ainda que no fim a oposição vencesse, estariam a salvo.[47]

Moscou aparentemente concluiu em janeiro de 2014 que uma aplicação mais competente da violência acabaria com os protestos e transformaria Yanukóvytch num fantoche. Não entrou nos cálculos dos russos a possibilidade de que os cidadãos ucranianos estivessem na Maidan por razões patrióticas. Quando o regime de Yanukóvytch pôs em vigor as leis ditatoriais ao estilo russo, em 16 de janeiro de 2014, era um anúncio de violência iminente em dose colossal. As leis não tiveram na Ucrânia as mesmas consequências que na Rússia. Os manifestantes ucranianos as viam como implantes estrangeiros ofensivos. Quando aqueles dois manifestantes foram baleados, em 22 de janeiro, a Maidan cresceu como nunca. A contrarrevolução por controle remoto tinha fracassado. Moscou foi incapaz de arrastar a Ucrânia para dentro da Eurásia ajudando Yanukóvytch a reprimir a oposição. Era hora de mudar de estratégia. No começo de fevereiro de 2014, parecia que o objetivo de Moscou já não era atrair Yanukóvytch e a Ucrânia para a Eurásia. Em vez disso, Yanukóvytch seria sacrificado numa campanha para provocar o caos em todo o país.

Um ator importante nessa nova política era Igor Gírkin, coronel da inteligência militar russa (GRU) que foi empregado de Konstantin Maloféiev. Conhecido na Rússia como o "oligarca ortodoxo," Maloféiev era um militante antissodomia e um imperialista russo sem papas na língua. Na sua opinião, "a Ucrânia é parte da Rússia. Não posso considerar não russo o povo ucraniano". A Ucrânia precisava ser salva da Europa pela Rússia, porque, do contrário, os seus cidadãos "teriam que espalhar a sodomia como norma na sociedade ucraniana tradicional". Isso não era verdade em nenhum sentido factual. Maloféiev estava expressando a orientação da política russa: apresentar a Europa como um inimigo civilizacional, a homossexualidade como a guerra, e a Ucrânia como o campo de batalha.[48]

Gírkin, o empregado de Maloféiev, tinha experiência com guerras irregulares. Lutara como voluntário russo do lado sérvio nas guerras da Iugoslávia, tomando parte em combates em cidades bósnias e em "áreas de segurança" declaradas pela ONU, onde a limpeza étnica e os estupros em massa ocorriam. Também lutara nas guerras da Rússia na Transnístria e na Tchetchênia, e escrevera sobre essas experiências para mídias editadas pelo fascista Aleksandr Prokhanov. Gírkin esteve em Kíev entre 22 de janeiro e 4 de fevereiro de 2014 e depois disso, aparentemente, recomendou ao Krêmlin que a Ucrânia fosse invadida e desmembrada.[49]

Um memorando que circulou na administração presidencial russa no começo de fevereiro de 2014, ao que tudo indica baseado no trabalho de Gírkin, adiantava a mudança no curso da política russa. Partia da premissa de que "o regime de Yanukóvytch está totalmente falido. Seu apoio diplomático, financeiro e propagandístico pelo Estado russo já não faz o menor sentido". Os interesses russos na Ucrânia eram o complexo industrial-militar do sudeste do país e "o controle do sistema de transporte de gás" em todo o país. O principal objetivo da Rússia deveria ser "a desintegração do Estado ucraniano". A tática proposta era a de desacreditar tanto Yanukóvytch como a oposição pela violência, ao mesmo tempo invadindo o sul da Ucrânia e desestabilizando seu Estado nacional. O memorando incluía três estratégias de propaganda destinadas a oferecer cobertura para essa intervenção russa: (1) exigir que a Ucrânia se federalize no interesse de uma minoria russa supostamente oprimida, (2) definir os adversários da invasão russa como fascistas, e (3) caracterizar a invasão como uma guerra civil atiçada pelo Ocidente.[50]

Num artigo político de 13 de fevereiro de 2014, o Clube Izborsk repetiu o conteúdo do memorando confidencial do Krêmlin. A Maidan poderia inspirar os russos à ação, sendo, por isso, intolerável; Yanukóvytch estava acabado; portanto a Rússia precisava invadir a Ucrânia e tomar o que pudesse. Como no caso do memorando presidencial, o conceito norteador do artigo político do Izborsk era o de que a Rússia deveria capturar algum território ucraniano e ficar aguardando o colapso do Estado. O Clube Izborsk também propunha que os canais de televisão russos justificassem a intervenção na Ucrânia apresentando a ficção deliberada e premeditada de que "um golpe fascista é iminente"; essa seria, de fato, uma importante linha de propaganda russa quando a guerra começasse.[51]

No dia em que o Clube Izborsk propagava essa ideia genérica, Vladislav Surkov, o gênio da propaganda de Pútin, chegou à província da Crimeia, no sul da Ucrânia. No dia seguinte, Surkov tomou o avião da Crimeia para Kíev. O ministro do Exterior Lavrov escolheu aquele mesmo dia (14 de fevereiro de 2014) para formalizar a ideia de que a civilização russa era um corpo inocente defendendo-se da perversão ocidental. No jornal *Kommersant*, Lavrov repetiu a ideia de Ilin de que "a sociedade é um organismo vivo" que precisava ser protegido da "recusa [hedonística] dos valores tradicionais" pela Europa. Lavrov apresentava os ucranianos — que lutavam e àquela altura morriam pelas ideias europeias de legalidade — como vítimas da política sexual da UE. Mesmo com as tropas russas se mobilizando para invadir a Ucrânia e derrubar seu governo, Lavrov descrevia a Rússia como vítima. Os verdadeiros agressores, de acordo com Lavrov, eram os lobistas gays internacionais que "propagavam com insistência missionária tanto dentro de seus próprios países como nas relações com seus vizinhos". Surkov deixou Kíev em 15 de fevereiro. Munição de verdade foi distribuída para a polícia de choque ucraniana em 16 de fevereiro. No dia 18, os ucranianos aguardavam enquanto deputados debatiam no Parlamento um acordo constitucional. Em vez disso, os manifestantes da Maidan foram surpreendidos pela violência letal e generalizada.[52]

Os atores europeus finalmente começaram a movimentar-se. Apesar de terem sido pró-europeus desde o início, os protestos não tinham recebido apoio significativo da União Europeia, de seus países-membros, ou de qualquer organismo ocidental. A opinião pública europeia quase não prestou atenção à Maidan antes de a violência começar. Políticos divulgavam apelos amenos e indistintos para que os dois lados evitassem a violência. Quando o derramamento de sangue começou, diplomatas manifestaram preocupação oficial. O discurso diplomático começou a ser motivo de zombaria na Maidan, quando as pessoas que arriscavam a vida se viram sozinhas e isoladas. Com o aumento da violência, a zombaria transformou-se em emoção intensa. Manifestantes ucranianos na Maidan desfraldavam bandeiras satirizando os "Estados Unidos da Rússia", uma forma de dizer que as grandes potências demonstravam a mesma indiferença ou hostilidade.[53]

A iniciativa mais valiosa veio de um diplomata europeu. O ministro do Exterior polonês Radosław Sikorski convenceu seus pares da França e da Alemanha a se encontrarem com ele em Kíev para uma conversa com Yanukóvytch em 20 de fevereiro — o mesmo dia em que 44 manifestantes civis foram mortos a tiros na Maidan. Um diplomata russo juntou-se ao grupo. Depois de um longo e difícil dia de negociação, Yanukóvytch concordou em deixar o cargo no fim de 2014, antes de terminar o mandato. Por mais notável que a resolução parecesse, o fato é que antes de ser assinada já se tornara obsoleta. As autoridades russas já tinham concluído que Yanukóvytch estava liquidado, e sua força de invasão estava a caminho. A assinatura do documento deu à Rússia o pretexto para culpar terceiros por não cumprirem seus termos, ainda que a invasão, realizada quatro dias depois, tenha alterado drasticamente as condições nas quais tinha sido assinado.[54]

O momento em que os manifestantes talvez ainda aceitassem Yanukóvytch como presidente tinha passado. Se restasse alguma dúvida de que ele precisaria renunciar na manhã de 20 de fevereiro, no fim do dia já se dissipara. Em 20 de fevereiro, havia outra delegação russa em Kíev, encabeçada por Vladislav Surkov, e incluindo Serguei Besseda, um general do FSB. Os russos não estavam ali para negociar. Enquanto outros o faziam, franco-atiradores escondidos perto da Maidan abriram fogo e mataram dezenas de pessoas, a maioria manifestantes, mas também alguns membros da polícia de choque ucraniana. Não se sabia ao certo que parte (ou se alguma parte) do governo ucraniano estava envolvida nos disparos.[55]

Depois dos assassinatos em massa, Yanukóvytch foi abandonado pelos deputados que o apoiavam e pelos policiais que o protegiam. Fugiu de sua vistosa residência, deixando para trás uma pilha de documentos — incluindo registros de vultosos pagamentos em dinheiro para seu conselheiro Paul Manafort, que dois anos depois reapareceu como coordenador da campanha de Donald Trump.[56]

O massacre perpetrado por franco-atiradores e a fuga de Yanukóvytch assinalaram a passagem da primeira parte do plano eurasiano da Rússia para a segunda. Os governantes russos tinham concordado que Yanukóvytch era imprestável. Sua sangrenta queda, prevista em Moscou, criou o caos que servia de cobertura para a segunda estratégia: intervenção militar destinada a provocar a desintegração total do Estado. Nos poucos dias transcorridos entre o massacre de 20 de fevereiro e a invasão russa da Ucrânia, em 24 de fevereiro, apareceram relatos chocantes, porém fictícios, de atrocidades cometidas por ucranianos na Crimeia e de refugiados da península que precisavam de assistência imediata. A inteligência militar russa criou personas fictícias na internet para espalhar essas histórias. Um grupo pago de trolls de internet de São Petersburgo, conhecido como Agência de Pesquisa de Internet, trabalhava ativamente para confundir a opinião pública ucraniana e internacional. A essa altura, isso era a assinatura da política externa russa: a cibercampanha que acompanharia a guerra real.[57]

Quando Yanukóvytch reapareceu na Rússia, a invasão da Ucrânia estava em andamento. Começou na Crimeia, a península meridional onde, por tratado, a Rússia tinha bases navais. Só em Sebastopol, cerca de 2 mil soldados da infantaria naval ficavam em caráter permanente. Essas tropas vinham sendo reforçadas desde dezembro com soldados provenientes da Federação Russa. As unidades 27 777, 73 612, 74 268 e 54 607 do Exército russo estavam entre esses 22 mil soldados. Gírkin tinha visitado a Crimeia em janeiro. Em fevereiro, estava acompanhado pelo amigo Aleksandr Borodai: eurasianista, admirador de Gumilióv, colaborador dos veículos de mídia de Prokhanov e chefe de relações públicas de Maloféiev.[58]

A partir de 24 de fevereiro de 2014, cerca de 10 mil homens das forças especiais russas, fardados mas sem insígnia, seguiram para o norte pela península da Crimeia. No momento em que deixaram suas bases, teve início uma invasão ilegal da Ucrânia. Kíev foi apanhada de surpresa num momento em que a cadeia de comando era incerta, e a principal preocupação era evitar mais violência. Autoridades interinas ucranianas deram ordem para que as forças nacionais na península não resistissem. Na noite de 26 de fevereiro, o prédio do parlamento regional na cidade de Simferopol já tinha sido tomado, e a bandeira russa foi hasteada. De acordo com Gírkin, ele estava no comando da operação simultânea para capturar o aeroporto de Simferopol. Em 27 de fevereiro, Serguei Glaziev, o conselheiro de Pútin sobre a Eurásia, fez uma chamada telefônica para a Crimeia para formar o novo governo. Um gângster russo local chamado Serguei Aksiónov foi proclamado primeiro-ministro da Crimeia; Borodai era seu consultor de mídia. Em 28 de fevereiro, o Parlamento russo endossou a incorporação de território ucraniano à Federação Russa. Naquele dia, o presidente dos Estados Unidos disse estar "profundamente preocupado com relatos de movimentação militar da Federação Russa dentro da Ucrânia". Foi a primeira declaração de Barack Obama sobre a crise.[59]

O espetáculo público da invasão ficou a cargo dos Lobos Noturnos, gangue de motoqueiros russos que serviam como braço paramilitar e propagandístico do regime de Pútin. Em 28 de fevereiro, dia em que o Parlamento russo voltou pela anexação, os Lobos Noturnos foram despachados para a Crimeia. Os motoqueiros vinham organizando comícios na Crimeia havia anos, acompanhados pessoalmente por Pútin em 2012. (Pútin não sabe pilotar motos, por isso lhe providenciaram um triciclo motorizado.) Agora os Lobos Noturnos ofereceram a cara que a Rússia quis mostrar. Poucos meses antes, um dos Lobos Noturnos sintetizou sua visão de mundo: "É preciso aprender a ver a guerra santa por trás do cotidiano. A democracia é um estado falido. Separar em 'esquerda' e 'direita' é dividir. No reino de Deus, existem apenas em cima e embaixo. Tudo é uma coisa só. É por isso que a alma russa é santa. É capaz de unir todas as coisas. Como um ícone. Stálin e Deus". Aí estavam a filosofia de Ilin, a geopolítica de Surkov e a civilização de Pútin expressas em poucas palavras.[60]

Os Lobos Noturnos encontravam formas concisas de traduzir a neurose sexual em geopolítica e vice-versa. Como um clube exclusivamente masculino apaixonado por couro preto, os Lobos Noturnos naturalmente tinham uma postura intransigente em relação à homossexualidade, que definiam como um ataque da Europa e dos Estados Unidos. Um ano depois, comemorando a invasão russa, seu líder supremo Alexander Zaldostanov lembrou o orgulhoso desfile deles pela Crimeia nos seguintes termos: "Pela primeira vez oferecemos resistência ao satanismo global, à selvageria crescente da Europa Ocidental, à corrida consumista que nega toda a espiritualidade, à destruição de valores tradicionais, todo esse papo homossexual, essa democracia americana". De acordo com Zaldostanov, o lema da guerra russa contra a Ucrânia deveria ser "morte aos veados". A associação de democracia com um Satanás gay era um jeito de tornar impensáveis a lei e a reforma de inspiração estrangeira.[61]

Depois de invadir a Ucrânia, os governantes russos assumiram a posição de que o vizinho não era um Estado soberano. Era a linguagem de império. Em 4 de março, Pútin explicou que o problema da Ucrânia tinham sido as eleições democráticas que levaram a alternâncias no poder. Essas eleições funcionais, sugeriu ele, eram um implante de fora, norte-americano. Em sua opinião, a situação na Ucrânia era como a da Rússia durante a Revolução Bolchevique de 1917. A Rússia poderia voltar atrás no tempo e corrigir os erros do passado. "Logicamente", afirmou Aleksandr Dúguin em 8 de março, "a Ucrânia, tal como foi durante 23 anos de sua história, deixou de existir." Advogados internacionais russos, que durante aqueles 23 anos tinham prestado uma atenção obsessiva à necessidade de respeitar fronteiras territoriais e soberanias nacionais, afirmaram que a invasão e a anexação eram totalmente justificadas pelo desaparecimento do Estado ucraniano — em outras palavras, pelo caos que a invasão russa provocou. Na cabeça de Dúguin, a guerra para demolir o Estado ucraniano era contra a União Europeia: "precisamos assumir o controle e destruir a Europa".[62]

Em 16 de março, alguns cidadãos ucranianos da Crimeia participaram de uma farsa eleitoral que os ocupantes russos chamaram de referendo. Antes da votação, toda propaganda pública batia na mesma tecla. Cartazes proclamavam que a escolha era entre a Rússia e o nazismo. Os eleitores não tinham acesso à mídia internacional ou ucraniana. Nas urnas havia duas opções, ambas afirmando a anexação da Crimeia pela Rússia. A primeira opção era votar pela anexação da Crimeia pela Rússia. A segunda era restaurar a autonomia das autoridades da Crimeia, que tinham acabado de ser instaladas pelos russos e pediam a anexação. Segundo informações internas da administração presidencial russa, o comparecimento foi de cerca de 30%, e a votação ficou meio a meio entre as duas opções. De acordo com os resultados oficiais, a participação foi de 90%, com quase todos os eleitores preferindo a variante que conduzia mais diretamente à anexação. Em Sebastopol, o comparecimento foi de 123%. Não havia observadores qualificados, embora Moscou tenha convidado políticos europeus da extrema direita para confirmar os resultados oficiais. O Front National mandou Aymeric Chauprade à Crimeia, e Marine Le Pen endossou pessoalmente os resultados. Dentro da administração presidencial russa, as pessoas eram estimuladas a "agradecer aos franceses".[63]

Numa grandiosa cerimônia em Moscou, Pútin aceitou o que chamava de "desejos" do povo da Crimeia e estendeu as fronteiras da Federação Russa. Isso violava princípios consensuais básicos de direito internacional, a Carta das Nações Unidas, todos os tratados assinados entre a Ucrânia independente e a Rússia independente, bem como numerosas garantias que os russos tinham dado aos ucranianos sobre a proteção de suas fronteiras. Uma dessas era o Memorando de Budapeste de 1994, no qual a Federação Russa (juntamente com o Reino Unido e os Estados Unidos) garantiu as fronteiras ucranianas quando a Ucrânia concordou em desistir de todas as armas nucleares. Naquele que talvez foi o maior ato de desarmamento nuclear da história, a Ucrânia entregou cerca de 1300 mísseis balísticos intercontinentais. Ao invadir um país comprometido com o desarmamento nuclear completo, a Rússia ensinou ao mundo a lição de que armas nucleares devem ser desenvolvidas e mantidas.[64]

Em março e abril, a mídia russa transmitiu os temas de propaganda que tinham sido discutidos pela administração presidencial e pelo Clube Izborsk em fevereiro. Houve uma explosão de entusiasmo pela "federalização" da Ucrânia, dentro da lógica de que a separação "voluntária" da Crimeia exigia que Kíev desse a outras regiões a mesma liberdade de ação. O Ministério do Exterior russo teve o cuidado de especificar que "federalização" significava uma proposta específica para desmembrar o Estado ucraniano, e não um princípio geral aplicável à Rússia. Em 17 de março, o mesmo ministério declarou que, em vista da "profunda crise do Estado ucraniano", a Rússia tinha o direito de definir a Ucrânia como "povo multinacional" e propôs "uma nova Constituição federal" para o país. A palavra "federalização" apareceu na grande mídia televisiva russa 1412 vezes em abril. No entanto, mesmo em meio a uma euforia nacional, os governantes russos logo perceberam o risco da "federalização". O nome do seu Estado nacional era "Federação Russa", um território dividido em unidades; mas as unidades tinham significado jurídico limitado e eram governadas por pessoas designadas pelo presidente. Três meses depois, a palavra "federalização" havia quase desaparecido da esfera pública russa.[65]

Vladímir Pútin apresentou a anexação da Crimeia como uma transformação mística pessoal, uma exultante passagem para a eternidade. A Crimeia precisava ser parte da Rússia, explicou Pútin, porque o líder do antigo Rus, Volodímir/ Valdemar, que Pútin chamava de Vladímir, tinha sido batizado ali mil anos antes. Esse ato do seu xará foi recordado por Pútin como o gesto poderoso de um super-herói atemporal, que "predeterminou a base geral da cultura, da civilização e dos valores humanos que unem os povos da Rússia, da Ucrânia e da Bielorrússia" (conceitos que não existiam na época). Se os acontecimentos do nosso tempo são "predeterminados" por um mito milenar, então nenhum conhecimento do passado é necessário, e nenhuma opção humana importa. Vladímir é Volodímir, e a Rússia é o Rus, e a política é o prazer eterno de poucos e ricos — e não há mais o que dizer ou fazer.

A deputada Tatiana Saenko citou Ilin para afirmar que a anexação da Crimeia significava a "ressurreição e o renascimento" da Rússia. Alegou que as objeções ocidentais à invasão russa da Ucrânia eram uma questão de "dois pesos e duas medidas". Esse argumento, bem comum na Rússia, fazia do direito não um princípio geral, mas um artefato cultural localizado entre povos não russos. Como os Estados ocidentais nem sempre seguem as leis, dizia-se, a legalidade não tem valor. A Rússia também podia violar as leis; mas, como não aceitava o primado da lei, isso não era hipocrisia. Uma vez que a Rússia não era hipócrita, era inocente. Se não há padrões, não há duplicidade de padrões. Se europeus e norte-americanos mencionam o direito internacional durante uma época de tão grande inocência russa como a invasão da Ucrânia, isso os torna uma ameaça espiritual. Assim, as referências ao direito internacional demonstram apenas a perfídia ocidental.[66]

Tratava-se da política da eternidade de Ilin: um ciclo de volta ao passado substitui o movimento do tempo para a frente; a lei significa o que o líder da Rússia diz que significa; a Rússia está consertando com violência o mundo imperfeito de Deus. Pútin era o redentor de fora da história que veio alterar o tempo. O próprio Pútin desenvolveu esse tema em 17 de abril, caracterizando a invasão da Ucrânia como defesa espiritual contra um ataque ocidental permanente: "A intenção de dividir Rússia e Ucrânia, de separar o que é essencialmente a mesma nação em muitos sentidos, tem sido assunto da política internacional há séculos". Para Maloféiev, a invasão foi uma guerra contra o mal eterno: "Para aqueles que combatem ali, a guerra parece uma guerra contra hordas que lutam sob a bandeira do Anticristo com slogans satânicos". O que poderia ser mais eterno do que a campanha contra Sodoma?[67]

A queda da Crimeia incentivou os governantes russos a repetirem o mesmo modelo em todo o sul e o leste da Ucrânia. Em 1º de março, Glaziev telefonou para camaradas seus nas capitais regionais do sul e sudeste da Ucrânia, de forma a planejar golpes de Estado. O conselheiro de Pútin sobre a Eurásia ordenou que o modelo da Crimeia fosse repetido em outras regiões da Ucrânia: uma multidão "invadiria o prédio da administração estatal", depois uma nova assembleia seria forçada a declarar independência e pedir ajuda russa. Em Carcóvia, uma multidão de cidadãos locais e russos (levados de ônibus desde a Rússia) de fato entrou no prédio da administração regional do governo, depois de invadir a ópera por engano. Essas pessoas espancaram e humilharam cidadãos ucranianos que tentavam proteger o local. O escritor ucraniano Serhiy Zhadan recusou-se a ajoelhar e teve o crânio arrebentado.[68]

Em abril, Pútin recitou publicamente os objetivos da política russa esboçados no memorando de fevereiro. A ideia ainda era a "desintegração" do Estado ucraniano por interesse da Rússia. Dezenas de instituições estatais e empresas ucranianas de repente foram vítimas de ciberataques, bem como a maior parte das instituições importantes da União Europeia. No distrito meridional ucraniano de Donetsk, um neonazista russo chamado Pável Gúbarev proclamou-se "governador do povo" em 1º de maio, dentro da lógica de que "a Ucrânia nunca existiu". A dupla de empregados de Maloféiev enviada à Crimeia, Igor Gírkin e Aleksandr Borodai, voltou à Ucrânia em abril. Borodai se autonomearia primeiro-ministro de uma república popular imaginária no sudeste ucraniano. Sua justificativa foi parecida: "Não existe mais Ucrânia". Seu amigo Gírkin proclamou-se ministro da Guerra e pediu que a Rússia invadisse a região de Donbas e estabelecesse bases militares.[69]

A intervenção em Donbas foi chamada de "Primavera Russa". Sem dúvida era primavera para o fascismo russo. Em 7 de março de 2014, Aleksandr Dúguin deleitou-se com "a expansão da ideologia libertadora (que libertava dos norte-americanos) para dentro da Europa. É o objetivo do pleno eurasianismo —

Europa de Lisboa a Vladivostok". A comunidade política fascista estava ganhando visibilidade, alardeava ele. Poucos dias depois, Dúguin proclamou que a história tinha sido desfeita: "A modernidade sempre foi essencialmente errada, e agora estamos no ponto terminal da modernidade. Para aqueles que tornaram a modernidade sinônimo do seu próprio destino, ou que deixaram isso acontecer de forma inconsciente, significará o *fim*". A luta iminente seria uma "libertação real da sociedade aberta e seus beneficiários". De acordo com Dúguin, um diplomata norte-americano de origem judaica era um "porco imundo", e um político ucraniano de origem judaica um "sanguessuga" e um "filho da puta". O caos na Ucrânia era obra do "Mossad". Na mesma veia, Aleksandr Prokhanov, falando com Evelina Zakamskaia na televisão russa em 24 de março, culpou os judeus ucranianos pela invasão da Ucrânia — e pelo Holocausto.[70]

Trata-se de uma nova variedade de fascismo, que poderia ser chamada de *esquizofascismo*: fascistas de verdade chamando os adversários de "fascistas", atribuindo aos judeus a culpa pelo Holocausto, tratando a Segunda Guerra Mundial como argumento para mais violência. Era um avanço natural na política russa da eternidade, na qual a Rússia era inocente e, portanto, nenhum filho seu jamais poderia ser fascista. Durante a Segunda Guerra Mundial, a propaganda soviética identificava os inimigos como os "fascistas". De acordo com a ideologia soviética, o fascismo nascia do capitalismo. Durante a guerra contra a Alemanha nazista, os russos puderam imaginar que a vitória soviética era parte de uma mudança histórica maior, na qual o capitalismo desapareceria e todos os homens se tornariam irmãos. Depois da guerra, Stálin comemorou um triunfo nacional, mais da Rússia do que da União Soviética. Isso sugeria que o inimigo "fascista" era o estrangeiro, mais do que o capitalista, e portanto haveria um conflito mais permanente. Nos anos 1970, Brêjniev, herdeiro de Stálin, situou o significado da história soviética (e russa) na vitória do Exército Vermelho na Segunda Guerra Mundial. Ao fazê-lo, Brêjniev mudou definitivamente o significado da palavra "fascismo". Ela não sugeria mais um estágio do capitalismo que podia ser superado, uma vez que a história já não esperava mudar nada. "Fascismo" significava a ameaça eterna do Ocidente, da qual a Segunda Guerra Mundial foi exemplo.[71]

Portanto, os russos que receberam sua educação nos anos 1970, incluindo os governantes e propagandistas de guerra dos anos 2010, aprenderam que "fascista" significava "antirrusso". No idioma local é praticamente um erro de gramática imaginar que um russo possa ser fascista. No discurso russo contemporâneo, é mais fácil um fascista russo chamar um não fascista de fascista do que um não fascista chamar um fascista russo de fascista. Assim sendo, um fascista como Dúguin podia comemorar a vitória do fascismo em linguagem fascista ao mesmo tempo que condenava como fascistas seus adversários. Na Ucrânia, aqueles que defendiam seu país eram "mercenários da junta das fileiras dos porcos fascistas ucranianos". Da mesma forma, um fascista como Prokhanov podia descrever o fascismo como uma substância física vertida pelo Ocidente para ameaçar a virgindade russa. Em junho, Prokhanov escreveu sobre o fascismo como o "esperma negro" que ameaçava "as deusas douradas da Eurásia". Sua expressão lapidar de neurose racial e sexual era um texto fascista perfeito. Glaziev também seguia o protocolo esquizofascista. Apesar de endossar a geopolítica nazista, estabeleceu um padrão de chamar os inimigos da Rússia de "fascistas". Escrevendo em setembro de 2014 para o Clube Izborsk, Glaziev se referiu à Ucrânia como "Estado fascista, com todos os sinais do fascismo que a ciência conhece".[72]

O esquizofascismo foi uma das muitas contradições exibidas no primeiro semestre de 2014. De acordo com a propaganda russa, a sociedade ucraniana estava repleta de nacionalistas, mas não era uma nação; o Estado ucraniano era repressivo, porém não existia; os russos eram obrigados a falar ucraniano, apesar de não haver esse idioma. Glaziev resolvia as contradições invocando o Ocidente. Os norte-americanos, declarou ele, queriam uma Terceira Guerra Mundial por causa da imensa dívida nacional. A Ucrânia deveria ter entrado em colapso depois que Glaziev fez algumas chamadas telefônicas. Como isso não aconteceu, era uma demonstração que seu governo era uma projeção norte-americana, "a junta nazista que os americanos instalaram em Kíev". Para derrotar o que caracterizava como ocupação norte-americana, Glaziev dizia ser "necessário acabar com todas as suas forças motrizes: a elite dominante americana, a burocracia europeia e os nazistas ucranianos. A primeira é o aspecto principal, os outros dois são secundários". O conselheiro eurasianista de Pútin estava dizendo com isso que a Eurásia exigia a destruição da política norte-americana. A guerra pela Ucrânia e pela Europa seria vencida, segundo Glaziev, em Washington.[73]

Como seu conselheiro Glaziev, Pútin definia os ucranianos que resistiam à invasão como fascistas. Falando do caos que a Rússia tinha provocado ao invadir o país vizinho, Pútin afirmou, em 18 de março, que "nacionalistas, neonazistas, russófobos e antissemitas executaram esse golpe. Continuam a dar o tom até hoje". Essa alegação soava um tanto quanto esquizofascista. A política externa russa em 2014 tinha uma semelhança mais do que casual com os momentos mais notórios dos anos 1930. A substituição de leis, fronteiras e Estados por inocência, retidão e grandes espaços era geopolítica fascista. O conceito de política externa do ministro do Exterior Lavrov, invocado para justificar a invasão da Ucrânia, repetia o princípio de que um Estado pode intervir para proteger qualquer um que defina como membro de sua própria cultura. Foi o argumento usado por Hitler para anexar a Áustria, repartir a Tchecoslováquia e tomar a Polônia em 1938 e 1939, e o argumento usado por Stálin quando entrou na Polônia em 1939 e anexou a Estônia, a Letônia e a Lituânia em 1940.[74]

Em 14 de março de 2014, quando um *ucraniano* foi morto por *russos* em Donetsk, Lavrov afirmou que isso era justificativa para intervenção num Estado soberano vizinho: "A Rússia está ciente de suas responsabilidades para com a vida de seus compatriotas e cidadãos na Ucrânia e reserva-se o direito de defender essas pessoas". Pútin disse a mesma coisa em 17 de abril: "A questão essencial é como assegurar os legítimos direitos e interesses de pessoas de etnia e de fala russa no sudeste da Ucrânia". O fato de que cidadãos ucranianos desfrutavam de mais direitos de expressão do que cidadãos russos não foi mencionado. Pútin prometeria depois usar "todo o arsenal" de meios disponíveis para proteger "compatriotas" da Rússia.[75]

Essa linguagem de "compatriotas" daquilo que Pútin chamava de "mundo russo" tornava os cidadãos da Ucrânia reféns dos caprichos de um governante estrangeiro. A pessoa desaparece em meio a uma comunidade nacional, definida longe dali, na capital de outro país. Na retórica de uma civilização russa, ou de um "mundo russo", os cidadãos ucranianos perdiam sua individualidade e se tornavam um ser coletivo cuja cultura, tal como definida pelos russos, justificava uma invasão da Ucrânia. O indivíduo desaparece na eternidade.

Numa guerra supostamente contra o fascismo, muitos aliados da Rússia eram fascistas. Norte-americanos defensores da supremacia branca como Richard Spencer, Matthew Heimbach e David Duke aplaudiram Pútin e defenderam sua guerra, e a Rússia os recompensou usando uma coisa parecida com a bandeira de batalha dos confederados como emblema de seus territórios ocupados no sudeste da Ucrânia. A extrema direita euro-

Bandeira da batalha confederada   *Bandeira da Novorossiia*

peia também celebrou a guerra. O fascista polonês Konrad Rękas endossou o conceito de Eurásia de Pútin no geral, e a invasão da Ucrânia em particular. Em setembro de 2013, previu que a Rússia invadiria a Ucrânia e sonhava em encabeçar um governo na Polônia respaldado pelos russos. Robert Luśnia tinha sido em outros tempos colaborador da polícia secreta comunista polonesa e dera apoio financeiro a Antoni Macierewicz, figura de destaque da direita polonesa. Junto com Rękas, ele tentou espalhar a linha de propaganda russa de que a Ucrânia era dominada por judeus.[76]

O líder do partido fascista húngaro Jobbik, convidado por Dúguin para ir a Moscou, elogiou a Eurásia. O líder do partido fascista da Bulgária lançou uma campanha eleitoral em Moscou. Os neonazistas do Aurora Dourada da Grécia aplaudiram a Rússia por defender a Ucrânia dos "corvos da usura internacional", uma referência à conspiração judaica internacional. O Fronte Nazionale italiano louvou a "corajosa posição [de Pútin] contra o poderoso lobby gay". O principal defensor da supremacia branca nos Estados Unidos, Richard Spencer, tentou (sem êxito) organizar uma reunião da extrema direita europeia em Budapeste. Entre os convidados estavam Dúguin e o neonazista alemão Manuel Ochsenreiter, que defendeu a invasão da Ucrânia na mídia russa.[77]

Algumas dezenas de militantes da extrema direita francesa foram lutar na Ucrânia do lado russo. Depois de passar por uma triagem do Exército, foram mandados para o campo. Cerca de cem cidadãos alemães também apareceram para lutar em companhia do Exército e de paramilitares russos, assim como o fizeram cidadãos de muitos outros países europeus. A guerra da Rússia na Ucrânia criou um campo de treinamento para o terrorismo. No segundo semestre de 2016, um nacionalista sérvio foi preso por planejar um golpe armado em Montenegro. Tinha combatido do lado russo na Ucrânia e disse que fora recrutado para o complô por nacionalistas russos. Em janeiro de 2017, nazistas suecos treinados por paramilitares russos atacaram a bomba um centro de refugiados em Gotemburgo.[78]

Em 2014, instituições e indivíduos próximos do Krêmlin organizaram os amigos fascistas da Rússia. Em abril de 2014, um braço do partido Rodina fundou um "Movimento Nacional-Conservador Mundial", citando Ilin ao referir-se à União Europeia como parte da "cabala global", em outras palavras, a conspiração judaica internacional. Alyaksandr Usovsky, cidadão bielorrusso e autor do livro *Deus salve Stálin! Tsar da União Soviética Ióssif, o Grande*, ajudou Maloféiev a coordenar as ações dos fascistas europeus. Usovsky pagou a poloneses dispostos a encenarem protestos antiucranianos no momento em que a Ucrânia foi invadida pela Rússia.[79]

Maloféiev convidou pessoalmente os líderes da extrema direita europeia para irem a um palácio em Viena em 31 de maio de 2014. Nessa reunião, a França foi representada por Aymeric Chauprade e Marion Maréchal-Le Pen, sobrinha de Marine Le Pen. Dúguin roubou o show ao apresentar o apaixonado argumento de que só uma extrema direita unida poderia salvar a Europa do Satanás gay. Em 2015, o *think tank* de Maloféiev começou a apoiar Donald Trump em suas publicações.[80]

* * *

As mentiras esquizofascistas substituíram os acontecimentos na Ucrânia e as experiências dos ucranianos. Sob o peso de todos os conceitos contraditórios e de todas as visões alucinatórias do primeiro semestre de 2014, quem enxergaria o indivíduo que estava na Maidan, ou dele se lembraria, com seus fatos e paixões, seu desejo de estar na história e fazer história?

O que se pedia era que russos, europeus e norte-americanos se esquecessem dos estudantes que apanharam numa fria noite de novembro porque desejavam um futuro. Além das mães, dos pais, dos avós, dos veteranos e operários que saíram às ruas em defesa de "nossos filhos". E dos advogados e consultores que se viram atirando coquetéis molotov. Das centenas de milhares de pessoas que saíram da frente da televisão e da internet e viajaram até Kíev para pôr o próprio corpo em risco. Dos cidadãos ucranianos que não pensavam na Rússia, nem em geopolítica ou ideologia, mas na próxima geração. Do jovem historiador do Holocausto, arrimo de família, que voltou à Maidan durante o massacre perpetrado por franco-atiradores para resgatar um homem ferido, ou do palestrante universitário que naquele dia teve o crânio penetrado por uma bala.[81]

Pode-se registrar que essas pessoas não eram fascistas, nazistas, membros de uma conspiração gay internacional, ou de uma conspiração judaica internacional, ou de uma conspiração nazi-judaica internacional, como sugeria a propaganda russa para plateias selecionadas. Pode-se mostrar as ficções e contradições. Isso não basta. Os comentários não eram argumentos lógicos, nem avaliações factuais, mas parte de um esforço calculado para desfazer a lógica e a factualidade. Uma vez que os ancoradouros intelectuais estivessem abalados, era fácil para os russos (e europeus e norte-americanos) prenderem-se a narrativas bem financiadas oferecidas pela televisão e pela internet, mas era impossível chegar a um entendimento das pessoas em seu próprio ambiente: compreender de onde vinham, o que julgavam estar fazendo, que tipo de futuro imaginavam para si.

Os ucranianos que começaram defendendo um futuro integrado à Europa se viram, depois que a propaganda e a violência começaram, lutando por um senso de que poderia haver um passado, um presente e um futuro. A Maidan começou com cidadãos ucranianos que buscavam uma solução para seus problemas nacionais. Terminou com ucranianos tentando lembrar aos europeus e norte-americanos que momentos de grande emoção exigem pensamento sóbrio. Observadores remotos mergulhavam nas sombras da fábula e acabavam rolando num vazio mais obscuro do que a ignorância. Era tentador em 2014, em meio ao turbilhão de acusações russas, fazer algum tipo de concessão, como foi o caso de muitos europeus e norte-americanos, e aceitar a alegação de que a Maidan foi um "golpe de direita".[82]

O "golpe" na fábula da revolução ucraniana ocorreu antes, e na Rússia: em 2011 e 2012, quando Pútin voltou ao cargo de presidente com maioria parlamentar numa violação das leis do seu próprio país. O governante que chegou ao poder por esse meio tinha a atenção, a culpa e a responsabilidade para inimigos externos. Para Pútin, a invasão da Ucrânia era o último episódio da autodefesa russa contra a Europa, cujo pecado era existir. A afirmação de um "golpe" na Ucrânia foi uma das mais cínicas formulações do Krêmlin, uma vez que os próprios russos que a fizeram esperavam que Yanukóvytch fosse removido à força e organizaram (com fracasso ou com êxito) golpes de Estado em nove distritos ucranianos.

A grande questão na Ucrânia era a fraqueza do primado da lei e a desigualdade de riqueza a ela associada, além da onipresença da corrupção. Era óbvio para os manifestantes ucranianos que o primado da lei era a única maneira de distribuir mais equitativamente à sociedade os recursos de que os oligarcas se apossaram e permitir que outros tivessem sucesso na economia. Durante todo o período da Maidan, o progresso social em condições previsíveis e justas era o objetivo central. Os primeiros manifestantes, em novembro de 2013, estavam preocupados em aperfeiçoar a aplicação das leis pela europeização da Ucrânia. Os que vieram em seguida estavam preocupados em salvar o princípio da legalidade, tal como existia, das garras de um líder oligarca corrupto que tinha caído sob a influência de Moscou. Em janeiro e fevereiro de 2014, os manifestantes usaram a linguagem dos direitos humanos.

Havia, claro, representantes da direita e, sem dúvida, grupos de extrema direita na Maidan, e eles foram importantes para a autodefesa da ocupação quando o governo começou a torturar e matar. O partido de direita Svoboda, porém, perdeu muito apoio durante a Maidan. Setor Direita, um novo grupo, só conseguiu colocar trezentas pessoas na praça. Grupos de direita apareceram depois que a Rússia invadiu a Ucrânia, lutando contra o Exército russo e contra separatistas no leste. Pesando tudo, entretanto, o extraordinário foi como a guerra se revelou ineficaz em conduzir as pessoas para o nacionalismo radical, o que aconteceu muito mais no país invasor. A extrema direita não iniciou o movimento na Maidan, nunca esteve nem perto de ser maioria e no fim não decidiu como o poder mudou de mãos.[83]

Apesar de obviamente pessoas diferentes assumirem posturas distintas, os protestos em geral eram apoiados pelas maiores comunidades judaicas da Ucrânia, em Kíev e Dnipro. Um dos que organizaram batalhões de autodefesa na Maidan foi um veterano das Forças de Defesa de Israel, que lembraria que em Kíev seus homens o chamavam de "irmão". As primeiras baixas letais na Maidan, em janeiro, foram Serhyi Nihoyan, de etnia armênia, e Mikhail Jiznevsky, cidadão bielorrusso. Os mortos no massacre perpetrado por franco-atiradores em fevereiro representavam a diversidade da Ucrânia e do protesto. Um deles foi Yevhen Kotlyev, ambientalista falante de russo de Carcóvia, no extremo nordeste da Ucrânia. Três judeus ucranianos desarmados foram mortos no massacre, um deles veterano do Exército Vermelho. Pessoas de cultura ucraniana, russa, bielorrussa, armênia, polonesa e judaica morreram numa revolução em nome da Europa iniciada por um jovem multilíngue de uma família de refugiados muçulmanos.

Um golpe envolve as Forças Armadas ou a polícia, ou uma combinação dos dois. Os militares ucranianos permaneceram nos quartéis, e a polícia de choque combateu os manifestantes até o fim. Mesmo quando o presidente Yanukóvytch fugiu, ninguém das Forças Armadas, da polícia ou dos ministérios mais poderosos tentou assumir o poder, como teria ocorrido num golpe. A fuga de Yanukóvytch para a Rússia deixou cidadãos e legisladores ucranianos numa situação inusitada: um chefe de Estado, durante uma invasão do seu território, buscou refúgio permanente no país invasor. Foi uma situação sem precedentes jurídicos. O agente de transição era um parlamentar legalmente eleito.

O presidente em exercício e os membros do governo provisório, longe de serem nacionalistas ucranianos de direita, em geral eram falantes de russo do leste da Ucrânia. O presidente do Parlamento, escolhido para atuar como presidente, era um ministro batista do sudeste da Ucrânia. Os ministérios da Defesa, do Interior, e de Segurança do Estado foram ocupados durante o período de transição por falantes de russo. O ministro interino da Defesa era de origem cigana. O ministro do Interior era meio armênio e meio russo de nascimento. Dos dois vice-primeiros-ministros, um era judeu. O governador regional de Dnipropetrovsk, região do sudeste ameaçada de invasão russa, também era judeu.

Apesar de três dos dezoito cargos de gabinete do governo provisório do primeiro semestre de 2014 serem ocupados pelo partido nacionalista Svoboda, não se tratava de um governo de direita em nenhum sentido relevante.[84]

Participantes de golpes de Estado não pedem uma redução de poder do Executivo, mas foi o que aconteceu na Ucrânia. Participantes de golpes de Estado não convocam eleições para ceder o poder, mas foi o que aconteceu na Ucrânia. As eleições presidenciais realizadas em 25 de maio de 2014 foram vencidas por Petro Poroshenko, centrista falante de russo proveniente do sul da Ucrânia, mais conhecido como *chocolatier*. Se houve alguma coisa parecida com um golpe naquele momento foi a tentativa russa de hackear a Comissão Central de Eleição da Ucrânia para proclamar a vitória de um político de extrema direita e o anúncio na televisão russa de que ele tinha vencido.[85]

Em maio de 2014, dois políticos de extrema direita se apresentaram como candidatos à presidência da Ucrânia; cada um recebeu menos de 1% dos votos. Ambos obtiveram menos votos do que um candidato judeu que defendia um programa judaico. O vitorioso Poroshenko em seguida convocou eleições parlamentares, que foram realizadas em setembro. Mais uma vez, isso é o oposto do que se esperaria num golpe de Estado e, repetindo, a popularidade da extrema direita na Ucrânia era muito limitada. Nenhum dos partidos de direita da Ucrânia — o Svoboda e um novo que surgiu do grupo paramilitar Setor Direita — atingiu os 5% exigidos para participação no Parlamento. O Svoboda perdeu suas três pastas ministeriais, e um novo governo foi formado sem a direita. O presidente do novo Parlamento era judeu; mais tarde se tornou primeiro-ministro.[86]

O acordo de associação com a Europa foi assinado em junho de 2014. Entrou em vigor em setembro de 2017. A Ucrânia se transformou, ainda que de forma lenta. As mudanças mais visíveis foram culturais: 2014 não resolveu todos os problemas do país, mas proporcionou confiança e otimismo aos jovens. A história continuou.

Faz diferença se os jovens saem às ruas para defender o futuro ou se chegam em tanques para suprimi-lo.

Para muitos ucranianos, o futuro era aguardado com extrema ansiedade. Se a Maidan era possível, então nações políticas, sociedades civis, economias da doação e sacrifícios individuais eram possíveis — e podiam voltar a aparecer. Uma vez que a sociedade civil ucraniana se defendeu e seu Estado nacional persistiu, sua história política continuou. Como a Ucrânia não se desintegrou com o primeiro golpe, os políticos russos da eternidade tinham que continuar atacando.

Os oficiais russos despachados para comandar a guerra na Crimeia, e depois em outras partes da Ucrânia, eram pessoas que viviam numa paisagem temporal de eterna inocência russa. De acordo com Borodai, a Ucrânia e a Rússia pertenciam a uma "civilização comum", que ele descrevia como "um mundo russo gigante que foi formado em um milênio". A existência de um Estado ucraniano era concebida, portanto, como uma forma de agressão à Rússia, uma vez que estrangeiros "queriam remover a Ucrânia do nosso mundo russo". Borodai leu Gumilióv e trabalhou para Maloféiev; ideias semelhantes, porém, eram sustentadas por russos e ucranianos que não leram teóricos fascistas nem trabalharam para banqueiros de investimentos obcecados por sodomia.[87]

A invasão russa da Ucrânia coincidiu com uma alta da literatura do "viajante acidental do tempo", gênero russo de ficção científica. Nessas fábulas, indivíduos, grupos, armamentos e exércitos avançam e recuam no tempo a fim de corrigir o panorama geral. Como na política da eternidade, fatos e continuidades desaparecem, substituídas por saltos de um ponto para outro. Em situações cruciais, uma Rússia inocente está sempre repelindo um Ocidente pecador. Assim Stálin entra em contato com Pútin, para ajudá-lo a decretar a lei marcial na Rússia e guerra contra os Estados Unidos. Ou russos viajam de volta a 1941 para ajudar a União Soviética a derrotar a invasão alemã.[88]

Tornou-se política oficial russa, como tinha sido na época soviética, remeter o início da Segunda Guerra Mundial a 1941, e não a 1939. O ano de 1941 só é um momento de inocência russa se esquecermos que a União Soviética tinha começado a guerra em 1939 como aliada da Alemanha e que, entre 1939 e 1941, adotara políticas em terras ocupadas não muito diferentes das praticadas pelos nazistas. Em 2010, Pútin ainda queria falar ao primeiro-ministro polonês sobre o massacre de Katyn, o mais notório crime soviético daquele período. Em 2014, essa postura já tinha mudado. Pútin retratou incorretamente o Pacto Mólotov-Ribbentrop de 1939 como apenas um acordo de não agressão, retrocedendo à tradição soviética. Se "a União Soviética não queria lutar", como disse Pútin em 2014, então por que o Exército soviético invadiu a Polônia em 1939 e aprisionou oficiais locais, e por que sua polícia secreta assassinou milhares deles em Katyn em 1940? Em 2014, a legislação russa transformou em ato criminoso sugerir que a União Soviética tinha invadido a Polônia, ocupado os Países Bálticos ou cometido crimes de guerra entre 1939 e 1941. A suprema corte russa depois confirmou que um cidadão poderia ser condenado criminalmente se repostasse fatos elementares sobre história russa nas redes sociais.[89]

O axioma da perfeita inocência russa permitia intermináveis voos de imaginação russos. Igor Gírkin, que colaborou com Borodai na Crimeia e na subsequente intervenção russa no sudeste da Ucrânia, era também um inveterado viajante por paisagens temporais. Apesar de ser oficial da inteligência militar russa e empregado de Malofêiev, encontrava tempo para escrever ficção científica para crianças. Antes da invasão da Ucrânia, Gírkin foi também um reencenador — alguém que gosta de vestir farda e representar batalhas do passado. Na Ucrânia, Gírkin fez comentários sobre uma guerra geral num blog dedicado a antiguidades. Como fanático pela Primeira Guerra Mundial e pela Guerra Civil Russa, esperava condecorar os soldados de 2014 com medalhas daquela época. Como alguém que reencenava a Segunda Guerra Mundial como oficial vermelho, Gírkin citava ordens dadas por Stálin em 1941 ao executar pessoas de carne e osso durante a invasão real de 2014.[90]

Para muitos jovens russos, a intervenção na Ucrânia ocorreu num imaginário ano de 1941, em meio à glória recordada da defesa da União Soviética por seus bisavós contra a Alemanha nazista. A televisão reforçou essa perspectiva invocando reiteradamente os termos associados à Grande Guerra Patriótica. O Pervi Kanal aplicou a expressão "operações punitivas" aos soldados ucranianos mais de quinhentas vezes. Essa linguagem, uma referência às ações alemãs durante a Segunda Guerra Mundial, fez o calendário voltar a 1941, pintando os ucranianos como nazistas. Soldados russos na Crimeia, quando perguntados sobre suas ações, mudavam de assunto para falar sobre a Segunda Guerra Mundial. Depois de intervenções subsequentes na Ucrânia meridional, os russos obrigaram seus prisioneiros de guerra a marchar em público, imitando os desfiles humilhantes de soldados alemães organizados por Stálin. Cidadãos ucranianos que decidiram lutar do lado russo roubaram de um monumento um tanque da época da Segunda Guerra Mundial. (O motor estava funcionando porque tinha sido consertado para um desfile no ano anterior.) Um desses separatistas disse que não conseguia conceber uma vitória ucraniana, pois isso significaria "1942". Desde que batalhas estivessem sendo travadas, seria para sempre e eternamente 1941.

Durante uma grande incursão em 2014, jovens russos pintaram as palavras POR STÁLIN! em seus tanques.[91]

Na Rússia, os índices de aprovação de Stálin (não de Pútin, de *Stálin*) subiram para 52%, o número mais alto registrado. Os índices de aprovação de Leonid Brêjniev também alcançaram picos históricos. Foi Brêjniev, morto havia muito tempo, que criou o culto de Stálin, morto havia mais tempo ainda, como o líder que resgatara a Rússia na Grande Guerra Patriótica. Stálin e Brêjniev não só cresceram em popularidade entre os vivos, mas também em ressonância em seu próprio mundo. Com o passar do tempo, era cada vez maior o número de russos que expressavam uma opinião sobre seus governantes mortos. Stálin e Brêjniev não estavam recuando para o passado, mas cumprindo um ciclo de volta para o eterno presente. Na realidade, o simples fato de cidadãos russos, na segunda década do século XXI, responderem a pesquisas políticas regulares sobre líderes do século XX já era indicativo de muita coisa. A política da eternidade tem mais do que um vago odor dos mortos-vivos.[92]

A guerra na Ucrânia não foi uma contenda entre lembranças históricas. A invasão russa, na verdade, rompeu de vez o que tinha sido um mito soviético muito difundido sobre um passado comum russo-ucraniano. O nome do museu de guerra oficial em Kíev foi trocado de museu da "Grande Guerra Patriótica" para museu da "Segunda Guerra Mundial" quando tanques russos capturados na guerra de 2014 foram posicionados em seu gramado.[93]

A guerra russa contra a Ucrânia teve um significado mais profundo: uma campanha da eternidade contra a inovação. Será que qualquer tentativa de inovação tem de ser contestada com o clichê da força e a força do clichê? Ou seria possível, junto com os ucranianos da Maidan, fazer uma coisa nova?

5. Verdade ou mentiras (2015)

Quem é enganado vira coisa.

Mikhail Bakhtin

O leite negro do amanhecer bebemos de noite
bebemos de noite bebemos de manhã
bebemos e bebemos
cavamos uma sepultura no ar, há espaço para todos nós.

Paul Celan, 1944

A Rússia chegou primeiro à política da eternidade. A cleptocracia tornou impossíveis as virtudes da sucessão, integração e inovação, por isso a ficção política precisou torná-las impensáveis.

As ideias de Ivan Ilin deram forma à política da eternidade. Uma nação russa banhada na inverdade da própria inocência poderia aprender o narcisismo total. Vladislav Surkov mostrou que a eternidade era capaz de animar a mídia moderna. Enquanto trabalhava para Pútin, escreveu e publicou um romance, *Okolonolia* [Quase zero] (2009), uma espécie de confissão política. Na história, a única verdade era a nossa necessidade de mentiras, e a única liberdade, nossa aceitação desse veredicto. Numa história dentro da trama maior, o herói se incomodava com um colega de apartamento que dormia o tempo todo. Um especialista preparou um relatório: "Todos desapareceremos no momento em que ele abrir os olhos. O dever da sociedade, e o seu em particular, é dar continuidade ao sonho dele". A perpetuação do estado de sonho era a atribuição funcional de Surkov. Se a única verdade era a ausência de verdade, os mentirosos eram honrados servidores da Rússia.[1]

Acabar com a factualidade é dar início à eternidade. Cidadãos que duvidam de tudo não são capazes de ver modelos alternativos fora das fronteiras da Rússia, nem de manter discussões ajuizadas sobre reformas, nem de confiar uns nos outros o suficiente para se organizar a fim de promover reformas políticas. Um futuro plausível requer um presente factual. Seguindo o que dizia Ilin, Surkov falava da "contemplação do todo" que permitia uma visão da "realidade geopolítica": a de que estrangeiros, com seus ataques regulares, tentavam afastar a Rússia da sua inocência nativa. Os russos deveriam ser amados por sua ignorância; amá-los significava proteger essa característica. O futuro reservava apenas mais ignorância sobre o que estava por vir em um momento mais distante. Como Surkov escreveu em *Okolonolia*: "O conhecimento só traz conhecimento, mas a incerteza traz esperança".[2]

Como Ilin antes dele, Surkov tratava o cristianismo como a porta de entrada para sua própria e superior criação. O Deus de Surkov era um colega recluso com limitações, um camarada demiurgo que precisava ser animado com algumas palmadas viris. Como tinha feito Ilin, Surkov invocava versículos bíblicos conhecidos para inverter o seu significado. No romance, uma freira se refere a 1 Coríntios 13:13 para afirmar: "Incerteza traz esperança.

Fé. Caridade". Se os cidadãos puderem ser mantidos na incerteza pela fabricação regular de crises, será possível manipular e dirigir suas emoções. É o oposto do significado evidente da passagem bíblica mencionada por Surkov: a esperança, a fé e a caridade são as três virtudes que se articulam quando aprendemos a ver o mundo tal como é. Pouco antes dessa passagem, vem o trecho famoso sobre maturidade, como o jeito de ver as coisas do ponto de vista do outro: "Agora vemos em espelho e de maneira confusa, mas, depois, veremos face a face. Agora o meu conhecimento é limitado, mas, depois, conhecerei como sou conhecido". A primeira coisa que vemos quando aprendemos a ver da perspectiva de outra pessoa é que não somos inocentes. Surkov queria manter a imagem confusa do espelho.

Na Rússia dos anos 2010, o espelho confuso era uma tela de televisão. Era à televisão que 90% dos russos recorriam para receber informações. Surkov era o chefe de relações públicas do Pervi Kanal, o mais importante do país, antes de se tornar gestor de mídia de Boris Iéltsin e de Vladímir Pútin. Ele supervisionou a transformação da televisão russa de uma verdadeira pluralidade, representativa de vários interesses, numa falsa pluralidade, na qual as imagens são diferentes, mas a mensagem é a mesma. Em meados dos anos 2010, o orçamento estatal do Pervi Kanal era de 850 milhões de dólares anuais. Seus empregados e os de outras redes estatais russas aprendiam que o poder era real, mas os fatos do mundo não. O vice-ministro de Comunicações da Rússia, Aleksei Volin, descreveu a trajetória desses profissionais: "Vão trabalhar para O Homem, e O Homem lhes dirá o que escrever, o que não escrever e como isto ou aquilo deverá ser escrito. E O Homem tem o direito de fazê-lo, porque lhes paga". A factualidade não era uma restrição: Gleb Pavlóvski, destacado tecnólogo político, explicou: "Pode-se dizer qualquer coisa. Criar realidades". As notícias internacionais passaram a substituir as regionais e locais, que praticamente desapareceram da televisão. A cobertura estrangeira significava o registro diário da eterna corrente ocidental de corrupção, hipocrisia e inimizade. Nada na Europa ou nos Estados Unidos merecia ser imitado. Uma mudança verdadeira era impossível — essa era a mensagem.[3]

A RT, veículo emissor de propaganda televisiva russa para audiências estrangeiras, tinha o mesmo objetivo: suprimir conhecimento que pudesse inspirar ação e traduzir emoção em inação. Subvertia o formato da transmissão de notícias adotando, de cara séria, a contradição barroca: convidar para falar alguém que negava o Holocausto e identificá-lo como ativista de direitos humanos; apresentar um neonazista e referir-se a ele como especialista em Oriente Médio. Nas palavras de Vladímir Pútin, a RT era "financiada pelo governo, por isso não poderia deixar de refletir a posição oficial do governo russo". Essa posição era a ausência de um mundo factual, e o patamar de financiamento era de cerca de 400 milhões de dólares por ano. Norte-americanos e europeus encontravam no canal um amplificador de suas próprias dúvidas — às vezes perfeitamente justificáveis — sobre a confiabilidade dos seus governantes e sobre a vitalidade de sua mídia. O slogan da RT, "Questione Mais", inspirava um apetite por mais incerteza. Não fazia sentido questionar a factualidade do que a RT transmitia, uma vez que o que o canal transmitia era a negação da factualidade. Como dizia seu diretor: "Não existe jornalismo objetivo". A emissora queria comunicar a ideia de que toda a mídia mentia, mas a RT era honesta porque não fingia ser verdadeira.[4]

A factualidade foi substituída por um cinismo deliberado que não pedia nada ao telespectador além de um aceno de concordância de tempos em tempos antes de dormir.[5]

"A guerra de informações agora é o principal tipo de guerra." Dmítri Kisselióv devia saber do que estava falando, pois era o coordenador da agência estatal russa de notícias internacionais e o apresentador de um popular programa das noites de domingo, *Vesti Nedeli*, que encabeçou a ofensiva de informações contra a Ucrânia.[6]

Os primeiros homens que o Krêmlin despachou para a Ucrânia, a ponta de lança de uma invasão russa, eram tecnólogos políticos. Uma guerra comandada por Surkov é travada na irrealidade. Ele esteve na Crimeia e em Kíev em fevereiro de 2014, e depois disso serviu como conselheiro de Pútin sobre a Ucrânia. O tecnólogo político russo Aleksandr Borodai foi assessor de imprensa encarregado da Crimeia durante sua anexação. Em meados de 2014, os "primeiros-ministros" de duas recém-inventadas "repúblicas populares" no sudeste da Ucrânia eram executivos de mídia russos.[7]

Modesta em termos militares, a invasão russa do sul e depois do sudeste da Ucrânia envolveu a campanha de propaganda mais sofisticada da história das guerras. A propaganda funcionava em dois níveis: no primeiro, como assalto direto contra a factualidade, negando o óbvio, até a própria guerra; no segundo, como proclamação incondicional de inocência, negando que a Rússia pudesse ser responsável por qualquer malfeito. Não havia guerra, e assim era totalmente justificada.

Quando a Rússia começou a invasão da Ucrânia, em 24 de fevereiro de 2014, o presidente Pútin mentiu resolutamente. Em 28 de fevereiro afirmou: "Não temos a menor intenção de ficar fazendo ameaças e mandar tropas para a Crimeia". Mas já tinha mandado tropas para a Crimeia. No momento em que pronunciou essas palavras, militares russos já marchavam em território ucraniano soberano havia quatro dias. Além disso, os Lobos Noturnos estavam na Crimeia, seguindo soldados russos numa ruidosa ostentação de motores acelerados, um espetáculo de mídia destinado a tornar sua presença inequívoca. Apesar disso, Pútin preferia zombar dos repórteres que registravam os fatos básicos. Em 4 de março, afirmou que soldados russos eram cidadãos russos que tinham comprado fardas em lojas locais. "Por que vocês não dão uma olhada nos Estados pós-soviéticos?", propôs Pútin. "Há muitas fardas parecidas lá. É só entrar numa loja e comprar qualquer tipo de farda."[8]

Pútin não estava tentando convencer ninguém naquele mundo pós-soviético de que a Rússia não tinha invadido a Ucrânia. Na verdade, ele tinha certeza de que os ucranianos não acreditariam em suas mentiras. O governo provisório ucraniano entendia que a Ucrânia estava sendo atacada pelos russos e por isso fez um apelo pedindo uma resposta internacional, em vez de reagir com força miliar. Se os dirigentes em Kíev acreditassem em Pútin, certamente teriam ordenado uma resistência. O objetivo de Pútin não era ludibriar os ucranianos, mas criar um vínculo de deliberada ignorância com os russos, de quem se esperava que compreendessem que seu presidente estava mentindo, mas acreditassem nele assim mesmo. Como escreveu o repórter Charles Clover em seu estudo sobre Liev Gumilióv: "Pútin supôs corretamente que as mentiras uniam em vez de dividir a classe política da Rússia. Quanto maior e mais óbvia a mentira, mais seus súditos demonstravam lealdade na aceitação e mais participavam do grande mistério sacro do poder do Krêmlin".[9]

O ataque direto de Pútin contra a factualidade poderia ser chamado de *negativa implausível*.* Ao negar o que todos sabiam,

---

* A concepção mais antiga da negativa *plausível*, fabricada pelos norte-americanos nos anos 1980, era fazer afirmações imprecisas que permitissem escapar de acusações de racismo. Essa estratégia foi memoravelmente formulada pelo estrategista Lee Atwater: "Você começa em 1954 dizendo '*Nigger, nigger, nigger*'. Em 1968, não pode dizer '*nigger*' — isso ofende. Sai pela culatra. Por isso se diz qualquer coisa como andar de ônibus à força, direitos dos estados e coisas do gênero. Está se tornando tão abstrato que se fala em reduzir impostos, e todas

Pútin criava ficções unificadoras dentro da Rússia e dilemas nas redações europeias e norte-americanas. Os jornalistas ocidentais aprendem a relatar os fatos, e em 4 de março a evidência factual de que a Rússia tinha invadido a Ucrânia era claríssima. Jornalistas russos e ucranianos tinham filmado soldados russos marchando através da Crimeia. Os ucranianos já estavam chamando as forças especiais russas de "homenzinhos verdes", em uma sugestão jocosa de que os soldados de uniformes não identificados tinham caído do espaço sideral. Os militares não falavam ucraniano; os ucranianos perceberam rapidamente também as gírias próprias de cidades russas, não usadas na Ucrânia. Como assinalou a repórter Ekaterina Sertgatskova: "Os 'homenzinhos verdes' não escondem que são da Rússia".[10]

Jornalistas ocidentais também aprendem a relatar várias interpretações dos fatos. O adágio de que toda história tem dois lados faz sentido quando os representantes de cada lado aceitam a factualidade do mundo e interpretam o mesmo conjunto de fatos. A estratégia de negativa implausível de Pútin explorava essa convenção e ao mesmo tempo destruía sua base. Ele se apresentava com um dos lados da história enquanto zombava da factualidade. "Estou mentido abertamente para você e ambos sabemos disso" não é um dos lados da história. É uma arapuca.

Editores ocidentais, apesar de terem os relatos da invasão russa em cima da mesa nos últimos dias de fevereiro e nos primeiros dias de março de 2014, preferiam dar destaque às exuberantes negativas de Pútin. E com isso a narrativa da invasão da Ucrânia sofreu uma alteração sutil, mas profunda: não era sobre

---

essas coisas de que fala são coisas econômicas, e um subproduto delas é que os negros são mais atingidos do que os brancos". Se alguém que falasse assim fosse acusado de racismo, poderia, com alguma credibilidade, dizer que não estava se referindo especificamente aos negros.

o que tinha acontecido com os ucranianos, mas sobre o que o presidente russo decidia dizer sobre a Ucrânia. Uma guerra real tornou-se um reality show televisivo, com Pútin posando como herói. Boa parte da imprensa aceitou seu papel de coadjuvante na trama. Mesmo quando os editores ocidentais se tornaram mais críticos com o passar do tempo, seus questionamentos eram formulados como dúvidas pessoais sobre o que o Krêmlin afirmava. Quando Pútin mais tarde admitiu que a Rússia de fato invadiu a Ucrânia, isso provou apenas que a imprensa ocidental tinha sido um dos atores do seu espetáculo.[11]

Depois da negativa implausível, a segunda estratégia de propaganda da Rússia foi a proclamação de inocência. A invasão deveria ser entendida não como um país mais forte atacando um vizinho mais fraco num momento de extrema vulnerabilidade, mas como a rebelião justa de um povo oprimido contra uma avassaladora conspiração global. Como Pútin declarou em 4 de março: "Às vezes tenho a impressão de que, do outro lado da imensa massa de água, nos Estados Unidos, as pessoas se sentam num laboratório e fazem experimentos, como se usassem ratos, sem na verdade compreenderem as consequências do que estão fazendo". A guerra não estava ocorrendo; mas, se estivesse, a culpa seria dos Estados Unidos; e, como se tratava de uma superpotência, tudo era permitido como resposta à sua maldade onipotente. Se a Rússia houvesse promovido a invasão, o que de alguma forma estava e não estava fazendo, os russos tinham razão para fazer isso ou deixar de fazer.[12]

As escolhas táticas na invasão serviam a essa estratégia de inocência. A ausência de insígnia nas fardas russas e a ausência de identificação nas armas, na blindagem, no equipamento e nos veículos russos não enganaram ninguém na Ucrânia. A intenção era criar a atmosfera de um drama televisivo de heroicos moradores adotando medidas inusitadas contra o poder titânico dos

Estados Unidos. Esperava-se que os russos acreditassem no disparate: que os soldados que apareciam na tela de suas televisões não eram o seu próprio Exército, mas uma chusma de resolutos rebeldes ucranianos defendendo a honra do seu povo contra um regime nazista apoiado por infinito poderio norte-americano. A ausência de insígnia não era uma prova de nada, e sim uma pista sobre como se esperava que os telespectadores acompanhassem o enredo. Não era para convencer num sentido factual, mas para guiar num sentido narrativo.[13]

Soldados de verdade fingindo, por motivos dramáticos, ser guerrilheiros locais podem usar táticas de guerrilha, pondo em risco civis de verdade. Como tática de guerra, é o que se poderia chamar de *assimetria invertida*. Normalmente, "guerra assimétrica" significa o uso de táticas não convencionais por uma força guerrilheira ou por um grupo terrorista contra um Exército regular mais forte. Na invasão russa, o forte usou as armas do fraco — táticas de guerrilheiros e terroristas — para fingir-se de fraco. Durante o que já era uma invasão ilegal, o Exército russo violou leis básicas da guerra de forma deliberada e desde o início. Pútin endossou essa forma de guerra mesmo quando se negava que havia uma invasão em andamento. Em 4 de março, previu que os soldados russos se esconderiam entre os civis. "E vamos ver se essas tropas [ucranianas] tentam atirar em seu próprio povo, conosco atrás delas — não na frente, mas atrás. Vamos ver se tentam atirar em mulheres e crianças!"[14]

A batalha pela Crimeia estava vencida com facilidade em março de 2014. A subsequente intervenção russa no sudeste da Ucrânia prosseguiu. Nessa segunda campanha, a *negativa implausível* testaria mais uma vez a fidelidade dos russos e a coragem dos jornalistas; e a *assimetria invertida* mais uma vez envolveria uma guerra ilegal com uma auréola de vitimização. As duas táticas confirmaram a política da eternidade, na qual os fatos desaparecem em meio à insistência de que nada jamais acontece, exceto a malevolência estrangeira e a resistência legítima. Ajudado por Surkov, Pútin convidou os russos para um ciclo de eternidade no qual a Rússia apenas se defendia, como sempre fizera.

A eternidade pega alguns pontos do passado e os apresenta como momentos de virtude, descartando o tempo decorrido nos intervalos. Nessa guerra, os governantes russos já tinham mencionado dois pontos: a conversão de Volodímir/ Valdemar em 988, que supostamente tornou a Ucrânia e a Rússia a mesma nação para todo o sempre, e a invasão alemã da União Soviética em 1941, que de alguma forma tornava o movimento de protesto ucraniano uma ameaça fascista. Para justificar a prolongada intervenção no sudeste da Ucrânia, Pútin acrescentou em abril de 2014 uma terceira referência ao passado: 1774. Foi quando o Império Russo derrotou o Império Otomano e anexou territórios no litoral norte do mar Negro, alguns dos quais pertencentes à atual Ucrânia. Esses territórios eram conhecidos no século XVIII como "Novorossiia", ou Nova Rússia. O uso desse termo por Pútin deixava de lado os Estados russo e ucraniano existentes, ao mesmo tempo que mudava o assunto da conversa para direitos antigos. Pela lógica da "Novorossiia", a Ucrânia era a agressora, porque incluía territórios outrora definidos como russos e que, portanto, pertenciam eternamente à Rússia. A reformulação radical da questão permitia que russos e observadores internacionais se esquecessem dos fatos banais do presente — por exemplo, o fato de que Moscou jamais apresentou, nos 22 anos de existência comum da Federação Russa e da Ucrânia, uma queixa formal sobre o tratamento dos russos na Ucrânia.[15]

A maioria dos cidadãos da Federação Russa jamais ouvira falar no conceito de "Novorossiia" nesse sentido antes de março e abril de 2014, quando Surkov e Dúguin o propagaram pela primeira vez e Pútin o transformou em política logo em seguida. O território imperial do século XVIII era diferente das regiões definidas por Pútin e depois pela mídia russa; os nove distritos ucranianos de Crimeia, Donetsk, Lugansk, Carcóvia, Dnipropetrovsk, Zaporíjia, Mikolaiv, Odessa e Kherson. Quando interpretado historicamente, o termo também trazia implicações diferentes das que Pútin tinha em mente. A imperatriz Catarina falava da "Nova Rússia" mais ou menos como os colonizadores britânicos falavam de uma "Nova Inglaterra", uma "Nova Gales do Sul" e assim por diante. Naquela época de impérios, regiões habitadas por povos diferentes dos colonizadores eram "novas" do ponto de vista colonial. "Significava que o local nem sempre pertencera ao império. Esses lugares não permaneciam necessariamente com a potência colonial. A Nova Inglaterra e a Nova Gales do Sul não fazem parte da Grã-Bretanha, assim como a Nova Rússia não é parte da Rússia.[16]

Enquanto Surkov e Glaziev tentavam organizar revoltas armadas no sudeste da Ucrânia em março de 2014, mapas da "Novorossiia" inundavam as telas de TV russas. Mostravam um pedaço de território que, se fosse tomado pela Rússia, separaria a Ucrânia dos seus portos no mar Negro e integraria a Crimeia ocupada (sem ligação terrestre com a Rússia) ao território da Federação Russa.[17]

O Exército russo reuniu-se em março nos dois distritos russos que fazem fronteira com a Ucrânia, Belgorod e Rostov. A ideia básica, compatível com os planos de Moscou naquele mês de fevereiro, era tomar à força edifícios de administração regional em mais oito distritos ucranianos, fazer seus partidários declararem secessão de dentro desses locais e provocar a desintegração da Ucrânia por implosão.

E assim, no primeiro semestre de 2014, tecnólogos políticos russos chegaram à Ucrânia com uma segunda missão: depois da

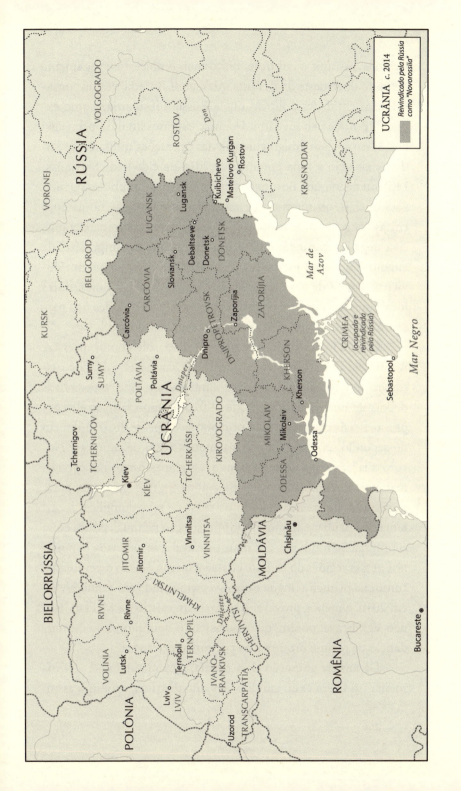

Crimeia, assumir o controle muito mais ambicioso e vagamente definido do sudeste da Ucrânia. Aleksandr Borodai era responsável pelas entidades políticas que a Rússia subsidiaria. Como explicou Borodai, ao invadir a Ucrânia "estamos lutando pela ideia global russa". Seu amigo cuidaria das operações militares no sudeste; ele veio à tona em abril de 2014 na cidade de Sloviansk. Moscou negou que Borodai e Gírkin fossem incumbidos de missões oficiais, ou mesmo que estivessem na Ucrânia, ou as duas coisas. Para os homens do GRU de Gírkin em campo na Ucrânia, essa negativa era incômoda e, em última análise, impossível de engolir. Enquanto estabeleciam quartéis de campanha em Sloviansk, em 17 de abril, os soldados irritaram-se com moradores locais que acreditavam na propaganda russa de que eles não passavam de voluntários: "Somos forças especiais do GRU".[18]

O Estado nacional ucraniano estava sob grande pressão. A Crimeia tinha sido ocupada pela Rússia; havia soldados russos no sudeste; alguns cidadãos alimentavam altas expectativas depois de uma revolução a que outros se opuseram; as eleições presidenciais precisavam ser organizadas. Apesar disso, no início do segundo semestre do ano a tentativa russa de capturar "Novorossiia" já estava desmoronando. Os golpes russos nas capitais regionais ucranianas em março e abril tinham na maior parte fracassado. Em regra, quando os russos e seus cúmplices locais tentavam ocupar edifícios de administração regional, pouca coisa acontecia. Sem dúvida, era mais provável que cidadãos ucranianos nessas regiões do sudeste citassem o russo, e não o ucraniano, como sua primeira língua e que tivessem votado em Yanukóvytch em 2010, e menos provável que tivessem estado na Maidan. Isso não significava, porém, que apoiassem o domínio russo ou mudanças de regime promovidas por forças externas.[19]

Depois da anexação da Crimeia, a campanha pela "Novorossiia" só tivera êxito em dois dos oito distritos, e mesmo assim apenas em partes desses dois: Lugansk e Donetsk. Conhecidas em conjunto como Donbas, essas regiões eram ricas em carvão, porém disso a Rússia não necessitava. Mas ambas faziam fronteira com a Federação Russa, e seus oligarcas hesitaram em momentos cruciais. A Rússia não conseguira obter um ponto de apoio em regiões de interesse muito maior, como Carcóvia, Odessa e Dnipropetrovsk. Carcóvia e Odessa eram áreas que os russos viam como centros de sua cultura, e Dnipropetrovsk era um polo de atividades do complexo industrial-militar dos dois países. Dnipropetrovsk tornou-se foco de resistência à invasão sob o seu novo governador, Ihor Kolomois'kyi, que colocou a cabeça dos soldados russos a prêmio. Apesar de a bandeira russa ter sido brevemente hasteada em Carcóvia por jovens russos que gostavam de escalar prédios e tirar selfies, o edifício da administração regional foi devolvido ao controle ucraniano no mesmo dia. Em Odessa, a tentativa inicial de invadir a sede da administração regional também fracassou.[20]

Em março e abril, moradores de Odessa se prepararam para uma invasão russa. Cidadãos ilustres locais fizeram um apelo a Pútin, explicando que não precisavam da proteção russa. Outros participaram de treinamentos paramilitares a fim de formar uma resistência às forças especiais russas, caso chegassem. A televisão russa martelava diariamente a ameaça de que nacionalistas ucranianos iam invadir a província e causar muitos estragos, embora nada disso estivesse ocorrendo ou viesse a ocorrer. Alguns moradores de Odessa (ao lado de alguns cidadãos russos) saíram às ruas em 1º de maio para manifestar, cantando, seu apoio à "Novorossiia". No dia seguinte, grupos pró-Rússia e pró-Ucrânia enfrentaram-se nas ruas, armados, sendo o segundo mais numeroso. Coquetéis molotov voavam de um lado para outro. Quando alguns combatentes pró-Rússia se refugiaram num prédio conhecido como Casa dos Sindicatos, a batalha de coquetéis molotov deslocou-se para lá. O prédio pegou fogo, matando muitos manifestantes pró-Rússia. Assim terminou essa tentativa russa de inspirar uma rebelião interna na Ucrânia.[21]

Prokhanov comparou o fracassado golpe russo em Odessa com o Holocausto — um antissemita invocando o extermínio em massa de judeus para justificar uma guerra de agressão. A política da eternidade consome a substância do passado, deixando apenas uma ilimitada inocência que a tudo justifica.[22]

Em maio de 2014 o desastre já se anunciava para a Rússia, mesmo nas partes das regiões de Lugansk e Donetsk, sob controle russo. O pequeno Exército ucraniano foi mais que suficiente para humilhar a missão do GRU de Gírkin em Sloviansk e derrotar os voluntários russos e separatistas ucranianos que tinha conseguido juntar. Gírkin apelou por ajuda local: "Admito que nunca esperei descobrir que em toda a região não se encontram nem mil homens dispostos a arriscar a vida por sua própria cidade". Parecia que as regiões de Donetsk e Lugansk logo voltariam ao total controle ucraniano. Uma resposta significativa ao avanço ucraniano exigiria mais assistência russa. Por isso o Batalhão de Vostok, formado basicamente por tchetchenos, atravessou a fronteira da Rússia para a Ucrânia. Em 26 de maio, seus homens, juntamente com voluntários da Rússia, invadiram o aeroporto de Donetsk. Foram rechaçados por defensores ucranianos e sofreram perdas consideráveis.[23]

Pelo menos 31 voluntários russos morreram no ataque frustrado. Tinham deixado amigos e famílias na Rússia por causa das ficções midiáticas sobre "fascismo" e "genocídio" na "Novorossiia". A morte deles não foi mencionada na grande mídia russa. Maria Turchenkova, jornalista russa que acompanhou os corpos na viagem de volta da Ucrânia para a Rússia para o sepultamento, fez um resumo sucinto: "Nenhum dos canais de televisão nacionais, que durante meses tinham criado a noção pública de genocídio contra russos no leste da Ucrânia, informou que 31 russos foram mortos em Donetsk em 26 de maio".[24]

Um desses 31 foi Ievguêni Korolenko. Ele precisava de dinheiro e disse à esposa que via "perspectivas" em Donbas. Então a mulher viu a foto do cadáver na internet. Sua primeira e natural reação foi negar a si mesma que era ele. "Não parece", pensou. Mas olhou de novo. A corrente que ele usava. O formato do nariz. Seu corpo, junto com o de outros, foi levado para a cidade de Rostov. Um agente funerário recusou-se a cuidar dele, temendo que o gesto pudesse ser visto como provocação: "Por favor entenda: este é um cidadão da Rússia que tombou em combate. E nosso país não está em guerra". De uma figura em posição de autoridade, ela ouviu a seguinte caracterização da sua situação: "Você é uma pessoa madura. A Rússia não está realizando nenhuma atividade militar organizada. Seu marido enfrentou os tiros voluntariamente naquela rua".[25]

Pelo fim de junho de 2014, autoridades em Moscou tinham praticamente deixado de falar em "Novorossiia" e passado a adotar a estratégia de tornar as partes de Donbas ocupadas pela Rússia uma fonte permanente de instabilidade para o Estado nacional ucraniano. Alguns tchetchenos mortos em Vostok foram substituídos por ossétios, que aparentemente achavam que tinham sido enviados para lutar contra os Estados Unidos. O nome "Vostok" foi preservado porque o batalhão aceitava cidadãos ucranianos que tinham lá suas razões para se insurgir contra o Estado ucraniano. Alguns eram ex-oficiais de segurança ucranianos com motivações ideológicas, como Aleksandr Khodakovskii, que disse: "Aqui nós não estamos lutando por nós mesmos, mas pela Rússia". Ao que parece, porém, a maioria dos cidadãos ucranianos que combateram do lado russo foi atraída para o conflito pela experiência de violência, o bombardeio de cidades que resultava da decisão da Rússia de travar uma guerra de guerrilhas.[26]

Em 5 de julho, diante da possibilidade de ser derrotado pelo Exército ucraniano, Gírkin seguiu a manobra recomendada por Pútin: transformou os moradores locais em escudos humanos. Retirou seus soldados de Donetsk, e outros comandantes do GRU fizeram o mesmo. Isso garantia, como observou Gírkin, que os civis viessem a ser as principais vítimas da guerra. O lado ucraniano combatia os invasores e seus aliados bombardeando cidades, enquanto os russos faziam o mesmo. Na terminologia da guerra de guerrilha, isso representava uma mudança de mobilização "positiva" para "negativa": se ninguém quiser lutar pela causa guerrilheira como tal (motivação positiva), então um comandante guerrilheiro cria as condições para que o inimigo mate civis (motivação negativa). Foi a tática escolhida por Gírkin, como ele mesmo admitiu. Um de seus entrevistadores russos descreveu Gírkin, corretamente, como um homem que sacrificaria de forma deliberada a vida de mulheres e crianças para alcançar um objetivo militar. Destruir cidades para conseguir recrutas foi, de fato, a notável proeza de Gírkin.[27]

Naturalmente, cidadãos ucranianos em Donbas não refletiam sobre a totalidade da situação enquanto as bombas explodiam. Muitos culpavam o Exército ucraniano por usar armamento pesado contra suas próprias cidades. Nas entrevistas, pais falavam de filhos que aprendiam a distinguir os diversos tipos de artilharia pelo barulho das bombas. Uma mãe juntou-se aos russos que lutavam contra o Exército ucraniano quando o quintal onde seus filhos costumavam brincar foi atingido por um projétil. Cidadãos ucranianos que aderiram aos separatistas no início do segundo semestre de 2014 não se cansavam de dizer que foi a morte de mulheres, crianças e idosos pelo fogo de artilharia que os inspirou a pegar em armas. Uma pesquisa de opinião deu a entender que essa experiência (mais do que ideologias como "separatismo" ou "nacionalismo russo") foi a principal motivação dos cidadãos ucranianos que resolveram lutar contra seu próprio Exército nacional.[28]

A exposição a mortes violentas tornava as pessoas vulneráveis a histórias que davam às perdas um significado mais amplo. Essas narrativas eram fornecidas pela televisão russa. Era impossível para um morador saber quem tinha jogado a bomba que caiu em seu bairro; a televisão russa, única fonte de informações disponível nas partes da Ucrânia controladas pela Rússia, culpava o lado ucraniano. Como recordava um cidadão ucraniano que lutou do lado russo, a instrução de que seu Exército nacional era composto por um bando de genocidas tornava mais fácil ver os soldados ucranianos como "seres em forma humana" que poderiam e deveriam ser alvejados. Quando os separatistas passaram a causar o mesmo tipo de mortes que tinham testemunhado, as fábulas de inocência se tornaram verdade incontestável. É difícil resistir a mentiras em nome das quais a pessoa até já matou.[29]

Tendo feito Donbas chegar a esse ponto em meados de 2014, Gírkin foi removido para a Rússia. O novo chefe de segurança, Vladímir Antiuféiev, era o principal especialista da Rússia na forma de teatro geopolítico conhecida como "conflito congelado". Num conflito desse tipo, a Rússia ocupa pequenas parte de um país vizinho (Moldávia desde 1991, Geórgia desde 2008, Ucrânia desde 2014), e então apresenta sua própria ação como um problema interno que impede seus vizinhos de terem relações mais estreitas com a União Europeia ou a Otan.[30]

Num conflito congelado, a única importância dos sentimentos do povo local é como um recurso político. Moradores podem ser incentivados a matar ou morrer, mas suas próprias aspirações não podem ser realizadas, uma vez que o objetivo de congelar um conflito é impedir sua resolução. Antiuféiev tinha passado o estágio anterior de sua carreira na "Transnístria", seção da Moldávia ocupada por soldados russos, onde fora encarregado da segurança do miniestado não reconhecido. Sua chegada a Donetsk prenunciava um futuro semelhante para a "República Popular de Donetsk". Sua existência, conforme anunciou Antiuféiev, ficaria num limbo permanente. Ele a definia como "Estado independente", apesar de dizer também que ninguém (incluindo a Rússia) a reconheceria como tal. A unificação com a Rússia também "não era uma questão para agora".[31]

Para Antiuféiev, os desejos do povo de Donbas estavam subordinados às prerrogativas de uma luta muito maior contra a União Europeia e os Estados Unidos, que ele descrevia como o Ocidente satânico. Prometia uma ofensiva capaz de mudar os rumos dessa guerra global. A União Soviética não tinha desmoronado, disse ele, em consequência de problemas próprios, mas porque o Ocidente empregara misteriosas "tecnologias destrutivas" — essa frase, como no manifesto do Clube Izborsk, significava "fatos". A invasão russa da Ucrânia, disse Antiuféiev, deve ser entendida como a autodefesa de russos inocentes contra uma aliança "dos maçons da Europa e dos Estados Unidos" e "dos fascistas da Ucrânia." Antiuféiev usava esse retrato fascista do mundo para se apresentar como antifascista.[32]

Como a Ucrânia era o foco dos esforços da conspiração global antirrussa, Antiuféiev achava que a vitória ali poderia mudar o mundo. A intervenção na Ucrânia, explicava ele, era uma defesa do gás natural e da água doce da Rússia contra a ganância dos Estados Unidos. Era tudo uma luta só, mas poderia ser vencida. Na opinião de Antiuféiev, "a Ucrânia é um Estado em desintegração. Exatamente como os Estados Unidos". A destruição dos Estados Unidos era tão desejável quanto inevitável. "Se o mundo fosse poupado de construções demoníacas como os Estados Unidos, a vida seria mais fácil para todos. E dia desses isso vai acontecer."[33]

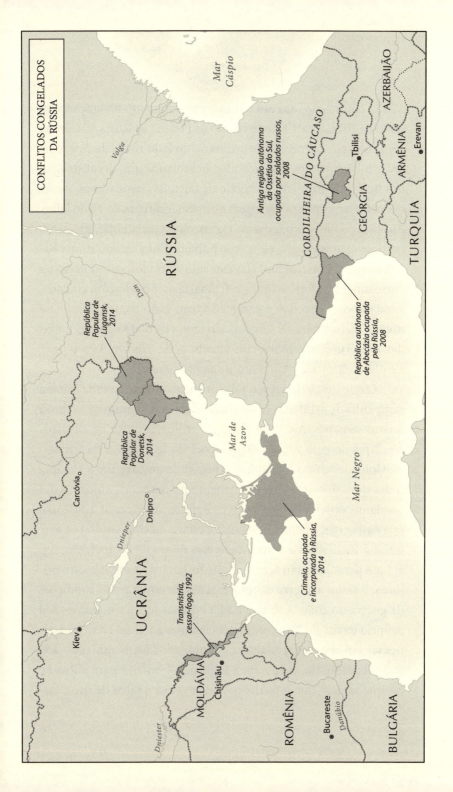

* * *

O contra-ataque russo ao Exército ucraniano foi lançado em julho de 2014, a partir do território da Federação Russa. Começou com colossais barragens de artilharia do lado russo da fronteira. Ievguêni Jukov, um dos soldados ucranianos que desobstruíam um trecho da fronteira na região de Lugansk, registrou as consequências da primeira barragem de artilharia russa de 11 de julho. Escrevendo em sua página do Facebook naquela noite, procurou corrigir relatos de que ele e seus homens tinha estado numa batalha. Não foi bem assim. Haviam sido alvejados, como declarou corretamente, num "ataque de artilharia preparado com cuidado, ensaiado com precisão e executado com êxito contra nossa base militar na fronteira de Lugansk do lado russo". Descreveu tantas das 79 pessoas que morreram quanto pôde. No fim do seu post, ele ofereceu a todos "uma profunda reverência".[34]

O que Jukov descreveu foi o primeiro ataque de uma imensa campanha de artilharia russa contra o Exército ucraniano. Durou quatro semanas. Até 8 de agosto, a artilharia russa fez disparos regulares de pelo menos 66 posições do lado russo da fronteira. Unidades como a de Jukov estavam desamparadas; a Ucrânia tinha uma desvantagem permanente na guerra de informações — alguns observadores europeus e norte-americanos ainda não estavam certos de que uma guerra estava mesmo sendo travada, ou se a Rússia era a agressora. Nessa névoa de estupefação, um ataque ucraniano em território russo teria sido um desastre político. E assim a guerra de informações determinava as condições da guerra no chão. A Rússia podia bombardear a Ucrânia do seu próprio território sem consequências, mas a Ucrânia não poderia pensar em responder à altura. Alguns soldados ucranianos, sob fogo de artilharia, chegaram a fugir pela fronteira para a Rússia, porque sabiam que o território russo estava a salvo de tiros. Enquanto isso, jornalistas russos na fronteira russo-ucraniana não tinham dificuldade para ver que "a Rússia está bombardeando a Ucrânia a partir de território russo". Cidadãos russos na zona fronteiriça faziam vídeos de soldados russos em combate. O soldado russo Vadim Gregoriev, estacionado em Mateiovo Kurgan, na Rússia, postou orgulhosamente que "a noite inteira atacamos a Ucrânia".[35]

Exércitos costumam evacuar civis para fora do alcance da artilharia, para que não sejam mortos pelo fogo inimigo disparado em resposta. Autoridades russas não deram nenhuma ordem desse tipo, supostamente por terem certeza de que logo viria um contra-ataque. Crianças do lado russo da fronteira, ao contrário das localizadas no lado ucraniano, aprenderam a dormir durante os bombardeios — elas não eram o alvo. Alguns moradores russos sentiam-se incomodados com essa guerra de mão única, na qual suas fazendas eram usadas para fazer chover morte sobre pessoas não muito diferentes delas. Mas uma sensação de segurança, combinada com a propaganda televisiva, ajudava a resolver questões de culpa: "É horrível, mas já entendemos que os tiros não são voltados para nós". E, se os tiros vinham "de nós", deviam ser corretos e bons: "Nosso povo está limpando a fronteira de fascistas" do lado ucraniano. Afinal, disse um morador local russo, se "nazistas estão praticando genocídio" do lado ucraniano, então essas medidas incomuns são justificadas.[36]

Os russos que noticiavam o bombardeio arriscavam a própria pele. A jornalista Elena Racheva lembra-se de uma conversa que teve com funcionários do FSB em Kuibichevo quando o canhoneio diário começava. "Aquilo é um Grad?", perguntou ela, depois que todos fizeram uma pausa para ouvir o estrondo característico dessa peça de artilharia. Todos os homens do FSB sorriram. "É trovão", disse um deles. "Não escutei nada", declarou outro. "Minha mulher está me ligando", brincou um terceiro.

"É uma saudação militar", foi o gracejo final. "Vocês sabem que posso escrever sobre isto, não?", questionou Racheva. "Nesse caso meus colegas virão explicar de forma mais convincente que aquilo foi uma saudação", foi a resposta em tom ameaçador.[37]

O Exército ucraniano não podia bombardear a Rússia, mas podia atacar soldados russos e seus aliados dentro da Ucrânia. A campanha russa de artilharia só começou seis dias depois que Gírkin levou seus homens para a cidade de Donetsk, e prosseguiu por mais três semanas. Enquanto soldados ucranianos eram reduzidos a pedaços por Grads disparados da Rússia, seus camaradas não hesitavam em apontar os próprios Grads para cidades ucranianas onde se escondiam soldados e voluntários russos e seus aliados locais. "O bombardeio até agora em Donetsk", admitiu o comandante russo Gírkin, "é minha responsabilidade." A jornalista russa Natália Teleguina distinguia a fábula da televisão, onde soldados heroicos defendiam civis, da guerra de artilharia que presenciava: "Mas essa realidade só existe nas telas de TV, não à nossa volta. À nossa volta o que há é simplesmente guerra, na qual os dois lados estão atirando, e ninguém poupa a população civil".[38]

Isso era um fato.

Um dia depois que os russos começaram a lançar fogo de artilharia sobre a Ucrânia, a televisão local apresentou uma convincente escalada na competição por inocência. Em 12 de julho de 2014, Pervi Kanal contou a história comovente — e inteiramente fictícia — de um menino russo de três anos que foi crucificado por soldados ucranianos em Sloviansk. Nenhuma prova foi exibida, e jornalistas russos independentes notaram os aspectos problemáticos da narrativa: as pessoas citadas não existiam, assim como a "Praça Lênin" onde as atrocidades supostamente ocorreram. Quando indagado sobre isso, o vice-ministro de

Comunicações da Rússia, Aleksei Volin, disse que só os índices de audiência importavam. As pessoas assistiram à crucificação e ponto-final.[39]

Ao que parece foi Aleksandr Dúguin quem inventou a crucificação, e uma versão da história já tinha aparecido em sua rede social particular. A imagem de um inocente assassinado fazia da Rússia o Cristo das nações, e sua guerra de agressão, uma resposta à crueldade diabólica. Formalmente, o objetivo da intervenção era proteger os falantes de russo, ou, como dizia Pútin, "o mundo russo". Uma vez que todos, em ambos os lados do conflito, falavam russo, a intervenção estava assassinando, e não protegendo, as pessoas em nome das quais a guerra acontecia. A inconveniência do factual era contornada pelo que Dúguin gostava de chamar de "arquétipo": a morte de Jesus. Uma guerra sangrenta e confusa iniciada por governantes mal-intencionados, e que matou milhares de falantes de russo, converteu-se em martírio de um corpo inocente.[40]

A televisão russa foi instrumento da negativa implausível. Negava a presença de forças especiais, de serviços secretos, de comandantes, de voluntários e de armas. Destacados cidadãos russos como Gírkin, Borodai e Antiuféiev apareciam nas telas de TV russas identificados como ativistas da "Novorossiia" ou administradores da "República Popular de Donetsk". Os mesmos canais de televisão que afirmavam que soldados russos eram voluntários ucranianos divulgaram vídeos de soldados em guerra na Ucrânia portando equipamentos que eram inequivocamente avançados sistemas de armas russos. Os tanques mais modernos, indisponíveis para vendas externas e nunca antes vistos fora da Rússia, apareceram em território ucraniano. Não se esperava que os russos decidissem a questão factual de saber se seu Exército estava ou não na Ucrânia, o que era obviamente o caso. O que se esperava era que seguissem as deixas de um drama televisivo: se a narração com voz sobreposta afirmava que os soldados e suas armas eram locais, então essa era a história que importava acompanhar.[41]

Um sistema de armas crucial trazido da Rússia e operado por soldados russos era a bateria antiaérea. Isso mudou o rumo da guerra em maio e junho de 2014. O Exército ucraniano, apesar de pequeno, continuaria desbaratando os russos e seus aliados locais, desde que mantivesse o controle do ar. Em maio, a Rússia começou a fornecer armas antiaéreas e as equipes que as operavam, e a força aérea ucraniana foi rapidamente desfalcada; teve quatro helicópteros derrubados. Em junho, duas aeronaves foram abatidas; em julho, mais quatro. O comando ucraniano teve que parar de voar sobre Donbas, o que deu aos russos a oportunidade que buscavam.[42]

Um dos numerosos comboios militares deixou sua base em Kursk em 23 de junho de 2014. Era um destacamento da 3ª Brigada de Defesa Aérea russa, indo para Donetsk com um sistema de mísseis antiaéreo Buk de número 332. Na manhã de 17 de julho, esse sistema Buk foi rebocado de Donetsk para Snijne, depois levado por conta própria para uma fazenda ao sul daquela cidade. Enquanto isso, o voo 17 da Malaysia Airlines, que ia de Amsterdam para Kuala Lumpur, atravessava o sudeste da Ucrânia. Seguia uma rota autorizada em altitude normal, em contato regular com controladores de tráfego aéreo — até ser subitamente destruído por um míssil terra-ar.[43]

Às 13h20, o voo 17 da Malaysia Airlines foi atingido por centenas de projéteis de metal de alta energia liberados na explosão de uma ogiva 9N314M transportada num míssil disparado por aquele lançador russo Buk em Snijne. Os projéteis atravessaram a cabine de comando e imediatamente mataram os pilotos, de cujos corpos posteriormente metais foram extraídos. A aeronave despedaçou-se dez quilômetros acima da superfície, espalhando os passageiros e seus objetos pessoais num raio de cinquenta quilômetros. Gírkin gabou-se de que seu pessoal tinha derrubado mais um avião em "nosso céu", e outros comandantes fizeram comentários parecidos. Aleksandr Khodakovski declarou à imprensa que um Buk russo estava em atividade no teatro de operações naquele momento. O Buk foi rapidamente retirado da Ucrânia e levado de volta para a Rússia, e sendo fotografado no caminho com um silo de mísseis vazio. O que tinha acontecido era óbvio, e mais tarde foi confirmado pela investigação oficial, liderada por um comitê holandês.[44]

A lei da gravidade pareceu desafiar, pelo menos durante algumas horas na tarde de 17 de julho de 2014, as leis da eternidade. Certamente os passageiros que morreram eram as vítimas, e não os soldados russos que dispararam os mísseis. Até mesmo o embaixador russo nas Nações Unidas ficou desconcertado por um momento, usando o termo "confusão" para explicar por que uma arma russa tinha derrubado um avião de passageiros. Mas o aparato de Surkov agiu com presteza para restaurar o senso russo de inocência. Num gesto típico de brilhantismo tático, a televisão russa jamais negou a sequência real dos acontecimentos: que um avião de passageiros da Malásia tinha sido derrubado por uma arma disparada por soldados russos que participavam de uma invasão da Ucrânia. Negar o óbvio serve apenas para sugeri-lo; derrotar o óbvio implica atacá-lo pelos flancos. Mesmo sob tensão, os gestores da mídia russa tiveram a presença de espírito de tentar mudar de assunto inventando versões fictícias do que havia acontecido.[45]

No mesmo dia em que o avião foi derrubado, todos os grandes canais russos culparam um "míssil ucraniano", ou talvez uma "aeronave ucraniana", de derrubar o MH17, alegando que o "verdadeiro alvo" era "o presidente da Rússia". O governo ucraniano, segundo a mídia russa, tinha planejado assassinar Pútin, mas por acidente atingiu a aeronave errada. Nada disso era sequer vagamente plausível. Os dois aviões não estavam no mesmo lugar. A história do assassinato frustrado era tão ridícula que a RT, depois de testá-la em plateias estrangeiras, deixou-a de lado. Mas, dentro da própria Rússia, o cálculo moral foi na verdade invertido: no fim de um dia em que soldados russos tinham matado 298 civis estrangeiros durante a invasão da Ucrânia, estabeleceu-se que a Rússia era a vítima.[46]

No dia seguinte, 18 de julho de 2014, a televisão russa difundiu novas versões do acontecimento. Infinitas invencionices foram acrescentadas às múltiplas ficções, não para as tornar coerentes, mas para semear novas dúvidas sobre relatos mais simples e plausíveis. Três canais russos de televisão afirmaram que os controladores de tráfego aéreo ucranianos tinham pedido aos pilotos do MH17 que reduzissem a altitude. Mentira. Uma das redes então alegou que Ihor Kolomois'kyi, o oligarca judeu ucraniano, governador da região de Dnipropetrovsk, era pessoalmente responsável por baixar a ordem (fictícia) para os controladores de tráfego aéreo. Num eco das caracterizações raciais nazistas, outra rede produziu um "especialista" em "fisiognomonia" segundo o qual o rosto de Kolomois'kyi demonstrava sua culpa.[47]

Enquanto isso, cinco redes de televisão russas, incluindo algumas que divulgaram a fábula sobre o controle de tráfego aéreo, afirmaram que caças ucranianos tinham sido vistos no local. Não conseguiam determinar com segurança que tipo de aeronave teria sido, apresentando fotos de diversos jatos (tiradas em vários lugares e momentos) e propondo altitudes impossíveis para as aeronaves em questão. A afirmação sobre a presença de caças era inverídica. Uma semana depois do desastre, a televisão russa produziu uma terceira versão da história da queda do MH17: forças ucranianas o derrubaram durante exercícios militares. Isso também não tinha nenhuma base factual. Gírkin então apareceu com uma quarta versão, afirmando que o Exército russo tinha de fato derrubado o MH17 — mas que nenhum crime fora cometido, uma vez que a CIA enchera o avião de cadáveres e o despachara para a Ucrânia a fim de provocar a Rússia.[48]

Essas ficções foram elevadas ao primeiro escalão da política externa russa. Quando lhe perguntavam sobre o MH17, o ministro do Exterior Serguei Lavrov repetia as invencionices da mídia russa sobre controladores de tráfego aéreo e caças ucranianos nas proximidades. Nenhuma de suas afirmações era respaldada por provas, e ambas eram falsas.[49]

Os relatos da mídia russa eram impossíveis não apenas como jornalismo, mas também como literatura. Se alguém tentasse aceitar, uma por uma, as alegações da TV russa, o mundo ficcional construído seria inverossímil, uma vez que seus elementos diversos não poderiam coexistir. O avião não poderia ter sido alvejado ao mesmo tempo a partir do ar e da terra — não poderia ter sido derrubado ao mesmo tempo por um MiG e um Su-25. Se tivesse sido derrubado do chão, isso não poderia ter resultado ao mesmo tempo de acidente de treinamento e tentativa de assassinato. Na verdade, a fábula sobre o assassinato de Pútin contradizia tudo que a mídia russa afirmava. Não fazia nenhum sentido alegar que controladores de tráfego aéreo ucranianos tinham se comunicado com pilotos malaios do MH17 como parte de um complô para derrubar o avião presidencial russo.

No entanto, ainda que não pudessem produzir uma história coerente, essas mentiras pelo menos produziram uma notícia — e verdadeira. Apesar de certamente haver russos que entenderam o que tinha acontecido e pediram desculpas, a população teve negada a possibilidade de refletir sobre sua responsabilidade por uma guerra e seus crimes. De acordo com uma pesquisa de opinião do único instituto de sociologia confiável na Rússia, em setembro de 2014, 86% dos russos culpavam a Ucrânia pela derrubada do MH17, e 85% continuavam a fazê-lo em julho de 2015, quando o verdadeiro curso dos acontecimentos já tinha sido investigado e estava esclarecido. A mídia local recomendava aos russos que demonstrassem sua indignação por terem sido responsabilizados.[50]

Ignorância gerava ignorância, e a política da eternidade ia em frente.

Os russos que viam televisão no início do segundo semestre de 2014 não ficaram sabendo de nada sobre a artilharia que continuava a bombardear posições ucranianas, nem sobre a força de invasão posicionada na fronteira da Ucrânia. Como em fevereiro na Crimeia, a face da Rússia em guerra durante a campanha de verão seria uma gangue de motoqueiros. Em 9 de agosto de 2014, um dia depois que o Exército ucraniano fugiu pela fronteira sob fogo de artilharia, os Lobos Noturnos realizaram uma apresentação de motos em Sebastopol, cidade ucraniana que a Rússia tinha anexado junto com a Crimeia. A RT descreveu-a para europeus e americanos como um "Épico rally de moto dos Lobos da Noite". Na verdade, as manobras dos motociclistas eram medíocres e secundárias. O mais importante foi a longa introdução televisiva, que levou temas fascistas a milhões de russos.[51]

O "show de motos" de Sebastopol teve início na escuridão de um vasto galpão. Um refletor mostrou Aleksandr Zaldostanov, o líder dos Lobos Noturnos, sendo erguido até a estrutura metálica do teto num elevador de carga. Usando uma bandana e um colete de couro por cima de roupas pretas apertadas, ele começou a entoar: "Minha pátria desferiu dez golpes stalinistas sobre o hirsuto corpo fascista. Mesmo com a terra ainda se acomodando nos túmulos de 30 milhões de heróis, mesmo com as cinzas dos vilarejos incendiados ainda ardendo, Stálin mandou plantar pomares. E entre os pomares em flor, reconstruímos cidades arrasadas, e achamos que a floração jamais acabaria". Zaldostanov recitava o manifesto "Nosso novo dia de vitória", produzido por Aleksandr Prokhanov poucos meses antes.

Nesse texto, Prokhanov reabilitava o stalinismo, associando--o à vitória na Segunda Guerra Mundial, e justificava a invasão russa da Ucrânia alegando que era como a defesa da União Soviética contra a Alemanha nazista. Em vez de ser uma república soviética invadida pela Alemanha, em vez de ser o principal objetivo dos planos coloniais de Hitler, em vez de ser um grande campo de batalha da Segunda Guerra Mundial, em vez de ser uma terra que perdeu 3 milhões de soldados e mais 3 milhões de civis na ocupação alemã, a Ucrânia de repente se tornou um inimigo bélico da Rússia. Em seu texto, Prokhanov tornou a guerra entre a inocência russa e a decadência ocidental explicitamente sexual, sonhando com floração e defloração. Nesse exato momento da recitação de Zaldostanov, as luzes do palco se acenderam para mostrar virgens grávidas da Rússia: um grupo de mulheres com travesseiros debaixo da roupa para criar uma ilusão de gravidez, e outras empurrando carrinhos de bebê vazios.[52]

Prokhanov pôs a culpa dos problemas da Rússia em estrangeiros que intervieram no que ele definia como "pesadelo dos anos 1990". Seu texto implorava aos russos que ignorassem os fatos ao seu redor e caíssem em transe diante do "ícone" da "flor vermelha". Com isso queria dizer que a vitória na Segunda Guerra Mundial inocentou os russos dos malfeitos de todos os tempos. Enquanto desmembravam a Ucrânia, os russos deveriam se curvar diante das flores em sensual adoração. "E nesse ícone mais uma vez a floração escarlate começou a se abrir, um maravilhoso botão escarlate. Inalamos seu perfume, bebemos seus sucos maravilhosos." A invasão da Crimeia foi um clímax. "Como um presente por nossa paciência e nosso estoicismo, nosso trabalho e nossa fé, Deus nos mandou a Crimeia. O povo russo, que fora dividido pelos inimigos, está novamente unido em abraços vitoriosos."[53]

Então Prokhanov (entoado pelo motoqueiro Zaldostanov para uma plateia de dezenas de milhares e para um público televisivo de milhões) especificou seu medo de penetração. O inimigo do idílio russo era o gigantesco pênis negro de Satã. (Barack Obama era, na época, o presidente dos Estados Unidos.) Aceitando sem discussões o mito de que Kíev era o sítio do berço virginal da Rússia, Prokhanov imaginou sua catedral como o mais sagrado dos santos russos. Depois fantasiou sobre um orgasmo diabólico: "o esperma negro do fascismo espirrou em Kíev, a mãe de todas as cidades russas. Na idade de ouro de santa Sofia, entre os templos e santuários, foi concebido um embrião deformado, com rosto peludo e chifres negros, como um diabo num afresco de igreja".

Na fantasia de Prokhanov, o fascismo era, portanto, não uma ideologia ou uma estética. Se o fascismo fosse qualquer dessas coisas, o espetáculo de um homem de couro preto entoando uma mensagem de imaculabilidade nacional e de guerra necessária seria sua perfeita instanciação. Para os esquizofascistas, o fascismo era uma substância do mundo exterior dissoluto que ameaçava o organismo virginal russo: "Como uma massa decadente ele transbordou de sua tigela de Kíev e espalhou-se por toda a Ucrânia". Em última análise, os culpados por essa indescritível agressão eram Barack Obama e Angela Merkel, "que cheiram a carne queimada". Esse último gesto de Prokhanov era o floreio normal de encerramento da prosa esquizofascista. Um texto fascista escrito por um antissemita para justificar uma guerra de agressão explora os símbolos do Holocausto — aqui, os fornos de Auschwitz-Birkenau — a fim de desviar a culpa para outros. A distorção era intencional: a invocação por Prokhanov do "esperma negro" era uma profanação do poema mais merecidamente famoso do Holocausto, "Fuga da morte", de Paul Celan.

A sociedade ucraniana e a história ucraniana eram rejeitadas ou suprimidas em cada frase do manifesto de Prokhanov — lido por Zaldostanov enquanto projéteis de artilharia explodiam na Ucrânia e enquanto soldados russos entregavam seus telefones e checavam suas armas, já se preparando para cruzar a fronteira ucraniana. Kíev não era uma cidade ucraniana, apesar de ser a capital da Ucrânia; a Ucrânia era um inimigo, apesar de os ucranianos terem sofrido mais que os russos na Segunda Guerra Mundial; a Maidan não era um protesto cívico, mas um bastardo demoníaco nascido do estupro da Rússia virgem por um Satanás negro. As imagens dramáticas precisavam esmagar a realidade prosaica do povo que só queria um futuro com o primado da lei.[54]

As preliminares políticas do "show de motos" prosseguiram sem pausa: "Uma nova batalha contra o fascismo é inevitável", proclamou Zaldostanov. "O décimo primeiro golpe stalinista é inevitável." Então, pelos alto-falantes ressoaram as vozes gravadas de Obama, Merkel... e Hitler. No palco, embaixo de uma lona, uma forma começou a movimentar-se, convocada pelas vozes: a massa transbordando da tigela. Emergindo da lona apareceram figuras negras, que dançaram formando uma suástica. Então mãos mecânicas gigantes surgiram em cima do palco, ostentando em um dedo um anel com uma águia: o titereiro norte-americano. As figuras negras transformaram-se em manifestantes ucranianos que atacavam a indefesa polícia de choque. Zaldostanov condenou os "eternos lacaios da Europa, seus escravos espirituais". E o líder dos manifestantes negros foi linchado.

Isso tudo deu à banda russa 13 Sozvezdie tempo para preparar seu ska nacionalista favorito, "Por que ucranianos matam outros ucranianos?". A letra questionava por que o Rus tinha sido vendido para a Europa: uma pergunta estranha, uma vez que o

Rus era um reino medieval europeu. Como a 13 Sozvezdie mostrou, a cultura popular poderia invocar a política da eternidade: a Rússia era o Rus, a história nunca aconteceu, invasão é autodefesa. Na apresentação convicta, embora pouco artística, da banda, os ucranianos de hoje não poderiam ter escolhido a Europa, porque a Ucrânia era o Rus, e o Rus era a Rússia. Os ucranianos só podiam ter sido manipulados: "Quem mentiu para você hoje, ucraniano?". Com a deixa da canção, dois veículos blindados ostentando marcas ucranianas apareceram no centro do palco, aparentemente matando pessoas queimadas. Heroicos voluntários russos dispararam milhares de tiros de metralhadora contra os veículos enquanto escorregavam por cordas penduradas na estrutura metálica do telhado. Vitoriosos, os voluntários russos apossaram-se dos veículos e hastearam bandeiras da "República Popular de Donetsk".

Zaldostanov então voltou a falar. Comparou a existência da Ucrânia à invasão alemã da União Soviética ao pedir perdão aos soldados do Exército Vermelho que, "dormindo em valas comuns responderam a uma convocação, cobriram o Rus com seu coração". Não tinha a menor importância o fato de um contingente imenso daqueles soldados do Exército Vermelho ser de ucranianos. A Rússia precisava de um monopólio do martírio. Para preservá-lo, iria à guerra contra um país com um histórico de sofrimento muito maior (a Ucrânia), ao mesmo tempo que abusava da memória de um povo com um histórico de vitimização ainda maior (os judeus). Como o grupo de rap Opasnye explicava em sua música "Donbas", os ucranianos precisavam de "assistência fraternal" do irmão maior, a Rússia. "Assistência fraternal" era o termo usado por Brêjniev para as intervenções militares destinadas a sustentar regimes comunistas em outros países.

Quando a música terminou, Zaldostanov exigiu a conquista de mais territórios ucranianos pela Rússia. A apresentação de motos finalmente começou. Como o ska e o rap que vieram antes, as acrobacias foram um exemplo não particularmente interessante de uma forma de arte norte-americana. O "show de motos" só teve de excepcional a reabilitação de uma forma de expressão europeia desacreditada havia muito: a *Gesamtkunstwerk* nazista, a obra de arte total que pretendia substituir o mundo pela visão de mundo, e a história pela eternidade.

A Cruci-Ficção (10 de julho), a cacofonia do MH17 (17 de julho) e o "show de motos" (8 de agosto) foram apenas três exemplos da propaganda televisiva a que os russos estavam expostos no início do segundo semestre de 2014. Essa ignorância criativa estimulava nos russos um sentimento de inocência. É difícil saber que efeito tudo isso teve nos cidadãos em geral. Certamente convenceu homens a irem à Ucrânia lutar.

Depois que a artilharia desobstruiu de tropas ucranianas seções da fronteira da Ucrânia (até 8 de agosto), o caminho estava aberto para desdobramentos ainda maiores de voluntários (e armas) russos. Como diziam recrutas russos (mesmo enquanto porta-vozes negavam no exterior), o governo usou caminhões brancos não identificados (que chamava de "humanitários") para o transporte de tropas. Voluntários partiram para sua jornada por causa do que tinham visto na televisão russa sobre a guerra na Ucrânia. Um desses recrutas, um veterano de forças especiais, explicou: "Nossa imprensa e nossa televisão apresentam os fatos dramáticos".[55]

Alguns desses voluntários acreditavam que a Ucrânia não existia. Um russo da Ásia distante — do ponto onde a Rússia faz fronteira com a China, a Mongólia e o Cazaquistão — declarou que russos e ucranianos eram um só povo. Por outro lado, esses homens acreditavam na existência da "Novorossiia", um construto que já estava desaparecendo das telas de televisão russas quando voluntários chegavam à Ucrânia. Alguns voluntários imaginavam estar impedindo os Estados Unidos de iniciarem uma guerra mundial, outros pensavam estar retardando uma Sodoma global. Quando lhes perguntavam por que lutavam, voluntários russos falavam em "fascismo" e "genocídio". A cruci-ficção mostrava-se inesquecível. Os jovens falavam de um "chamado do coração" para resgatar crianças.[56]

Os voluntários que chegavam à fronteira eram esmagadoramente suplantados pelo imenso número de soldados regulares russos. Em julho e agosto de 2014, oficiais russos davam ordens a soldados de seu Exército em 23 acampamentos estabelecidos perto da fronteira ucraniana. Pelo começo de agosto, elementos de cerca de trinta unidades das forças armadas russas já estavam acampados na fronteira e preparados para uma invasão da Ucrânia. Os habitantes dos vilarejos próximos acostumaram-se com a presença de jovens recrutas de todos os cantos da Rússia, assim como tinham se habituado ao barulho do fogo de artilharia.[57]

De vez em quando os soldados atraíam a atenção. Jovens que em pouco tempo estariam expostos a fogo hostil podiam se comportar de maneira inusitada nos dias anteriores. Na noite de 11 de agosto, por exemplo, os moradores de Kuibichevo, no lado russo da fronteira, assistiram a danças pouco familiares. Os dançarinos eram soldados da 136ª Brigada de Infantaria Motorizada, baseada em Buinask, Daguestão — um distrito majoritariamente muçulmano da Federação Russa no Cáucaso, fronteiriço à Tchetchênia, lugar onde menos de 5% da população é russa. Como muitos soldados da Federação Russa despachados para matar e morrer na Ucrânia, esses eram membros de minorias étnicas não russas, homens cuja morte não seria registrada em mercados midiáticos. Não muito tempo depois de 11 de agosto, a 136ª Motorizada atravessou a fronteira e travou combate com o Exército ucraniano. Em 22 de agosto, os cadáveres dos dançarinos começaram a chegar ao Daguestão.[58]

A 18ª Brigada Independente de Fuzileiros Motorizados, baseada na Tchetchênia, foi uma das primeiras unidades russas a atravessar durante a invasão daquele verão. Era composta basicamente de refugiados das guerras da Rússia contra os tchetchenos e tinha acabado de entrar em combate na Crimeia. Em 23 de julho, seis dias após a Rússia ter derrubado o MH17, seus homens receberam ordem para se apresentarem em sua base na Tchetchênia. Três dias depois estavam a caminho de um acampamento na fronteira russo-ucraniana. Em 10 de agosto, um dos soldados da unidade, Anton Tumanov, comunicou à mãe que "eles estão nos mandando para a Ucrânia". No dia seguinte recebeu munição e granadas. Postou o seguinte no VKontakte, o equivalente russo do Facebook: "Pegaram meu telefone e eu fui para a Ucrânia". Tumanov era um de cerca de 1200 homens da 18ª Independente Motorizada que entraram na Ucrânia em 12 de agosto.[59]

Em 13 de agosto, os homens da 18ª Independente Motorizada estavam em Snijne, onde quatro semanas antes soldados russos tinham derrubado o MH17. O fogo de artilharia ucraniano incendiou seu depósito provisório de munição, matando cerca de 120 soldados e ferindo mais 450. A família de Anton Tumanov recebeu um relatório: o lugar da morte era informado como "local da unidade"; o horário como "hora de prestação de serviço militar"; a causa como "perda de sangue depois de ter perdido as pernas". A mãe só soube mais sobre a morte do filho porque um dos seus camaradas assumiu o risco de contar. "O que eu não entendo", disse a mãe de Tumanov, "é em nome de que ele morreu. Por que não deixamos que as pessoas lá na Ucrânia resolvam seus problemas?" Doía-lhe o fato de o filho ter sido morto numa guerra que oficialmente não estava ocorrendo. "Se mandam nossos soldados para lá, que admitam isso." Quando postou os fatos sobre a morte do filho na rede social, foi atacada como traidora.[60]

Konstantin Kuzmin, outro soldado da 18ª Independente Motorizada, provavelmente morreu na mesma época. Tinha ligado para os pais às pressas em 8 de agosto: "Mamãe, papai, amo vocês. Um alô para todo mundo! Beijem minha filha por mim". A mãe foi informada nove dias depois por um representante do Exército russo que o filho tinha morrido durante exercícios na fronteira ucraniana. Quando lhe perguntou: "O senhor acredita no que está me dizendo?", o homem teve a decência de responder que não.[61]

Um dos camaradas de Kuzmin, o motorista de tanque Rufat Oroniiazov, sobreviveu àquele ataque de artilharia de 13 de agosto. Sua namorada acompanhou o avanço da sua unidade pelas redes sociais e sabia do bombardeio e das baixas. No dia seguinte, ele ligou para dizer que "muitos dos nossos morreram na minha frente". Depois de 14 de agosto, não ligou mais. "Íamos casar", disse ela. "Sempre que eu falava qualquer coisa, ele sorria."[62]

Em 17 de agosto de 2014, aproximadamente, elementos da 76ª Divisão de Assalto Aéreo, baseada em Pskov, entraram na Ucrânia. Dos cerca de 2 mil homens lançados contra o Exército ucraniano, uns cem morreram em combate. Os funerais em Pskov começaram em 24 de agosto. As pessoas que tentavam tirar fotografias foram escorraçadas. Em 19 de agosto, o 137º Regimento de Paraquedistas da 106ª Guarda Aerotransportada, baseada em Riazan, juntou-se à invasão. Serguei Andrianov foi morto em combate não muito tempo depois. "Perdoe-me, filho", escreveu a mãe, "por ter sido incapaz de protegê-lo desta guerra cruel." Um amigo postou no vκontakte: "Maldito seja quem mandou você ir lutar numa terra estrangeira".[63]

A 31ª Brigada de Assalto Aéreo, baseada em Ulianovsk, tinha sido convocada para treinar em 3 de agosto. Seus soldados sabiam que seriam despachados para a Ucrânia: tudo seguia o mesmo padrão do seu recente desdobramento na Crimeia. Um deles, Nikolai Kozlov, passara o tempo na Crimeia trajando uniforme da polícia ucraniana, aparentemente como parte da campanha russa de despiste. Em 24 de agosto, a 31ª já estava dentro de território ucraniano. Naquele dia, Kozlov perdeu a perna num ataque ucraniano. Pelo menos dois camaradas seus, Nikolai Buchin e Il'nur Kil'chenbaiev, foram mortos em combate. O Exército ucraniano aprisionou dez soldados dessa unidade, incluindo Ruslan Akhmedov e Arsêni Il'mitov.[64]

Mais ou menos na mesma época, aproximadamente 14 de agosto, a 6ª Brigada Independente de Tanques, baseada na região de Nijegorod, juntou-se à batalha na Ucrânia. Seus soldados posaram para fotografias diante de placas de sinalização nas estradas ucranianas. Vladislav Barakov foi morto em combate em seu tanque, e pelo menos dois camaradas seus foram levados como prisioneiros pelo Exército ucraniano.[65]

A certa altura de agosto de 2014, a 200ª Brigada de Infantaria Motorizada, baseada em Pechenga, entrou na batalha pelo controle de Lugansk, a segunda cidade (depois de Donetsk) de Donbas. Os jovens da 200ª Motorizada pintaram POR STÁLIN!, URSS e a foice e o martelo em seus tanques, e MORRA O FASCISMO! em seus obuses. Uma peça de artilharia autopropulsada foi apelidada de PUNHO DE STÁLIN, em referência ao 11º golpe stalinista que Prokhanov prometeu. Numa peça de artilharia Grad, os soldados escreveram POR FILHOS E MÃES, e em outro, FILHOS DE DONETSK. As mortes muito reais de civis provocadas pelo bombardeio de cidades pelo Exército ucraniano tinham sido causadas por aquela arma: o Grad. Os Grads russos marcados com os dizeres POR FILHOS E MÃES provavelmente também mataram filhos e mães.[66]

Evguêni Trundaiev, da 200ª Motorizada, foi morto em combate na Ucrânia e postumamente condecorado como Herói da

Rússia. Seus camaradas participaram da vitoriosa campanha pelo aeroporto de Lugansk e em seguida se juntaram a outras unidades na decisiva Batalha de Ilovaisk, onde boa parte do Exército ucraniano foi cercada e destruída por blindados russos. Apesar das promessas de passagem segura, soldados ucranianos que tentavam sair do bolsão foram mortos.[67]

Essa vitória russa levou a uma trégua em Minsk em 5 de setembro. A trégua especificava apenas que "forças estrangeiras" se retirassem. Como Moscou negava que houvesse tropas russas na Ucrânia, na interpretação da Rússia essa cláusula dizia que nenhuma ação era necessária. Soldados russos permaneceram na Ucrânia depois do acordo de Minsk, e novas tropas foram posicionadas. Algumas unidades que tinham travado combate durante a invasão de agosto foram permutadas e seguiram para os acampamentos na fronteira russo-ucraniana ou para outras bases, mas retornaram à guerra na Ucrânia poucos meses depois.

No começo de 2015, Forças Armadas russas lançaram uma terceira grande ofensiva em território da Ucrânia. O objetivo inicial era o aeroporto de Donetsk. Depois de oito meses de combate e cerco, o aeroporto deixou de existir como tal. Mas sua prolongada defesa por soldados ucranianos (e membros de milícias paramilitares) tornou-se simbólica nos dois lados da fronteira. Os ucranianos chamavam os defensores de "ciborgues", porque pareciam continuar vivos a despeito de tudo. Por isso decidiu-se em Moscou que esses homens tinham que morrer. Quando o aeroporto finalmente foi tomado por forças russas em número esmagador, em meados de fevereiro, os prisioneiros de guerra ucranianos foram executados.[68]

O segundo objetivo da ofensiva russa de janeiro de 2015 era Debaltseve, entroncamento ferroviário que ligava as regiões de Donetsk e Lugansk. Era importante para o funcionamento dos pseudoestados conhecidos como "República Popular de Donetsk" e "República Popular de Lugansk", ambos respaldados pela Rússia. Uma das unidades russas que lutavam em Debaltseve era a 200ª Brigada Independente Motorizada, que tomara parte na invasão de agosto de 2014. A ela se juntaram mais duas unidades baseadas na Buriácia, região habitada pela etnia buriate (na grande maioria budistas), na fronteira russo-mongólica, a cerca de 6 mil quilômetros da Ucrânia — a 37ª Brigada de Infantaria Motorizada, baseada em Kiakhta, e a 5ª Brigada Independente de Tanques, baseada em Ulan-Ude.[69]

Bato Dambaiev, soldado da 37ª Motorizada, postou fotos nas redes sociais mostrando a unidade indo da Buriácia para a Ucrânia e voltando. Moradores da região de Donetsk gracejavam sobre os "buriates nativos de Donbas". Todo mundo em Donbas, fosse qual fosse sua posição sobre a guerra, estava ciente do envolvimento do Exército russo; pessoas que faziam esses gracejos podiam ser a favor dos russos, a favor do Estado nacional ucraniano, ou indiferentes. Fotos de buriates agradando cachorrinhos ou jogando futebol na Ucrânia circulavam amplamente. De sua parte, os buriates riam da propaganda russa que negava sua presença na Ucrânia. Outras eles aceitavam como verdade. Viam sua missão tal como lhes era apresentada na mídia russa: derrotar os "assassinos de crianças".[70]

Apesar de um segundo cessar-fogo ter sido assinado em Minsk em 12 de fevereiro de 2015, o assalto russo a Debaltseve prosseguiu. Mais uma vez, o acordo falava em "forças estrangeiras", e a Rússia negava que seus soldados estivessem na Ucrânia. A luta continuou até a cidade ser destruída, e o Exército ucraniano, desbaratado. Como disse um chefe de tanque russo: "Estavam escapando do bolsão, queriam desobstruir a estrada, fogem, e temos que esmagá-los". Essas palavras foram ditas por Dorji Batomunkuev, um dos motoristas da 5ª Brigada Independente de Tanques, que sofreu graves queimaduras quando seu veículo foi atingido durante a batalha. Outros cidadãos russos e ucranianos que combatiam do lado russo foram mortos e feridos na batalha pelo controle de Debaltseve. A ampla maioria das baixas, no entanto, foi de soldados ucranianos cercados. Dessa maneira, a última grande intervenção russa em Donbas terminou, como era de esperar, em vitória militar.[71]

Unidades do Exército russo permaneceram na Ucrânia, treinando moradores e travando combates. A 16ª Brigada Independente de Forças Especiais do GRU, por exemplo, estava estacionada na Ucrânia em 2015. Pelo menos três soldados seus — Anton Saveliev, Timur Mamaiusupov e Ivan Kardopolov — foram mortos em combate na Ucrânia em 5 de maio. Uma mulher da cidade natal de Kardopolov descreveu assim a situação: "Não sei, na televisão dizem que não estamos em guerra, mas os homens continuam chegando em casa mortos".[72]

Essa moradora pôde comparar o que via com os próprios olhos com o que via na televisão. Para a maioria dos russos daquela época, os elementos fundamentais da guerra estavam atrás dos óculos escuros de Surkov. Os russos eram informados pela mídia de que a "República Popular de Donetsk" e a "República Popular de Lugansk" eram entidades independentes, ao passo que separatistas admitiam ser dependentes dos contribuintes da Rússia. Isso significava, como disse um líder separatista, que uma "ligação de Moscou era vista como uma ligação do escritório do próprio Deus, Nosso Senhor". Para ele, "Moscou" significava Surkov. A mídia nas duas "repúblicas" seguia instruções de Moscou para pintar os Estados Unidos como fonte da maldade fascista, para consultar Dúguin e Glaziev e para dar credenciais de imprensa a fascistas europeus. O sofrimento de cidadãos ucranianos continuou, com cerca de 10 mil mortos e 2 milhões desalojados.[73]

A guerra da Rússia contra a Ucrânia foi chamada de "guerra híbrida". O problema com expressões nas quais o substantivo "guerra" é qualificado por um adjetivo como "híbrida" é que soam como "guerra com sinal de menos", quando na verdade o que significam de fato é "guerra com sinal de mais". A invasão russa da Ucrânia foi uma guerra normal, mas envolvendo também uma campanha de guerrilha para convencer cidadãos ucranianos a lutarem contra seu Exército nacional. Além disso, a campanha russa contra a Ucrânia foi também a mais ampla ciberofensiva da história.

Em maio de 2014, o website da Comissão Central Eleitoral da Ucrânia foi hackeado para apresentar uma imagem mostrando que um nacionalista (que na verdade recebeu menos de 1% dos votos) vencera a eleição presidencial. Autoridades ucranianas detectaram a invasão no último momento. Sem saber que o golpe tinha sido descoberto, a televisão russa transmitiu o mesmíssimo gráfico quando anunciava falsamente que o tal nacionalista tinha sido eleito presidente da Ucrânia. No segundo semestre de 2015, hackers atacaram empresas de mídia ucranianas e o sistema ferroviário local. Em dezembro daquele ano, atingiram três estações de transmissão da rede elétrica nacional, desligando cinquenta subestações e privando de eletricidade 250 mil pessoas. No segundo semestre de 2016, o alvo foram as ferrovias, a administração portuária, o Tesouro e os ministérios de Finanças, Infraestrutura e Defesa da Ucrânia. Também foi lançado um segundo e muito mais sofisticado ataque contra a rede elétrica ucraniana, provocando o colapso de uma estação de transmissão em Kíev.[74]

Essa ciberguerra não chegou às manchetes no Ocidente na época, mas representava o futuro da guerra. A partir do fim de 2014, a Rússia invadiu a rede de e-mails da Casa Branca, o Departamento de Estado, o Estado-Maior Conjunto e várias organizações não governamentais dos Estados Unidos. Softwares malignos que tinham causado blecautes na Ucrânia também foram plantados na rede elétrica norte-americana. Os russos também encontraram norte-americanos dispostos a ajudá-los a pensar em intervenções mais refinadas na política dos Estados Unidos. O vice-presidente da companhia de mineração de dados Cambridge Analytica, um certo Steve Bannon, reuniu-se com executivos da indústria petrolífera da Rússia em 2014 e 2015. Sua empresa conduziu testes com mensagens de apoio a Pútin a ser distribuídas para o público em geral. Também foram testadas frases como "construam o muro" ou "drenem o pântano". Em agosto de 2016, Bannon se tornou coordenador de campanha de Donald Trump. Só então alguns norte-americanos começaram a prestar atenção.[75]

O elemento mais notável da invasão russa da Ucrânia em 2014 foi a guerra de informações projetada para minar a factualidade ao mesmo tempo que insistia na tese da inocência. Isso prosseguiu também nos Estados Unidos, com maior sofisticação e resultados mais espetaculares do que na Ucrânia. No início do segundo semestre de 2014, uma primeira equipe russa foi enviada aos Estados Unidos para preparar uma futura ciberofensiva. A Ucrânia perdeu a guerra de informações para a Rússia no sentido de que o mundo não compreendeu as dificuldades pelas quais passava o país. Em geral, os cidadãos ucranianos compreenderam. Não se pode dizer o mesmo dos norte-americanos.[76]

Durante toda a guerra na Ucrânia, os governantes russos entregaram-se a um festival de negativas implausíveis, contando mentiras óbvias e em seguida desafiando a mídia ocidental a ir atrás dos fatos. Em 17 de abril de 2014, Pútin negou categoricamente a presença russa no sudeste da Ucrânia nos seguintes termos: "Bobagem. Não há unidades russas no leste da Ucrânia — nem serviços especiais, nem conselheiros táticos. Tudo isso está sendo feito por moradores, e a prova é que essas pessoas literalmente tiraram as máscaras". O que há de curioso nessa afirmação é que 17 de abril foi o dia em que as forças especiais da Rússia em Sloviansk de fato tiraram as máscaras e disseram exatamente o contrário: "Somos forças especiais do GRU". Em 23 de agosto, no auge da campanha de verão, quando unidades russas começaram a cercar soldados ucranianos em Ilovaisk, Lavrov declarou: "Nós vemos todas essas histórias (sobre a presença de tropas russas) como parte de uma guerra de informações". Em 29 de agosto, ele disse que fotografias de soldados russos eram "imagens de jogos de computador".[77]

Lavrov na verdade não queria dizer que os fatos eram diferentes do que aparentavam. Só afirmou que a factualidade era o inimigo. Foi o argumento usado pelo Clube Izborsk em seu manifesto e pelo comandante russo Antiuféiev antes da invasão daquele verão: fatos eram "tecnologias de informação" do Ocidente, e destruir a factualidade era destruir o Ocidente. Pesquisas de opinião sugerem que a negação dos fatos suprimiu um eventual senso de responsabilidade que poderia vir a surgir entre os russos. No fim de 2014, apenas 8% dos russos sentiam alguma responsabilidade pelos acontecimentos na Ucrânia. A ampla maioria, 79%, concordava com a formulação de que "o Ocidente ficará insatisfeito com qualquer coisa que a Rússia faça, por isso não se deve prestar atenção no que diz".[78]

Depois de toda a incitação para que os russos lutassem na Ucrânia, um terror silencioso saudava o retorno dos cadáveres. As famílias dos mortos e feridos eram informadas de que não receberiam benefícios do Estado se falassem com a imprensa. A filial do Comitê de Mães de Soldados em São Petersburgo, que mantinha uma lista dos mortos na guerra, foi declarada "agente estrangeira" pelo governo. O chefe do Comitê de Mães de Soldados em Piatigorsk, um senhor de 73 anos e diabético, foi preso. A maioria dos jornalistas que noticiavam as baixas russas sofria violências. Pelo fim de 2014, repórteres russos não cobriam, ou preferiam não cobrir, o assunto. As listas de mortos foram se esfumando. A guerra continuava acesa, mas as luzes foram desligadas.[79]

A lógica subjacente à guerra russa contra a Ucrânia, a Europa e os Estados Unidos era o *relativismo estratégico*. Por causa da cleptocracia nativa e da dependência da exportação de commodities, o poderio do Estado russo não poderia crescer, nem a tecnologia local alcançar a da Europa ou a dos Estados Unidos. Um poder relativo, no entanto, podia ser adquirido pelo enfraquecimento de outros: invadir a Ucrânia para mantê-la longe da Europa, por exemplo. A concomitante guerra de informações destinava-se a debilitar a União Europeia e os Estados Unidos. O que europeus e norte-americanos tinham que faltava aos russos eram zonas integradas de comércio e políticas previsíveis, respeitando princípios de sucessão. Se isso pudesse ser prejudicado, as perdas da Rússia se tornariam aceitáveis, uma vez que as perdas dos inimigos seriam ainda maiores. No relativismo estratégico, a questão é transformar política internacional num jogo de soma negativa, no qual um jogador habilidoso perderá menos que os demais.[80]

Em certo sentido, a Rússia perdeu a guerra na Ucrânia. Nenhuma contribuição memorável a favor da cultura russa foi feita pelos povos do Cáucaso e da Sibéria, que viajavam centenas ou milhares de quilômetros para matar ucranianos que falavam russo melhor do que eles. A anexação russa da Crimeia e o patrocínio da "República Popular de Lugansk" e da "República Popular de Donetsk" de fato complicaram as relações exteriores da Ucrânia. Apesar disso, o conflito congelado estava longe de ser a "desintegração" do Estado nacional ucraniano discutida em artigos políticos russos e a espetacular expansão sugerida pela ideia da "Novorossiia". A Ucrânia despachou um Exército enquanto realizava eleições livres e limpas: a Rússia despachou um Exército como substituto disso.

A sociedade ucraniana foi consolidada pela invasão russa. Como o rabino-chefe da Ucrânia disse: "Estamos diante de uma ameaça externa chamada Rússia. Ela fez todos se unirem". Essa afirmação exagerada sugeria uma verdade importante. Pela primeira vez na história ucraniana, a opinião pública se tornou antirrussa. No censo ucraniano de 2001, 17,3% dos habitantes do país se identificaram como etnicamente russos; em 2017, o número caiu para 5,5%. Parte dessa queda foi resultado da inacessibilidade da Crimeia e de partes da região de Donbas à pesquisa. A maior parte, porém, tinha a ver com a invasão russa. Uma invasão para defender falantes de russo matou essas pessoas aos milhares e levou-as a se identificarem como ucranianas aos milhões.[81]

Ao invadir a Ucrânia, anexar a Crimeia e derrubar o MH17, a Rússia forçou a União Europeia e os Estados Unidos a reagir. As sanções impostas foram uma resposta muito branda à intenção anunciada pela Rússia de refazer "a ordem mundial", como disse o ministro do Exterior Lavrov; mas isolaram a Rússia dos seus grandes parceiros e agravaram a crise econômica local. Pútin achava que a China fosse uma alternativa; Beijing expôs a fraqueza da Rússia pagando menos pelos hidrocarbonetos russos. O poder da Rússia repousa em sua capacidade de equilibrar-se entre o Ocidente e o Oriente; a invasão da Ucrânia tornou a Rússia dependente da China sem obrigar os chineses a dar nada em troca.[82]

Os ideólogos russos da Eurásia alegavam que os Estados Unidos planejavam roubar os recursos da Rússia. Antiuféiev, por exemplo, apresentou a guerra na Ucrânia como uma campanha defensiva para impedir que os norte-americanos roubassem o gás natural e a água doce da Rússia. Isso denunciava mais riqueza de imaginação do que familiaridade com a produção de energia dos Estados Unidos. De fato, essa atenção a recursos parecia mal posicionada. Era o vizinho da Rússia, a China, e não os Estados Unidos, que não tinha gás natural nem água doce. Ao alegar que o direito internacional não protege fronteiras entre os países, Moscou abriu caminho para que Beijing, quando e se quiser, use o mesmo argumento para a fronteira sino-russa. Quase todos perderam na guerra russo-ucraniana: a Rússia, a Ucrânia, a União Europeia, os Estados Unidos. Só a China ganhou.[83]

Em 29 de agosto de 2014, o dia em que Lavrov comparou a guerra da Rússia contra a Ucrânia com um jogo de computador, fascistas e políticos de extrema direita russos e europeus se reuniram no território capturado da Ucrânia para simultaneamente negar e comemorar a invasão em andamento.

Serguei Glaziev abriu uma conferência internacional em Ialta sob o mote do "antifascismo". Acompanhavam-no (de acordo com o programa) os colegas fascistas russos Aleksandr Dúguin e Aleksandr Prokhanov. Os convidados eram os líderes da extrema direita da Europa: Robert Fiori, da Itália; Frank Creyelman e Luc Michel, da Bélgica; Pavel Chernev, da Bulgária; Márton Gyöngyös, da Hungria; e Nick Griffin, da Grã-Bretanha. Fascistas russos e europeus pensavam em fundar um "Conselho Antifascista". Negavam a invasão da Ucrânia, apesar de estarem reunidos numa cidade que a Rússia tinha anexado; negavam que a Rússia ainda estivesse lutando no leste da Ucrânia naquela época, apesar de os convidados de honra incluírem comandantes militares russos que tinham saído do campo de batalha para estar presentes.[84]

Dentro da União Europeia, era raro encontrar um grande partido político que assumisse essas posições. Mas surgiu na Alemanha uma opção que se beneficiaria de apoio russo: um novo partido de direita chamado AfD (Alternative für Deutschland,

Alternativa para a Alemanha). Situando-se em algum ponto entre os radicais de Ialta e partidos mais tradicionais, o AfD se tornaria o bichinho de estimação de Moscou. Seu líder, Alexander Gauland, antigo membro do União Democrata Cristã, de centro-direita, aceitava a política da Rússia sobre a Crimeia e posicionou seu partido como uma alternativa pró-Rússia — ainda que Moscou atacasse o establishment alemão. No segundo semestre de 2014, a Rússia empreendeu ciberataques contra o Parlamento e contra instituições de segurança alemãs. Em maio de 2015, o Bundestag foi atacado novamente. Em abril de 2016, o União Democrata Cristã, o maior partido político alemão, chefiado por Angela Merkel, também foi atacado. No entanto, a campanha mais importante lançada para apoiar a extrema direita na Alemanha ocorreria em público. Exploraria uma preocupação compartilhada por russos e alemães, o islã, contra a inimiga comum de Moscou e do AfD, a chanceler Angela Merkel.[85]

Diante do número cada vez maior de refugiados da guerra na Síria (além de migrantes fugindo da África), Merkel adotou uma posição inesperada: a Alemanha aceitaria grandes levas de refugiados, mais do que os vizinhos, mais do que os seus eleitores gostariam. Em 8 de setembro de 2015, o governo alemão anunciou o plano de aceitar meio milhão de refugiados por ano. Não por coincidência, a Rússia começou a bombardear a Síria três semanas depois. Falando na ONU em 28 de setembro de 2015, Pútin propôs uma "harmonização" da Eurásia com a União Europeia. A Rússia bombardearia a Síria para gerar refugiados, depois incentivaria os europeus a entrar em pânico. Isso ajudaria o AfD e consequentemente tornaria a Europa mais parecida com a Rússia.[86]

Bombas russas começaram a cair na Síria no dia seguinte à fala de Pútin. Aeronaves lançavam de grandes altitudes bombas "dumb" (não guiadas e de pouca precisão). Ainda que os alvos fossem militares, esse bombardeio impreciso asseguraria mais destruição e, consequentemente, mais refugiados a caminho da Europa. No geral, porém, a Rússia não mirava bases do Estado Islâmico. Segundo organizações de direitos humanos, os russos bombardeavam mesquitas, clínicas, hospitais, campos de refugiados, estações de tratamento de água e cidades. Em sua decisão de aceitar refugiados sírios, Merkel foi motivada pela história dos anos 1930, quando a Alemanha nazista transformou em refugiados seus próprios cidadãos judeus. A resposta russa poderia ser traduzida assim: se Merkel quer refugiados, nós forneceremos, aproveitando o pretexto para destruir o governo dela e a democracia alemã. E a Rússia forneceu não só os refugiados propriamente, mas também a imagem dos refugiados como terroristas e estupradores.[87]

Em 11 de janeiro de 2016, uma segunda-feira, uma adolescente alemã de origem russa de treze anos de idade, Lisa F., pensou duas vezes antes de retornar para casa em Berlim. Voltara a ter problemas na escola, e a maneira como foi tratada pela família chamou a atenção das autoridades. Ela foi para a casa de um rapaz de dezenove anos e passou a noite como hóspede dele e da mãe. Os pais de Lisa F. foram à polícia informar sobre o seu desaparecimento. A menina voltou para casa no dia seguinte, sem a mochila e o celular. Contou à mãe uma história dramática de sequestro e estupro. A polícia, ao investigar o desaparecimento, foi à residência do amigo e encontrou suas coisas. Depois de conversar com o amigo e a mãe do rapaz, e de encontrar a mochila e ler mensagens de texto, os policiais estabeleceram a trajetória de Lisa F. Quando interrogada, contou o que tinha acontecido: não quis voltar para casa e foi para outro lugar. Um exame médico confirmou que a história contada à mãe era falsa.

Esse drama de uma família berlinense recebeu da televisão russa tratamento de notícia internacional. Em 16 de janeiro de 2016, um sábado, o Pervi Kanal apresentou uma versão do que

Lisa F. tinha contado aos pais: fora sequestrada e currada por refugiados muçulmanos durante uma noite inteira. Foi o primeiro de não menos de quarenta segmentos apresentados pelo Pervi Kanal sobre um crime que, segundo investigação policial, nunca aconteceu. Na cobertura televisiva, fotografias foram coladas de outros lugares e momentos para acrescentar um elemento de verossimilhança à história. A rede russa de propaganda Sputnik entrou no assunto com a conjetura genérica de que refugiados estupradores estavam à solta na Alemanha. Em 17 de janeiro, o Partido Nacional Democrático, de extrema direita, organizou uma manifestação exigindo justiça para Lisa F. Apesar de terem aparecido apenas meia dúzia de pessoas, uma delas foi um cinegrafista da RT. As imagens que fez apareceram no YouTube no mesmo dia.[88]

A guerra de informações russa vinha sendo travada havia algum tempo; a maioria dos alemães não tinha notado. O caso Lisa F. foi, portanto, um golpe direto contra um alvo fácil. A polícia de Berlim divulgou um cuidadoso comunicado de imprensa explicando o que tinha descoberto, omitindo nomes para proteger a família e recomendando o uso responsável das redes sociais. Não era bem o tipo de apelo capaz de deter a campanha de propaganda russa. A mídia da Rússia passou a proclamar que "o estupro de uma menina russa berlinense foi abafado" e que "a polícia tentou esconder". A história transbordou do Pervi Kanal para a televisão russa em geral e para a mídia impressa, contada da mesma forma em toda parte: o Estado alemão acolhia estupradores muçulmanos, era incapaz de proteger meninas inocentes e mentia. Em 24 de janeiro, um protesto organizado por um grupo hostil a imigrantes foi coberto pela mídia russa sob o título de "Lisa, estamos do seu lado! Alemães se reúnem debaixo da janela de Merkel contra migrantes estupradores".[89]

A guerra de informações contra Merkel foi travada abertamente pelo governo russo. A embaixada da Rússia em Londres tuitou uma mensagem afirmando que a Alemanha estendia o tapete vermelho para refugiados e depois varria os seus crimes para baixo dele. Em 26 de janeiro, o ministro do Exterior Lavrov, referindo-se memoravelmente a uma cidadã alemã como "nossa Lisa", interveio em favor da Federação Russa. Lavrov declarou que foi forçado a agir porque seus conterrâneos na Alemanha estavam agitados; e estavam mesmo, por causa do que tinham visto na televisão estatal russa. Como na Ucrânia, o Estado nacional russo alegava estar agindo em defesa de cidadãos seus residentes de outro país. Como na Ucrânia, um delito fictício foi usado para gerar um senso de vitimização e um pretexto para demonstração do poderio da Rússia. Como a imagem de um menino crucificado, a de uma menina estuprada tinha intenção de provocar um forte efeito emocional.[90]

Não muito tempo antes do caso de "nossa Lisa", a Anistia Internacional publicou o primeiro de uma série de relatórios sobre o bombardeio russo de alvos civis na Síria. A organização Médicos pelos Direitos Humanos também estava documentando ataques a clínicas e hospitais. Em 8 de dezembro de 2015, por exemplo, incursões aéreas russas destruíram o Hospital al-Burnas, a maior clínica para crianças na rural Idlib, no oeste do país, ferindo médicos e enfermeiros e matando outras pessoas. As verdadeiras vítimas dos ataques aéreos — as meninas, os meninos, as mulheres e os homens que morreram e foram mutilados nesses bombardeios — eram acobertadas pelo espectro de muçulmanos como um bando de estupradores. Os refugiados da Síria, assim como os da Ucrânia, ficavam subordinados à ficção da inocência russa. Esperava-se que a violação imaginária de uma única menina revogasse a validade da história inteira.[91]

Merkel continuou líder do maior partido da Alemanha, e o único capaz de formar um governo. Sua posição foi enfraquecida pela questão dos imigrantes, em parte por causa da intervenção russa em discussões internas do país. Durante a campanha eleitoral de 2017, redes sociais alemãs respaldadas pelos russos apresentaram a imigração como perigosa, o establishment político como covarde e mentiroso, e o AfD como salvador da Alemanha. Nas eleições de setembro de 2017, o AfD obteve 13% do total de votos, terminando em terceiro lugar. Foi a primeira vez, desde os nazistas em 1933, que um partido de extrema direita conseguiu representação no Parlamento alemão. Seu líder, Alexander Gauland, prometeu "caçar" Merkel e "tomar o país de volta".[92]

Outros políticos europeus tiveram ainda menos sorte do que Merkel. O governo polonês do partido Plataforma Cívica, sob o comando do primeiro-ministro Donald Tusk, tinha apoiado um futuro integrado à Europa para a Ucrânia. Bandeiras polonesas foram hasteadas na Maidan, com jovens poloneses viajando a Kíev para apoiar amigos. Membros da geração mais velha, participantes da oposição anticomunista polonesa, encontraram na Maidan alguma coisa que pensavam que jamais voltariam a ver: a solidariedade acima das classes sociais e dos partidos políticos. O ministro do Exterior polonês Radosław Sikorski tinha ido a Kíev tentar negociar um arranjo entre os manifestantes e o governo.[93]

Esse governo polonês foi derrubado. Apareceram gravações de conversas particulares entre políticos do Plataforma Cívica em restaurantes. O problema não era que as gravações tenham revelado escândalos, apesar de isso ter acontecido; a questão era que elas permitiram aos poloneses ouvir como os políticos falavam em sua vida privada. É raro o político capaz de sobreviver quando seus eleitores sabem como ele pede comida ou conta piadas. Sikorski foi gravado emitindo juízos políticos bastante sólidos, mas numa linguagem diferente da que usava em público. O homem que contratou os garçons para gravar as conversas devia 26 milhões de dólares a uma empresa estreitamente ligada a Vladímir Pútin. Incapaz de saldar o débito, Marek Falenta teria concordado em gravar as conversas de políticos do Plataforma Cívica para seus parceiros de negócios russos. Dois restaurantes onde as conversas foram gravadas eram de propriedade de consórcios com conexões com Semion Moguilevitch, tido como o chefão dos chefões da máfia russa.[94]

Atravessar a linha que separa a responsabilidade pública e a vida privada tinha um significado muito maior do que parecia. A exposição indesejável de conversas privadas significava totalitarismo incipiente num país que tinha sido foco de aspirações nazistas e soviéticas durante o século xx. Raramente se chama a atenção para isso. Lembranças polonesas de agressões alemãs e soviética tendem a fixar-se em torno de heroísmo e vilania. O que se perdeu foi a memória de que o totalitarismo durou até os anos 1970 e 1980: não por atrocidades nas quais a distinção entre criminosos e vítimas é clara, mas pela erosão da linha divisória entre a vida privada e a vida pública que destrói o primado da lei e estimula a população a participar da destruição. Os poloneses retornaram a um mundo de conversas gravadas, denúncias inesperadas e suspeita constante.[95]

A vida pública não se sustenta sem a vida privada. Nem mesmo o melhor dos democratas consegue governar sem a possibilidade de conversas discretas. Os únicos políticos invulneráveis à exposição são os que controlam os segredos alheios, ou aqueles cujo comportamento declarado é tão despudorado que os torna imunes à chantagem. No fim das contas, os escândalos eletrônicos que revelam a "hipocrisia" de políticos que violam regras ajudam os políticos que ignoram as regras. As revelações digitais acabam com a carreira dos que têm segredos e dão início à carreira dos que promovem espetáculos. Ao aceitar que a vida privada de figuras públicas equivale à vida política, os cidadãos ajudam a destruir a esfera pública. Essa tranquila emergência do totalitarismo, visível na Polônia durante o escândalo das gravações de 2014, também se manifestou nos Estados Unidos em 2016.

Talvez não tenha sido surpresa o Plataforma Cívica perder as eleições parlamentares de outubro de 2015 para o rival de direita, o partido Lei e Justiça. O Plataforma Cívica esteve no poder por quase uma década; e os poloneses tinham mais razões para o cansaço e o ceticismo, além do escândalo das gravações. Mas houve qualquer coisa de inesperado a respeito do governo formado naquele mês de novembro: o lugar de destaque do imoderado nacionalista Antoni Macierewicz. Durante a campanha, o Lei e Justiça tinha prometido que Macierewicz, que ao longo de mais de uma década conquistara a reputação de pôr em risco a segurança nacional da Polônia, não seria nomeado ministro da Defesa. Mas foi.[96]

Político eternamente preocupado com segredos e sua revelação, Macierewicz foi o beneficiário natural do escândalo das gravações. Em 1993, tinha derrubado seu próprio governo com o inusitado tratamento que dera a registros de arquivo relativos ao comunismo polonês. Incumbido da delicada tarefa de examinar arquivos da polícia secreta comunista para descobrir informantes, o que fez foi publicar uma lista aleatória de nomes. A "lista de Macierewicz" deixou fora a maioria dos agentes de fato — entre eles seu próprio parceiro, Michał Luśnia — e incluiu figuras que nada tinham a ver com a polícia secreta, mas que sofreriam muito para tentar limpar seus nomes.

Em 2006, quando o partido Lei e Justiça estava no poder, Macierewicz foi incumbido de uma segunda tarefa delicada: a reforma da inteligência militar polonesa. Ele publicou um relatório revelando os métodos da organização e identificando seus agentes, queimando-os em um futuro imediato. Providenciou a rápida tradução desse relatório para o russo, utilizando o trabalho de um tradutor que, num emprego anterior, tinha cooperado com os serviços secretos soviéticos. Em 2007, como chefe das novas organizações de contrainteligência militar que tinha fundado, Macierewicz transferiu documentos militares secretos para Jacek Kotas, conhecido em Varsóvia como a "conexão russa" por causa do seu trabalho para firmas ligadas ao mafioso russo Semion Moguilevitch. Como ministro da Defesa em 2015, Macierewicz cometeu outra espetacular violação de segurança nacional, organizando uma incursão noturna ilegal a um centro da Otan em Varsóvia, cuja atribuição era rastrear propaganda russa.[97]

Macierewicz, um mestre da política da eternidade, conseguiu mergulhar a verdadeira história de sofrimento da Polônia numa ficção política. No cargo de ministro da Defesa, a partir de 2015, Macierewicz traduziu uma recente tragédia humana e política numa fábula de inocência que permitia uma nova definição de inimigos. Foi a catástrofe de Smolensk, de abril de 2010, o desastre fatal de um avião transportando líderes políticos e cívicos poloneses a caminho da Rússia para relembrar o massacre de Katyn. Na época, o governo polonês era chefiado pelo primeiro-ministro Donald Tusk, do Plataforma Cívica, ao passo que o presidente era Lech Kaczyński, do Lei e Justiça. Tusk levou uma delegação governamental a Smolensk para uma cerimônia oficial. Os líderes do Lei e Justiça providenciaram às pressas o envio de uma delegação rival para uma série diferente de comemorações.[98]

Só os vivos podem homenagear os mortos. O primeiro erro da delegação rival foi colocar uma seção tão numerosa da elite polonesa a bordo de dois aviões voando para o mesmo lugar simultaneamente com planejamento zero. O segundo foi tentar aterrissar esses aviões em condições proibitivas num aeródromo militar, tarefa para a qual os pilotos não tinham sido treinados. Apesar de um deles encontrar a pista de pouso em meio à neblina, o outro caiu numa floresta, matando todos os passageiros.

Naquela segunda aeronave não foram observados procedimentos elementares de segurança: a porta da cabine dos pilotos não estava fechada, negando aos tripulantes sua autoridade costumeira. Transcrições da caixa-preta revelaram que eles não queriam aterrissar, mas foram pressionados a fazê-lo por visitantes do fundo do avião, incluindo o comandante da força aérea. As transcrições sugeriam que o presidente Lech Kaczyński tinha assumido para si a decisão de aterrissar: seu delegado falou diretamente aos pilotos de uma "decisão do presidente". Isso foi para lá de impróprio e desastroso, pois causou não apenas sua própria morte, mas também a de todos os outros passageiros e da tripulação.[99]

A catástrofe foi provocada por erro humano evitável. Esse fato era difícil de aceitar. Na atmosfera evocada por Katyn, as emoções eram intensas. Ainda mais na família Kaczyński, na qual irmãos gêmeos unidos pela política foram subitamente divididos de uma forma inesperada e terrível. Dentro do Lei e Justiça, o acidente provocou estranho efeito: um dos irmãos gêmeos (Jarosław, que passou a ser o líder do partido) continuava vivo depois que o outro gêmeo (Lech, o presidente) morreu numa tragédia confusa. O que os irmãos tinham falado poucos minutos antes do desastre só agravou a situação: independentemente do que foi dito, parecia claro que Jarosław não tentara demover Lech de aterrissar.

Macierewicz compreendeu que a busca de significado depois da morte pode ser canalizada em uma proveitosa ficção política. Criou um culto de mistério em torno do desastre, apresentando explicações implausíveis e contraditórias, com uma implicação de que Pútin e Tusk tinham cooperado num assassinato político coletivo. Sua técnica era extraordinariamente parecida com a maneira como as autoridades russas tinham tratado o MH17. No caso do MH17, os russos tinham abatido um avião de passageiros e tentaram negar. No caso de Smolensk, a Rússia não derrubou um avião, mas Macierewicz parecia ansioso para provar que sim. Nos dois casos, as pistas eram abundantes e convincentes, e levaram a investigações com conclusões claras. Nos dois casos, os adeptos da política da eternidade inventaram fábulas destinadas a suprimir a factualidade e confirmar a vitimização.[100]

Macierewicz exigiu que a lista de vítimas do acidente em Smolensk fosse lida em lugares públicos e tomou parte em animadas homenagens mensais. Uma palavra polonesa reservada aos heroicos mortos de guerras e insurreições, *polegli*, era aplicada por Macierewicz e outros às vítimas do acidente. Depois de 2015, Smolensk se tornou mais importante do que o massacre de Katyn que os governantes poloneses gostariam de relembrar, mais importante do a própria Segunda Guerra Mundial, mais importante do que o século xx. A exaltação a Smolensk dividiu a sociedade polonesa como só uma ficção seria capaz de fazê-lo. Afastou poloneses de seus aliados, uma vez que nenhum governante ocidental endossava a versão dos acontecimentos apresentada por Macierewicz, ou mesmo fingia acreditar. Os 25 anos de esforços de historiadores para transmitir os horrores da história polonesa foram desperdiçados em questão de meses: graças a Macierewicz, a verdadeira história do sofrimento polonês acabou encoberta por mentiras nacionalistas. Tusk foi eleito presidente do Conselho Europeu, uma das mais importantes posições de liderança na União Europeia. Era difícil para políticos europeus lidar com a sugestão de Macierewicz de que Tusk tinha conspirado com Pútin para planejar um assassinato coletivo.[101]

As acusações à Rússia feitas por Macierewicz eram tão absurdas que ele parecia a última pessoa no mundo capaz de ser agente russo. Talvez essa fosse a ideia. Macierewicz animou o culto a Smolensk ao mesmo tempo que promovia homens ligados a Moscou. Para seu secretário de Estado, nomeou Bartosz Kownacki, que tinha ido a Moscou legitimar a fraudulenta eleição de Pútin em 2012. Para chefe da criptografia nacional, Macierewicz designou Tomasz Mikołajewski, sobre quem praticamente nada se sabia — além de sua incapacidade de passar ileso por uma verificação de antecedentes criminais. Para outras nomeações, recorria a Jacek Kotas, "a conexão russa". Kotas tinha um *think tank* que preparava grupos de trabalho para Macierewicz. Um dos artigos de opinião desse *think tank* recomendava que o Exército polonês fosse desprofissionalizado e suplementado por uma Defesa Territorial que impedisse protestos contra o governo. O artigo foi escrito em parceria com Krzysztof Gaj, que divulgara propaganda russa sobre o fascismo ucraniano. Macierewicz subordinou a Defesa Territorial diretamente a si, evitando com isso a estrutura de comando das Forças Armadas polonesas. Logo o financiamento desse mecanismo de defesa alcançou o mesmo patamar de toda a Marinha da Polônia. Ele demitiu a grande maioria dos oficiais superiores e dos generais das Forças Armadas nacionais, substituindo-os por pessoas inexperientes, algumas conhecidas por suas opiniões pró-Rússia e anti-Otan.[102]

Varsóvia, enquanto isso, abandonou a única política que a distinguira entre seus pares da Otan e da União Europeia: o apoio à independência ucraniana. Sob o governo do Lei e Justiça, o governo da Polônia preferiu dar ênfase a episódios do conflito polono-ucraniano, de um jeito que sugeria a total inocência dos poloneses. Essa foi a política apoiada por Maloféiev em 2014, sem muito resultado. Agora parecia que nenhum subsídio era necessário. Os aliados ocidentais ficaram desnorteados. Os franceses foram informados por Kownacki que os poloneses lhes ensinaram a usar garfos. A Inteligência britânica concluiu que a Polônia não era uma parceira confiável.[103]

Macierewicz tinha mantido algumas conexões norte-americanas, mas essas também apontavam para a Rússia. Em 2010, quando quis aconselhar-se sobre como reagir à tragédia de Smolensk, Macierewicz viajou aos Estados Unidos. Seu contato na Câmara dos Representantes foi Dana Rohrabacher, legislador que se distinguiu por seu apoio de Vladímir Pútin e da política externa russa. Em 2012, o FBI avisou Rohrabacher que ele era visto por espiões russos como uma fonte. Kevin McCarthy, o líder da maioria republicana no congresso norte-americano, mais tarde citou Rohrabacher (juntamente com Donald Trump) como o político do partido com maior probabilidade de estar na folha de pagamento da Rússia. Em 2015, depois que Macierewicz se tornou ministro da Defesa, Rohrabacher viajou a Varsóvia para um encontro pessoal. Em 2016, foi a Moscou buscar documentos que os russos julgavam úteis para a campanha de Trump. Curiosamente, Macierewicz deu-se ao trabalho de defender Donald Trump da acusação de que sua campanha estava ligada à Rússia.[104]

Macierewicz não negava os fatos que o ligavam a Moscou. O que fazia era tratar a factualidade como inimiga. Quando um jornalista publicou um livro contando em detalhes seus vínculos com a Rússia, em 2017, Macierewicz não refutou as informações, nem processou o jornalista num tribunal de justiça, onde seria necessário apresentar provas. Preferiu alegar que o jornalismo investigativo constituía um ataque físico a um ministro do governo e decidiu processar o jornalista por terrorismo perante um tribunal militar. Macierewicz foi substituído como ministro da Defesa em janeiro de 2018. A essa altura, a UE (especificamente, seu órgão executivo, a Comissão Europeia) propôs uma sanção à Polônia por violar princípios básicos do primado da lei.[105]

Não há nada de inerentemente russo na ficção política. Ilin e Surkov tiraram suas conclusões por causa de suas experiências na Rússia e de suas aspirações para o país. Outras sociedades podem ceder à mesma forma de política, depois de um choque ou de um escândalo, como na Polônia, ou em consequência da desigualdade e da intervenção externa, como na Grã-Bretanha e nos Estados Unidos. Em seu estudo da mídia e da sociedade russas, publicado em 2014, Peter Pomerantsev termina refletindo que "aqui será lá": o Ocidente será como a Rússia. Acelerar esse processo era a política russa.[106]

Se os governantes foram incapazes de reformar a Rússia é porque a reforma parecia impossível. Se os russos achassem que todos os políticos e toda a mídia mentiam, a solução seria aprender por conta própria a rechaçar modelos ocidentais. Se os cidadãos da Europa e dos Estados Unidos se unissem na descrença geral uns nos outros e em suas instituições, a Europa e os Estados Unidos poderiam contar como certa a própria desintegração. Jornalistas não operam num clima de ceticismo total; sociedades civis se degeneram quando cidadãos não podem contar uns com os outros; o primado da lei depende da confiança de que as pessoas respeitarão a lei sem que seja preciso impor o seu cumprimento e de que essa imposição, se vier, será imparcial. A própria ideia de imparcialidade já pressupõe que há verdades que podem ser compreendidas independentemente desse ou daquele ponto de vista.

A propaganda russa era transmitida por *protégés* na extrema direita europeia, que compartilhavam o interesse da Rússia pela demolição das instituições do continente. Por exemplo, a ideia de que a guerra russa contra Sodoma (e a invasão russa da Ucrânia a ela associada) era uma "nova Guerra Fria", ou uma "Guerra Fria 2.0", foi formulada no Clube Izborsk. Era uma noção útil dentro da Rússia, pois estilizava os ataques a gays (e a invasão de um vizinho vulnerável enquanto atacava os gays) como um grande confronto com uma superpotência global pela forma que a civilização assumiria a partir de então. Esse emprego figurado da expressão "nova Guerra Fria" foi difundido por Marine Le Pen, a líder do Front National, que a usou nos primórdios da RT em 2011 e durante sua visita a Moscou em julho de 2013. O principal defensor norte-americano da supremacia branca, Richard Spencer, usou idêntica expressão na mesma época quando entrevistado pela RT.[107]

A extrema direita europeia e norte-americana também difundia a alegação oficial russa de que os protestos na Maidan eram obra do Ocidente. O fascista polonês Mateusz Piskorski afirmava que as manifestações dos ucranianos eram obra "da embaixada dos Estados Unidos". Heinz-Christian Strache, líder do partido austríaco Freiheitliche, culpava os serviços de segurança ocidentais. Márton Gyöngyös, do partido húngaro Jobbik, que a própria imprensa russa classificava de antissemita e neonazista nos anos em que antissemitas e neonazistas ainda não tinham se tornado comentaristas da RT, dizia que os protestos da Maidan foram organizados por diplomatas norte-americanos. Manuel Ochsenreiter, neonazista alemão, falava da revolução ucraniana como "imposta pelo Ocidente". Nenhuma dessas pessoas apresentava provas.

Ideias conspiratórias russas, difundidas pela extrema direita europeia, ganharam aceitação em setores da direita norte-americana. Os pronunciamentos do ex-congressista republicano Ron Paul, candidato à presidência em 2008 e 2012, eram particularmente interessantes. Paul, que se identificava como libertário, tinha lançado uma poderosa crítica às guerras norte-americanas longe de suas fronteiras. Agora defendia uma guerra russa no exterior. Paul citava Serguei Glaziev com aprovação — apesar de a política fascista e a economia neocomunista de Glaziev contradizerem o anarquismo de Paul, e de a belicosidade do russo contradizer seu isolacionismo. Paul endossava o projeto da Eurásia, o que também era inesperado, levando em conta que as fontes filosóficas do projeto eram fascistas e que sua economia envolvia planejamento estatal. Fazendo eco a uma tropa de fascistas europeus, Paul afirmou que "o governo dos Estados Unidos conflagrou um golpe" na Ucrânia. Como os outros, também não forneceu provas. Em vez disso, citou propaganda da RT.[108]

Não tão surpreendente foi Lyndon LaRouche, líder de uma organização criptonazista norte-americana, seguir a linha de Glaziev. LaRouche e Glaziev já colaboravam havia duas décadas em torno da ideia de uma oligarquia (judaica) internacional, um genocídio de russos por liberais (judeus) e a conveniência da Eurásia. Na opinião de LaRouche, a Ucrânia era uma construção artificial criada pelos judeus para obstruir a Eurásia. Como Glaziev e outros fascistas russos, LaRouche empregava símbolos familiares do Holocausto para definir os judeus como criminosos e os demais como vítimas. Em 27 de junho de 2014, LaRouche publicou um artigo de Glaziev segundo o qual o governo ucraniano era uma junta nazista instalada pelos Estados Unidos.[109]

Stephen Cohen tomou emprestados termos insultuosos da mídia russa na mesma época, 30 de junho de 2014. Como LaRouche, Cohen endossava a afirmação da propaganda russa de que o genocídio ucraniano justificava a invasão. A alegação de que a Ucrânia praticava genocídio foi traduzida para o inglês pela RT e difundida por certos indivíduos na extrema direita e na extrema esquerda norte-americanas. Esse esforço de propaganda explorava imagens associadas ao Holocausto. As imagens podiam ser usadas por LaRouche para apresentar os russos a antissemitas norte-americanos como vítimas de judeus, ou por Cohen para sugerir à esquerda e aos judeus dos Estados Unidos que a vitimização russa em 2014 era como a vitimização judaica em 1941. De qualquer forma, o resultado era não apenas falsificar o que acontecia na Ucrânia, mas também banalizar o Holocausto.[110]

Em artigo para a revista *The Nation*, Cohen afirmou que o primeiro-ministro ucraniano tinha se referido a adversários como "subumanos", para ele uma prova das convicções e do comportamento nazistas do governo local. O primeiro-ministro da

Ucrânia tinha de fato escrito uma declaração de pesar às famílias ucranianas de soldados mortos em combate, na qual usou a palavra "inumanos" (*neliudy*) para descrever os agressores. A mídia russa traduziu erradamente a palavra ucraniana para o russo como "subumanos" (*nedocheloveki*), e foi esse o termo que a RT usou em suas transmissões em inglês. Cohen funcionou como o elo final da corrente, levando a calúnia russa para a mídia norte-americana. Num relato da RT, a má tradução foi transmitida com uma série de inverdades e acompanhada por imagens cruas de assassinatos em massa em Ruanda. O segmento da RT violou normas de transmissão no Reino Unido e foi tirado da internet. Mas os leitores à procura da falsa declaração sobre "subumanos" ainda podiam recorrer a *The Nation*.[111]

Quando a Rússia derrubou o MH17 em julho de 2014, Cohen disse: "Nós tivemos essas derrubadas a tiros. Nós as tivemos na Guerra Fria". O assassinato de civis foi posto de lado com uma vaga referência ao passado. Uma arma russa operada por russos durante uma invasão russa da Ucrânia derrubou um avião de passageiros e matou 298 pessoas. Um Estado nacional deslocou soldados e armas; um oficial deu a ordem para atirar; pilotos foram mortos numa cabine por estilhaços que atravessaram seus corpos; um avião foi despedaçado a dez quilômetros de altitude; crianças, mulheres e homens morreram em terror súbito, e partes dos seus corpos se espalharam pelos campos. Em 18 de julho de 2014, o dia em que Cohen disse isso, a televisão russa estava transmitindo suas múltiplas versões do acontecimento. Em vez de explicar aos norte-americanos o que os repórteres sabiam — que diversas aeronaves ucranianas tinham sido derrubadas por armas russas naquele mesmo lugar nas semanas anteriores e que o oficial do GRU Igor Gírkin declarou-se responsável por derrubar uma aeronave que acabou se revelando o MH17 —, Cohen mudou o foco para a "Guerra Fria".[112]

Essa ideia de que políticas antigay da Rússia e sua invasão da Ucrânia eram uma "nova Guerra Fria" foi um meme espalhado dentro da Rússia pelos fascistas do Clube Izborsk e depois por políticos de direita através da RT: Marine Le Pen, a partir de 2011, e Richard Spencer, a partir de 2013. O termo tornou-se peça vital nas páginas de *The Nation* em 2014, graças a artigos de Cohen e da editora da revista, Katrina vanden Heuvel.[113]

Em 24 de julho de 2014, Vanden Heuvel afirmou na televisão que Moscou estava "pedindo um cessar-fogo" numa "guerra civil". Ao colocar as coisas nesses termos, ela isolava a Rússia de um conflito no qual os russos eram os agressores. Naquele momento, os primeiros-ministros da "República Popular de Donetsk" e da "República Popular de Lugansk" não eram cidadãos ucranianos, mas russos, levados pelas Forças Armadas da Rússia, tecnólogos políticos sem nenhuma ligação com a Ucrânia. Na condição de relações-públicas, promoviam o mesmo conceito de "guerra civil" que Vanden Heuvel ajudava a difundir. Na época em que ela apareceu na TV, o cidadão russo encarregado da segurança era Vladímir Antiuféiev, que caracterizava o conflito como uma guerra contra a conspiração maçônica internacional e previa a destruição dos Estados Unidos.[114]

Vanden Heuvel falou uma semana depois que o MH17 foi derrubado por um sistema de armas russo, durante um verão no qual transferências de armamentos através da fronteira foram amplamente noticiadas. Ela mencionou uma "guerra civil" em meio a saraivadas de artilharia de proporções colossais lançadas a partir do território russo. Um jornalista russo no local do lançamento tinha informado que "a Rússia está bombardeando a Ucrânia de dentro do seu próprio território" e escrito sobre "a agressão militar da Rússia contra a Ucrânia". Enquanto Vanden Heuvel falava, milhares de soldados russos de unidades baseadas em todas as partes da Federação Russa concentravam-se na fronteira ucraniana. Essas realidades elementares da guerra, conhecidas na época graças ao trabalho de repórteres russos e ucranianos, foram afogadas por *The Nation* em metáforas propagandísticas.[115]

Importantes articulistas da esquerda britânica repetiram os mesmos tópicos de discussão russos. No jornal *The Guardian*, John Pilger escreveu em maio de 2014 que Pútin "foi o único governante a condenar o surgimento do fascismo". Era uma conclusão pouco inteligente a ser tirada do noticiário. Alguns dias antes, neonazistas tinham marchado nas ruas de Moscou sem ouvir nenhuma reprovação da parte do seu presidente. Poucas semanas antes, na televisão estatal russa, uma âncora tinha afirmado que os judeus provocaram o Holocausto de que foram vítimas; e seu interlocutor, Aleksandr Prokhanov, concordara. O governo Pútin pagava o salário daquela âncora, e o próprio presidente aparecia na mídia com Prokhanov (que também fez um passeio num bombardeiro russo, expressão bastante clara de um respaldo oficial). Essas pessoas não foram repreendidas. A Rússia naquela época estava mobilizando a extrema direita europeia — como "observadores" eleitorais, como soldados em campo e como propagadores de suas mensagens. Moscou tinha organizado reuniões de fascistas europeus e vinha subsidiando o partido de extrema direita da França, o Front National.[116]

Como formadores de opinião importantes da esquerda se deixaram seduzir por Vladímir Pútin, o líder global da extrema direita? A Rússia gerava expressões metafóricas mirando o que profissionais de ciberguerra chamam de "suscetibilidades": aquilo em que as pessoas têm maior probabilidade de acreditar, pelos comentários que fazem e pela maneira como se comportam. Era possível afirmar que a Ucrânia era uma construção judaica (para uma plateia) e também que a Ucrânia era uma construção fascista (para outra plateia). Pessoas de esquerda eram atraídas por estímulos nas redes sociais que apelavam a seus próprios compromissos. Pilger redigiu seu artigo sob influência de um texto que encontrou na internet, supostamente escrito por um médico, relatando com detalhes supostas atrocidades cometidas por ucranianos em Odessa — mas o tal sujeito não existia, e o que ele narrava nunca aconteceu. Em seu "erramos", o *Guardian* comentou apenas que a fonte de Pilger, uma página falsa de rede social, foi "subsequentemente removida": uma justificativa bastante branda para a constatação de que o artigo mais lido sobre a Ucrânia no jornal em 2014 era a tradução para o inglês de uma ficção política russa.[117]

O editor adjunto do *Guardian*, Seumas Milne, opinou em janeiro de 2014 que "nacionalistas de extrema direita e fascistas estão no coração dos protestos" na Ucrânia. Isso correspondia não às reportagens produzidas pelo *Guardian* a partir do local dos acontecimentos, mas à linha da propaganda russa. Milne ignorou o registro histórico da luta de 1 milhão de cidadãos ucranianos pela volta do primado da lei contra a oligarquia: uma estranha guinada num jornal com uma tradição de esquerda. Mesmo depois que Pútin admitiu que forças militares russas estavam na Ucrânia, Milne ainda afirmava que "os homenzinhos verdes" eram em sua maioria ucranianos. Na reunião de cúpula de Pútin sobre política externa em Valdai, em 2013, o presidente russo tinha dito que a Rússia e a Ucrânia eram "um só povo". Milne presidiu uma sessão da cúpula de 2014, a convite de Pútin.[118]

Nenhuma dessas pessoas — Milne, Pilger, Cohen, Vanden Heuvel, LaRouche, Paul — apresentou uma única interpretação que não estivesse disponível na RT. Em alguns casos, como nos de Paul e LaRouche, reconhecia-se a dívida para com a propaganda russa. Mesmo aqueles cuja obra era publicada ao lado do noticiário, na *Nation* e no *Guardian*, ignoravam as investigações de repórteres russos e ucranianos de verdade. Nenhum desses influentes articulistas norte-americanos e britânicos esteve na Ucrânia, o que seria a prática jornalística corriqueira. Os que falavam com tanta desenvoltura sobre conspirações, golpes, juntas, acampamentos, fascistas e genocídios evitavam o contato com o mundo real. À distância, usavam seus talentos para afogar o país em irrealidade; ao fazê-lo, submergiam seus próprios países e a si mesmos.

Muito tempo foi desperdiçado na Grã-Bretanha, nos Estados Unidos e na Europa Ocidental em 2014 em discussões sobre se a Ucrânia existia ou se a Rússia a invadira. Esse triunfo na guerra de informações foi instrutivo para os governantes russos. Na invasão da Ucrânia, as principais vitórias russas ocorreram na mente de europeus e norte-americanos, e não no campo de batalha. Políticos de extrema direita difundiam mensagens russas, e membros da mídia de esquerda ajudaram a levá-los para o centro. Um dos jornalistas de esquerda entrou nos corredores do poder. Em outubro de 2015, Seumas Milne, depois de presidir a cúpula de Pútin em Valdai, tornou-se chefe de comunicação de Jeremy Corbyn, líder do Partido Trabalhista da Grã-Bretanha. Com Milne como seu principal assessor de imprensa, Corbyn revelou-se um defensor não muito convincente da filiação à União Europeia. Os eleitores britânicos preferiram sair, e Moscou comemorou.[119]

Em julho de 2016, não muito tempo depois do referendo sobre o Brexit, Donald Trump disse: "Pútin não vai entrar na Ucrânia, guarde bem isso". A invasão russa da Ucrânia tinha começado mais de dois anos antes, em fevereiro de 2014, logo depois que os franco-atiradores assassinaram manifestantes na Maidan. Foi graças a essa mesma sequência de acontecimentos que Trump arranjou um administrador de campanha. Yanukóvytch fugiu para a Rússia, mas seu conselheiro Paul Manafort continuou trabalhando para um partido pró-Rússia na Ucrânia até o fim de 2015. O novo patrão de Manafort, o Bloco de Oposição, era exatamente a parte do sistema político ucraniano que queria fazer negócios com a Rússia enquanto a Ucrânia era invadida pelos russos. Foi a transição perfeita para o emprego seguinte de Manafort. Em 2016, ele se mudou para Nova York e assumiu a campanha de Trump. Em 2014, Trump já sabia que a Rússia tinha invadido a Ucrânia. Sob a tutela de Manafort, proclamou a inocência russa.[120]

Lyndon LaRouche e Ron Paul estavam adotando a mesma linha nessa época: a Rússia não tinha feito nada de errado, e europeus e norte-americanos eram culpados pela invasão, que talvez tivesse acontecido, talvez não tivesse. Escrevendo em *The Nation* no segundo semestre de 2016, Cohen defendeu Trump e Manafort, e sonhou que Trump e Pútin um dia se juntariam para refazer a ordem mundial. A mendacidade e o fascismo do ataque russo à União Europeia e aos Estados Unidos, do qual a campanha de Trump fazia parte, compunham uma fábula naturalizada pela esquerda. No entanto, poucos na esquerda levaram a sério Trump e sua própria ficção política em 2016. Isso talvez tenha ocorrido porque os articulistas em quem confiavam não eram analistas, mas participantes da campanha russa para minar a factualidade. De qualquer forma, a Ucrânia foi o alarme ao qual ninguém prestou atenção.

Quando um candidato a presidente de um mundo de faz de conta apareceu na política norte-americana, ucranianos e russos perceberam os padrões familiares, mas poucos nos Estados Unidos, à direita ou à esquerda, deram ouvidos. Quando Moscou aplicou nos Estados Unidos as mesmas técnicas usadas na Ucrânia, poucos norte-americanos, à direita americana ou à esquerda, perceberam. E com isso os Estados Unidos foram derrotados, Trump se elegeu, o Partido Republicano deixou-se cegar, e o Partido Democrata ficou em estado de choque. Os russos forneceram a ficção política, mas foram os norte-americanos que pediram.

6. Igualdade ou oligarquia (2016)

Nada era mais desejável do que opor cada obstáculo possível à cabala, à intriga e à corrupção. Era natural esperar que esses adversários mortais do governo republicano surgissem de mais de um setor, mas principalmente do desejo, nas potências estrangeiras, de conseguir indevida ascendência em nossas assembleias. Que maneira melhor de satisfazer esse desejo do que elevar uma cria sua à mais alta magistratura da União?

Alexander Hamilton, 1788

Vai mal a terra, que será presa de males famintos,
Onde as riquezas se acumulam e os homens se deterioram.

Oliver Goldsmith, 1770

O regime de eternidade de Vladímir Pútin desafiou virtudes políticas: ao desfazer o princípio de sucessão na Rússia, ao atacar a integração da Europa, ao invadir a Ucrânia para impedir a criação de novas formas de fazer política. Sua campanha mais grandiosa foi uma ciberguerra para destruir os Estados Unidos da América. Por razões relacionadas à desigualdade norte-americana, a oligarquia russa obteve uma vitória extraordinária em 2016. E justamente porque o fez, essa desigualdade tornou-se um problema ainda maior.

A ascensão de Donald Trump foi o ataque "desses adversários mortais do governo republicano" que Alexander Hamilton temia. Os poderosos da Rússia, aberta e exuberantemente, apoiaram a candidatura de Trump. Durante todo o ano de 2016, as elites russas disseram com um sorriso "Trump é nosso presidente". Konstantin Rikov, chefe do departamento de internet do Pervi Kanal, administrava um website (fundado em 2015) para promover a candidatura de Trump. Dmítri Kisselióv, o principal homem da mídia russa, comentou, com deleite, que "uma nova estrela está nascendo — Trump". Os eurasianistas sentiram a mesma coisa: Aleksandr Dúguin postou um vídeo intitulado "Confiamos em Trump" e recomendou aos norte-americanos "votar em Trump!". Konstantin Maloféiev, o "oligarca ortodoxo" que apoiou a invasão da Ucrânia, promoveu a candidatura de Trump em uma série de artigos. Aleksei Puchkov, presidente do Comitê de Relações Exteriores da câmara baixa do Parlamento russo, manifestou a esperança generalizada de que "Trump possa conduzir a locomotiva ocidental diretamente para fora dos trilhos". Alguns russos tentaram alertar os norte-americanos: Andrei Kózirev, ex-ministro do Exterior, explicou que Pútin "percebe que Trump esmagará com os pés a democracia americana e danificará, se não destruir, os Estados Unidos como um pilar de estabilidade e uma grande força capaz de contê-lo".[1]

A máquina midiática russa trabalhava ativamente a favor de Trump. Um jornalista local mais tarde revelou que "recebemos instruções muito claras: mostrar Donald Trump sob uma luz positiva, e sua adversária, Hillary Clinton, sob uma luz negativa". O veículo de propaganda russa Sputnik usava a hashtag #crooked-hillary no Twitter — um gesto de reverência e apoio a Trump, uma vez que a expressão era dele — e também associava Clinton à guerra nuclear. Trump apareceu na RT para se queixar de que a mídia norte-americana era mentirosa, o que para a TV russa era a performance perfeita: sua razão de existir era expor a verdade única de que todo mundo mentia, e ali estava um americano dizendo a mesma coisa.[2]

Quando venceu a eleição presidencial naquele mês de novembro, Trump foi aplaudido no Parlamento russo. Trump se apressou em ligar para Pútin, para ser cumprimentado. Kisselióv, o mandachuva da mídia russa, celebrou Trump como o retorno da virilidade à política em seu programa das noites de domingo, *Vesti Nedeli*. Fantasiou, diante de seus telespectadores, sobre como Trump agradava às louras, incluindo Hillary Clinton. Estava feliz por saber que "as palavras 'democracia' e 'direitos humanos' não constam do vocabulário de Trump". Descrevendo um encontro entre Trump e Obama, Kisselióv afirmou que o então presidente em exercício "agitava os braços, como se estivesse na selva". Em seu comentário sobre a posse de Trump, Kisselióv disse que Michelle Obama parecia a empregada da casa.[3]

A política da eternidade está repleta de fantasmagorias, de robôs e trolls, de fantasmas e zumbis, de almas mortas e de outros seres irreais que escoltam um personagem de ficção até o poder. "Donald Trump, empresário de sucesso" não era uma pessoa. Era uma fantasia nascida no estranho clima em que a corrente de ar descendente da política norte-americana da eternidade, com seu capitalismo desregulado, se encontra com os vapores ascendentes de hidrocarboneto da política russa da eternidade, com seu autoritarismo cleptocrático. Os russos elevaram uma "cria sua" à presidência dos Estados Unidos. Trump era a ogiva explosiva de uma ciberguerra, destinada a provocar o caos e a debilidade, como de fato tem feito.[4]

O avanço de Trump para o Salão Oval teve três estágios, e cada um dependia da vulnerabilidade dos Estados Unidos e exigia a cooperação dos norte-americanos. Primeiro os russos precisaram transformar um incorporador imobiliário fracassado em beneficiário do seu capital. Em seguida, esse empreendedor falido teve que se apresentar, na televisão norte-americana, como um empresário bem-sucedido. Por fim, a Rússia interveio com empenho e êxito para apoiar o personagem fictício "Donald Trump, empresário de sucesso" na eleição presidencial de 2016.

Durante todo esse exercício, os russos sabiam o que era fato e o que era ficção. Sabiam muito bem quem era Trump: não o "empresário MUITO bem-sucedido" dos seus tuítes, mas um norte-americano derrotado que se tornou uma ferramenta nas mãos da Rússia. Ainda que os norte-americanos pudessem pensar o contrário, nenhuma pessoa importante em Moscou achava que Trump fosse um magnata poderoso. O dinheiro russo o salvara do destino que normalmente espera qualquer pessoa com o seu histórico de fracassos.[5]

Do ponto de vista norte-americano, a Trump Tower é um prédio cafona na Quinta Avenida de Nova York. Do ponto de vista russo, a Trump Tower é um lugar convidativo para o crime internacional.

Bandidos russos começaram a lavar dinheiro comprando e vendendo apartamentos na Trump Tower em 1984. Em 1987, o governo soviético pagou uma viagem para Trump e sua então esposa Ivana visitarem Moscou, hospedando-os na Suíte Lênin do Hotel Nacional, um quarto sem dúvida grampeado e monitorado. O procedimento-padrão da KGB era reunir material comprometedor sobre figuras que mais tarde poderiam se tornar importantes. Curiosamente, foi apenas depois de voltar dessa viagem que Trump começou a falar em se candidatar a presidente e a financiar anúncios publicitários pregando o isolacionismo dos Estados Unidos. Depois do colapso da União Soviética, em 1991, a máfia russa conseguiu estender o alcance de suas atividades a Nova York. O mais notório assassino de aluguel da Rússia, muito procurado pelo FBI, foi morador da Trump Tower. Um esquema de jogo ilegal era comandado por criminosos russos a partir do apartamento que ficava no andar inferior ao ocupado pelo próprio Trump.

Na Trump World Tower, construída entre 1999 e 2001, no East Side de Manhattan, perto da sede das Nações Unidas, um terço das unidades foi comprado por pessoas ou entidades da antiga União Soviética. Um homem investigado pelo Departamento do Tesouro dos Estados Unidos por lavagem de dinheiro morava na Trump World Tower embaixo de Kellyane Conway, que se tornaria porta-voz da campanha de Trump. Setecentas unidades dos empreendimentos de Trump no sul da Flórida foram compradas por empresas de fachada. Dois homens associados a essas empresas foram condenados por chefiar um esquema de jogatina e lavagem de dinheiro a partir da Trump Tower. Talvez Trump ignorasse por completo o que se passava em suas propriedades.[6]

No fim dos anos 1990, Trump era visto como um empresário sem crédito e falido. Devia cerca de 4 bilhões de dólares a mais de setenta bancos, dos quais aproximadamente 800 milhões de dólares tinham garantia pessoal. Jamais demonstrou nenhuma intenção ou capacidade de pagar essa dívida. Depois da sua falência, em 2004, nenhum banco nos Estados Unidos lhe emprestaria dinheiro. A única instituição financeira que o fez foi o Deutsche Bank, cuja pitoresca história de escândalos desmentia a sobriedade do nome. Curiosamente, o Deutsche Bank também lavou mais de 10 bilhões de dólares para clientes russos entre 2011 e 2015. Curiosamente, Trump recusou-se a pagar o que devia ao Deutsche Bank.

Um oligarca russo comprou uma casa de Trump por 55 milhões de dólares a mais do que o valor pago pelo imóvel. O comprador, Dmítri Ribolovlev, jamais demonstrou interesse pela propriedade e jamais morou lá — mas posteriormente, quando Trump concorreu à presidência, Ribolovlev aparecia em lugares onde ele fazia campanha. Os negócios aparentes de Trump, que envolviam incorporação imobiliária, tornaram-se uma fachada para a atuação dos russos. Como perceberam que complexos de apartamentos poderiam ser usados para lavar dinheiro, os russos utilizavam o nome de Trump para construir mais prédios. Conforme disse Donald Trump Jr. em 2008: "Os russos compõem uma amostra representativa bastante desproporcional de grande parte dos nossos ativos. Temos muito dinheiro entrando da Rússia".[7]

As ofertas russas eram difíceis de recusar: milhões de dólares adiantados para Trump, uma fatia dos lucros para ele, o seu nome num prédio — e nenhum investimento da sua parte. Esses termos convinham aos dois lados. Em 2006, cidadãos da antiga União Soviética financiaram a construção do empreendimento Trump SoHo e deram a Trump 18% dos lucros — embora ele mesmo não tivesse entrado com capital nenhum. No caso envolvendo Felix Sater, os apartamentos eram máquinas de lavar dinheiro. Sater, um russo-americano, trabalhava como consultor da Trump Organization a partir de um escritório na Trump Tower, dois andares abaixo do andar ocupado por Trump. Donald Trump dependia do dinheiro russo que Sater trazia através de uma entidade conhecida como Bayrock Group. Felix Sater providenciava para que gente do mundo pós-soviético comprasse apartamentos usando empresas de fachada. A partir de 2007, Sater e o Bayrock passaram a ajudar Trump mundo afora, cooperando em pelo menos quatro projetos. Alguns fracassaram, mas assim mesmo Trump ganhou dinheiro.[8]

A Rússia não é um país rico, mas sua riqueza é altamente concentrada. Por isso, é prática comum entre os russos deixar alguém em dívida fornecendo-lhe dinheiro fácil e só depois dizer quanto vai cobrar. Como candidato ao cargo de presidente, Trump rompeu uma tradição de décadas e se negou a divulgar sua declaração de renda, provavelmente para não revelar sua profunda dependência do capital russo. Mesmo depois que anunciou sua candidatura à Casa Branca, em junho de 2015, Trump ainda tentava fazer negócios livres de risco com os russos. Em outubro de 2015, às vésperas de um debate presidencial republicano, ele assinou uma carta de intenção para que os russos construíssem uma torre com seu nome em Moscou. Em seguida foi ao Twitter anunciar que "Pútin adora Donald Trump".[9]

O negócio nunca foi fechado, talvez porque teria tornado as fontes russas do aparente sucesso de Trump um tanto óbvias demais no momento em que sua campanha presidencial ganhava força. O personagem fictício "Donald Trump, empresário de sucesso" tinha coisas mais importantes a fazer. Nas palavras de Felix Sater, escritas em novembro de 2015: "Nosso garoto pode vir a ser presidente dos Estados Unidos e podemos arquitetar isso". Em 2016, exatamente quando Trump precisava de dinheiro para financiar uma campanha presidencial, suas propriedades se tornaram extremamente populares como empresas de fachada. No meio ano decorrido entre sua indicação como candidato republicano e sua vitória nas eleições gerais, cerca de 70% das unidades vendidas em seus prédios foram compradas não por pessoas físicas, mas por sociedades de responsabilidade limitada.[10]

O "garoto" da Rússia existia no imaginário norte-americano graças a um programa de TV muito popular, *O Aprendiz*, no qual Trump fazia o papel de um magnata que contratava e demitia a seu bel-prazer. O papel lhe assentava naturalmente, talvez porque fingir ser essa pessoa já fosse a sua ocupação diária. No programa, o mundo era uma oligarquia implacável, na qual o futuro do indivíduo dependia dos caprichos de um único homem. O clímax de cada episódio era quando Trump emitia a sentença: "Você está demitido!". Quando concorreu a presidente, Trump partiu da premissa de que isso poderia valer também para o mundo: que um personagem fictício — dono de uma fortuna fictícia, que ignora a lei, despreza as instituições e não tem compaixão — pode governar as pessoas infligindo sofrimento. Trump ofuscava os rivais republicanos em debates em virtude de anos de prática representando um personagem na televisão.

Dessa maneira, Trump transmitia a irrealidade, coisa que já vinha fazendo havia algum tempo. Em 2010, a RT ajudou os partidários norte-americanos da teoria da conspiração espalhando a falsa ideia de que o presidente Barack Obama não nasceu nos Estados Unidos. Essa ficção, calculada para apelar para as fraquezas de racistas que gostariam de afastar seu presidente eleito com base no poder da imaginação, convidava-os a viver numa realidade alternativa. Em 2011, Trump tornou-se porta-voz dessa campanha de fantasia. Só dispôs de um palco para fazê-lo porque era associado pela população ao empresário de sucesso que representava na TV, papel que por sua vez só lhe foi possível porque os russos o resgataram financeiramente. A ficção se apoiava numa ficção que se apoiava em outra ficção.[11]

Do ponto de vista russo, Trump era um fracassado que foi resgatado e um ativo a ser usado para causar estragos na realidade norte-americana. A relação foi ensaiada no concurso de Miss Universo de 2013 em Moscou, onde Trump fez de tudo para agradar

Pútin, na esperança de que o presidente russo viesse a ser seu "melhor amigo". Os parceiros russos de Trump sabiam de sua necessidade de dinheiro; pagaram-lhe 20 milhões de dólares, apesar de terem eles mesmos organizado o concurso. Permitiram-lhe, assim, desempenhar seu papel de americano endinheirado e poderoso. Num vídeo musical filmado para a ocasião, deixaram Trump dizer "Você está demitido!" a um jovem pop star de sucesso, o filho do homem que de fato mandava no concurso. Deixar Trump ganhar significava tê-lo completamente nas mãos.[12]

Trump, o vitorioso, era uma ficção destinada a fazer o seu país sair perdendo.

A polícia secreta soviética — conhecida sucessivamente ao longo do tempo como Tcheká, GPU, NKVD, KGB e, na Rússia, FSB — notabilizou-se por um tipo de operação especial chamado de "medidas ativas". A inteligência diz respeito sobre ver e compreender. Já a contrainteligência trata de tornar isso difícil para os outros. As medidas ativas, como a operação em nome do personagem fictício "Donald Trump, empresário de sucesso", têm por objetivo induzir o inimigo a colocar suas próprias forças contra suas próprias fraquezas. Os Estados Unidos foram esmagados pela Rússia na ciberguerra de 2016 porque as relações entre tecnologia e vida tinham mudado num sentido que conferia vantagem aos praticantes russos das medidas ativas.[13]

A Guerra Fria, por volta dos anos 1970 e 1980, era uma competição tecnológica pelo consumo visível de produtos atraentes no mundo real. Países da América do Norte e da Europa Ocidental tinham na época uma vantagem inequívoca, e em 1991 a União Soviética entrou em colapso. Quando uma internet sem regulamentação penetrou na maioria das casas norte-americanas (mas não nas russas) nas décadas de 2000 e 2010, as relações entre tecnologia e vida mudaram — assim como o equilíbrio de poder. Em 2016, o norte-americano médio passava mais de dez horas por dia diante de uma tela, a maior parte desse tempo com dispositivos conectados à internet. Em "Os homens ocos", T. S. Eliot escreveu que "Entre a ideia/ E a realidade/ Entre o movimento/ E a ação/ Cai a sombra". A sombra nos Estados Unidos dos anos 2010 era a internet, dividindo as pessoas quanto ao que elas achavam que estavam fazendo. Em 2016, a tecnologia já não fazia a sociedade norte-americana parecer melhor para o mundo exterior. Em vez disso, a tecnologia oferecia uma oportunidade de livre acesso a essa sociedade, assim como à mente de seus cidadãos.[14]

Em *1984*, de George Orwell, o herói é informado do seguinte: "Você ficará oco. Vamos espremê-lo até deixá-lo oco, e depois preenchê-lo com nós mesmos". Em 2010, a competição não era sobre objetos físicos que pudessem ser consumidos, como durante a Guerra Fria, mas sobre estados psicológicos que pudessem ser gerados na mente dos indivíduos. A economia russa não precisava produzir nada que tivesse valor material, e não o fazia. Os políticos russos só tinham que usar tecnologias criadas por outros para alterar estados mentais, e o fizeram. Uma vez que a competição passou a ser sobre a manipulação invisível de personalidades, não é de surpreender que a Rússia vencesse.

A Rússia sob Pútin declarou guerra não por uma causa, mas porque os termos lhe eram favoráveis. Ilin e outros nacionalistas depois dele tinham definido o Ocidente como ameaça espiritual, cuja simples existência gerava fatos que podiam ser prejudiciais ou desnorteantes para os russos. Por essa lógica, a ciberguerra preventiva contra a Europa e os Estados Unidos estava justificada assim que fosse tecnicamente viável. Em 2016, a ciberguerra russa vinha sendo travada fazia quase uma década, apesar de amplamente ignorada nas discussões dentro dos Estados Unidos. Um parlamentar russo afirmou que os serviços secretos americanos "dormiram o tempo todo" enquanto a Rússia escolhia o presidente norte-americano, e havia justiça nessas palavras.[15]

Kisselióv afirmou que a guerra de informações era o tipo de guerra mais importante. Do lado oposto, a presidente do Partido Democrata escreveu referindo-se a "uma guerra, claramente, mas travada numa espécie diferente de campo de batalha". O termo foi usado para ser entendido de forma literal. Carl von Clausewitz, o mais famoso estudioso da guerra, definiu-a como "um ato de força para obrigar nosso inimigo a fazer a nossa vontade". E se, como a doutrina militar russa dos anos 2010 postulava, a tecnologia tivesse tornado possível combater de forma direta a vontade do inimigo, sem o recurso da violência? Deveria ser possível, conforme propunha um documento de planejamento militar russo de 2013, mobilizar o "potencial de protesto da população" contra seus próprios interesses — ou, como especificou o Clube Izborsk em 2014, gerar nos Estados Unidos uma "reflexão paranoica destrutiva".* São descrições concisas e precisas da candidatura de Trump. O personagem fictício venceu, graças a votos destinados a protestar contra o sistema e a eleitores que acreditavam em fantasias paranoicas que simplesmente não eram verdadeiras.[16]

Durante a campanha presidencial de 2014 na Ucrânia, a Rússia hackeou o servidor da Comissão Central Eleitoral da Ucrânia. Funcionários ucranianos perceberam o ataque no último mo-

---

* Os governantes russos viam a revolução na Ucrânia nos seguintes termos: se os ucranianos não querem o domínio russo, então alguém mais deve estar movendo uma guerra de informações contra a Rússia, e esse alguém só podia ser os Estados Unidos. Daí a falta de comunicação entre um Krêmlin obcecado pela Ucrânia e uma Casa Branca que mal se dava conta disso: quanto mais demorados os silêncios dos norte-americanos, mais os russos supunham que o inimigo estivesse trabalhando em segredo. Foi por isso que a Rússia travou a guerra contra o Exército ucraniano como uma ciberguerra e uma guerra de informações contra a União Europeia e os Estados Unidos.

mento. Em outras esferas, os ucranianos não tiveram a mesma sorte. A possibilidade mais aterradora da ciberguerra é aquilo que os profissionais chamam "de ciber-para-físico": uma ação tomada no teclado para mudar códigos de computador com consequências no mundo tridimensional. Hackers russos tentaram fazer isso na Ucrânia várias vezes, por exemplo derrubando parte da rede elétrica nacional. Nos Estados Unidos, em 2016, essas duas formas de ataque se juntaram: um ataque a uma eleição presidencial, mas dessa vez de ciber-para-físico. O objetivo da ciberguerra russa era conduzir Trump ao Salão Oval através de procedimentos que parecessem normais. Trump não precisava compreender isso, assim como a rede elétrica não precisa saber que foi desligada. O que importa é que as luzes apagaram.[17]

A guerra da Rússia contra a Ucrânia sempre foi um elemento de uma estratégia política maior de destruir a União Europeia e os Estados Unidos. Seus governantes não faziam segredo disso; soldados e voluntários russos julgavam estar envolvidos numa guerra mundial contra os Estados Unidos — e em certo sentido estavam. No primeiro semestre de 2014, quando forças especiais russas se infiltraram no sudeste da Ucrânia, alguns soldados claramente pensavam em derrotar os Estados Unidos. Um deles contou a um repórter seu sonho de que "o T-50 [um caça russo que radares não detectam] voaria sobre Washington". Visões semelhantes impregnavam a imaginação de cidadãos ucranianos que lutavam do lado russo: um deles alimentava a fantasia de pendurar bandeiras vermelhas no topo da Casa Branca e do Capitólio. Em julho de 2014, quando a Rússia começou sua segunda grande intervenção militar na Ucrânia, o comandante Vladímir Antiuféiev juntou a Ucrânia e os Estados Unidos no mesmo pacote como países "em desintegração" e previu que a "construção demoníaca" norte-americana seria destruída. Em agosto de 2014, Aleksandr Borodai (e muitos outros) passou adiante nas redes sociais uma piada sobre a Rússia intervindo nos Estados Unidos, que incluía uma caracterização racista do presidente norte-americano. Nessa mesma época, operadores russos já estavam em ação nos Estados Unidos, se preparando para a intervenção que fariam. Em setembro de 2014, Serguei Glaziev escreveu que a "elite norte-americana" precisava ser "eliminada" para que a guerra na Ucrânia pudesse ser vencida. Em dezembro de 2014, o Clube Izborsk publicou uma série de artigos sobre uma nova guerra fria contra os Estados Unidos, a ser travada como guerra de informações, prevendo "encher as informações de desinformação". O objetivo era "a destruição de alguns dos importantes pilares da sociedade ocidental".[18]

O FSB e a inteligência militar russa (GRU), ambos ativos na Ucrânia, também tomariam parte na ciberguerra contra os Estados Unidos. O centro de ciberguerra russa conhecido como Agência de Pesquisa de Internet manipulou a opinião pública europeia e norte-americana sobre a guerra da Rússia na Ucrânia. Em junho de 2015, quando Trump anunciou sua candidatura, a agência foi ampliada para incluir um Departamento Norte-Americano. Cerca de noventa novos empregados foram trabalhar no seu escritório em São Petersburgo, enquanto outros foram enviados em missão aos Estados Unidos. Foram mobilizadas também centenas de militantes políticos norte-americanos que não sabiam para quem estavam trabalhando. A Agência de Pesquisa de Internet trabalhava junto com os serviços secretos russos para colocar Trump no Salão Oval.[19]

Estava claro em 2016 que essas possibilidades animavam os russos. Em fevereiro daquele ano, Andrei Krutskikh, conselheiro de ciberguerra de Pútin, vangloriou-se: "Daqui a pouco teremos uma coisa na arena das informações que nos permitirá falar com os norte-americanos de igual para igual". Em maio, um oficial do GRU gabou-se de que sua organização ia vingar-se de Hillary

Clinton em nome de Vladímir Pútin. Em outubro, um mês antes das eleições, o Pervi Kanal publicou uma longa e interessante reflexão sobre o colapso iminente dos Estados Unidos. Em junho de 2017, depois da vitória da Rússia, Pútin forneceu sua própria versão, argumentando que nunca tinha negado que voluntários russos haviam entrado numa ciberguerra contra os Estados Unidos. Era exatamente a mesma formulação usada para descrever a invasão russa da Ucrânia: a ação de voluntários nunca foi negada. Com uma piscadela, a Rússia admitia que havia derrotado os Estados Unidos numa ciberguerra. Em julho de 2018, Pútin confirmou o óbvio: "Sim, eu queria que ele vencesse".[20]

O excepcionalismo norte-americano revelou-se uma enorme vulnerabilidade para os Estados Unidos. A ofensiva terrestre russa na Ucrânia mostrou-se mais difícil do que a concomitante ciberguerra contra europeus e norte-americanos. Mesmo enquanto a Ucrânia se defendia, articulistas da Europa Ocidental e dos Estados Unidos transmitiam propaganda russa. Ao contrário dos ucranianos, os norte-americanos não estavam acostumados à ideia de que a internet pudesse ser usada contra eles. Em 2016, alguns começaram a perceber que tinham sido enganados sobre a Ucrânia pela propaganda russa. Mas poucos notaram que o ataque seguinte já estava em curso, ou previram que seu próprio país perderia o controle sobre a realidade.[21]

Numa ciberguerra, uma "superfície de ataque" é o conjunto de pontos num programa de computador que permite o acesso dos hackers. Se o alvo de uma ciberguerra não for um programa de computador, mas uma sociedade, então a superfície de ataque é mais ampla: um software que permite a quem ataca o contato com a mente dos inimigos. Para a Rússia, em 2015 e 2016, a superfície de ataque nos Estados Unidos era a totalidade do Facebook, do Instagram, do Twitter, do YouTube, do Reddit, do 9GAG e do Google.[22]

Com toda probabilidade, a maioria dos eleitores norte-americanos foi exposta à propaganda russa. É revelador o fato de o Facebook encerrar 5,8 *milhões* de contas falsas pouco antes das eleições de novembro de 2016. Elas tinham sido usadas para difundir mensagens políticas. Em 2016, cerca de 1 *milhão* de sites no Facebook usavam uma ferramenta que lhes permitia gerar artificialmente dezenas de milhões de "curtidas", forçando com isso a entrada de certos itens, quase sempre ficções, no *feed* de notícias de norte-americanos que de nada suspeitavam. Uma das intervenções russas mais óbvias foram os 470 sites de Facebook da Agência de Pesquisa de Internet da Rússia, que se fazia passar por organizações ou movimentos políticos norte-americanos. Seis sites tinham cada um 340 milhões de compartilhamentos de conteúdo no Facebook, sugerindo que juntos foram compartilhados bilhões de vezes. Dos 137 milhões de norte-americanos que votaram, 126 milhões foram expostos a conteúdo de origem russa no Facebook. A campanha russa incluía também 129 páginas de eventos, que alcançavam pelo menos 336 300 pessoas. Funcionários russos trabalhando diante de seus teclados em São Petersburgo induziram cidadãos norte-americanos a participar de pelo menos uma dezena de eventos públicos, todos envolvendo temas sensíveis. Pouco antes da eleição, a Rússia colocou 3 mil anúncios no Facebook e os promoveu como memes em pelo menos 180 contas do Instagram. Esses anúncios foram vistos por 5,8 milhões de norte-americanos antes da eleição. A Rússia podia fazer isso sem incluir nenhuma declaração sobre quem estava pagando pelos anúncios, deixando os norte-americanos com a impressão de que propaganda estrangeira era uma discussão interna que ocorria no país. Quando pesquisadores começaram a calcular o tamanho dessa exposição à propaganda russa, o Facebook apagou mais dados. Isso sugere que a campanha russa foi constrangedoramente eficaz. Mais tarde, a empresa informou aos investidores que 60 *milhões* de contas eram falsas.[23]

Como tinham hackeado o Comitê de Campanha Congressional Democrata, os russos tiveram acesso a estimativas de comparecimento de eleitores do partido em diferentes distritos — dados que compartilharam com um ativista republicano. Em geral, os norte-americanos não eram expostos à propaganda russa de forma aleatória, mas de acordo com suas próprias suscetibilidades, reveladas por suas práticas na internet. As pessoas confiam no que parece correto, e a confiança permite a manipulação. Por exemplo, as pessoas são levadas a sentir uma indignação mais intensa sobre o que já temem ou odeiam. O tema do terrorismo muçulmano, que a Rússia tinha explorado na França e na Alemanha, também foi inserido nos Estados Unidos. Em estados de extrema importância para o resultado das eleições, como Michigan e Wisconsin, os anúncios da Rússia eram dirigidos a pessoas que poderiam ser induzidas a votar sob influência de mensagens antimuçulmanas. Nos país inteiro, provavelmente os eleitores de Trump foram expostos a mensagens pró-Clinton em sites que pareciam ser de muçulmanos norte-americanos. Como no caso Lisa F. na Alemanha, a propaganda russa a favor de Trump associava refugiados a estupradores. Trump tinha feito o mesmo ao anunciar sua candidatura.[24]

A ofensiva russa explorou a capacidade do Twitter para a retransmissão em massa. Mesmo em tempos normais, sobre assuntos de rotina, talvez 10% das contas do Twitter (numa estimativa conservadora) são robôs, e não seres humanos: ou seja, programas de computador de maior ou menor sofisticação, destinados a difundir certas mensagens para determinadas plateias. Embora menos numerosos do que os seres humanos no Twitter, os robôs são mais eficientes para mandar mensagens. Nas semanas anteriores à eleição, robôs foram responsáveis por cerca de 20% das conversas sobre política nos Estados Unidos. Entre outras coisas, os robôs russos retuitavam conteúdo da conta de Donald Trump. Um importante estudo acadêmico, publicado no dia anterior à votação, advertiu que robôs poderiam "pôr em risco a integridade da eleição presidencial". Três grandes problemas foram citados: "primeiro, a influência pode ser redistribuída por contas suspeitas que talvez sejam operadas com propósitos maliciosos; segundo, o diálogo político pode ficar ainda mais polarizado; terceiro, a difusão de informações equivocadas e não checadas pode intensificar-se". Mais tarde, quando o estrago já estava feito, os administradores da plataforma descobriram 50 mil robôs russos ativos em sua rede. Depois da eleição, o Twitter localizou 3814 contas vinculadas à Agência de Pesquisa de Internet russa e revelou que esse conteúdo chegou a 1,4 milhão de norte-americanos. Cerca de 3 *milhões* de tuítes hostis vindos da Rússia foram posteriormente acessados e registrados. Quando começou a procurar com mais atenção, o Twitter passou a identificar cerca de 1 milhão de contas suspeitas *por dia*.[25]

Os robôs eram usados originalmente para fins comerciais. O Twitter tem uma capacidade impressionante de influenciar o comportamento humano oferecendo oportunidades que parecem mais atrativas economicamente ou mais fáceis do que as alternativas disponíveis. A Rússia tirou proveito disso. As contas russas do Twitter diminuíram o comparecimento às urnas, incentivando os norte-americanos a votar por mensagem de texto, o que é impossível. A prática foi tão avassaladora que o Twitter, que sempre reluta muito em intervir nas discussões em sua plataforma, enfim foi obrigado a reconhecer sua existência em um comunicado. Anúncios dirigidos a afro-americanos, pagos pela Rússia e veiculados no Facebook, diziam: "Evite a fila. Vote de casa". Trolls de internet russos se passando por ativistas negros no Tumblr retrataram Clinton como racista — e suas palavras chegaram a centenas de milhares de pessoas. Parece possível que a Rússia, também digitalmente, tenha estimulado a abstenção de outra maneira: tornando a votação impossível em lugares e horas cruciais. A Carolina do Norte, por exemplo, é um estado com uma maioria democrática muito pequena, com boa parte dos eleitores democratas concentrada nas áreas urbanas. No dia da eleição, o mecanismo de votação nas cidades maiores deixou de funcionar, reduzindo com isso o número de votos registrados. A empresa que produziu as máquinas tinha sido hackeada pela inteligência militar russa. A Rússia também varreu os websites eleitorais de pelo menos 39 estados americanos, talvez à procura de vulnerabilidades, talvez em busca de dados sobre eleitores para influenciar campanhas. De acordo com o Departamento de Segurança Interna, a "inteligência russa obteve, e manteve, acesso a elementos de múltiplos estados dos Estados Unidos ou comitês eleitorais locais".[26]

Depois de usar robôs no Twitter para incentivar o voto pela saída no referendo Brexit, a Rússia os colocou em ação nos Estados Unidos. Em centenas de casos (pelo menos), os mesmos robôs que trabalharam contra a União Europeia atacaram Hillary Clinton. A maioria do tráfego de robôs estrangeiros era publicidade negativa sobre ela. Quando Clinton adoeceu, em 11 de setembro de 2016, robôs russos amplificaram imensamente a escala da doença, criando um assunto do momento no Twitter com a hashtag #HillaryDown. *Trolls* e robôs russos elogiavam Donald Trump e a Convenção Nacional Republicana no Twitter. Quando Trump teve que participar de um debate com Clinton, um momento em que se viu em dificuldade, *trolls* e robôs russos dispararam afirmações de que ele tinha vencido, ou de que o debate fora de alguma forma fraudado contra o candidato. Em estados decisivos onde Trump venceu, a atividade dos robôs intensificou-

-se nos dias anteriores à eleição. No próprio dia da eleição, robôs disparavam com a hashtag #WarAgainstDemocrats. Depois da vitória de Trump, pelo menos 1600 dos mesmos robôs que vinham trabalhando a favor dele foram atuar contra Macron e a favor de Le Pen na França, e contra Merkel e pelo AfD na Alemanha. Mesmo nesse nível mais elementar, a guerra contra os Estados Unidos era também contra a União Europeia.[27]

Nos Estados Unidos em 2016, a Rússia também invadiu contas de e-mail e depois usou intermediários no Facebook e no Twitter para distribuir materiais considerados úteis. O golpe começou quando pessoas recebiam mensagens de e-mail pedindo que digitassem suas senhas num website vinculado. Hackers então usavam credenciais de segurança para acessar as contas de e-mail e roubar seu conteúdo. Em seguida, alguém que conhecia bem o sistema político norte-americano escolhia quando e quais trechos desse material que o público veria. No dia da eleição, os russos já haviam publicado mais de 150 mil e-mails, nos momentos e contextos mais adequados, para difamar Hillary Clinton e promover Donald Trump.[28]

Durante o ano da eleição presidencial, cada um dos grandes partidos políticos norte-americanos tem em sua convenção nacional a chance de coreografar a escolha e a apresentação do seu candidato. A Rússia negou essa oportunidade ao Partido Democrata em 2016. Em 15 de março, depois de Trump vencer cinco primárias, o oficial do GRU Ivan Iermakov já trabalhava para invadir a rede de computadores do Comitê Nacional Democrata. Em março e abril, os russos hackearam as contas de integrantes do Comitê e da campanha de Clinton (e tentou hackear pessoalmente Hillary Clinton). Em 22 de julho, cerca de 22 mil e-mails foram revelados, às vésperas de Convenção Nacional Democrata. Os e-mails divulgados para o público foram cuidadosamente selecionados com o intuito de causar um conflito entre partidários de Clinton e de Bernie Sanders, o rival dela na disputa pela candidatura. A divulgação criou uma divisão justamente quando se esperava que a campanha se consolidasse.[29]

Essa invasão era um elemento da ciberguerra russa. A campanha de Trump, porém, apoiava os esforços da Rússia. Em 17 de junho, Trump pediu publicamente que Moscou descobrisse e divulgasse mais e-mails de Hillary Clinton. Nesse mesmo dia, membros do GRU mandaram e-mails com links maliciosos para pessoas próximas do gabinete de Clinton, sem dúvida com o objetivo de atender ao pedido de Trump. Donald Trump Jr., filho do candidato, comunicava-se pessoalmente com o WikiLeaks, o *proxy* que tornara possível parte dos estoques de e-mails. O WikiLeaks pediu a Trump Jr. que convencesse o pai a publicar um vazamento — "Oi, Donald, legal ver seu pai falar sobre nossas publicações. Sugiro enfaticamente que seu pai tuíte este link, se ele nos citar" — o que Trump pai de fato fez, quinze minutos depois. Em 31 de outubro e 4 de novembro, Donald Trump incentivou seus seguidores no Twitter a acompanhar os vazamentos de e-mails feitos pelos russos. Com seus milhões de seguidores, Trump foi um dos mais importantes canais de distribuição da operação russa de hackeamento, protegendo-a de questionamentos e negando reiteradamente que a Rússia estivesse intervindo na campanha.[30]

Os e-mails vazados vinham em seu socorro quando Trump enfrentava dificuldades. Em 7 de outubro, Trump parecia em apuros por causa de uma gravação revelando sua opinião de que homens poderosos deveriam atacar sexualmente as mulheres. Trinta minutos depois que a gravação foi divulgada, a Rússia liberou e-mails do coordenador da campanha de Clinton, John Podesta, impedindo com isso uma discussão séria sobre a história do comportamento sexual predatório de Trump. *Trolls* e robôs russos então entraram em ação, banalizando a defesa feita por

Trump da agressão sexual e conduzindo usuários do Twitter para o vazamento. Em seguida, *trolls* e robôs russos ajudaram a construir com os e-mails de Podesta duas histórias fictícias — uma sobre uma rede de pedófilos numa pizzaria e outra sobre práticas satânicas. Isso servia para distrair os partidários de Trump da sua confissão sobre comportamento sexual predatório e ajudava-os a pensar e falar sobre outros assuntos. Cerca de um terço dos norte-americanos adultos preferiram acreditar na versão ficcional russa a respeito de um de seus políticos. Aproveitando-se da brecha proporcionada pela ação dos russos, Trump tentou comprar o silêncio de mulheres com quem tivera envolvimento ou a quem pagara para fazer sexo, presumivelmente para impedir mais revelações. Michael Cohen, advogado e braço direito de Trump, mais tarde se declarou culpado do crime federal de fraude financeira em campanha eleitoral. Instruído por Trump, ele fez os pagamentos a essas mulheres para ajudar sua campanha presidencial.[31]

Tal como na Polônia em 2015, aconteceu nos Estados Unidos em 2016: ninguém pensava nas implicações totalitárias da divulgação pública seletiva de comunicações pessoais. O totalitarismo borra os limites entre o privado e o público, de modo que nos pareça normal sermos transparentes com o poder o tempo todo. As informações divulgadas pela Rússia diziam respeito a pessoas de carne e osso que desempenhavam funções importantes no processo democrático norte-americano; sua divulgação para o público afetou-lhes o estado psicológico e a capacidade política durante uma eleição. Fazia diferença o fato de que as pessoas que tentavam realizar a Convenção Nacional Democrata terem recebido ameaças de morte através de números de celulares divulgados pelos russos. Uma vez que os comitês congressionais democratas perderam o controle sobre dados pessoais, candidatos democratas ao Congresso passaram a ser assediados durante a disputa eleitoral. Depois de terem seus dados pessoais divulgados, cidadãos norte-americanos que doaram dinheiro para o Partido Democrata também ficaram expostos a constrangimentos e ameaças. Tudo isso fez diferença nos mais altos níveis da política, pois afetou um dos dois grandes partidos, e não o outro. Mais fundamentalmente, foi uma amostra do que é o totalitarismo moderno: ninguém mais atua na política sem ter medo, pois qualquer coisa feita agora pode vir a ser revelada depois, com consequências pessoais.[32]

Os cidadãos, claro, desempenham a sua parte na criação de uma atmosfera totalitária. Aqueles que decidiram ligar e ameaçar eram a vanguarda do totalitarismo norte-americano. No entanto, a tentação era mais ampla e profunda. Os cidadãos são criaturas curiosas: certamente o que está oculto é mais interessante, e a emoção de ter aquilo revelado é uma liberação. Quando tudo isso fica estabelecido, a discussão muda do que é público e conhecido para o que é secreto e desconhecido. Em vez de tentar entender o que está à nossa volta, o que mais nos interessa é a próxima revelação. Funcionários públicos, com seus inegáveis defeitos e falhas, tornam-se personalidades que julgamos ter o direito de conhecer por completo. Mas quando a diferença entre público e privado desaparece, a democracia é submetida a uma pressão insustentável. Nessa situação, só é capaz de sobreviver um político sem pudor, que não possa ser desmascarado. Uma obra de ficção, como "Donad Trump, empresário de sucesso", não pode sofrer constrangimento porque não tem nenhum senso de responsabilidade com o mundo real. Uma obra de ficção reage à revelação pedindo mais. Como candidato, foi o que Trump fez, recorrendo a Moscou para continuar investigando e expondo.

Se só é considerado informação aquilo que é revelado por hackers estrangeiros, os cidadãos ficam em dívida com uma potência hostil. Em 2016, os norte-americanos se tornaram dependentes da Rússia, sem perceber que isso acontecia. A maioria dos cidadãos dos Estados Unidos seguiu a orientação de Vladímir Pútin sobre ler e-mails hackeados: "Será que importa mesmo saber quem fez isso?", perguntou ele. "O que está dentro da informação — isso é que tem importância." Mas o que dizer das boas fontes disponíveis para todos, das quais as pessoas são desviadas pela adrenalina da revelação? E o que dizer de todos os outros segredos não revelados, porque a potência em questão preferiu não fazê-lo? O drama da revelação de uma coisa nos faz esquecer que outras continuam ocultas. Nem os russos, nem seus intermediários divulgaram informações sobre os republicanos ou sobre a campanha de Trump ou, já que é essa a questão, sobre eles próprios. Nenhuma das pessoas que se diziam interessadas em descobrir a verdade e divulgavam e-mails pela internet teve nada a dizer sobre as relações da campanha de Trump com a Rússia.[33]

Era uma omissão eloquente, uma vez que nenhuma campanha presidencial norte-americana jamais esteve tão estreitamente ligada a uma potência estrangeira. As conexões eram claríssimas nas fontes disponíveis para qualquer um. Um dos êxitos da ciberguerra da Rússia foi que o poder de sedução do secreto e do trivial afastou os norte-americanos do mais óbvio e do mais importante: a soberania dos Estados Unidos estava sob visível ataque.

As fontes disponíveis para qualquer um revelavam extraordinárias interações entre os assessores de Trump e a Federação Russa. Não era segredo para ninguém que Paul Manafort, que entrou na campanha de Trump em março de 2016 e a comandou de junho a agosto, tinha longas e profundas conexões com o Leste Europeu. Como coordenador da campanha de Trump, Manafort não recebia salário do homem que se dizia bilionário, o que era bastante inusitado. Talvez fosse simplesmente espírito público da sua parte. Ou talvez esperasse que o verdadeiro pagamento viesse de outras bandas.[34]

Entre 2006 e 2009, Manafort tinha trabalhado para o oligarca russo Oleg Deripaska, com o objetivo de tornar os Estados Unidos mais maleáveis à influência política russa. Manafort prometeu ao Krêmlin "um modelo que pode beneficiar muito o governo Pútin", serviço pelo qual Deripaska teria lhe pagado 26 milhões de dólares. Depois de um projeto de investimento em conjunto, Manafort ficou devendo cerca de 18,9 milhões de dólares a Deripaska. Em 2016, quando Manafort trabalhava como coordenador da campanha de Trump, parece que essa dívida era motivo de preocupação para ele, escreveu a Deripaska, oferecendo "briefings privados" sobre a campanha. Sua influência foi usada para tentar obter o perdão de Deripaska, na esperança de voltar a "ficar bem". Curiosamente, Marc Kasowitz, advogado de Trump, também representava Deripaska.[35]

Além desse histórico de trabalhar para a Rússia para enfraquecer os Estados Unidos, Manafort tinha experiência em eleger a presidente candidatos da preferência dos russos. Em 2005, Deripaska recomentou Manafort ao oligarca ucraniano Rinat Akhmetov, que apoiava Viktor Yanukóvytch. Como agente na Ucrânia entre 2005 e 2015, Manafort usou a mesma "estratégia sulista" que os republicanos tinham desenvolvido nos Estados Unidos nos anos 1980: dizer a uma parte da população que sua identidade corre perigo e depois tentar fazer de cada eleição um referendo sobre cultura. Nos Estados Unidos, o público-alvo eram os brancos sulistas; na Ucrânia, eram os falantes de russo — o apelo, porém, era o mesmo. Manafort conseguiu eleger Viktor Yanukóvytch na Ucrânia em 2010, apesar de as consequências disso terem sido revolução e invasão russa.[36]

Depois de levar táticas norte-americanas para o Leste Europeu, Manafort levou também táticas europeias para os Estados Unidos. Como coordenador da campanha de Trump, supervisionou a importação da ficção política ao estilo russo. Foi durante a gestão de Manafort que Trump disse a uma plateia de telespectadores que a Rússia jamais invadiria a Ucrânia — dois anos depois de isso ter acontecido. Foi também sob o comando de Manafort que Trump pediu publicamente à Rússia que descobrisse e divulgasse e-mails de Clinton. Manafort teve que abrir mão do posto de coordenador da campanha de Trump depois da revelação de que havia recebido 12,7 milhões de dólares por fora, em espécie, de Yanukóvytch. Até o fim, Manafort mostrou o toque de um verdadeiro tecnólogo político russo, não tanto negando os fatos, mas mudando de assunto para falar numa ficção espetacular. No dia em que a notícia dos pagamentos em dinheiro vivo foi divulgada, 14 de agosto de 2016, Manafort ajudou a Rússia a espalhar uma história inteiramente fictícia sobre um ataque de terroristas muçulmanos a uma base da Otan na Turquia. Em 2018, Manafort foi condenado por oito acusações de crimes em âmbito federal e se declarou culpado de mais dois — conspiração e obstrução de justiça — em um acordo de redução de pena firmado com procuradores federais.[37]

Manafort foi substituído, como coordenador de campanha, pelo ideólogo e cineasta de direita Steve Bannon, cujas qualificações para o cargo consistiam em ter levado para o centro do debate público norte-americano os defensores da supremacia branca. Como diretor do site Breitbart News Network, Bannon os tornou nomes familiares para o público nacional. Todos os racistas de maior destaque do país, sem exceção, admiravam Trump e Pútin. Matthew Heimbach, defensor da invasão russa da Ucrânia, falava de Pútin como o "líder das forças antiglobalistas no mundo inteiro", e da Rússia como "o aliado mais poderoso" da supremacia branca e um "eixo de nacionalistas". Heimbach era tão entusiasmado por Trump que retirou fisicamente um manifestante de um comício em Louisville em março de 2016 — defendendo-se mais tarde durante o julgamento com a alegação de que estava cumprindo instruções do então candidato presidencial. Bannon dizia-se um nacionalista econômico, portanto defensor do povo. Mas devia sua carreira, e seu veículo de comunicação, a um clã oligárquico norte-americano, os Mercer; além disso dirigia uma campanha para levar outro clã oligárquico, os Trump, para o Salão Oval — em cooperação com um homem que tinha ajudado a abrir os Estados Unidos a ilimitadas contribuições de campanha num pleito judicial patrocinado por um terceiro clã oligárquico, os Koch.[38]

Bannon estava na vanguarda das estratégias da oligarquia digital: o uso do dinheiro de homens bilionários para manipular leitores pela internet. Graças à riqueza de Robert Mercer, Bannon conseguiu fazer seus primeiros experimentos de manipulação em massa. Estava em contato com os russos desde 2014 e conduziu um teste de receptividade de material relacionado a Vladímir Pútin junto ao público norte-americano. Em 2016, a empresa de Mercer e Bannon roubou dados de 50 milhões de cidadãos norte-americanos via Facebook e usou as informações para criar ferramentas para incentivar alguns e desestimular outros a votar. Um de seus maiores objetivos era diminuir o comparecimento dos afro-americanos às urnas.[39]

A ideologia de extrema direita de Bannon lubrificava a oligarquia norte-americana, o mesmo efeito causado por ideias similares na Federação Russa. Bannon era uma versão bem menos sofisticada e erudita de Vladislav Surkov. Era intelectualmente mal equipado e fácil de derrubar. Ao entrar no jogo dos russos estando num nível abaixo deles, garantia a vitória da Rússia. Da mesma forma que ideólogos russos rejeitam a factualidade como tecnologia inimiga, Bannon falava dos jornalistas como "o partido de oposição". Não que negasse a veracidade de afirmações contra a campanha de Trump. Não negou, por exemplo, que Donald Trump fosse um predador sexual. Em vez disso, caracterizava os repórteres que transmitiam os fatos relevantes como inimigos do país.[40]

Os filmes de Bannon eram simplistas e desinteressantes em comparação com a literatura de Surkov ou a filosofia de Ilin, mas a ideia era a mesma: uma política da eternidade na qual uma nação inocente vive sob ataques constantes. Como seus equivalentes russos de maior nível, Bannon reabilitou fascistas esquecidos — no caso, Julius Evola. Como Surkov, visava à confusão e à obscuridade, ainda que suas referências fossem um pouco mais comuns: "Escuridão é coisa boa. Dick Cheney. Darth Vader. Satanás. Isso é poder". Bannon acreditava que "Pútin defende as instituições tradicionais". Na verdade, a ostensiva defesa da Rússia das tradições era um ataque aos países soberanos da Europa e à soberania dos Estados Unidos da América. A campanha presidencial coordenada por Bannon foi um ataque russo à soberania norte-americana. Bannon deu-se conta disso mais tarde: quando soube de uma reunião entre os principais membros da campanha de Trump e russos na Trump Tower, em junho de 2016, qualificou-a como "traiçoeira" e "impatriótica". Em última análise, porém, Bannon concordava com Pútin que o governo federal dos Estados Unidos (e a União Europeia, em suas palavras "um protetorado enaltecido") deveria ser destruído.[41]

Durante toda a campanha, pouco importando quem estivesse oficialmente no comando, fosse Manafort ou Bannon, Trump sempre podia contar com seu genro, o incorporador imobiliário Jared Kushner. Ao contrário de Manafort, que tinha um histórico, e de Bannon, que tinha uma ideologia, Kushner estava ligado à Rússia simplesmente pelo dinheiro e pela ambição. É mais fácil rastrear essas conexões observando seus silêncios. Kushner não mencionou, depois da vitória eleitoral do sogro, que sua empresa Cadre tinha pesados investimentos de um russo cujas companhias canalizaram 1 bilhão de dólares para o Facebook e 191 milhões de dólares para o Twitter em nome do Estado nacional da Federação Russa. Era digno de atenção também que o Deutsche Bank — que havia lavado bilhões para oligarcas russos e que era o único banco ainda disposto a emprestar dinheiro para seu sogro — oferecesse a Kushner um empréstimo de 285 milhões de dólares poucas semanas antes da eleição presidencial.[42]

Depois que seu sogro foi eleito presidente, e que uma ampla variedade de responsabilidades lhe foram atribuídas na Casa Branca, Kushner precisou pedir autorização oficial para ter acesso a informações secretas. Em seu pedido, ele não fez nenhuma menção a contatos com altos funcionários russos. Na verdade, havia participado de uma reunião em junho de 2016 na Trump Tower, juntamente com Manafort e Donald Trump Jr., na qual Moscou ofereceu documentos para a campanha como parte do "apoio da Rússia e do governo russo a Trump" (nas palavras do intermediário). A porta-voz russa na reunião, Natália Vesselnitskaia, trabalhou como advogada para Aras Agalarov, o homem que levara Trump a Moscou em 2013. Também presente à reunião na Trump Tower estava Ike Kaveladze, um vice-presidente da empresa de Agalarov cujo negócio próprio envolvia o estabelecimento de milhares de empresas anônimas nos Estados Unidos. Quando a reunião de integrantes da campanha com russos se tornou de conhecimento público, Trump pai ditou para Trump filho um enganoso comunicado à imprensa, afirmando que o assunto da conversa foram adoções.[43]

Além de sua participação no encontro na Trump Tower com os russos, Kushner tinha falado várias vezes durante a campanha com o embaixador da Rússia, Serguei Kisliak. Numa dessas ocasiões ele entrou clandestinamente com Kisliak na Trump Tower por um elevador de carga — para discutir a criação de um canal de comunicação secreto entre Trump e Pútin.

Durante a campanha, Trump falou pouco de política externa,

limitando-se a repetir a promessa de "ter boas relações com Pútin" e palavras de elogio ao presidente russo. Trump fez o primeiro discurso sobre política externa em 27 de abril, quase um ano depois de anunciar sua candidatura. Manafort escolheu para escrever os discursos de Trump o ex-diplomata Richard Burt, que na época tinha um contrato com uma empresa de gás russa. Em outras palavras, um homem que devia dinheiro a um russo importante contratou um homem que trabalhava para a Rússia para escrever um discurso para o candidato preferido dos russos. A empresa de Burt recebera 365 mil dólares naquela mesma época para a promoção de interesses comerciais da Rússia. Além disso, Burt havia sido membro do conselho consultivo sênior do Alfa-Bank, cujos servidores de computador fizeram milhares de tentativas de estabelecer contato com computadores da Trump Tower.[44]

Assim que Trump escolheu seus conselheiros de política externa, eles imediatamente procuraram os russos ou seus intermediários para falar sobre como a Rússia poderia prejudicar Clinton e ajudar seu candidato. Poucos dias depois de saber que trabalharia para Trump como conselheiro de política externa, em março de 2016, George Papadopoulos começou a conversar com pessoas que se apresentavam como agentes do governo russo. Em 26 de abril, logo após a inteligência militar russa hackear as contas de e-mail de políticos e militantes democratas, Papadopoulos recebeu e-mails e "informações comprometedoras" sobre Hillary Clinton de um dos seus contatos russos. Tinha acabado de editar o primeiro discurso de Trump a respeito de política externa, sobre o qual conversou com seus conhecidos russos. Todos ficaram bem impressionados e lhe fizeram elogios. Pouco depois dessa conversa, Papadopoulos se reuniu com Trump e outros conselheiros.[45]

Num começo de noite em maio, quando bebia num bar em Londres, Papadopoulos disse a um diplomata australiano que a Rússia tinha "material comprometedor" sobre Clinton. A informação foi repassada ao FBI, que iniciou uma investigação sobre as conexões da campanha de Trump com a Rússia. De sua parte, Papadopoulos continuou as conversas com seus contatos, que o incentivavam a seguir adiante. "Estamos muito animados", escreveu-lhe um contato feminino, "com a possibilidade de uma boa relação com o sr. Trump." Preso pelo FBI, ele confessou ter mentido para as autoridades norte-americanas sobre essas interações.[46]

Um segundo conselheiro de Trump para política externa, Carter Page, tinha trabalhado brevemente para uma firma norte-americana cujo diretor se lembrava dele como pró-Pútin e "meio amalucado". Page então estabeleceu-se num prédio ligado à Trump Tower e teve encontros com espiões russos. Em 2013, forneceu a eles documentos sobre a indústria nacional de energia. Page tornou-se lobista das empresas de gás russas; quando trabalhava para a campanha de Trump, prometeu a seus clientes russos que a vitória do então candidato seria útil para os interesses deles. No momento em que foi nomeado conselheiro de Trump, era dono de ações da Gazprom.[47]

Page viajou à Rússia como representante da campanha de Trump em julho de 2016, pouco antes da Convenção Nacional Republicana, na qual ele seria indicado candidato republicano ao cargo de presidente dos Estados Unidos. Segundo seu próprio relato, Page falou com "membros importantes" da administração de Pútin, um dos quais "manifestou forte apoio ao sr. Trump". Page voltou para os Estados Unidos e alterou a plataforma eleitoral republicana para atender aos desejos de Moscou. Na Convenção Nacional Republicana, Page e outro conselheiro de Trump, J. D. Gordon, enfraqueceram substancialmente a parte da plataforma relativa à necessidade de uma resposta à invasão russa da Ucrânia. Page falou com o embaixador da Rússia na Convenção Nacional Republicana, e os dois voltaram a conversar logo depois.[48]

Um terceiro assessor de política externa era o general aposentado Michael Flynn. Apesar de ter sido o chefe da Agência de Inteligência de Defesa e estar sendo considerado para conselheiro de segurança nacional, Flynn recebeu dinheiro de forma ilegal de um governo estrangeiro sem informar que o fizera, enquanto tuitava freneticamente teorias da conspiração. Flynn espalhou a ideia de que Hillary Clinton patrocinava a pedofilia. Também se empolgou com a história, difundida com entusiasmo pela Rússia, de que líderes democratas participavam de rituais satânicos. Usou sua conta no Twitter para divulgar essa história e dessa maneira, como numerosos americanos adeptos de teorias da conspiração, acabou participando de medidas ativas russas tomadas contra os Estados Unidos.[49]

Na névoa de confusão mental que cercava Flynn, era fácil deixar passar suas peculiares conexões com a Rússia. Flynn teve permissão para ver o quartel-general da inteligência militar russa, que visitou em 2013. Quando convidado para um seminário sobre inteligência em Cambridge, em 2014, fez amizade com uma mulher russa, assinando e-mails para ela como "General Micha" — diminutivo russo equivalente a "Mike". No início do segundo semestre de 2015, trabalhou na promoção de um plano para construir usinas nucleares no Oriente Médio com cooperação russa, sem revelar depois que o fizera. Flynn aparecia como convidado na RT, onde dava a impressão de não conseguir acompanhar muito bem o raciocínio dos apresentadores. Em 2015, esteve em Moscou como convidado (recebendo por isso 33 750 dólares) para comemorar o décimo aniversário da fundação da RT. Sentou-se com Vladímir Pútin num banquete. Quando a mídia norte-americana começou a noticiar que a Rússia tinha hackeado os e-mails de militantes democratas, Flynn respondeu retuitando uma mensagem que sugeria que uma conspiração judaica estava por trás dessa alegação de responsabilidade russa. No *feed* do Twitter de Flynn seus seguidores leram: "Não é mais assim, judeus. Não é mais assim". Flynn seguiu em frente e retuitou nada menos que cinco contas falsas russas, encaminhou pelo menos dezesseis memes russos pela internet e compartilhou conteúdos russos com seus seguidores até a véspera da eleição.[50]

Em 29 de dezembro de 2016, semanas depois de Trump ganhar a eleição, mas antes da posse, Flynn falou com o embaixador russo e mentiu para outros, inclusive o FBI, sobre o que estava fazendo. Sua missão na época era assegurar que novas sanções impostas à Rússia — como reação à interferência na eleição presidencial — não fossem levadas a sério por Moscou. Como escreveu K. T. McFarland, assessor de Flynn: "Se houver uma escalada tipo olho por olho, dente por dente, Trump terá dificuldade para melhorar as relações com a Rússia, que acabou de lhe garantir a eleição nos Estados Unidos". Parece não ter havido muita dúvida entre os conselheiros de Trump de que ele devia sua vitória a Pútin. Depois do telefonema de Flynn para Kisliak, a Rússia anunciou que não reagiria às novas sanções.[51]

Barack Obama aconselhou pessoalmente Trump a não dar a Flynn um cargo de autoridade. Trump nomeou-o conselheiro de segurança nacional, talvez a posição mais melindrosa de todo o governo federal. A ministra da Justiça interina Sally Yates advertiu altos funcionários em 26 de janeiro de que as mentiras de Flynn o tornavam vulnerável à chantagem russa. Quatro dias depois, Trump a demitiu. Konstantin Kossatchov, o presidente do comitê de assuntos internacionais da Duma, caracterizou a revelação de informações factuais sobre Flynn como um ataque à Rússia. Flynn renunciou em fevereiro de 2017 e depois confessou-se culpado por mentir a investigadores federais.[52]

Além de Flynn, Trump encheu seu gabinete com pessoas que tiveram ligações surpreendentemente íntimas com uma potência estrangeira. Jeff Sessions, senador do Alabama que se apressou a endossar Trump, teve múltiplos contatos com o embaixador russo em 2016. Sessions mentiu a respeito disso para o Congresso durante sua audiência de confirmação para o cargo de ministro da Justiça, dando falso testemunho para se tornar a mais alta autoridade de aplicação da lei no país.[53]

O secretário de Comércio de Trump tinha transações financeiras com oligarcas russos e até com a família de Pútin. Em 2014, Wilbur Ross tornou-se vice-presidente do Banco de Chipre e um dos principais investidores desse paraíso fiscal dos oligarcas russos. Assumiu o cargo num momento em que os russos que tentavam escapar de sanções transferiam ativos para lugares do tipo. Trabalhou com Vladímir Strjalkovski, que foi colega de Pútin na KGB. Um importante investidor no banco era Viktor Vekselberg, grande oligarca russo da confiança de Pútin. Foi Vekselberg que financiou o novo sepultamento dos restos mortais de Ilin em 2005.[54]

Uma vez designado secretário de Comércio, Ross renunciou ao cargo no Banco de Chipre, mas manteve uma não revelada ligação pessoal com a cleptocracia russa. Era parcialmente dono de uma empresa transportadora, a Navigator Holdings, que transportava gás natural para uma empresa russa conhecida como Sibur. Um dos donos da Sibur era Guenadi Timchenko, companheiro de judô e amigo íntimo de Pútin. Outro era Kiril Chamalov, genro de Pútin. Ross estava em contato com o núcleo duro da oligarquia da Rússia, a família. Como ministro de gabinete norte-americano, estava em posição de ganhar dinheiro agradando à Rússia. Como as sanções dos Estados Unidos incluíam uma proibição de transferência de tecnologia que pudesse ajudar na extração de gás natural, Ross estava em condição de lucrar pessoalmente com seu fim.[55]

Os Estados Unidos nunca tiveram antes um secretário de Estado pessoalmente condecorado com a Ordem da Amizade por Vladímir Pútin. Rex Tillerson foi essa pessoa. Antes de se afastar do cargo, Tillerson supervisionou um vasto expurgo de diplomatas que faziam parte de um grupo visto por Pútin como inimigo. Ao provocar o caos no Departamento de Estado, Tillerson reduziu de forma substancial a capacidade norte-americana de projetar poder ou valores. Independentemente dos detalhes específicos, foi uma vitória inequívoca da Rússia.[56]

O enfraquecimento da diplomacia norte-americana era consistente com a orientação geral da política externa de Trump, que era buscar a lisonja pessoal ao mesmo tempo que se descuidava das negociações. Isso fazia dele um alvo fácil. Já em agosto de 2016, três meses antes da eleição, um ex-diretor interino da CIA estava convencido de que "o sr. Pútin recrutou o sr. Trump como agente involuntário da Federação Russa". Depois de um ano no cargo, só o "involuntário" parecia questionável. A essa altura, Trump já tinha mostrado a diversos importantes especialistas norte-americanos em inteligência de que era uma bênção para os russos. Como um deles colocou: "Minha avaliação é de que Trump na verdade está trabalhando diretamente para os russos". Um grupo de três especialistas em inteligência resumiu assim a situação:

> Se a campanha de Trump recebeu oferta de ajuda da Rússia, e nada fez para desencorajar essa ajuda (ou se até a encorajou), eles estão em dívida com um adversário externo cujos interesses naturais se opõem aos dos Estados Unidos. Pode-se ter certeza de que em algum momento Pútin vai aparecer para cobrar, se já não o fez — e na hora de proteger a nossa democracia a administração será um fantoche de um adversário externo, e não a primeira linha de defesa do nosso país.

O governo Trump zombou das sanções do Congresso contra a Rússia, recusando-se a aplicar a lei e convidando o diretor de uma agência de inteligência russa aos Estados Unidos. Quando conseguiu impor sua vontade e se reuniu com Pútin, Trump aproveitou a ocasião para informar ao mundo que confiava mais no homem forte da Rússia do que em seu próprio aparato de inteligência e segurança nacional. Um ex-diretor da cia concluiu que Trump estava "completamente no bolso de Pútin".[57]

O próprio Trump reiteradamente caracterizou todos os relatos de conexões entre sua campanha e a Rússia como "farsa". A palavra era bem escolhida, desde que aplicada à pessoa que dela se utilizava. Uma vez na presidência, a farsa precisava ser protegida da realidade. E por isso Trump demitiu o procurador federal Preet Bharara, que tinha ordenado a busca na Trump Tower em 2013. Também foi removida do cargo a ministra interina da Justiça Sally Yates, que o aconselhara a não nomear Michael Flynn. E também James Comey, diretor do fbi, por investigar o ataque da Rússia à soberania americana.[58]

O fbi vinha investigando Carter Page como alvo de espionagem russa antes que ele se tornasse conselheiro de Trump; a agência começou a investigar George Papadopoulos por ter dito a um diplomata estrangeiro que a Rússia estava realizando uma operação para exercer influência contra Hillary Clinton. Embora Papadopoulos mais tarde tenha sido condenado por mentir para procuradores federais, não é possível afirmar que o fbi tenha tratado a interferência russa como questão de altíssima prioridade em 2016. Apesar de o serviço de inteligência norte-americano ter sido alertado por aliados, no fim de 2015, de que membros da campanha de Trump mantinham contato com a inteligência russa, as agências nacionais demoraram para reagir. Mesmo depois de a Rússia ter hackeado o Comitê Nacional Democrata, no primeiro semestre de 2016, o fbi não comunicou esse fato como se fosse urgente ou de uma conveniência suspeita. Oito dias antes da eleição presidencial de novembro, Comey tinha levantado o assunto do uso de servidor privado de e-mail por Hillary

Clinton num contexto que muito provavelmente prejudicaria sua candidatura — a descoberta de cópias de algumas dessas mensagens durante uma investigação sobre o marido de uma de suas assessoras, por contato sexual impróprio com uma adolescente. Comey concluiu dois dias antes da eleição que os e-mails não tinham importância nenhuma, mas àquela altura o dano já tinha sido causado. O episódio pareceu ter ajudado Trump.[59]

Apesar disso, o FBI não deu prosseguimento às investigações sobre conexões entre a campanha de Trump e a inteligência russa. Em janeiro de 2017, Trump cobrou "lealdade" de Comey em conversa privada. Em fevereiro de 2017, pediu que não investigasse Flynn: "Espero que você descubra um jeito de esquecer isso, de deixar Flynn em paz". Não tendo recebido essa garantia, Trump demitiu Comey em 8 de maio de 2017. Foi a confissão de Trump de que sua candidatura era uma farsa. Trump contou à imprensa que tinha removido Comey do cargo para barrar a investigação da Rússia. Um dia depois da demissão, Trump disse a mesma coisa a dois visitantes no Salão Oval: "Sofri muita pressão por causa da Rússia. Agora isso acabou". Os visitantes eram o embaixador russo nos Estados Unidos e o ministro do Exterior da Rússia. Eles entraram com equipamento digital na Casa Branca, usado por eles para tirar e distribuir fotos da reunião. Ex-funcionários da inteligência norte-americana consideraram isso inusitado. Mais incomum ainda foi o fato de Trump aproveitar a ocasião para partilhar com os russos informações de inteligência do mais alto nível de confidencialidade, envolvendo um agente duplo israelense dentro das fileiras do Estado Islâmico.[60]

Na esteira da demissão de Comey, Moscou apressou-se em dar apoio a Trump. O Pervi Kanal afirmou que "James Comey era um fantoche de Barack Obama". Pútin assegurou ao mundo que o presidente dos Estados Unidos "agiu dentro dos limites da sua competência, da Constituição e das leis". Nem todos concordavam. Depois que Comey deixou o cargo, Robert Mueller foi designado conselheiro especial para continuar as investigações. Trump ordenou a demissão de Mueller em junho de 2017. Seu próprio advogado, conhecido como o advogado da Casa Branca, recusou-se a cumprir a ordem, ameaçando renunciar ao posto. Trump então mentiu sobre suas tentativas de suspender as investigações e buscou novas maneiras de perturbar e minar a lei e a ordem nos Estados Unidos.[61]

A Rússia criou e sustentou a ficção de "Donald Trump, empresário de sucesso" e a entregou aos norte-americanos como a carga explosiva de uma ciberguerra. O esforço russo deu certo porque os Estados Unidos são muito mais parecidos com a Federação Russa do que seus cidadãos gostariam de pensar. Por já terem feito a transição da política da inevitabilidade para a da eternidade, os governantes russos dispunham de instintos e técnicas que, como se viu depois, correspondiam a tendências emergentes na sociedade norte-americana. Moscou não estava tentando projetar um ideal seu, só usar uma gigantesca mentira para produzir o pior nos Estados Unidos.[62]

Em diversos sentidos importantes, a mídia norte-americana se tornou parecida com a russa, e isso tornou os Estados Unidos vulneráveis às táticas dos russos. A experiência da Rússia mostra o que ocorre na política quando a notícia perde o senso de certo e errado. A Rússia não tem jornalismo local e regional. Pouca coisa na mídia russa tem a ver com as experiências dos cidadãos do país. A televisão russa canaliza a desconfiança que isso gera contra outros fora da Rússia. Enfraquecendo sua imprensa local, os Estados Unidos acabaram parecidos com a Federação Russa. Os Estados Unidos de outrora ostentavam uma impressionante rede de jornais regionais. Depois da crise financeira de 2008, permitiu-se que essa imprensa local, já debilitada, entrasse em colapso. A cada dia, em 2009, cerca de setenta pessoas perdiam seus empregos em jornais e revistas norte-americanos. Para os cidadãos que vivem no interior do país, isso significava o fim de reportagens sobre a vida e o começo de outra coisa: "a mídia". Onde há repórteres locais, o jornalismo diz respeito a acontecimentos que as pessoas testemunham e que são importantes para elas. Quando essa cobertura desaparece, a notícia se torna abstrata. Passa a ser uma espécie de diversão, mais do que um relato sobre aquilo que é familiar.[63]

Apresentar o noticiário como passatempo nacional foi uma inovação norte-americana, e não russa, o que tornou o jornalismo vulnerável à atuação de profissionais do entretenimento. Trump teve a sua oportunidade na segunda metade de 2015, porque as redes de televisão dos Estados Unidos gostavam do espetáculo que ele oferecia. O CEO de uma delas afirmou que a campanha de Trump "pode não ser boa para os Estados Unidos, mas é ótima para a CBS". Ao oferecer bastante tempo no ar para Trump, as redes norte-americanas asseguraram ao personagem fictício "Donald Trump, empresário de sucesso" uma audiência muito mais ampla. Nem Trump nem seus patrocinadores russos gastaram muito dinheiro durante a campanha. A televisão fez a publicidade por eles, de graça. Até mesmo as contas da MSNBC, da CNN, da CBS e da NBC no Twitter mencionavam Trump duas vezes mais do que Clinton. Quando a Rússia começou a divulgar e-mails hackeados, as redes de televisão e o restante da mídia entraram no jogo. Isso significa que os russos influenciaram as manchetes e até as questões levantadas nos debates presidenciais. O conteúdo desses e-mails foram assunto em dois dos três debates; no último deles, o moderador se valeu de uma reformulação equivocada feita pelos russos das palavras ditas por Clinton em um discurso e fez disso um dos temas centrais do debate.[64]

Diferentemente dos russos, os norte-americanos tendem a obter suas notícias na internet. Segundo uma pesquisa, 44% dos cidadãos dos Estados Unidos acompanham o noticiário através de uma única plataforma de internet: o Facebook. A interatividade da internet cria a impressão de esforço mental, ao mesmo tempo que impede a reflexão. A internet é uma economia de atenção, o que significa que plataformas com fins lucrativos são projetadas para dividir o foco dos usuários nas menores unidades possíveis, a ser exploradas por mensagens publicitárias. Nessas plataformas, a notícia precisa ser editada para se encaixar num período de atenção brevíssimo e alimentar o desejo do leitor de reforçar suas convicções já existentes. A notícia que atrai visualizações tende a usar uma via neural entre o preconceito e a indignação. Quando cada dia é dedicado a desabafos emocionais sobre supostos inimigos, o presente se torna infinito, eterno. Nessas condições, um candidato fictício desfruta de vantagem considerável.[65]

As plataformas de internet, apesar de terem se tornado grandes provedoras de notícias nos Estados Unidos, não são reguladas como tais. Dois dos produtos do Facebook, o News Feed e os Trending Topics, vendem incontáveis ficções. As pessoas que comandam o Facebook e o Twitter assumem a posição presunçosa proporcionada pela política norte-americana da inevitabilidade: o livre mercado conduzirá à verdade, portanto nada deve ser feito. Essa postura criou um problema para os numerosos usuários da internet que, tendo perdido acesso à imprensa local (ou preferindo o noticiário que parece gratuito), leem a internet como se fosse um jornal. Dessa maneira, a internet tornou-se uma superfície de ataque nos Estados Unidos para os serviços secretos russos, que conseguiram agir à vontade dentro da psicosfera norte-americana durante dezoito meses sem que ninguém reagisse. Boa parte do que a Rússia fez foi tirar proveito do que encontrou. Matérias hipertendenciosas na Fox News ou ataques raivosos no

Breitbart ganhavam audiência graças à retransmissão feita por robôs russos. O apoio russo ajudou sites periféricos de direita, como o Next News Network, a adquirir notoriedade e influência. Seus vídeos foram vistos 56 milhões de vezes em outubro de 2018.[66]

As ficções do *pizzagate* e do *spirit cooking* (parte de um ritual satânico) mostram que a intervenção russa e a conspiratologia norte-americana trabalharam juntas. As duas histórias começaram com os russos hackeando os e-mails de John Podesta, o coordenador da campanha de Hillary Clinton. Alguns norte-americanos queriam acreditar que aquilo que é privado só pode ser misterioso, e foram persuadidos disso pelos russos. Podesta tinha contatos com o dono de uma pizzaria — o que em si não chegava a ser uma grande revelação. *Trolls* e robôs, alguns deles russos, começaram a espalhar a ficção de que o cardápio da pizzaria era um código destinado a pedir crianças para fazer sexo, e que Clinton comandava uma rede de pedofilia do subsolo do restaurante. O InfoWars, destacado site americano de conspirações, também difundiu a história. Essa ficção terminou com um norte-americano de verdade fazendo disparos com uma arma de verdade contra um restaurante de verdade. O popular ativista de direita da internet Jack Posobiec, que também espalhara a mentira do *pizzagate* no Twitter, sugeriu que o cidadão que fez os disparos era um ator pago para desmoralizar uma história verdadeira. Podesta também mantinha contato com alguém que o convidou para um jantar ao qual ele não compareceu. A anfitriã era uma artista que certa vez dera a um quadro seu o título de *Spirit Cooking*; *trolls* e robôs russos espalharam a história de que o jantar era parte de um ritual satânico envolvendo o consumo de fluidos corporais humanos. Essa ideia foi passada adiante por norte-americanos que promovem teorias da conspiração, como Sean Hannity, da Fox News, e o Drudge Report.[67]

Plataformas russas serviam conteúdos para sites norte-americanos de conspiração que tinham enormes audiências. Por exemplo, num e-mail hackeado e roubado pela Rússia, Hillary Clinton escreveu algumas palavras sobre "fadiga de decisão". Esse termo descreve a dificuldade crescente de tomar decisões à medida que o dia avança. A fadiga de decisão é uma constatação feita por psicólogos sobre ambientes de trabalho; não se trata de uma doença. Uma vez roubado pela Rússia, o e-mail foi divulgado pelo WikiLeaks e em seguida promovido pela agência de propaganda russa Sputnik como prova de que Clinton sofria de uma doença debilitante. Foi nesse formato que a história apareceu no InfoWars.[68]

Os russos exploraram a credulidade norte-americana. Qualquer um que prestasse atenção à página de um grupo (inexistente) chamado Heart of Texas no Facebook deveria ter notado que a primeira língua dos autores das postagens não era o inglês. A causa defendida, a secessão do Texas, expressava perfeitamente a política russa de incentivar o separatismo em todos os países, exceto a própria Rússia (o Sul separar-se dos Estados Unidos, a Califórnia dos Estados Unidos, a Escócia do Reino Unido, a Catalunha da Espanha, a Crimeia e Donbas da Ucrânia, todos os países-membros da União Europeia etc.). O sectarismo do Heart of Texas era extremamente vulgar: como outros sites russos, o grupo se referia à candidata presidencial democrata como "Killary". A despeito de tudo isso, a página do Heart of Texas no Facebook tinha mais seguidores em 2016 do que a do Partido Republicano ou a do Partido Democrata no Texas — ou mesmo as duas juntas. Todos os que curtiam, seguiam e apoiavam o Heart of Texas participaram de uma intervenção política russa destinada a destruir os Estados Unidos da América. Os norte-americanos gostavam do site porque ele afirmava seus próprios preconceitos, levando-os um pouco mais longe. Oferecia ao mesmo tempo a adrenalina da transgressão e um senso de legitimidade.[69]

Os norte-americanos confiavam nos russos e nos robôs que diziam o que eles queriam ouvir. Quando a Rússia criou um site falso no Twitter que fingia ser do Partido Republicano do Tennessee, muitos foram atraídos por sua apresentação agressiva e por suas abundantes ficções. O site espalhou a mentira de que Obama nasceu na África, por exemplo, bem como a fantasia sobre o *spirit cooking*. A versão russa do Partido Republicano do Tennessee tinha dez vezes mais seguidores no Twitter do que o verdadeiro. Um deles era Michael Flynn, que retuitou seus conteúdos nos dias anteriores à eleição. Em outras palavras, o candidato de Trump a conselheiro de segurança nacional servia de canal para uma operação russa a fim de exercer influência nos Estados Unidos. Kellyanne Conway, porta-voz de Trump, também retuitou conteúdos falsos da mesma fonte. Com isso, ajudou a intervenção russa na eleição norte-americana — mesmo quando sua campanha negava que tal coisa existisse. (Além disso, ela tuitou "também amo vocês" para defensores da supremacia branca.) Jack Posobiec era seguidor e retuitador do mesmo site falso russo. Filmou um vídeo de si mesmo afirmando que não havia intervenção russa na política norte-americana. Quando o site foi finalmente derrubado, depois de onze meses, ele ficou confuso. Como não *viu* a intervenção russa, então isso nunca aconteceu.[70]

Em 1976, Stephen King publicou um conto, "Eu sei do que você precisa", sobre a sedução de uma jovem. O pretendente era um rapaz que tinha o poder de ler a mente dela, mas que não lhe revelou isso. Simplesmente aparecia trazendo o que ela queria em dado momento, começando com um sorvete de morango para uma pausa nos estudos. Pouco a pouco foi mudando a vida da garota, tornando-a dependente dele porque lhe dava o que desejava antes que ela própria pudesse pensar direito. A melhor amiga da moça percebeu que algo desconcertante estava acontecendo, investigou e descobriu a verdade: "Isso não é amor", advertiu ela.

"Isso é estupro." A internet é um pouco assim. Sabe muito sobre nós, mas interage conosco sem revelar isso. Torna-nos menos livres despertando nossos piores impulsos tribais e colocando-os a serviço de figuras ocultas.

Nem a Rússia nem a internet vão desaparecer. Ajudaria muito a causa da democracia se os cidadãos soubessem mais sobre a política russa e se os conceitos de "notícia", "jornalismo" e "reportagem" pudessem ser preservados na internet. No fim das contas, porém, a liberdade depende de cidadãos capazes de fazer a distinção entre o que é verdade e o que querem ouvir. O autoritarismo chega não porque as pessoas dizem que o querem, mas porque perdem a capacidade de distinguir entre fatos e desejos.

As democracias morrem quando as pessoas deixam de acreditar na importância do voto. Não se trata só de ter eleições, mas de que sejam livres e limpas. Quando isso ocorre, a democracia produz uma noção de tempo, uma expectativa do futuro que acalma o presente. O significado de cada eleição democrática é a promessa da próxima. Se temos certeza de que outra eleição legítima ocorrerá, sabemos que da próxima vez será possível corrigir nossos erros pelos quais, até lá, culpamos as pessoas que elegemos. Dessa maneira, a democracia transforma a falibilidade humana em previsibilidade política e nos ajuda a experimentar o tempo como um movimento em direção a um futuro sobre o qual temos alguma influência. Se passarmos a acreditar que as eleições são apenas um ritual repetitivo de apoio, a democracia perde o significado.

A essência da política externa russa é o relativismo estratégico: a Rússia não tem como ficar mais forte, por isso precisa tornar os outros mais fracos. A maneira mais simples de enfraquecer os outros é torná-los mais parecidos com a Rússia. Em vez de enfrentar seus problemas, a Rússia os exporta; e um dos seus problemas básicos é a ausência de princípio de sucessão. A Rússia se opõe à democracia europeia e norte-americana para garantir que os russos não percebam que a democracia pode funcionar como um princípio de sucessão no seu próprio país. Os russos precisam desconfiar de outros sistemas tanto quanto desconfiam do seu. Se a crise de sucessão da Rússia puder de fato ser exportada — se os Estados Unidos puderem se tornar autoritários —, então os problemas russos, apesar de não resolvidos, pelo menos parecerão normais. A pressão sobre Pútin será aliviada. Fossem os Estados Unidos o farol de democracia que seus cidadãos às vezes imaginam, suas instituições seriam bem menos vulneráveis à ciberguerra da Rússia. Do ponto de vista de Moscou, a estrutura constitucional norte-americana produziu vulnerabilidades tentadoras. Por causa dos defeitos evidentes na democracia e no primado da lei nos Estados Unidos, foi tão fácil intervir em suas eleições.

O primado da lei requer que o governo controle a violência e que a população espere que isso possa ser feito. A presença de armas na sociedade norte-americana, que alguns de seus cidadãos talvez vejam como uma força, pareceu a Moscou uma fraqueza nacional. Em 2016, a Rússia fez um apelo direto aos norte-americanos para que comprassem e usassem armas, amplificando a retórica da campanha de Trump. O então candidato incentivou seus seguidores a exercerem os direitos garantidos pela segunda emenda contra Hillary Clinton se ela fosse eleita, o que era uma sugestão indireta, mas transparente, de que deveriam matá-la a tiros. A campanha cibernética russa demonstrou o maior entusiasmo pelo direito de os cidadãos comuns usarem armas, aplaudindo a segunda emenda e conclamando os norte-americanos a temerem o terrorismo e se armarem para sua própria proteção.[71]

Enquanto isso, autoridades russas cooperavam com o lobby das armas no mundo real. Um grupo russo chamado Direito de

Portar Armas cultivava vínculos com a National Rifle Association (NRA). Seu objetivo era exercer influência dentro dos Estados Unidos: como seus membros bem o sabiam, os russos jamais teriam o direito de usar armas no regime atual. Dois membros destacados do Direito de Portar Armas, Maria Bútina e Aleksandr Torchin, também eram membros da NRA. Bútina era aluna de uma universidade nos Estados Unidos e fundou uma empresa com um norte-americano que trabalhava em estreita ligação com a cúpula da NRA. Torchin era um alto funcionário do Banco Central russo procurado na Espanha por lavagem de dinheiro. Em dezembro de 2015, representantes da NRA visitaram Moscou e lá se reuniram com Dmítri Rogozin, nacionalista radical e vice-primeiro-ministro sob sanção nos Estados Unidos.[72]

Em fevereiro de 2016, Bútina informou a Torchin, dos Estados Unidos, que "Trump (membro do NRA) é realmente a favor da cooperação com a Rússia". Torchin teve um encontro com Donald Trump Jr. no Kentucky em maio daquele ano. No mesmo mês, a NRA endossou Trump, a cuja campanha doaria cerca de 30 milhões de dólares. A postura oficial da organização para com a Rússia sofreu uma curiosa transformação. Durante todo o ano de 2015, a NRA queixara-se de que a política norte-americana em relação à Rússia era muito complacente. Quando o envolvimento da NRA com a Rússia começou, passou a dizer o oposto. Esse apoio à NRA era parecido com a ajuda dos russos a paramilitares de direita na Hungria, na Eslováquia e na República Tcheca. Depois que Trump tomou posse, a NRA adotou um tom bem agressivo, proclamando num vídeo "estamos indo atrás" do *New York Times*. Levando em conta que a NRA endossou e financiou Trump, que era uma organização de armas e que o novo presidente se referia à imprensa como o "inimigo", era difícil não interpretar essas palavras como ameaça. A democracia depende da livre troca de ideias, com "livre" nesse caso significando "sem ameaça de violência". Um importante sinal do colapso do primado da lei é a ascensão de uma força paramilitar e sua fusão com o poder governamental.[73]

Em 2016, a fraqueza mais óbvia da democracia norte-americana era a discrepância entre a votação e os resultados. Em quase todas as democracias, seria impensável um candidato que recebesse milhões de votos a mais do que seu rival perdesse a eleição. Isso acontece com regularidade nas eleições presidenciais nos Estados Unidos, graças ao sistema eleitoral indireto e aproximado conhecido como colégio eleitoral, que garante a vitória computando os votos eleitorais de cada estado, em vez de levar em conta o número de votos individuais. Os votos dos estados são determinados não pela população, mas pelo número de representantes federais eleitos. Como todos os estados têm dois senadores, os menos populosos ficam com um número desproporcional de votos eleitorais; os votos individuais nos estados menores valem muito mais do que nos grandes. Além disso, milhões de norte-americanos que vivem em territórios (que não são considerados estados) não têm direito a voto. Porto Rico tem mais habitantes do que 21 dos cinquenta estados, mas seus cidadãos norte-americanos não exercem a menor influência nas eleições presidenciais.

Estados com populações pequenas são também amplamente super-representados no Senado, a câmara alta do legislativo norte-americano. A população do maior dos estados é cerca de oitenta vezes maior do que a do menor, mas cada qual tem dois senadores. A casa mais baixa do Poder Legislativo dos Estados Unidos, a Câmara dos Representantes, é eleita de acordo com distritos que frequentemente têm suas fronteiras definidas para ajudar um partido ou outro. Na Iugoslávia do entreguerras, os distritos eleitorais desenhados para ajudar a etnia mais numerosa eram conhecidos como "distritos de água". Nos Estados Unidos, a prática é conhecida como *gerrymandering*. Como resultado dessa manipulação, eleitores democratas no Ohio ou na Carolina do Norte na verdade têm, respectivamente, metade ou um terço da capacidade de eleger um representante no Congresso em relação aos republicanos. O voto não é igual para todos os cidadãos.

Do ponto de vista norte-americano, tudo isso pode parecer uma tradição trivial: são apenas as regras do jogo. Da perspectiva de Moscou, parece haver no sistema uma vulnerabilidade a ser explorada. Um presidente minoritário e um partido majoritário controlando o Executivo e o Legislativo podem ser tentados a adotar uma política na qual a vitória dependa não de propostas que agradam às maiorias, mas de regras que restringem ainda mais o direito de votar. Um governo estrangeiro capaz de tornar o sistema um pouco menos representativo aumenta essa tentação, fazendo o sistema pender para o autoritarismo. A intervenção da Rússia na eleição norte-americana de 2016 não foi apenas uma tentativa de eleger determinada pessoa. Foi também a aplicação de pressão sobre a estrutura governamental. No longo prazo, a vitória de um candidato apoiado pelos russos pode ser menos importante do que um sistema inteiro empurrado para longe da democracia.

Quando a Rússia começou a atuar contra sua democracia, os Estados Unidos já vinham se tornando menos democráticos. No início dos anos 2010, enquanto um novo sistema se consolidava na Rússia, a Suprema Corte norte-americana tomou duas decisões importantes que puseram o país na rota do autoritarismo. Em 2010, o tribunal decidiu que o dinheiro falava mais alto: empresas eram indivíduos, e suas despesas com campanha eram liberdade de expressão assegurada pela Primeira Emenda da Constituição dos Estados Unidos. Isso dava a empresas de verdade, a empresas de fachada e a falsas entidades de interesse público o direito de influenciar a campanha e, na prática, tentar comprar eleições. Também preparava o terreno para que Trump alegasse, como o fez, que numa oligarquia norte-americana os cidadãos só estariam seguros de elegessem seu próprio oligarca: ele mesmo. A rigor, Trump é criatura de uma ciberguerra russa que jamais demonstrou ter de fato uma grande fortuna. Mas seu argumento a favor da oligarquia era plausível numa atmosfera em que os eleitores já acreditavam que o dinheiro tinha muito mais peso do que suas próprias preferências.

Em 2013, a Suprema Corte descobriu que o racismo já não era problema nos Estados Unidos e tomou uma decisão cujas consequências demonstraram a falsidade dessa premissa. A Lei de Direito ao Voto de 1965 exigia que estados com histórico de supressão do voto de afro-americanos submetessem mudanças em suas leis eleitorais para aprovação dos tribunais. Quando a Suprema Corte entendeu que isso não era mais necessário, certos estados imediatamente passaram a dificultar o acesso ao voto de afro-americanos (e de outros cidadão). Em todo o Sul dos Estados Unidos, locais de votação desapareceram, em geral sem aviso, em cima da hora da eleição. Em 22 estados foram aprovadas leis destinadas a reduzir o peso de afro-americanos e "hispânicos" nas urnas — leis que materialmente afetaram a eleição presidencial de 2016.[74]

Na eleição de 2016, no estado de Ohio, 144 mil pessoas a menos votaram em condados que incluíam grandes cidades em relação a quatro anos antes. Nesse mesmo ano, na Flórida, cerca de 23% dos afro-americanos tiveram negado o direito ao voto por serem criminosos condenados. Os crimes na Flórida incluem soltar balão de gás hélio ou pescar lagostas de cauda curta. Ainda em 2016, no Wisconsin, foram contabilizados 60 mil votos a menos em comparação com a eleição presidencial anterior. A maior parte dessa redução ocorreu na cidade de Milwaukee, que concentra a maioria dos afro-americanos do estado. Barack Obama tinha ganhado na Flórida, em Ohio e no Wisconsin em 2012. Trump venceu nos três estados por pequena margem em 2016, sendo que no Wisconsin obteve apenas 23 mil votos a mais.[75]

As relações raciais nos Estados Unidos presentearam os ciberguerreiros russos com um alvo óbvio. A Rússia criou um site para manipular as emoções de amigos e familiares de policiais mortos no cumprimento do dever; um site para explorar os sentimentos de amigos e familiares de afro-americanos mortos pela polícia; um site para mostrar negros brandindo armas; um site para incentivar os negros a se preparar contra ataques de brancos; um site em que falsos militantes negros usavam um slogan de brancos defensores da supremacia branca; e um site em que falsos rappers negros se referiam aos Clinton como assassinos em série. Os russos tiraram proveito de protestos de indígenas norte-americanos contra um gasoduto que atravessava um cemitério. Apesar de alguns posts dessa campanha serem claramente redigidos por estrangeiros (a promoção de vodca russa por ativistas indígenas, por exemplo, era inconcebível), os sites conquistaram seguidores.[76]

A etnia de Barack Obama recebia grande atenção na cultura popular russa. Em 2013, um deputado do Parlamento russo compartilhou nas redes sociais uma fotografia adulterada que mostrava Barack e Michelle Obama olhando carinhosamente para uma banana. No aniversário de Barack Obama, em 2014, estudantes russos em Moscou projetaram um show de laser no prédio da embaixada dos Estados Unidos que o mostrava fazendo sexo oral com uma banana. Em 2015, uma rede de mercados vendeu uma tábua de carne com o retrato de uma família de chimpanzés, mas com o rosto de Obama no lugar da carinha do filhote. Em 2016, uma cadeia de lava-jatos prometia "limpar todo o negrume", reforçando a mensagem com a foto de um Obama amedrontado. De acordo com o horóscopo chinês, 2016 foi o ano do macaco; os russos usavam comumente o termo para se referir ao último ano de Obama no cargo. O popular portal de notícias LifeNews, por exemplo, deu a um artigo o título de "Fechando com força a porta do ano do macaco", ilustrado com uma foto do presidente norte-americano para não deixar dúvida sobre seu significado.[77]

O racismo estava presente na mente dos russos em 2016. Seus governantes puderam observar naquele ano que a questão racial criou uma distância abissal entre o Executivo e o Legislativo no governo norte-americano. Em fevereiro, um dos nove ministros da Suprema Corte morreu. O líder da maioria republicana no Senado, Mitch McConnell, deixou claro que a casa não levaria em conta nenhuma pessoa indicada por Barack Obama. Isso violava uma das mais importantes convenções do governo federal dos Estados Unidos e foi comentado em Moscou. A imprensa russa observou, corretamente, a "situação paradoxal" de um presidente incapaz de exercer seus direitos constituídos. Não escapou à atenção do Krêmlin que os líderes republicanos do Congresso tinham declarado, quase um ano antes, que Barack Obama não desfrutava mais das prerrogativas costumeiras do presidente dos Estados Unidos. Naquele momento, a Rússia começou a hackear os e-mails de políticos e militantes democratas.[78]

Em junho de 2016, Paul Ryan, o presidente republicano da Câmara dos Representantes, conversava sobre a Rússia com congressistas de seu partido. O líder da maioria republicana Kevin McCarthy disse acreditar que Donald Trump era pago pela Rússia. Ryan reagiu sugerindo que essa suspeita permanecesse "na família": um constrangimento dentro do partido era mais importante do que a violação da soberania do país. A possibilidade de que um candidato a presidente (que ainda não era o candidato oficial do partido) fosse cria de uma potência estrangeira era menos preocupante do que uma incômoda entrevista coletiva na qual republicanos revelassem aos cidadãos o que eles mesmos suspeitavam. Esse nível de partidarismo, em que o inimigo é o outro partido e o mundo exterior é ignorado, cria uma vulnerabilidade facilmente explorável por atores hostis. No mês seguinte, a Rússia começou a soltar os e-mails hackeados de políticos e militantes democratas. Se o cálculo de Moscou era que os líderes republicanos não defenderiam imediatamente seus colegas democratas de ciberataques de fora, sua conclusão estava correta.[79]

Quando os republicanos perceberam que a Rússia estava atacando os Estados Unidos, a fúria do partidarismo mostrou-se primeiro no desespero da negação e depois na cumplicidade da inação. Naquele mês de setembro, o senador McConnell ouviu os relatos dos chefes das agências norte-americanas de inteligência sobre a ciberguerra russa, mas manifestou dúvidas sobre sua veracidade. Não se sabe o que foi dito na ocasião, mas é improvável que tenha sido diferente de suas declarações públicas posteriores:

> Avaliamos que o presidente russo Vladímir Pútin ordenou uma campanha de influência na eleição presidencial dos Estados Unidos. Os objetivos da Rússia eram minar a confiança pública no processo democrático dos Estados Unidos, difamar a secretária Clinton e prejudicar sua elegibilidade e possível presidência.

McConnell deixou claro que os republicanos tratariam a defesa dos Estados Unidos contra a ciberguerra russa como um esforço para ajudar Hillary Clinton. Àquela altura, a Rússia já estava trabalhando nos Estados Unidos havia mais de um ano. Depois que McConnell classificou o ataque russo como política partidária, seu alcance foi ampliado. Uma colossal ofensiva robótica russa começou naquele momento.[80]

Nesse período crucial, era difícil saber quem tinha mais influência no Partido Republicano: se seus líderes humanos ou os robôs russos. Quando apareceram provas irrefutáveis de que Trump achava apropriado insultar sexualmente as mulheres, McConnell pediu-lhe que se desculpasse. Mas os robôs e *trolls* russos correram para defender Trump das acusações e conduzir a atenção dos norte-americanos a uma revelação de e-mails arquitetada para mudar o assunto do debate. Moscou estava atacando, e o Congresso se recusava a defender o país. O governo Obama poderia ter atuado por conta própria, mas teve medo de aprofundar as divisões partidárias. "Sinto-me asfixiado", disse um dos seus funcionários. A Rússia venceu, o que queria dizer que Trump foi eleito. Mais tarde, Trump nomeou a mulher de McConnell, Elaine Chao, secretária de Transportes do seu gabinete.[81]

É preciso reconhecer que diversos republicanos retrataram a Rússia como uma ameaça aos Estados Unidos. Em 2012, o candidato do partido a presidente, Mitt Romney, foi praticamente o único a retratar a Rússia como um problema sério. Quando disputava a candidatura republicana em 2016, John Kasich, governador de Ohio e conhecedor da política do Leste Europeu, não demorou a associar Trump a Pútin. Outro rival republicano na disputa pela candidatura em 2016, o senador Marco Rubio, da Flórida, afirmou que a fraqueza da política externa de Obama estimulou a agressão russa.[82]

A acusação do senador Rubio, bastante plausível, ocultava um problema mais profundo. Apesar de a reação da Casa Branca à invasão da Ucrânia em 2014 ter sido de fato cautelosa, em 2016 Obama pelo menos reconheceu que a intervenção russa numa eleição norte-americana era um problema do país inteiro. Mesmo com Kasich e Rubio adotando uma posição clara sobre a política externa russa, os legisladores republicanos mais importantes renderam-se de antemão ao ciberataque da Rússia. Era mais importante humilhar um presidente negro do que defender a independência dos Estados Unidos da América.

É assim que as guerras são perdidas.

A estrada para a falta de liberdade é uma passagem da política da inevitabilidade para uma política da eternidade. Os norte-americanos eram vulneráveis à política da eternidade porque suas próprias experiências já tinham enfraquecido a inevitabilidade. A proposta de Trump de "tornar os Estados Unidos grandes de novo" fazia sentido para pessoas que acreditavam, junto com ele, que o sonho americano estava morto. A Rússia tinha chegado primeiro à política da eternidade, por isso os russos conheciam as técnicas capazes de empurrar os Estados Unidos na mesma direção.[83]

É fácil ver o apelo da eternidade para homens ricos e corruptos que controlam um Estado sem lei. Não podem oferecer progresso social para a população, por isso precisam descobrir alguma outra forma de movimentação através da política. Em vez de discutir reformas, os partidários da política da eternidade designam ameaças. Em vez de apresentar um futuro com possibilidades e esperanças, oferecem um presente eterno com inimigos definidos e crises artificiais. Para levar adiante essa obra, os cidadãos precisam se encontrar com os políticos da eternidade no meio do caminho. Desmoralizados pela incapacidade de mudar seu status, têm que aceitar que o sentido da política está não nas reformas institucionais, mas nas emoções cotidianas. Precisam parar de pensar num futuro melhor para si, para os amigos e para as famílias, e preferir a evocação constante de um passado esplendoroso. No topo e em toda a sociedade, a desigualdade material cria experiências e sentimentos que podem ser transformados em política da eternidade. Quando Ilin foi retratado como um adversário heroico da Revolução Bolchevique na televisão russa em 2017, a mensagem subjacente era que a promessa de progresso social para o povo era uma "impostura satânica".[84]

Em 2016, a Rússia foi descrita pelo Credit Suisse como o país mais desigual do mundo em termos de distribuição de riqueza.

Depois do fim da União Soviética, só os russos que tinham conseguido se inserir entre os 10% dos profissionais mais bem pagos tiveram algum ganho significativo. A oligarquia russa surgiu nos anos 1990, mas foi consolidada como controle cleptocrático do Estado por um único clã sob Pútin nos anos 2000. De acordo com o Credit Suisse, em 2016 o decil superior da população russa detinha 89% do total do patrimônio do agregado familiar. No relatório, os Estados Unidos apresentam uma cifra comparável: 76%, com tendência de crescimento. Tipicamente, bilionários controlam de 1% a 2% da riqueza nacional; na Rússia, cem bilionários são donos de um terço do país, mais ou menos. No topo da grotesca pirâmide invertida da riqueza russa estavam Vladímir Pútin e seus amigos íntimos. Em geral acumulavam riqueza com a venda de gás natural e petróleo da Rússia, sem fazer o menor esforço. Um dos amigos de Pútin, um violoncelista, ficou bilionário sem nenhum motivo que ele mesmo fosse capaz de citar. O apelo da política da eternidade para homens desse tipo é muito compreensível. Muito melhor algemar um país e perturbar o mundo do que se arriscar a perder tanto.[85]

O caso do violoncelista bilionário, como tantas outras coisas relativas à oligarquia, veio à luz graças ao trabalho de repórteres investigativos. Nos anos 2010, alguns dos melhores desses repórteres, ao revelar projetos como os Documentos do Panamá e os Documentos dos Paraísos Fiscais, mostraram como o capitalismo internacional desregulado estava criando sumidouros para a riqueza nacional. Os tiranos primeiro escondem e lavam seu dinheiro, e depois o usam para impor o autoritarismo em seu país — ou para exportá-lo. O dinheiro vai para onde não pode ser visto, e isso nos anos 2010 significava vários paraísos fiscais. Tratava-se de um problema global: estimativas de quanto dinheiro estava nos paraísos fiscais, fora do alcance das autoridades fiscais nacionais, iam de 7 trilhões a 21 trilhões de dólares. Os Estados Unidos eram um ambiente especialmente tolerante para russos que queriam roubar e lavar dinheiro. Boa parte da riqueza nacional que deveria ajudar a construir o Estado russo nos anos 2000 e 2010 acabou em empresas-fantasmas, em paraísos fiscais. Muitos desses eram nos Estados Unidos.[86]

Em junho de 2016, Jared Kushner, Donald Trump Jr. e Paul Manafort se reuniram com russos na Trump Tower a fim de examinar propostas russas para prejudicar a campanha de Hillary Clinton. Um dos intermediários era Ike Kaveladze, que trabalhava para Aras Agalarov, o incorporador imobiliário russo que tinha organizado o concurso de Miss Universo para Trump em 2013. Kaveladze criou empresas anônimas em Delaware (pelo menos 2 mil). Isso era legal, porque o estado de Delaware, assim como os de Nevada e Wyoming, permitiam a fundação de empresas por fantasmas. Em Delaware, 285 mil entidades distintas foram registradas num único endereço físico.[87]

Os russos usaram empresas de fachada para comprar imóveis nos Estados Unidos, muitas vezes anonimamente. Nos anos 1990, a Trump Tower foi um dos dois únicos prédios na cidade de Nova York a permitir compras anônimas de apartamentos, oportunidade que a máfia russa não demorou a aproveitar. Onde quer que compras anônimas de imóveis fossem permitidas, os russos compravam e vendiam unidades, em geral escondendo-se atrás de empresas de fachada, como forma de transformar rublos sujos em dólares limpos. Essas práticas empobreceram a sociedade russa e consolidaram a oligarquia local durante os anos de Pútin — e permitiram que Donald Trump alegasse ser "um empresário de MUITO sucesso". Dessa maneira especial, a política norte-americana da inevitabilidade, a ideia de que o capitalismo desregulado só pode trazer democracia, apoiava a política russa da eternidade, a certeza de que a democracia era uma farsa.[88]

* * *

A política norte-americana da inevitabilidade também abriu caminho para a política da eternidade de uma forma mais direta: gerando e legitimando vastas desigualdades econômicas internas. Se não havia alternativas para o capitalismo, então talvez as diferenças escancaradas de riqueza e renda devessem ser ignoradas, justificadas e mesmo aceitas? Se mais capitalismo significava mais democracia, por que se preocupar? Esses mantras da inevitabilidade permitiram acobertar políticas que tornavam os Estados Unidos mais desiguais, e a desigualdade, mais dolorosa.[89]

Nos anos 1980, o governo federal enfraqueceu a posição das organizações sindicais. A percentagem de norte-americanos em empregos sindicalizados caiu de cerca de um quarto para menos de 10%. A sindicalização no setor privado despencou ainda mais, de 34% para 8% entre os homens e de 16% para 6% entre as mulheres. A produtividade da força de trabalho nacional cresceu durante todo o período a 2% ao ano, mas os salários dos operários tradicionais aumentaram menos, isso quando foram reajustados. No mesmo período, o salário dos executivos aumentou, às vezes muitíssimo. E, ao mesmo tempo, os Estados Unidos eram muito fracos em políticas básicas que em outros países estabilizavam as classes médias: aposentadoria, educação pública, transporte coletivo, assistência médica, férias remuneradas e licença-maternidade ou paternidade.

Os Estados Unidos tinham os recursos para dar a seus trabalhadores e cidadãos esses benefícios básicos. Mas uma tendência regressiva na política tributária tornava isso mais difícil. Enquanto os trabalhadores pagavam uma carga tributária cada vez maior, através de impostos na folha de pagamento, as empresas e as famílias ricas viam a sua cair pela metade, ou mais. Mesmo quando a percentagem de renda e riqueza no topo da distribuição de riqueza norte-americana aumentava, proporcionalmente os impostos que se esperava que os mais afortunados pagassem encolhiam. Dos anos 1980 para cá, as alíquotas tributárias pagas pelos norte-americanos de maior renda, que formam o topo de 0,1%, caíram de 65% para 35%, e pelos que formam o topo do topo de 0,01%, de 75% para menos de 25%.[90]

Durante a campanha presidencial, Trump pediu aos norte-americanos que se lembrassem de quando os Estados Unidos eram um grande país: o que seus partidários tinham em mente eram os anos 1940, 1950, 1960 e 1970, décadas em que a distância entre os mais ricos e os mais pobres diminuiu. Entre 1940 e 1980, os norte-americanos que ganhavam menos, formando a base de 90% da pirâmide, adquiriram mais riqueza do que os que estavam no topo de 1%. Essa condição de crescente igualdade era o que os norte-americanos lembravam com entusiasmo, como a época da grandeza do país. Os sindicatos tiveram força até os anos 1980. O Estado de bem-estar social se expandiu nos anos 1950 e 1960. A riqueza era distribuída mais homogeneamente, graças em grande parte à política governamental.

Na era da inevitabilidade, tudo isso mudou. A desigualdade de renda e riqueza aumentou drasticamente dos anos 1980 até 2010. Em 1978, o topo da pirâmide, cerca de 160 mil famílias, o correspondente a 0,1% da população, controlava 7% da riqueza nacional. Em 2012, a posição dessa elite minúscula era ainda mais forte: ela controlava 22% da riqueza dos Estados Unidos. No topo do topo, a riqueza total da fatia de 0,01%, cerca de 16 mil famílias, aumentou mais de seis vezes no mesmo período. Em 1978, uma família no topo do topo, de 0,01%, era 222 vezes mais rica do que a família norte-americana média. Em 2012, essa família era 1120 vezes mais rica. Dos anos 1980 em diante, 90% da população norte-americana não ganhou na prática coisa nenhuma, fosse em riqueza ou renda. Todos os ganhos foram para os 10%

do topo — e, dentro desse topo de 10%, a maioria para o topo de 1%; e, dentro desse topo de 1%, a maioria para o topo de 0,1%; e, dentro do topo de 0,1%, a maioria para o topo de 0,01%.[91]

Nos anos 2010, os Estados Unidos se aproximaram do padrão russo de desigualdade. Embora nenhum clã oligárquico norte-americano tenha até agora tomado conta do Estado, a emergência desses grupos nos anos 2010 (os Koch, Mercer, Trump, Murdoch) era difícil de passar despercebida. Assim como os russos usaram o capitalismo dos Estados Unidos para consolidar seu próprio poder, os norte-americanos cooperaram com a oligarquia russa visando ao mesmo objetivo — na campanha presidencial de Trump em 2016, por exemplo. Muito provavelmente, a preferência de Trump por Pútin em relação a Obama não era só uma questão de racismo ou de rivalidade: era também a aspiração de ser mais parecido com o presidente russo, de cair em suas graças, de ter acesso a mais riqueza. A oligarquia funciona como um sistema clientelista que dissolve a democracia, a lei e o patriotismo. Oligarcas russos e norte-americanos têm muito mais coisas em comum uns com os outros do que com a população de seus países. No topo da pirâmide da riqueza, as tentações da política da eternidade serão mais ou menos as mesmas nos Estados Unidos e na Rússia. Não há muitas razões para achar que os norte-americanos se comportariam melhor do que os russos quando colocados em situações semelhantes.

Para muitos norte-americanos, oligarquia significava uma deformação do tempo, a perda de um senso de futuro, a experiência diária como esforço repetitivo. Quando a desigualdade econômica suprime o progresso social, é difícil imaginar um futuro melhor, ou mesmo qualquer um. Como disse um operário durante a Grande Depressão dos anos 1930, o medo "distorce seu jeito de pensar e seus sentimentos. Tempo perdido e fé perdida". Um norte-americano nascido em 1940 quase certamente ganharia mais dinheiro do que seus pais. Já um nascido em 1984 tinha mais ou menos 50% de chance de fazer o mesmo. A música "Allentown", de 1982, de autoria de Billy Joel, que era na verdade sobre a cidade vizinha de Bethlehem, na Pensilvânia, onde se produzia aço, captou o momento. Falava de homens de uma geração do pós-guerra sem o progresso social alcançado pelos pais, de operários traídos pelo nacionalismo tacanho. O destino da indústria do aço, como o do mercado de trabalho norte-americano em geral, teve muito a ver com as mudanças na economia mundial. O número de empregos no setor industrial caiu cerca de um terço entre 1980 e 2016. O problema era que os governantes norte-americanos achavam que a globalização era uma solução para seus próprios problemas, e não um convite para reformar seu Estado nacional. Mas em vez disso a globalização dos anos 1990, 2000 e 2010 coincidiu com a política da inevitabilidade e com a geração de desigualdade econômica.[92]

Desigualdade significa não só pobreza, mas a experiência da diferença. A desigualdade visível leva os cidadãos a rejeitar o sonho americano, por ser improvável ou impossível. Enquanto isso, mais e mais norte-americanos são incapazes de mudar de residência, o que também torna um futuro melhor mais difícil de imaginar. Nos anos 2010, mais jovens entre 18 e 34 anos viviam com os pais do que em qualquer outra época. Um recém-formado que se tornasse professor e assumisse um emprego numa escola pública em São Francisco não conseguiria comprar uma casa em parte nenhuma da cidade. Em outras palavras, um norte-americano que completa sua instrução e assume um emprego do mais alto valor público não é suficientemente recompensado para começar o que em outros tempos se considerava uma vida normal. Um senso de ruína subjuga, em especial na juventude. Mais de um quinto das famílias norte-americanas informou que tinha dívidas contraídas para custear os estudos universitários nos anos 2010. A exposição à desigualdade convencia adolescentes a abandonar os estudos no ensino médio, o que, por sua vez, tornava ainda mais difícil para eles ganhar dinheiro. Até crianças de quatro anos de idade se saíam mal em testes se fossem criadas em famílias mais pobres.[93]

Como disse Warren Buffett, "há uma luta de classes, tudo bem, mas é a minha classe, a classe rica, que está lutando, e nós estamos vencendo". Cidadãos norte-americanos morrem nessa luta todos os dias, em grandes números, em quantidades incomparavelmente maiores do que nas guerras no exterior, ou como resultado de ataques terroristas dentro do país. Como os Estados Unidos não dispõem de um sistema de saúde funcional, a desigualdade trouxe uma crise de saúde, que por sua vez acelerou e reforçou a desigualdade. Foi em condados onde a saúde pública entrou em colapso nos anos 2010 que Trump recebeu os votos que lhe deram a vitória eleitoral.[94]

O fator mais fortemente relacionado à votação em Trump foi uma crise local de saúde pública, em especial nos lugares onde essa crise incluía altos índices de suicídio. Cerca de vinte veteranos de guerra norte-americanos se matavam todos os dias nos anos 2010; entre os agricultores, o índice era ainda mais alto. Achando que amanhã seria pior do que hoje, os norte-americanos, em sua maior parte brancos, adotavam comportamentos que com grande probabilidade lhes encurtariam a vida. A associação entre a saúde em declínio e a votação em Trump foi significativa em estados importantes que Obama conquistou em 2012, mas onde Trump venceu em 2016, como Ohio, Flórida, Wisconsin e Pensilvânia. Quando a vida é curta, e o futuro, problemático, a política da eternidade ganha apelo.[95]

Uma consequência espetacular da política norte-americana da inevitabilidade nos anos 2010 foi a legalização e a popularização dos opioides. Há centenas de anos sabe-se que esses produtos químicos viciam. Mas, na ausência de instituições normais de saúde pública, e numa atmosfera de capitalismo desregulado, essa sensatez básica pode ser esmagada pelo marketing. A rigor, os Estados Unidos declararam uma guerra do ópio contra si mesmos, tornando a vida normal impossível para milhões de pessoas, e a política normal muito mais difícil para todos. Nos anos 1990, os cidadãos norte-americanos, já transformados em cobaias num grande experimento de desigualdade, foram expostos simultaneamente à liberação descontrolada de opioides em grande escala. O medicamento Oxycontin, que funciona como heroína em forma de pílula, foi aprovado para receita médica em 1995. Representantes de marketing da fabricante, a empresa farmacêutica Purdue Pharma, diziam aos médicos que um milagre tinha ocorrido: os benefícios analgésicos da heroína sem a dependência subsequente.[96]

No fim dos anos 1990 no sul do estado de Ohio e no leste de Kentucky, representantes de marketing da Purdue Pharma ganharam bônus de mais de 100 mil dólares por trimestre. Em 1998, as primeiras *pill mills* começaram a surgir em Portsmouth, Ohio; eram supostos consultórios ou clínicas onde médicos recebiam dinheiro para receitar Oxycontin e outros opioides. Moradores de Portsmouth e, em seguida, de outras cidades, logo ficaram viciados e começaram a morrer de overdose. Alguns passavam a consumir heroína. O condado de Scioto, Ohio, do qual Portsmouth é a sede, tem uma população de 80 mil pessoas. Num único ano, 9,7 milhões de comprimidos foram receitados para seus moradores, o que dava 120 unidades para cada homem, mulher e criança. Por mais extremos que pareçam, esses números se tornaram típicos em grande parte dos Estados Unidos. No estado do Tennessee, por exemplo, cerca de 400 milhões de comprimidos foram receitados num ano para uma população de cerca de 6 milhões de habitantes, cerca de setenta por pessoa.[97]

Na Rússia e na Ucrânia em 2014, 2015 e 2016, as pessoas costumavam falar em "zumbis" e "zumbificação". Durante a ocupação russa do sul e do sudeste da Ucrânia, cada lado dizia que o outro tinha sido "zumbificado", induzido a um transe pelo poder hipnótico da própria propaganda. Donbas não era muito diferente de Appalachia. Na verdade, nos anos 2010 os Estados Unidos tinham múltiplos Donbas — lugares de confusão e desesperança onde o declínio abrupto de expectativas deu lugar à crença em soluções simples. A zumbificação era tão pronunciada nos Estados Unidos como no leste da Ucrânia. Em Portsmouth, pessoas de cabelo sujo e rosto cinzento eram vistas arrancando objetos de metal das casas de outras e atravessando a cidade para trocá-los por comprimidos. Durante uma década, os opioides funcionavam como moeda na cidade, assim como entre soldados ou mercenários nos dois lados da guerra na Ucrânia.[98]

A praga dos opioides não foi amplamente discutida durante as duas primeiras décadas, por isso se tornou nacional. Esses medicamentos foram receitados para metade dos homens desempregados nos Estados Unidos. Em 2015, cerca de 95 milhões de americanos tomaram analgésicos com prescrição médica. Para homens brancos de meia-idade, a morte por abuso de opioide, além de outros suicídios por desespero, cancelava os avanços no tratamento de câncer e das doenças do coração. Em 1999, a mortalidade entre homens brancos de meia-idade nos Estados Unidos começou a crescer. A taxa de mortalidade relacionada a overdose triplicou entre 1999 e 2016, quando 63 600 norte-americanos morreram por esse tipo de intoxicação. Embora a expectativa de vida nos países desenvolvidos tenha aumentado no mundo inteiro, nos Estados Unidos ela diminuiu em 2015 e novamente em 2016. Quando fazia campanha pela candidatura republicana, Trump se saiu melhor nas eleições primárias em lugares onde homens brancos de meia-idade corriam maior risco de vida.[99]

Qualquer pessoa que sofra dores sabe que um comprimido significa sobreviver a mais um dia, ou mesmo levantar-se da cama. Mas o Oxycontin e a heroína criam um tipo especial de dor através do prazer, inundando os receptores μ (mu) em nossa coluna e nosso cérebro, criando uma vontade de ter mais e mais. Os opioides inibem o desenvolvimento do córtex frontal do cérebro, onde se forma na adolescência a capacidade de fazer escolhas. O uso persistente de opioides torna mais difícil aprender com a experiência, ou assumir responsabilidade pelos próprios atos. A droga coloniza o espaço mental e social necessário para crianças, cônjuges, amigos, trabalhos — o mundo em geral. No extremo do vício, o mundo se torna uma experiência silenciosa e isolada de prazer e necessidade. O tempo desaparece num ciclo de uma dose para a seguinte. A mudança da sensação de que tudo é maravilhoso para a sensação de que tudo é sombrio e agourento se torna normal. A própria vida transforma-se numa crise fabricada, que parece não terminar a não ser com o fim da vida.[100]

Os norte-americanos foram preparados para as drogas pela política da eternidade, pela sensação de ruína que só o rápido efeito da dose interrompia. Pelo menos 2 milhões de cidadãos eram viciados em opioides na época da eleição presidencial de 2016, e outras dezenas de milhões consumiam comprimidos. A correlação entre o uso de opioides e a votação em Trump foi espetacular e óbvia, principalmente nos estados em que o candidato republicano tinha que vencer. Em New Hampshire, condados traumatizados, como o de Coös, mudaram de Obama em 2012 para Trump em 2016. Todo condado da Pensilvânia em que Obama venceu em 2012 e Trump ganhou em 2016 passava por uma crise de abuso de medicamentos. O condado de Mingo, na Virgínia Ocidental, foi um dos lugares mais atingidos pelos opioides nos Estados Unidos. Uma cidade do condado de Mingo, com uma população de 3200 habitantes, recebia cerca de 2 milhões de comprimidos desse tipo por ano. O condado de Mingo tornou-se republicano em 2012, mas em 2016 Trump recebeu ali 19% de votos a mais do que Mitt Romney quatro anos antes. Com uma única exceção, todos os condados de Ohio que passavam por crises de abuso de opioides ostentaram ganhos significativos para Trump em 2016 em relação a Romney em 2012, o que o ajudou a vencer num estado essencial para sua eleição. No já citado condado de Scioto, em Ohio, ponto inicial da epidemia norte-americana de opioides, Trump obteve uma vantagem espetacular de 33% sobre a votação de Romney.[101]

Foi nas localidades onde o sonho americano morreu que a política da eternidade de Trump funcionou. Ele apelava por uma volta ao passado, a uma época de grandeza dos Estados Unidos. Sem desigualdade, sem a sensação de que o futuro era um caminho bloqueado, não teria conseguido os seguidores de que necessitava. A tragédia é que sua ideia de governo era transformar um sonho morto num pesadelo de morto-vivo.

A política da eternidade triunfa quando a ficção ganha vida. O governante de um reino de ficção conta mentiras sem sentir remorso ou pedir desculpas, porque para ele a mentira é sinônimo de existência. A criação ficcional "Donald Trump, empresário de sucesso" encheu o espaço público com inverdades e jamais pediu desculpas, uma vez que fazê-lo seria reconhecer que existe uma coisa chamada verdade. Em 91 dos seus primeiros 99 dias no cargo, Trump fez pelo menos uma afirmação descaradamente falsa; nos primeiros 298 dias, fez 1628 afirmações falsas ou enganosas. Numa entrevista de meia hora, fez 24 afirmações falsas ou enganosas, o que (descontando o tempo em que o entrevistador falou) dá mais ou menos uma por minuto. É verdade que todos os presidentes mentem: a diferença é que, para Trump, dizer a verdade era a exceção.[102]

Muitos norte-americanos eram incapazes de ver a diferença entre um mentiroso contumaz que nunca pede desculpas e alguém que quase nunca mente e corrige seus erros. Aceitavam a descrição do mundo oferecida por Surkov e a RT: ninguém jamais conta de fato a verdade, talvez a verdade não exista, por isso vamos simplesmente repetir as coisas que gostamos de ouvir e obedecer àqueles que as dizem. Assim mente o autoritarismo. Trump adotou a política russa de dois pesos e duas medidas: ele podia mentir o tempo todo, mas qualquer errinho cometido por um jornalista desmoralizava toda uma profissão. Trump tomou a iniciativa, copiada de Pútin, de afirmar que quem mentia não era ele, e sim os repórteres. Referia-se a eles como "inimigo do povo americano" e afirmava que o que produziam eram "fake news". Trump orgulhava-se dessas duas formulações, apesar de ambas serem russas. Rudy Giuliani, conselheiro de Trump, ofereceu uma síntese orwelliana: "A verdade não é verdade".[103]

No modelo russo, a reportagem investigativa precisa ser marginalizada para que o noticiário se torne um espetáculo diário. O objetivo do espetáculo é provocar emoções de partidários e detratores, confirmar e fortalecer a polarização; todo ciclo de notícias produz euforia ou depressão e reforça a convicção de que a política se resume a amigos e inimigos internos, e não a programas que possam melhorar a vida dos cidadãos. Trump governava exatamente como fizera durante a campanha: como produtor de ofensas, mais do que como formulador de políticas.[104]

A política da eternidade atrai com um ciclo de nostalgia e oferece um ciclo de conflito. Trump chegou ao Salão Oval num momento em que os níveis de desigualdade nos Estados Unidos aproximavam-se dos da Rússia. A riqueza e a renda nos Estados Unidos não eram tão desigualmente distribuídas entre o 0,1% do topo e o resto da população desde 1929, o ano anterior à Grande Depressão. Quando Trump falava em "tornar os Estados Unidos grandes de novo", seus partidários pensavam nas décadas posteriores à Segunda Guerra Mundial, época em que a desigualdade encolhia. Já Trump se referia aos desastrosos anos 1930 — e não apenas à Grande Depressão como foi na realidade, mas uma coisa ainda mais extrema e assustadora: um mundo alternativo onde nada era feito, dentro e fora do país, para enfrentar suas consequências.[105]

O slogan da campanha de Trump e de sua presidência era "America First" — uma referência aos anos 1930, ou a um país alternativo de crescente desigualdade racial e social não combatida por políticas públicas. Na década 1930, a expressão era usada em oposição tanto ao Estado do bem-estar social, proposto por Franklin D. Roosevelt, como pela entrada dos Estados Unidos na Segunda Guerra Mundial. O rosto público do movimento America First, o piloto Charles Lindbergh, defendia que os Estados Unidos deveriam se unir aos nazistas, seus equivalentes brancos europeus. Dizer "America First" nos anos 2010 era estabelecer um ponto de mítica inocência na política norte-americana da eternidade, aceitar a desigualdade como natural, negar que alguma coisa deveria ter sido feita naquela época ou poderia ser feita agora.[106]

Na política da eternidade de Trump, a Segunda Guerra Mundial perdeu o significado. Nas décadas anteriores, os norte-americanos chegaram à conclusão de que uma das virtudes da guerra foi o combate ao racismo nazista, que, por sua vez, deixou lições para o aprimoramento doméstico. A administração Trump minou essa lembrança americana da "boa guerra". Num discurso para veteranos navajos, Trump se permitiu uma referência racista a um rival político. Conseguiu assinalar o Dia da Lembrança do

Holocausto sem citar judeus. Seu porta-voz Sean Spicer alegou que Hitler não matou "seu próprio povo". A ideia de que judeus nascidos e criados na Alemanha não eram parte do povo alemão foi o começo do Holocausto. A política da eternidade exige que esforços sejam empreendidos contra o inimigo, que pode ser interno. A ideia de "o povo" sempre significa, como Trump já explicou, "o povo de verdade", não a totalidade dos cidadãos, mas algum grupo escolhido.[107]

Como seus patronos russos, Trump descrevia a presidência de Barack Obama como uma aberração. Juntamente com a RT, alimentava a ficção de que Obama não era norte-americano, ideia destinada a fortalecer a noção de que "o povo" eram os brancos. Como Pútin com sua macaqueação, como Ilin e sua obsessão pelo jazz e a emasculação dos brancos, como Prokhanov com seus pesadelos de leite e esperma negros, Trump habitava fantasias de poder negro. Quando Trump conquistou a presidência, Kisselióv disse, eufórico, que Obama era "agora como um eunuco que não pode fazer nada". Trump foi o único candidato presidencial na história norte-americana a gabar-se em público do próprio pênis. Seguidores seus que defendem a supremacia branca chamavam os republicanos que não apoiassem o racismo de Trump de "cornosservadores". Era uma referência ao meme pornográfico que mostra um marido branco, traído pela esposa branca, que fica assistindo enquanto a mulher faz sexo oral com um negro. Sexualizar o inimigo era fazer da política um conflito biológico e trocar o trabalho duro da reforma e da liberdade por um infindável e ansioso ato de se pavonear.[108]

Numa eternidade norte-americana, o inimigo é negro, e a política começa afirmando isso. Dessa maneira, o ponto seguinte de inocência na política da eternidade de Trump, depois do isolacionismo racista do America First dos anos 1930, era uma versão alternativa dos anos 1860 nos quais nunca se travou uma guerra civil. Na história real, os afro-americanos conseguiram o direito ao voto poucos anos depois da Guerra Civil de 1861-5. Para excluir os negros do "povo", uma política norte-americana da eternidade precisa mantê-los escravizados. E com isso, assim como pôs em dúvida o bom senso de combater Hitler, o governo Trump também questionou a sabedoria de abolir a escravidão. Falando sobre a Guerra Civil, Trump perguntou: "Por que não se resolveu essa de maneira satisfatória?". Seu chefe da Casa Civil, John Kelly, argumentou que a causa da Guerra Civil foi a ausência de concessões, sugerindo que, se as pessoas tivessem sido mais razoáveis, os Estados Unidos poderiam tranquilamente continuar sendo um país onde os negros seriam escravizados com toda a naturalidade. Na mente de alguns partidários de Trump, a aprovação do Holocausto e o endosso da escravidão estavam entrelaçados: numa grande demonstração da extrema direita em Charlottesville, na Virgínia, símbolos nazistas e confederados apareceram juntos.[109]

Proclamar "America First" era negar a necessidade de combater o fascismo dentro ou fora do país. Quando nazistas norte-americanos e defensores da supremacia branca marcharam em Charlottesville, em agosto de 2017, Trump disse que alguns deles eram "gente muito boa". Defendeu a causa confederada e nazista pela preservação de monumentos dedicados à Confederação. Esses monumentos, no Sul dos Estados Unidos, foram erguidos nos anos 1920 e 1930, época em que o fascismo era uma possibilidade real no país; perenizavam a lembrança da purificação racial em cidades sulistas que foi contemporânea à ascensão do fascismo na Europa. Observadores da época não tinham dificuldade nenhuma para perceber a conexão. Will Rogers, o grande comediante e comentarista social de sua época, via Adolf Hitler em 1933 como uma figura familiar: "Todos os jornais declaram que Hitler tenta copiar Mussolini. Mas me parece que ele está copiando é a KKK". O grande pensador social e historiador W. E. B. Du Bois percebeu que as tentações do fascismo combinavam com os mitos norte-americanos do passado. Temia, com razão, que os brancos locais preferissem uma história sobre inimizade com negros a um Estado nacional reformado que melhorasse as perspectivas de todos os norte-americanos. Os brancos enlouquecidos pelo racismo poderiam se tornar, como escreveu ele em 1935, "o instrumento pelo qual a democracia no país seja exaurida, a estreiteza de espírito racista endeusada e o mundo entregue à plutocracia", o que hoje chamamos de oligarquia.[110]

Uma política norte-americana da eternidade pega a desigualdade social e a transforma numa fonte de desigualdade econômica, jogando brancos contra negros, declarando o ódio normal e a mudança impossível. Parte de premissas fictícias e faz política de faz de conta. Os norte-americanos que vivem na zona rural tendem a acreditar que seus impostos são distribuídos para pessoas da cidade, embora aconteça justamente o contrário. Muitos norte-americanos brancos, em especial os que votaram em Trump, acreditam que sofrem mais discriminação do que os negros. É um legado da história que remonta ao rescaldo da Guerra Civil, quando o presidente Andrew Johnson definiu a igualdade política para os afro-americanos como discriminação contra os brancos. Quem acredita na política da inevitabilidade pode achar que, com o tempo, as pessoas se tornarão mais instruídas e cometerão menos erros. Quem acredita em políticas públicas talvez tente elaborar reformas que ajudem os cidadãos a superar as desigualdades, sejam quais forem suas crenças. Já um político da eternidade como Trump usa crenças equivocadas sobre o passado e o presente para justificar políticas ficcionais que reafirmam essas crenças falsas, convertendo a política numa luta eterna contra seus inimigos.[111]

Um partidário da política da eternidade define adversários, em vez de formular políticas públicas. Foi o que fez Trump ao negar que o Holocausto tinha a ver com judeus, ao usar a expressão "filho da puta" referindo-se a atletas negros, ao chamar uma adversária de "Pocahontas", ao supervisionar um programa de denúncia contra mexicanos, ao publicar uma lista de crimes cometidos por imigrantes, ao transformar um gabinete que tratava sobre terrorismo numa entidade dedicada ao terrorismo islâmico, ao ajudar vítimas de furacão no Texas e na Flórida mas não em Porto Rico, ao falar em "países de merda", ao referir-se a repórteres como inimigos do povo, ao afirmar que manifestantes eram pagos para protestar, e assim por diante. Os cidadãos norte-americanos podiam ver e interpretar esses sinais. Um candidato republicano ao Congresso atacou fisicamente um repórter que lhe fazia perguntas sobre assistência médica. Um nazista norte-americano atacou duas mulheres num trem em Portland e matou a facadas dois homens que tentaram protegê-las. No estado de Washington, um homem branco atropelou com seu carro dois indígenas norte-americanos enquanto berrava insultos racistas. Professores declararam em múltiplas pesquisas que a presidência de Trump estava aumentando a tensão racial nas salas de aula. A palavra "Trump" tornou-se uma provocação racial em eventos esportivos escolares.[112]

Se a política norte-americana da eternidade gera políticas públicas, seu objetivo é infligir sofrimento: tributos regressivos que transferem riqueza da maioria do país para os super-ricos e redução ou eliminação de assistência médica. A política da eternidade funciona como um jogo de soma negativa, no qual todo mundo, exceto o 1% do topo da população, piora de vida, e o mal-estar resultante é usado para manter o jogo em funcionamento. As pessoas têm a sensação de ganhar porque acreditam que outras estão perdendo. Trump foi um perdedor, uma vez que só pôde ganhar graças à Rússia; os republicanos foram perdedores porque ele conduziu seu partido a uma armadilha; os democratas foram perdedores ainda maiores porque se viram alijados do poder; e os norte-americanos vitimados por uma desigualdade e uma crise de saúde pública deliberadamente arquitetadas foram os maiores perdedores. Enquanto um número suficiente de cidadãos entendesse a perda como sinal de que outros deviam estar perdendo ainda mais, a lógica poderia continuar. Se fossem levados a ver a política como um conflito racial, e não um trabalho por um futuro melhor para todos, os norte-americanos não poderiam esperar nada melhor.[113]

Trump foi chamado de "populista". Um populista, no entanto, é alguém que propõe políticas que aumentem as oportunidades das massas, em oposição às elites financeiras. Trump era outra coisa: um sadopopulista, cujas políticas se destinavam a prejudicar a parte mais vulnerável do seu próprio eleitorado. Incentivados pelo racismo presidencial, esses cidadãos podiam ver seu sofrimento como sinal de um ainda maior, infligido a outras pessoas. A única política pública importante implementada em 2017 foi aumentar o sofrimento: uma lei de regressão tributária que criou um argumento orçamentário contra o financiamento de programas internos e que incluía, entre suas cláusulas, a perda de assistência médica por muitos dos que mais precisavam. Nas palavras de Trump, "acabei com a obrigação individual" de ter seguro-saúde. Isso significava que a Lei de Assistência Acessível, que estendera o plano de saúde para norte-americanos não segurados, estava, em suas palavras, "praticamente morta com o passar do tempo". De acordo com o Gabinete de Orçamento do Congresso, as cláusulas de assistência médica da lei tributária de 2017 resultarão na perda do seguro-saúde por 13 milhões de norte-americanos. Como advertiu um representante das Nações Unidas, essas políticas podem transformar os Estados Unidos no "país mais desigual do mundo". Para quem via de fora, era fácil confluir que causar sofrimento era o objetivo dessas políticas.[114]

Em determinado nível, uma pessoa pobre, um operário desempregado ou um viciado em opioides que vota contra a assistência médica está dando para os ricos um dinheiro de que eles não precisam e talvez nem sequer percebam que embolsaram. Em outro nível, esse eleitor está transformando a moeda corrente da política — de realizações para imposição de sofrimento, do benefício para a dor —, ajudando um governante de sua escolha a estabelecer um regime de sadopopulismo. Esse eleitor pode achar que escolheu alguém para administrar seu sofrimento e fantasiar que o governante vai maltratar ainda mais os inimigos. A política da eternidade converte o sofrimento em significado e o significado de volta em mais sofrimento.[115]

Nesse sentido, os Estados Unidos do presidente Trump estavam ficando parecidos com a Rússia. No relativismo estratégico, a Rússia sofria mas procurava causar mais sofrimento ainda — ou pelo menos convencer sua população de que outros estavam sofrendo mais. Os cidadãos russos aceitaram o sofrimento das sanções da União Europeia e dos Estados Unidos depois da invasão da Ucrânia porque achavam que a Rússia estava em meio a uma gloriosa campanha contra essas potências, bem como que europeus e norte-americanos estavam recebendo o que mereciam por sua decadência e agressão. Uma justificativa ficcional para a guerra causa um sofrimento verdadeiro, que por sua vez justifica a continuação de uma guerra real. Ao vencer uma batalha dessa guerra e ajudar Trump a tornar-se presidente, Moscou espalhava essa lógica dentro dos Estados Unidos.

Moscou venceu um jogo de soma negativa em política internacional ajudando a transformar a política interna norte-americana num jogo de soma negativa. Na política russa da eternidade, os cidadãos trocam a possibilidade de um futuro melhor pela visão de uma brava defesa da sua inocência. Numa política norte-americana da eternidade, os seus cidadãos brancos trocam a possibilidade de um futuro melhor pela visão de uma brava defesa da sua inocência. Alguns norte-americanos podem ser convencidos a viver menos e pior, desde que tenham a impressão, certa ou errada, de que os negros (ou talvez imigrantes ou muçulmanos) sofrem ainda mais.[116]

Se as pessoas que apoiam o governo esperam que sua recompensa seja o sofrimento, então a democracia baseada na competição política entre partidos está em perigo. Com Trump, os norte-americanos passaram a contar com a administração de dor e prazer, afronta ou triunfo diários. Para seguidores e adversários, a experiência política torna-se um comportamento viciante, como o tempo gasto na internet ou sob efeito de heroína: um ciclo de bons e maus momentos que se passa em solidão. Poucos esperavam que o governo federal pudesse gerar políticas novas e construtivas. No curto prazo, um governo que não procura legitimar-se por meio da política será tentado a fazê-lo por meio do terror, como na Rússia. No longo prazo, um governo que não consegue formar uma maioria mediante reformas destruirá o princípio de governar pela maioria.

Esse afastamento da democracia e do primado da lei parecia ser o caminho preferido por Trump. Ele foi o primeiro candidato a presidente a dizer que rejeitaria a contagem de votos se não vencesse a eleição, o primeiro em mais de cem anos a recomendar a seus seguidores que surrassem fisicamente a adversária, o primeiro a sugerir (duas vezes) que a adversária deveria ser assassinada, o primeiro a sugerir como grande tema de campanha que a adversária deveria ser presa, e o primeiro a distribuir memes de fascistas na internet. Como presidente, manifestou admiração por ditadores do mundo inteiro. Conquistou a presidência, e seu partido tem a maioria nas duas câmaras do Legislativo americano, graças aos elementos não democráticos do sistema eleitoral. Trump estava bem ciente do fato, repetindo tediosamente que a rigor não perdeu no voto popular, embora tenha sido derrotado por ampla margem. Seus apoiadores russos tentaram ajudá-lo a sentir-se melhor: o Pervi Kanal informou falsamente, por exemplo, que Clinton só ganhou no cômputo dos votos totais porque milhões de "almas mortas" tinham votado nela.[117]

A lógica eleitoral do sadopopulismo é limitar o voto àqueles que se beneficiam com a desigualdade e àqueles que gostam do sofrimento, e tirar o voto daqueles que esperam que o governo defenda a igualdade e as reformas. Trump começou sua administração nomeando um comitê de supressão de eleitores, incumbido de excluir votantes das eleições federais, evidentemente para que no futuro uma maioria artificial pudesse ser formada no nível federal, como já ocorre em alguns estados. Sem o trabalho dessas comissões em nível estadual, teria sido mais difícil para Trump vencer em 2016. A esperança era, ao que tudo indica, realizar futuras eleições em condições ainda mais restritivas, cada vez com menos eleitores. A hipótese sombria para a democracia norte-americana era a possível combinação de um ato chocante, talvez um atentado terrorista interno, com uma eleição realizada em estado de emergência, limitando mais ainda o direito ao voto. Mais de uma vez Trump devaneou sobre um "importante acontecimento" dessa natureza.[118]

A tentação que a Rússia ofereceu a Trump foi a presidência. A tentação que Trump ofereceu aos republicanos foi a de um Estado de partido único, governo por eleições fraudadas em vez de disputa política, uma oligarquia racial em que a tarefa dos governantes seria infligir sofrimento em vez de trazer prosperidade, e comportar-se teatralmente para uma tribo em vez de representar para todos. Se tudo que o governo fizesse fosse maximizar a desigualdade e suprimir votos, a certa altura um limite seria ultrapassado. Os norte-americanos, como os russos, deixariam de acreditar em suas próprias eleições; então os Estados Unidos, como a Federação Russa, viveriam uma crise permanente de sucessão, sem uma forma legítima de escolher governantes. Seria o triunfo da política externa russa dos anos 2010: a exportação de problemas russos para adversários selecionados, a normalização da síndrome da Rússia mediante contágio.[119]

A política é internacional, mas a correção de rota tem que ser local. A campanha presidencial de 2016, a biografia de Donald Trump, os negócios não declarados, as compras anônimas de imóveis, o domínio de notícias da internet, as peculiaridades da Constituição, a espantosa desigualdade econômica, o doloroso histórico racial — para os norte-americanos, tudo isso pode parecer uma questão de ser um país especial, com uma história excepcional. A política da inevitabilidade levou os norte-americanos a achar que o mundo tinha se tornado parecido com os Estados Unidos, e portanto mais amistoso e democrático, mas não foi isso o que ocorreu. Na realidade, eram os Estados Unidos que vinham ficando menos democráticos nos anos 2010, e a Rússia se esforçava para acelerar essa tendência. Métodos russos de governo tinham apelo para potenciais oligarcas dos Estados Unidos. Como na Rússia, o risco era que ideias fascistas consolidassem a oligarquia.

Para quebrar o feitiço da inevitabilidade, precisamos nos ver como somos, não numa trajetória excepcional, mas dentro da história, junto com todos os outros. Para evitar a tentação da eternidade, precisamos enfrentar nossos problemas particulares, a começar pela desigualdade, com políticas públicas oportunas. Transformar a política norte-americana numa eternidade de conflito racial é permitir que a desigualdade econômica se agrave. Enfrentar as crescentes disparidades de oportunidade, restaurar uma possibilidade de progresso social, e com isso um senso de futuro, exigem que os norte-americanos sejam vistos como um conjunto de cidadãos, e não como grupos em conflito.

Ou os Estados Unidos terão as duas formas de igualdade — racial e econômica — ou não terão nenhuma. Se não tiverem nenhuma, a política da eternidade prevalecerá, a oligarquia racial surgirá, e será o fim da democracia norte-americana.

Epílogo (20–)

Viver a destruição é ver o mundo pela primeira vez. Herdeiros de uma ordem que não construímos, agora somos testemunhas de um declínio que não previmos.

Ver o nosso momento é nos afastarmos das histórias contadas para nos entorpecer — mitos de inevitabilidade e eternidade, progresso e ruína. A vida está em outra parte. Inevitabilidade e eternidade não são histórias, mas ideias dentro da história, maneiras de viver nosso tempo que aceleram tendências enquanto simultaneamente desaceleram nossos pensamentos. Para enxergar, precisamos remover o espelho distorcido da frente dos nossos olhos, ver como somos vistos, encarar as ideias pelo que elas são, e a história como aquilo que nós fazemos.

As virtudes surgem das instituições que as tornam desejáveis e possíveis. Quando as instituições são destruídas, as virtudes se revelam. Uma história de perda é, portanto, uma proposta de restauração. As virtudes de igualdade, individualidade, sucessão, integração, novidade e verdade — cada uma delas depende de cada uma das outras, e todas dependem de decisões e ações humanas. Um ataque a uma é um ataque a todas; fortalecer uma significa afirmar o restante.

Inseridos num mundo que não escolhemos, precisamos de igualdade para aprender com os fracassos, mas sem ressentimentos. Só a política pública coletiva é capaz de criar cidadãos com a confiança de indivíduos. Como indivíduos, tentamos compreender o que podemos e devemos fazer juntos e separados. Podemos nos juntar numa democracia com outros que votaram antes e votarão depois, e ao fazê-lo criamos um princípio de sucessão e uma noção de tempo. Tendo isso garantido, podemos ver nosso país como um entre tantos, reconhecer a necessidade de integração e escolher seus termos. As virtudes reforçam-se umas às outras, mas não automaticamente; qualquer harmonia demanda virtuosismo humano, a incessante regulagem do velho pelo novo. Sem novidade, as virtudes morrem.

Todas as virtudes dependem da verdade, e a verdade depende de todas as virtudes. A verdade final neste mundo é inatingível, mas sua busca leva o indivíduo para longe da falta de liberdade. A tentação de acreditar no que parece certo nos assalta o tempo todo, de todas as direções. O autoritarismo começa quando já não somos capazes de perceber a diferença entre o verdadeiro e o atraente. Ao mesmo tempo, o cínico que decide que não existe verdade é o cidadão que acolhe de braços abertos o tirano. A dúvida total sobre a autoridade em geral é uma ingenuidade sobre a autoridade em particular que decifra sentimentos e gera cinismo. Buscar a verdade significa encontrar um caminho entre a conformidade e a complacência, em direção à individualidade.

Se é verdade que somos indivíduos e se é verdade que vivemos numa democracia, então cada um de nós deve ter um só voto, não maior ou menor exercício de poder nas eleições em razão de riqueza, raça, privilégio ou geografia; é preciso que quem toma decisões sejam seres humanos individuais, e não almas mortas (como os russos chamam os cibervotos), nem os robôs da internet, nem os zumbis de alguma tediosa eternidade. Se um voto representa verdadeiramente um cidadão, então os cidadãos podem dar tempo ao Estado, e o Estado pode dar tempo aos cidadãos. Essa é a verdade da sucessão.

Que nenhum país subsiste sozinho é a verdade da integração. O fascismo é a mentira de que o inimigo determinado por um governante deva ser o inimigo de todos. A política dessa forma começa com base em sentimentos e mentiras. A paz se torna impensável, uma vez que a inimizade externa é necessária para o controle interno. Um fascista diz "o povo" e quer dizer "algumas pessoas", as suas preferidas do momento. Se cidadãos e moradores são reconhecidos por lei, então outros países também precisam ser reconhecidos por lei. Da mesma forma que precisa de um princípio de sucessão para existir no tempo, um Estado necessita de alguma forma de integração com outros para existir no espaço.

Se não existe verdade, não pode haver confiança, e nada de novo aparece num vácuo humano. A novidade surge dentro de grupos, sejam eles empresários ou artistas, militantes ou músicos; e a formação de grupos requer confiança. Em condições de desconfiança e isolamento, a criatividade e a energia se voltam para a paranoia e a conspiração, uma repetição febril dos erros mais antigos. Falamos em liberdade de associação, mas liberdade *é* associação: sem ela não podemos nos renovar, nem desafiar nossos governantes.

O abraço da igualdade e da verdade é apertado e terno. Quando a desigualdade é grande demais, a verdade é pesada demais para os miseráveis e branda demais para os privilegiados. A comunicação entre cidadãos depende da igualdade. Ao mesmo tempo, a igualdade não pode ser conquistada sem fatos. Uma experiência individual de desigualdade pode ser minimizada por uma história qualquer de inevitabilidade ou eternidade, mas os dados coletivos sobre desigualdade exigem a adoção de uma política. Se não sabemos quanto a distribuição da riqueza do mundo é desigual, ou que parcela dessa riqueza é escondida do Estado pelos ricos, não temos como saber por onde começar.

Se encararmos a história como ela é, vemos nosso lugar nela, o que podemos mudar e como melhorar. Interrompemos nossa viagem irrefletida da inevitabilidade para a eternidade e abandonamos a estrada para a falta de liberdade. Damos início a uma política de responsabilidade.

Participar de sua criação é ver o mundo uma segunda vez. Estudando as virtudes que a história revela, tornamo-nos artífices de uma renovação que ninguém é capaz de prever.

Agradecimentos

Penso com frequência nos historiadores que, daqui a décadas ou séculos, tentarão compreender o momento que vivemos hoje. O que deixaremos para trás que possam interpretar? "Informação" no sentido digital é uma coisa infinita, conhecimento cada vez mais raro e sabedoria fugaz. Espero que a prosa do jornalismo investigativo honesto, talvez até em sua forma impressa, forneça um ponto de partida. Sem dúvida minha própria historiografia, extremamente contemporânea, depende muito de repórteres que assumiram o risco de entender os fatos. Este livro é dedicado a eles.

Em certo momento, achei que estivesse quase terminando uma obra sobre a Rússia, a Ucrânia e a Europa de hoje, mas logo descobri que o assunto era muito mais britânico e norte-americano do que eu inicialmente imaginava. As pesquisas sobre os aspectos russos e ucranianos foram apoiadas por uma Carnegie Fellowship. No Instituto de Ciências Humanas em Viena, em 2013 e 2014, aprendi com colegas ucranianos e russos, e com as diretoras do programa "Ucrânia no Diálogo Europeu", Kate Younger e Tatiana Zhurzhenko. Devo muito às conversas com os colegas Krzysztof Czyżewski, Yaroslav Hrytsak e o falecido Leonidas Donskis num curso de verão realizado na Borderland Foundation em Krasnogruda, Polônia, em 2016.

No fim de 2016, escrevi um panfleto político intitulado *Sobre a tirania: Vinte lições do século XX para o presente* e passei boa parte de 2017 discutindo política interna com norte-americanos (e tentando explicar os Estados Unidos para europeus, ao mesmo tempo que chamava a atenção dos europeus para a semelhança fundamental de certos problemas). Muitos dos conceitos desenvolvidos aqui nasceram dessas discussões públicas. Como eu estava constantemente falando entre a publicação daquele livro e este aqui, não posso agradecer a cada um dos fóruns: mas reconheço que fui inspirado a pensar pela determinação de trabalhar demonstrada por outros. Durante todo esse tempo complexo e movimentado, tive a sorte de contar com o apoio de minha agente, Tina Bennett, e do meu editor, Tim Duggan.

Este livro foi iniciado em Viena e revisado em Krasnogruda, mas concluído em New Haven, Connecticut. Foi durante os preparativos para uma discussão com estudantes em Yale, numa palestra organizada por Declan Kunkel, que me ocorreram os conceitos de "inevitabilidade" e "eternidade", que servem de base para a argumentação desta obra. Agradeço ao Departamento de História, ao Jacskon Institute e ao MacMillan Center de Yale pelo ambiente perfeito para pensar e escrever. Minha extraordinária assistente Sara Silverstein criou o ambiente, intelectual e logístico, que me permitiu trabalhar nesses últimos três anos. Quero desejar-lhe felicidade e sucesso na continuação de sua carreira de historiadora na Universidade de Connecticut.

Contei com a ajuda de um fabuloso grupo de pesquisadores: Tory Burnside Clapp, Max Landau, Julie Leighton, Ola Morehead,

Anastasiya Novotorskaya, David Shimer e Maria Teteriuk. Amigos e colegas tiveram a bondade de ler capítulos. Esse grupo inclui Dwayne Betts, Susan Ferber, Jörg Hensgen, Dina Khapaeva, Nikolay Koposov, Daniel Markovits, Paweł Pieniążek, Anton Shekhovtsov, Jason Stanley, Vladimir Tismaneanu e Andreas Umland. Oxana Mikhaevna compartilhou comigo as transcrições de entrevistas com separatistas ucranianos e voluntários russos que combatiam no leste da Ucrânia. Max Trudolyubov e Ivan Krastev me levaram a desenvolver as ideias que se tornaram os capítulos 1 e 2. Paul Bushkovitch compartilhou generosamente seus pensamentos sobre a história da sucessão na Rússia, e Izabela Kalinowska me ajudou a ver as ligações entre a cultura contemporânea e a cultura clássica russas. No próprio encontro das duas, Nataliya Gumenyuk e Christine Hadley Snyder me ajudaram a ver conexões entre preocupações ucranianas e norte-americanas.

Eu não me teria tornado o historiador que escreveu este livro sem a influência do meu orientador de doutorado, Jerzy Jedlicki (1930-2018), que morreu quando eu escrevia estas linhas finais. Ele sobreviveu à pior das tiranias do século xx e tornou-se modelo de uma historiografia europeia oriental ao mesmo tempo rigidamente analítica e moralmente engajada. Foi um dos poucos na Polônia, ou em qualquer outro país, a não se deixar tocar pelo que chamo aqui de política da inevitabilidade. Lamento muito não podermos conversar sobre este livro em seu apartamento em Varsóvia.

Minhas dívidas para com Marci Shore são muitas e aumentam a cada dia; aqui elas são acima de tudo filosóficas.

A responsabilidade por este livro e seus defeitos é apenas minha.

Notas

As notas estão associadas a cada parágrafo. O conteúdo das notas esclarece a relação entre as fontes e o texto permitindo aos leitores interessados checar as fontes de forma simples. Já o problema da transliteração não é tão simples. As fontes citadas estão em russo, ucraniano, alemão, francês, polonês e inglês. Russo e o ucraniano são escritos no alfabeto cirílico, por isso palavras russas e ucranianas precisam ser transliteradas. No texto principal, nomes russos e ucranianos são em geral transliterados em formas familiares, ou nas formas preferidas pelas pessoas envolvidas. Nas notas utiliza-se uma versão simplificada do sistema de transliteração da Biblioteca do Congresso dos Estados Unidos.

Cada fonte é citada na íntegra na primeira menção, e depois numa forma abreviada. Veículos de mídia são abreviados assim: *BI: Business Insider; DB: Daily Beast; EDM: Eurasia Daily Monitor; FAZ: Frankfurter Allgemeine Zeitung; FT: Financial Times; GW: Gazeta Wyborcza; HP: Huffington Post; KP: Komsomol'skaia Pravda; LM: Le Monde; NG: Novaia Gazeta; NPR: National Public Radio; NW: Newsweek; NY: New Yorker; NYR: New York Review of Books; NYT: New York Times; PK: Pervi Kanal; RFE/RL: Radio Free Europe/ Radio Liberty; RG: Russkaia Gazeta; RK: Russkii Kolokol; TG: The Guardian; TI: The Interpreter; UP: Ukrains'ka Pravda; VO: Vozrozhdenie; WP: Washington Post; WSJ: Wall Street Journal.*

1. INDIVIDUALISMO OU TOTALITARISMO [pp. 25-50]

1. Esses conceitos de inevitabilidade e eternidade são novos, mas a noção de "paisagem temporal" não. Fui muito ajudado por Hans Ulrich Gumbrecht, *Nach 1945*, trad. para o inglês de Frank Born (Berlim: Suhrkampf, 2012); Johann Chapoutot, "L'Historicité nazie", *Vingtième Siècle*, n. 117, 2013, pp. 43-55; Reinhart Koselleck, *Futures Past*, trad. para o inglês de Keith Tribe (Cambridge, Mass.: MIT Press, 1985); Mary Gluck, *Georg Lukács and His Generation, 1900--1918* (Cambridge, Mass.: Harvard University Press, 1991).

2. Czesław Miłosz, *Zniewolony umysł*. Paris: Kultura, 1953, p. 15.

3. A riqueza e a desigualdade na Rússia são discutidas no capítulo 6, no qual as fontes serão citadas.

4. Sobre as origens intelectuais do fascismo, ver Zeev Sternhell, *Les Anti--Lumières* (Paris: Gallimard, 2010). Como sugiro, Ilin estava mais próximo dos fascistas romenos, que eram também cristãos ortodoxos. O problema da associação do cristianismo com o fascismo é mais amplo. Para informações de fundo sobre casos ocidentais, ver Susannah Heschel, *The Aryan Jesus* (Princeton: Princeton University Press, 2010); John Connelly, *From Enemy to Brother* (Cambridge, Mass.: Harvard University Press, 2012); Brian Porter-Szűcs, *Faith and Fatherland* (Nova York: Oxford University Press, 2011).

5. O livro que levou a esse renascimento foi I. Ilyin, *Nashi zadachi: Stat'i 1948-1954 gg.* (Paris: Izdanie Russkago obshche-voinskago soiuza, 1956). Sua volta nos anos 1990: Oleg Kripkov, *To Serve God and Russia: Life and Thought of Russian Philosopher Ivan Il'in*, tese de doutorado, Department of History, University of Kansas, 1998, p. 205. Primeiros discursos de Pútin: Discurso para a Assembleia Federal, 25 abr. 2005; Discurso para a Assembleia Federal, 10 maio 2006. Sepultamento: "V Moskve sostoialas' tseremoniia perezakhoroneniia prakha generala A. I. Denikina i filosofa I. A. Il'ina", *Russkaia Liniia*, 3 out. 2005. Sobre os documentos de Ilin: "MSU will digitize archives of Ilyin", newsru.com. Sobre a preparação dos discursos de Pútin: Maxim Kalinnikov, "Putin i russkie filosofy: kogo tsitiruet prezident", Rustoria.ru, 5 dez. 2014. Pútin sobre relações exteriores e invasão da Ucrânia, com referências diretas ou indiretas a Ilin: "Vladímir Pútin definiu a anexação da Crimeia como o acontecimento mais importante do ano passado", *PK*, 4 dez. 2014; "Blok NATO razoshelsia na blokpakety", *Kommersant*, 7 abr. 2008; Vladímir Pútin, "Rossiia: natsional'nyi vopros", *Nezavisimaia Gazeta*, 23 jan. 2012; discurso de Vladímir Pútin à Assembleia Federal, 2 dez. 2012; Id., Reuniões com Representantes de Diferentes Patriarcados e Igrejas Ortodoxos, 25 jul. 2013; Id., Comentários a Valores Eslavo-Ortodoxos: conferência A Fundação da Escolha Civilizacional da Ucrânia, 27 jul. 2013; Id.,

"Excerpts from the transcript of the meeting of the Valdai International Discussion Club", 19 set. 2013; Id., entrevista com jornalistas em Novo-Ogarevo, 4 mar. 2014. Pútin sobre a autoridade de Ilin: "Encontro com jovens cientistas e professores de história", Moscou, 2014, Krêmlin, 46951.

6. Surkov sobre Ilin: Vladislav Surkov, "Discurso no centro para estudos do partido e treinamento de pessoal no Partido Rússia Unida", 7 fev. 2006, publicado em *Rosbalt*, 9 mar. 2006; Iurii Kofner, "Ivan Il'in — Evraziiskii filosof Putina", *EvraziiaBlog*, 3 out. 2015; Aleksei Semenov, *Surkov i ego propaganda* (Moscou: Knizhnyi Mir, 2014). Medvedev sobre Ilin: D. A. Medvedev, "K Chitateliam", em I. A. Ilyin, *Puti Rossii* (Moscou: Vagrius, 2007), pp. 5-6. Ilin na política russa: Tatiana Saenko, "Parlamentarii o priniatii v sostav Rossiiskoi Federatsii novykh sub'ektov", *KabardinoBalkarskaya Pravda*, n. 49, 18 mar. 2014, p. 1; Z. F. Dragunkina, "Dnevnik trista sorok deviatogo (vneocherednogo) zasedaniia soveta federatsii", *Biulleten' Soveta Federatsii*, v. 254, p. 453; V. V. Zhirinovskii, V. A. Degtiarev, N. A. Vasetskii, "Novaia gosudarstvennost", *Izdanie LDPR*, 2016, p. 14. Vladímir Jirinovski, o líder do Partido Liberal Democrático, que leva esse nome equivocadamente, com certeza leu Ilin antes que Pútin o fizesse. Andreas Umland, *Vladimir Zhirinovskii in Russian Politic*, tese de doutorado, Free University of Berlin, 1997. Funcionários públicos receberam um exemplar: Michael Eltchaninoff, *Dans la tête de Vladimir Poutine* (Arles: Actes Sud, 2015). Para exemplos de menções feitas por governadores e funcionários regionais de categoria semelhante, ver artigos disponíveis em: <kurganobl.ru/10005.html, etnokonf.astrobl.ru/document/621>; <old.sakha.gov.ru/node/1349#>; <special.kremlin.ru/events/president/news/17536>; <gov.spb.ru/law?d&nd=537918692&nh=1>.

7. Essas afirmações serão demonstradas nos capítulos 3 e 6.

8. Sobre a orientação política de Ilin: Kripkov, "To Serve God and Russia", pp. 13-35 para o esquerdismo de juventude; Philip T. Grier, "The Complex Legacy of Ivan Il'in", em James P. Scanlan (Org.), *Russian Thought after Communism* (Armonk: M. E. Sharpe, 1994), pp. 165-86; Daniel Tsygankov, "Beruf, Verbannung, Schicksal: Iwan Iljin und Deutschland", *Archiv für Rechts- und Sozialphilosophie*, v. 87, n. 1, 2001, pp. 44-60. Citação de Stanley Payne: *Fascism* (Madison: University of Wisconsin Press, 1980), p. 42. Artigos de Ilin sobre Mussolini e o fascismo italiano: "Pis'ma o fashizmie: Mussolini sotsialist", vo, 16 mar. 1926, p. 2; "Pis'ma o fashizmie: Biografiia Mussolini", *VO*, 10 jan. 1926, p. 3; ver também "Natsional-sotsializm" (1933), em D. K. Burlaka (Org.), *I. A. Il'in — pro et contra* (São Petersburgo: Izd-vo Russkogo khristianskogo gumanitarnogo in-ta, 2004), pp. 477-84.

9. Ilin sobre o fascismo: "Natsional-sotsializm". Ilin sobre o Movimento

Branco russo: "O russkom'fashizmie", *RK*, n. 3, 1927, pp. 56, 64; ver também Grier, "Complex Legacy", pp. 166-7. Uma introdução importante à Guerra Civil Russa é Donald J. Raleigh, "The Russian Civil War, 1917-1922", em Ronald Grigor Suny (Org.), *Cambridge History of Russia* (Cambridge, Reino Unido: Cambridge University Press, 2006), v. 3, pp. 140-67.

10. Ilin sobre Hitler: "Natsional-sotsializm", pp. 477-84. Sobre a transferência de ideias por exilados Brancos, ver Michael Kellogg, *The Russian Roots of Nazism* (Cambridge, Reino Unido: Cambridge University Press, 2005), pp. 12, 65, 72-3; ver também Alexander Stein, *Adolf Hitler: Schüler der "Weisen von Zion"* (Karlové Vary: Graphia, 1936) e V. A. Zolotarev et al. (Orgs.), *Russkaia voennaia emigratsiia* (Moscou: Geiia, 1998). Biografia: Tsygankov, "Iwan Iljin"; Tsygankov, "Beruf, Verbannung, Schicksal", pp. 44-60; Kripkov, "To Serve God and Russia", pp. 2, 10, 304; I. I. Evlampiev (Org.), *Ivan Aleksandrovich Il'in* (Moscou: Rosspen, 2014), p. 14; Grier, "Complex Legacy".

11. Biografia: Kripkov, "To Serve God and Russia", pp. 72-3, 240, 304; Grier, "Complex Legacy"; Tsygankov, "Iwan Iljin". Reações na Suíça: Jürg Schoch, "'Ich möchte mit allem dem geliebten Schweizervolk dienen'", *TagesAnzeiger*, 29 dez. 2014.

12. "Sud'ba Bol'shevizma" (19 set. 1941), em I. A. *Il'in, Sobranie sochinenii*, ed. de Iu. T. Lisitsy (Moscou: Russkaia kniga, 1993-2008, 22 v.), aqui v. 8. Colegas: Schoch, "'Ich möchte mit allem dem geliebten Schweizervolk dienen'". Apoio financeiro: Kripkov, "To Serve God and Russia", p. 245.

13. Felix Philipp Ingold, "Von Moskau nach Zellikon", *Neuer Zürcher Zeitung*, 14 nov. 2000.

14. Cito o tempo todo a edição em alemão (I. A. Iljin, *Philosophie Hegels als kontemplative Gotteslehre* [Berna: A. Francke, 1946]), uma vez que os conceitos filosóficos são alemães. Para os objetivos deste livro, concentro-me em Ilin isolado de discussões russas: para contextos, ver Laura Engelstein, "Holy Russia in Modern Times: An Essay on Orthodoxy and Cultural Change", *Past & Present*, n. 173, 2001, pp. 129-56, e Andrzej Walicki, *A History of Russian Thought from the Enlightenment to Marxism* (Stanford: Stanford University Press, 1979).

15. Ilin, *Philosophie Hegels*, pp. 9, 351-2, 374. Cioran sobre totalidade: E. M. Cioran, *Le Mauvais Démiurge* (Paris: Gallimard, 1969), p. 14. Sobre Hegel, hegelianos e a tradição de totalidade: ver Leszek Kołakowski, *Main Currents of Marxism*. v. 1: *The Founders* (Oxford: Oxford University Press, 1978), pp. 17-26.

16. Ilin, *Philosophie Hegels*, pp. 310, 337, 371-2. Cf. Roman Ingarden, *Spór o istnienie świata* (Carcóvia: Nakład Polskiej Akademii Umiejętności, 1947).

17. Ilin, *Philosophie Hegels*, pp. 307, 335.

18. Sobre o mal: I. Ilin, *O soprotivlenii zlu siloiu* (1925), em *Sobranie sochi-*

nenii, v. 5, p. 43. Existência, fatos, classe média: Id., *Philosophie Hegels*, pp. 312, 345. Também é possível começar uma defesa do individualismo neste ponto exato: Józef Tischner, *Spowiedź rewolucjonisty*. *Czytając Fenomenologię Ducha Hegla* (Carcóvia: Znak, 1993), pp. 42-3.

19. A ideia de que a ética começa por não fazer de si mesmo uma exceção está associada a Immanuel Kant, por quem o jovem Ilin foi muito influenciado.

20. Ilin sobre contemplação: Ilin, *Philosophie Hegels*, p. 8; também era um dos temas de suas palestras na Suíça, que ele publicou. Visão de Codreanu: Constantin Iordachi, *Charisma, Politics, and Violence* (Trondheim: Universidade Norueguesa de Ciência e Tecnologia, 2004), p. 45. Ilin sobre a nação: "Put'dukhovnogo obnovleniia" (1932-5), *Sobranie sochinenii*, v. 1, p. 196.

21. Organismo e união fraterna: V. A. Tomsinov, *Myslitel's poiushchim serdtsem* (Moscou: Zertsalo, 2012), pp. 166, 168; Tsygankov, "Iwan Iljin". Minorias nacionais: Ilin, *Nashi zadachi*, p. 250.

22. Ameaças estrangeiras: Ilin, "Put' dukhovnogo obnovleniia", em *Sobranie sochinenii*, v. 1, p. 210 (e sobre Deus e nação na p. 328); Id., *Philosophie Hegels*, p. 306 (e sobre o espírito russo na p. 345); Kripkov, "To Serve God and Russia", p. 273.

23. Construção de ameaças e "bloqueio continental" de Ilin: Ilin (Org.), *Welt vor dem Abgrund* (Berlim: Eckart, 1931), pp. 152, 155; Kripkov, "To Serve God and Russia", p. 273.

24. Informações biográficas: Grier, "Complex Legacy", p. 165. Citação de Ilin: "O russkom' fashizmie", p. 60: "Dielo v'tom', chto fashizm' est spasitelnyi eksstess patriticheskago proizvola".

25. Ilin sobre salvação: "O russkom' fashizmie", *RK*, n. 3, 1927, pp. 60-1. Citação de Hitler: *Mein Kampf* (Munique: Zentralverlag der NSDAP, 1939), p. 73.

26. Ilin sobre Deus: Tsygankov, "Iwan Iljin". Totalidade divina e guerra cristã: *O soprotivlenii zlu siloiu*, pp. 33, 142. Luta cavalheiresca: "O russkom' fashizmie", p. 54. Num poema no primeiro número do seu periódico *Russki Kolokol*, Ilin também escreveu: "Minha oração é como uma espada. E minha espada é como uma oração", *RK*, n. 1, p. 80. Ao contrário de Nietzsche, que tentava transcender o cristianismo, Ilin simplesmente o invertia. Ilin afirmava que era necessário amar a Deus odiando o inimigo. Nietzsche (em *Ecce Homo*) argumentou que aquele que busca o conhecimento tem que amar seus inimigos e odiar seus amigos, o que é um desafio de uma ordem mais alta. O hegeliano era Ilin, mas aqui Nietzsche se mostrou certamente superior como dialético.

27. Poder: Ilin, "Pis'ma o fashizmie: Lich nost' Mussolini", *VO*, 17 jan. 1926, p. 3. Para além da história: "Pis'ma o fashizmie: Biografiia Mussolini", *VO*, 10 jan. 1926, p. 3. O sensual: Ilin, *Philosophie Hegels*, p. 320. Masculinidade: Rys-

zard Paradowski, *Kościół i władza. Ideologiczne dylematy Iwana Iljina* (Poznań: Wydawnictwo Naukowe UAM, 2003), pp. 91, 114. Redentor e órgão: I. A. Il'in, "Belaia ideia", *Sobranie sochinenii*, v. 9-10, p. 312.

28. Ver Jean-Pierre Faye, "Carl Schmitt, Göring, et l'État total", em Yves Charles Zarka (Org.), *Carl Schmitt ou le mythe du politique* (Paris: Presses Universitaires de France, 2009), pp. 161-82; Yves-Charles Zarka, *Un détail dans la pensée de Carl Schmitt* (Paris: Presses Universitaires de France, 2005); Raphael Gross, *Carl Schmitt and the Jews*, trad. para o inglês de Joel Golb (Madison: University of Wisconsin Press, 2007). Sobre a influência de Schmitt, ver Dirk van Laak, *Gespräche in der Sicherheit des Schweigens* (Berlim: Akademie, 1993); Jan-Werner Müller, *A Dangerous Mind* (New Haven: Yale University Press, 2003). O resgate na Rússia da obra de Ilin deve ser entendida como parte da reabilitação internacional de Schmitt, questão ampla demais para examinar aqui. Soberano de Schmitt: Carl Schmitt, *Politische Theologie* (Berlim: Duncker & Humblot, 2004, 1922), p. 13. Ilin sobre nacionalismo: "O russkom natsionalizmie", p. 47. Arte da política: *Nashi zadachi*, p. 56: "Politika est' iskusstvo uznavat' i obezvrezhyvat' vraga".

29. Ilin sobre a guerra: Paradowski, *Kościół i władza*, p. 194. Canção romena: "Marchh by Radu Gyr", de "Hymn of the Legionary Youth" (1936), citada em Roland Clark, *Holy Legionary Youth: Fascist Activism in Interwar Romania* (Ithaca: Cornell University Press, 2015), p. 152. Ver com relação a isso Moshe Hazani, "Red Carpet, White Lilies", *Psychoanalytic Review*, v. 89, n. 1, 2002, pp. 1-47. Ilin sobre excesso e paixão: *Philosophie Hegels*, p. 306; "Pis'ma o fashizmie", p. 3. Os romances de Witold Gombrowicz, especialmente *Ferdydurke*, são boas introduções ao problema da inocência.

30. Péguy citado em Eugen Weber, "Romania", em Hans Rogger e Eugen Weber (Orgs.), *The European Right: A Historical Profile* (Berkeley: University of California Press, 1965), p. 516.

31. Ilin sobre governantes e eleições: *Nashi zadachi*, pp. 33, 340-2; Ilin, *Osnovy gosudarstevnnogo ustroistva* (Moscou: Rarog', 1996), p. 80; Paradowski, *Kościół i władza*, pp. 114, 191. Ver também Iordachi, *Charisma, Politics, and Violence*, pp. 7, 48.

32. I. A. Ilin, "Kakie zhe vybory nuzhny Rossii" (1951), *Sobranie sochinenii*, v. 2, parte 2, 1993, pp. 18-23. Princípio de democracia: Paradowski, *Kościół i władza*, p. 91.

33. Citação: Ilin, "Kakie zhe vybory nuzhny Rossii", p. 25. Classes médias: *Philosophie Hegels*, pp. 312-6; *Osnovy gosudarstevn nogo ustroistva*, pp. 45-6. O desprezo pelas classes médias era típico da extrema direita e da extrema esquerda na época de Ilin. Para uma excelente caracterização, ver Miłosz, *Zniewolony*

umysł, p. 20. É também típico do fascismo russo hoje: ver, por exemplo, Aleksandr Dúguin, "The War on Russia in its Ideological Dimension", *Open Revolt*, 11 mar. 2014.

34. Visão juvenil de Ilin sobre o direito: I. A. Ilin, "The Concepts of Law and Power", trad. para o inglês de Philip. T. Grier, *Journal of Comparative Law*, v. 7, n. 1, pp. 63-87. Coração russo: Ilin, *Nashi zadachi*, p. 54; Tomsinov, *Myslitel' s poiushchim serdtsem*, p. 174. Identidade metafísica: *Philosophie Hegels*, p. 306. Ilin refere-se a Romanos 2:15, versículo importante na teologia ortodoxa. Para uma leitura alternativa da ideia do coração na ética fenomenológica, ver Tischner, *Spowiedź rewolucjonisty*, pp. 92-3.

35. Cf. Cioran, *Le Mauvais Démiurge*, p. 24; Payne, *Fascism*, p. 116.

36. Vitimização russa: Paradowski, *Kościół i władza*, pp. 188, 194.

37. Oligarquia na Rússia é um assunto do capítulo 6, e as fontes serão citadas ali.

38. Masha Gessen apresenta argumento diferente para o colapso da marcha do tempo para a frente em *The Future Is History* (Nova York: Riverhead, 2017).

39. G. W. F. Hegel, *Vorlesungen über die Philosophie der Geschichte*, parte 3, seção 2, cap. 24.

40. Marx como hegeliano de esquerda: Karl Marx, *The Economic and Philosophic Manuscripts of 1844*, org. de Dirk J. Struik (Nova York: International Publishers, 1964), para os pontos levantados aqui, especialmente pp. 34, 145, 172. Sobre hegelianismo de esquerda: Kołakowski, *Main Currents*, v. 1, pp. 94-100.

41. Filosofia política de Ilin: Philip T. Grier, "The Speculative Concrete", em Shaun Gallagher (Org.), *Hegel, History, and Interpretation* (State University of New York Press, 1997), pp. 169-93. Ilin sobre Marx: *Philosophie Hegels*, p. 11. Hegel sobre Deus: Marx, *The Economic and Philosophic Manuscripts of 1844*, p. 40. Ilin sobre Deus: *Philosophie Hegels*, p. 12; Kripkov, "To Serve God and Russia", p. 164; Ilin, "O russkom' fashizmie", pp. 60-4.

42. Lênin sobre Ilin: Kirill Martynov, "Filosof kadila i nagaiki", *NG*, 9 dez. 2014; Philip T. Grier, "Three Philosophical Projects", in G. M. Hamburg e Randall A. Poole (Orgs.), *A History of Russian Philosophy 1830-1930* (Cambridge, Reino Unido: Cambridge University Press, 2013), p. 329.

43. Ilin sobre Lênin: Kripkov, "To Serve God and Russia". Ilin sobre revolução: "O russkom' fashizmie", pp. 60-1; *Nashi zadachi*, p. 70. Berdiáiev sobre Ilin: Martynov, "Filosof kadila i nagaiki"; Eltchaninoff, *Dans la tête de Vladimir Poutine*, p. 50. Ver também Tischner, *Spowiedź rewolucjonisty*, p. 211.

44. Ilin sobre jazz: Ilyin, "Iskusstvo", em D. K. Burlaka (Org.), I.A. *Il'in — pro et contra* (São Petersburgo: Izd-vo Russkogo khristianskogo gumanitarnogo

in-ta, 2004), pp. 485-6. *Pravda* sobre jazz: Maksim Górki, "O muzyke tolstykh", *Pravda*, 18 abr. 1928. Fascistas poloneses tinham postura parecida: Jan Józef Lipski, *Idea Katolickiego Państwa Narodu Polskiego* (Varsóvia: Krytyka Polityczna, 2015), p. 47. Sobre jazz como anti-stalinismo, ver Leopold Tyrmand, *Dziennik* 1954 (Londres: Polonia Book Fund, 1980). Vichinski sobre direito: Martin Krygier, "Marxism and the Rule of Law", *Law & Social Inquiry*, v. 15, n. 4, 1990, p. 16. Sobre estados de exceção stalinistas: Stephen G. Wheatcroft, "Agency and Terror", *Australian Journal of Politics and History*, v. 53, n. 1, 2007, pp. 20-43; id., "Towards Explaining the Changing Levels of Stalinist Repression in the 1930s", em Stephen G. Wheatcroft (Org.), *Challenging Traditional Views of Russian History* (Houndmills: Palgrave, 2002), pp. 112-38.

45. Ilin sobre a União Soviética: Ilin, *Nashi zadachi*; Kripkov, "To Serve God and Russia", p. 273. Ilin sobre a Rússia e o fascismo: ver fontes em todo este capítulo, bem como a discussão de I. I. Evlampiev, "Ivan Il'in kak uchastnik sovremennykh diskussii", em Evlampiev (Org.), *Ivan Aleksandrovich Il'in* (Moscou: Rosspen, 2014), pp. 8-34. Stálin e Rússia: David Brandenberger, *National Bolshevism* (Cambridge, Mass.: Harvard University Press, 2002); Serhy Yekelchyk, *Stalin's Empire of Memory* (Toronto: University of Toronto Press, 2004). Ver também Yoram Gorlizki e Oleg Khlevniuk, *Cold Peace* (Oxford: Oxford University Press, 2004); Hiroaki Kuromiya, Stalin (Harlow: Pearson Longman, 2005); Vladislav M. Zubok, *A Failed Empire* (Chapel Hill: University of North Carolina Press, 2007).

46. Ver as fontes citadas anteriormente, bem como *Nashi zadachi*, pp. 152--5. Sobre este tema por um ângulo diferente, ver Shaun Walker, *The Long Hangover* (Oxford: Oxford University Press, 2018), "*vacuum*" em p. 1 e sic passim.

47. Alguns exemplos de Pútin citando Ilin foram dados neste capítulo; outros serão fornecidos nos capítulos 2 e 3. Para uma ideia da discussão russa sobre influência, ver Yuri Zarakhovich, "Putin Pays Homage to Ilyin", *EDM*, 3 jun. 2009; Maxim Kalinnikov, "Putin i russkie filosofy: kogo tsitiruet prezident", Rustoria.ru, 5 dez. 2014; Martynov, "Filosof kadila i nagaiki"; Izrail' Zaidman, "Russkii filosof Ivan Il'in i ego poklonnik Vladimir Putin", *Rebuzhie*, 25 nov. 2015; Eltchaninoff, *Dans la tête de Vladimir Poutine*.

48. Como argumenta outro cristão fenomenológico, "nós e eles" também divide perfeitamente o bem e o mal, o que é impossível na terra. Ver Tischner, *Spowiedź rewolucjonisty*, p. 164.

2. SUCESSÃO OU FRACASSO [pp. 51-86]

1. Randa citado em Iordachi, *Charisma, Politics, and Violence*, p. 7.

2. Entre marxismo e leninismo há Engels: ver Friedrich Engels, *Anti-Dühring* (Nova York: International Publishers, [1878], 1972).

3. Ver Timothy Snyder, *Bloodlands* (Nova York: Basic, 2010). [Ed. bras.: *Terras de sangue*. Trad. de Mauro Pinheiro (Rio de Janeiro: Record, 2012)].

4. Para um convincente estudo de caso, ver Amir Weiner, *Making Sense of War* (Princeton: Princeton University Press, 2001).

5. Para histórias pessoais da suspensão de tempo, ver Katja Petrowskaja, *Vielleicht Esther* (Berlim: Suhrkamp, 2014); e Marci Shore, *The Taste of Ashes* (Nova York: Crown, 2013).

6. Kieran Williams, *The Prague Spring and Its Aftermath* (Nova York: Cambridge University Press, 1997); Paulina Bren, *The Greengrocer and His TV* (Ithaca: Cornell University Press, 2010).

7. Christopher Miller, *The Struggle to Save the Soviet Economy* (Chapel Hill: University of North Carolina Press, 2016). Política econômica nacionalista: Timothy Snyder, "Soviet Industrial Concentration", em John Williamson (Org.), *The Economic Consequences of Soviet Disintegration* (Washington, DC.: Institute for International Economics, 1993), pp. 176-243.

8. O *locus classicus* sobre a questão nacional dentro da União Soviética é Terry Martin, *The Affirmative Action Empire: Nations and Nationalism in the Soviet Union, 1923-1939* (Ithaca, NY: Cornell University Press, 2001). Uma fonte inestimável sobre a relação entre 1989 e 1991 é Mark Kramer, "The Collapse of East European Communism and the Repercussions within the Soviet Union", *Journal of Cold War Studies*, v. 5, n. 4, 2003; v. 6, n. 4, 2004; v. 7, n. 1, 2005.

9. Para um valioso retrato de Iéltsin, ver Timothy J. Colton, *Yeltsin: A Life* (Nova York: Basic, 2008).

10. Bush em Kíev: "Excerpts From Bush's Ukraine Speech: Working 'for the Good of Both of Us'", Reuters, 2 ago. 1991. Bush a Gorbatchóv: Svetlana Savranskaya e Thomas Blanton (Orgs.), *The End of the Soviet Union 1991*, Washington, DC: National Security Archive, 2016, documento 151.

11. A ideia de redenção segundo Ilin foi discutida no capítulo 1. Ver especialmente "O russkom' fashizmie", pp. 60-3.

12. Para uma introdução sensata à história do fim da União Soviética, ver Archie Brown, *The Rise and Fall of Communism* (Nova York: HarperCollins, 2009).

13. Charles Clover, *Black Wind, White Snow: The Rise of Russia's New Nationalism* (New Haven: Yale University Press, 2016), pp. 214-23.

14. "Proekt Putin glazami ego razrabotchika", *MKRU*, 23 nov. 2017; Clover, *Black Wind, White Snow*, pp. 246-7.

15. Para o pano de fundo político e midiático, ver Arkady Ostrovsky, *The Invention of Russia* (Londres: Atlantic, 2015), pp. 245-83. Índices de aprovação: David Satter, *The Less You Know, the Better You Sleep* (New Haven: Yale University Press, 2016), p. 11.

16. Sobre a política do bombardeio: Satter, *The Less You Know*, pp. 10-1; Krystyna Kurczab-Redlich, *Wowa, Wolodia, Wladimir* (Varsóvia: Wydawnictwo ab, 2016), pp. 334-46, 368.

17. Terrorismo e controle: Peter Pomerantsev, *Nothing Is True and Everything Is Possible* (Nova York: Public Affairs, 2014), p. 56. Governadores regionais: Satter, *The Less You Know*, p. 116. Explicação de Surkov: "Discurso no Centro de Estudos Partidários", 7 fev. 2006, publicado em *Rosbalt*, 9 mar. 2006; *Ivanov + Rabinovich*, abr. 2006.

18. Surkov e a democracia soberana: *Ivanov + Rabinovich*, abr. 2006, e nota subsequente. Ver também "Pochemu Putin tsitiruet filosofa Il'ina?", *KP*, 4 jul. 2009. Dúguin desenvolveu essa opinião em seu livro posterior *Putin protiv Putina* (Moscou: Yauza-Press, 2012).

19. Vladislav Surkov sobre democracia e os três pilares do Estado: *Texts 97-10*, trad. para o inglês de Scott Rose (Moscou: Europe, 2010). "Ditador democrático" de Ilin: *Nashi zadachi*, pp. 340-2. Citando Ilin: Surkov, "Suverenitet — eto politicheskii sinonim konkurentosposobnosti", em *Teksty 97-07* (Moscou: 2008). A pessoa é a instituição: Surkov, "Russkaia politicheskaia kultura: Vzgliaad iz utopii", Russ.ru, 7 jun. 2015.

20. Citação de 2002: Michel Eltchaninoff, *Dans la tête de Vladimir Poutine* (Arles: Actes Sud, 2015), p. 37. Sobre o futuro da Ucrânia na União Europeia: "Putin: eu-Beitritt der Ukraine 'kein Problem'", *FAZ*, 10 dez. 2004. Ver também discussão no capítulo 3.

21. Resultados: Vera Vasilieva, "Results of the Project 'Citizen Observer'", 8 dez. 2011. Ver também Michael Schwirtz e David M. Herszenhorn, "Voters Watch Polls in Russia", *NYT*, 5 dez. 2011. Protestos: "In St. Petersburg, 120 protestors were detained", *NTV*, 5 dez. 2011; Will Englund e Kathy Lally, "Thousands of Protesters in Russia Demand Fair Elections", *WP*, 10 dez. 2011; "Russia: Protests Go On Peacefully", Human Rights Watch, 27 fev. 2012; Kurczab-Redlich, *Wowa*, p. 607. Mídia favorável ao regime elogia a polícia: *KP*, 5 dez. 2011; *Pravda*, 5 dez. 2011. Griffin: Elena Servettez, "Putin's Far Right Friends in Europe", Institute of Modern Russia, 16 jan. 2014; Anton Shekhovstov, *Russia and the Western Far Right* (Londres: Routledge, 2018); ver também Kashmira Gander, "Ex-bnp Leader Nick Griffin Tells Right-wing Conference Russia Will Save Europe", *Independent*, 23 mar. 2015.

22. A natureza da falsificação: "Fal'sifikatsii na vyborakh prezidenta Rossiiskoi Federatsii 4 Marta 2012 goda", *Demokraticheskii Vybor*, 30 mar. 2012; ver também Satter, *The Less You Know*, p. 91; Kurczab-Redlich, *Wowa*, pp. 610-2. Sobre os "observadores" poloneses Kownacki e Piskorski: Konrad Schuller, "Die Moskau-Reise des Herrn Kownacki", *FAZ*, 11 jul. 2017. O primeiro viria a ser ministro da Defesa no governo polonês, enquanto o segundo seria preso por espionagem.

23. "Oppozitsiia vyshla na Pushkinskoi", Gazeta.ru, 5 mar. 2012.

24. Medvedev: Satter, *The Less You Know*, p. 65. Pútin: "Excertos da ata da reunião do Clube de Discussão Internacional de Valdai", 19 set. 2013. Citação de Ilin: "Kakie zhe vybory nuzhny Rossii", p. 22.

25. Kripkov, "To Serve God and Russia", p. 65.

26. Dmítri Medvedev (@MedvedevRussia), 6 dez. 2011. Ver Paul Goble, "'Hybrid Truth' as Putin's New Reality", blog Window on Eurasia, 30 jan. 2015.

27. Vladimir Yakunin, "Novyi mirovoi klass' vyzov dlia chelovechestva", *Narodnyi Sobor*, 28 nov. 2012.

28. China: "Discurso sobre direitos humanos, democracia e o primado da lei", Beijing, 13 set. 2013. Valdai: Vladímir Pútin, discurso em Valdai, 19 set. 2013. Lei: "Com o objetivo de proteger as crianças de informações que defendem a negação de valores tradicionais de família", 11 jun. 2013.

29. Beijos: Tatiana Zhurzenko, "Capitalism, autocracy, and political masculinities in Russia", *Eurozine*, 18 maio 2016; ver também Kurczab-Redlich, *Wowa*, pp. 717-9. Noivo: "Vladimir Putin Says Donald Trump 'Is Not My Bride, and I'm Not His Groom'", *TG*, 5 set. 2017. Sobre masculinidade, ver também Mary Louise Roberts, *Civilization Without Sexes* (Chicago: University of Chicago Press, 1994); Dagmar Herzog, *Sex After Fascism* (Princeton: Princeton University Press, 2005); Judith Surkis, *Sexing the Citizen* (Ithaca, NY: Cornell University Press, 2006); Timothy Snyder, *The Red Prince* (Nova York: Basic, 2008) [Ed. bras.: *O príncipe vermelho*. Trad. de Andrea Gottlieb (Rio de Janeiro: Record, 2012)].

30. Weber desenvolve isso em seu *Wirtschaft und Gesellschaft*; seções relevantes foram publicadas em inglês em Max Weber, *On Charisma and Institution Building*, org. de S. N. Eisenstadt (Chicago: University of Chicago Press, 1968). Iordachi considera esse problema para fascistas cristãos em *Charisma, Politics, and Violence*, pp. 12 ss.

31. O tema da masculinidade será desenvolvido nos capítulos 4 e 6.

32. O "sinal" mencionado por Pútin foi amplamente noticiado: *Pravda*, 8 dez. 2011; *Mir24*, 8 dez. 2011; *Nakanune*, 8 dez. 2011. Como Hillary Clinton se lembra: *What Happened* (Nova York: Simon & Schuster, 2017), p. 329. Afirma-

ção de 15 de dezembro: "Stenogramma programmy 'Razgovor s Vladimirom Putinym. Prodolzhenie", *RG*, 15 dez. 2011. Ilin: *Nashi zadachi*, p. 56, uma referência a Carl Schmitt, que faz igualmente a distinção entre amigo e inimigo pré-político: *The Concept of the Political*, trad. para o inglês de George Schwab (Chicago: University of Chicago Press, 2007), pp. 25-8. Para avaliação contemporânea da China, ver Thomas Stephan Eder, *China-Russia Relations in Central Asia* (Wiesbaden: Springer, 2014); Marcin Kaczmarski, "Domestic Sources of Russia's China Policy", *Problems of Post Communism*, v. 59, n. 2, 2012, pp. 3-17; Richard Lotspeich, "Economic Integration of China and Russia in the Post--Soviet Era", em James Bellacqua (Org.), *The Future of China-Russia Relations* (Lexington: University of Kentucky Press, 2010), pp. 83-145; Dambisa F. Moyo, *Winner Take All: China's Race for Resources and What It Means for the World* (Nova York: Basic, 2012).

33. Números de tropas dos Estados Unidos: United States European Command, "U.S. Forces in Europe (1945-2016): Historical View", 2016. Romney: "Russia is Our Number One Geopolitical Foe"; *CNN: The Situation Room with Wolf Blitzer*, 26 mar. 2012; Z. Byron Wolf, "Was Mitt Romney Right About Detroit and Russia?", cnn, 1º ago. 2013.

34. Mídia russa sobre protestos: "The Agency", *NYT*, 2 jun. 2015; Thomas Grove, "Russian 'Smear' Documentary Provokes Protests", Reuters, 16 mar. 2012. Fantoches: "Putin predlozhil zhestche nakazyvat prispeshnikov zapada", *Novye Izvestiia*, 8 dez. 2011.

35. Vladímir Pútin, Discurso na Assembleia Federal, 12 dez. 2012; ver também Pútin, "Excertos da ata da reunião do Clube de Discussão Internacional de Valdai", 19 set. 2013.

36. Vladímir Pútin, Discurso na Assembleia Federal, 12 dez. 2012.

37. Lei sobre textos difamatórios: Rebecca DiLeonardo, "Russia President Signs Law Re-criminalizing Libel and Slander", jurist.org, 30 jul. 2012. Extremismo: Lilia Shevtsova, "Forward to the Past in Russia", *Journal of Democracy*, v. 26, n. 2, 2015, p. 30. Lei das ongs: "Russia's Putin Signs ngo 'Foreign Agents' Law", Reuters, 21 jul. 2012. Lei sobre ortodoxia religiosa: Marc Bennetts, "A New Russian Law Targets Evangelicals and Other 'Foreign' Religions", *NW*, 15 set. 2016. Lei da traição: "Russia: New Treason Law Threatens Rights", Human Rights Watch, 23 out. 2012. fsb: Eltchaninoff, *Dans la tête de Vladimir Poutine*, p. 29.

38. Human Rights Watch, "Russia: Government vs. Rights Groups", 8 set. 2017.

39. Transcrição de programa de rádio: *RG*, dez. 2011, disponível em: <rg.ru/2011/12/15/stenogramma.html>; ver também "Vladimir Putin", *Russkaia narodnaia liniia*, 16 dez. 2011.

40. Ilin em 1922: Kripkov, "To Serve God and Russia", p. 182. Pútin: "Vladimir Putin", *Russkaia narodnaia liniia*, 16 dez. 2011.

41. Sobre Vermelhos e Brancos: "The Red and White Tradition of Putin", *Warsaw Institute*, 1º jun. 2017. Exemplo da crítica de Ilin à União Soviética: *Welt vor dem Abgrund* [sobre a polícia secreta e o terror], pp. 99-118. Expurgo proposto por Ilin de agentes da política secreta: "Kakie zhe vybory nuzhny Rossii", p. 18.

42. Incineração e Mikhalkov: Sophia Kishkovsky, "Echoes of Civil War in Reburial of Russian", *NYT*, 3 out. 2005. Mikhalkov e Ilin: Izrail' Zaidman, "Russkii filosof Ivan Il'in i ego poklonnik Vladimir Putin", *Rebuzhie*, 25 nov. 2015; Eltchaninoff, *Dans la tête de Vladimir Poutine*, p. 15. Manifesto de Mikhalkov: N. Mikhalkov, "Manifesto of Enlightened Conservatism", 27 out. 2010. Ver também Martynov, "Filosof kadila i nagaiki".

43. Tchekistas de Deus: Kripkov, "To Serve God and Russia", p. 201. Sobre Chevkunov: Yuri Zarakhovich, "Putin Pays Homage to Ilyin", *EDM*, 3 jun. 2009; Charles Clover, "Putin and the Monk", *Financial Times*, 25 jan. 2013. Avaliação dos carrascos por Chevkunov: "Arkhimandrit Tikhon: 'Oni byli khristiane, bezzavetno sluzhivshie strane i narodu'", *Izvestiya*, 26 mar. 2009. Citação de Pútin: "Putin priznal stroitelei kommunizma 'zhalkimi' kopipasterami", lenta.ru, 19 de dez. 2013.

44. *Solnechnyi udar* [Insolação], 2014, dir. Nikita Mikhalkov; *Trotskii*, 2017, dir. Aleksandr Kott e Konstantyn Statskii, debate entre Trótski e Ilin no episódio 8, aos 26min20-29min40.

45. Vladímir Pútin, "Rossiia: natsional'nyi vopros", *Nezavisimaia Gazeta*, 23 jan. 2012.

46. Pútin: ibid. Ilin: *Nashi zadachi*, p. 56. Schmitt: *Concept of the Political*.

47. Pútin, "Rossiia: natsional'nyi vopros".

48. Vladímir Pútin, Discurso na Assembleia Federal, 12 dez. 2012.

49. Plano para a Rússia: ver a discussão e as fontes no capítulo 6; ver também Jeff Horwitz e Chad Day, "Before Trump Job, Manafort Worked to Aid Putin", AP, 22 mar. 2017. Para uma comparação entre as eleições de 2004 e 2010, ver Timothy Garton Ash e Timothy Snyder, "The Orange Revolution", *NYR*, 28 abr. 2005; e Timothy Snyder, "Gogol Haunts the New Ukraine", *NYR*, 25 mar. 2010.

50. Sobre políticas anteriores pró-Rússia: Steven Pifer, *The Eagle and the Trident* (Washington, DC: Brookings, 2017), p. 282; Luke Harding, "Ukraine Extends Lease for Russia's Black Sea Fleet", *TG*, 21 abr. 2010. Citação: Fred Weir, "With Ukraine's Blessing, Russia to Beef Up its Black Sea Fleet", *Christian Science Monitor*, 25 out. 2010. Vale notar que o governo formado depois da queda de Yanukóvytch, apesar da invasão russa, declarou que a Ucrânia não tinha a

intenção de ingressar na Otan. Ver Meike Dülffer, entrevista com o ministro do Exterior Pavlo Klimkin, "Am Ende zahlt die Fähigkeit, uns selbst zu verteidigen", *Die Zeit*, 2 out. de 2014.

51. Esse é o assunto do capítulo 4.

52. "Reunião com jovens cientistas e professores de história", Moscou 2014, Krêmlin 46 951.

53. Discurso na Assembleia Federal, 2012.

54. Rezar para Vladimir: Yuri Zarakhovich, "Putin Pays Homage to Ilyin", EDM, 3 jun. 2009. Para a postura de Ilin, ver *Nashi zadachi*, p. 142. Sobre a estátua: Shaun Walker, "From One Vladimir to Another: Putin Unveils Huge Statue in Moscow", TG, 4 nov. 2016. Sobre o regime de Pútin como feudalismo gótico, ver Dina Khapaeva, "La Russie gothique de Poutine", *Libération*, 23 out. 2014. Sobre nostalgia milenar e fascismo cristão, ver Vladimir Tismaneanu, "Romania's Mystical Revolutionaries", em Edith Kurzweil (Org.), *A Partisan Century* (Nova York: Columbia University Press, 1996), pp. 383-92.

55. Sobre a história do Rus e dos búlgaros: Simon Franklin e Jonathan Shepard, *The Emergence of Rus 750-1200* (Londres: Longman, 1996), pp. xix, 30--1, 61; Jonathan Shepard, "The Origins of Rus'", em Maureen Perrie (Org.), *The Cambridge History of Russia*, v. 1 (Cambridge, Reino Unido, Cambridge University Press, 2006), pp. 47-97. Sobre a etimologia de "Rus": Manfred Hildermaier, *Geschichte Russlands* (Munique: C. H. Beck, 2013), p. 42. Sobre o comércio de escravos: Anders Winroth, *The Conversion of Scandinavia* (New Haven: Yale University Press, 2012), pp. 47-57, 92. Sobre Volodímir: Jonathan Shepard, "The Origins of Rus'", pp. 62-72; Omeljan Pritsak, *The Origin of Rus'* (Cambridge, Mass.: Harvard University Press, 1991), pp. 23-5. Sobre paganismo, ver: S. C. Rowell, *Lithuania Ascending* (Cambridge, Reino Unido: Cambridge University Press, 1994). Sobre idiomas, ver Harvey Goldblatt, "The Emergence of Slavic National Languages", em Aldo Scaglione (Org.), *The Emergence of National Languages* (Ravena: Loggo, 1984). Como era de esperar, Ilin era obcecado por banir os vikings daquilo que considerava a história russa: Kripkov, "To Serve God and Russia", p. 247.

56. Sobre essa briga sucessória: Franklin e Shepard, *Emergence of Rus*, pp. 185-246. Sobre sucessão no Rus em geral, ver Hildermaier, *Geschichte Russlands*, pp. 114-5; Karl von Loewe, trad. para o inglês e org., *The Lithuanian Statute of 1529* (Leiden: E. J. Brill, 1976), pp. 2-3; Stefan Hundland, *Russian Path Dependence* (Londres: Routledge, 2005), pp. 19-42; Franklin, "Kievan Rus", pp. 84-5. Ver também Andrzej B. Zakrzewski, *Wielkie Księstwo Litewski (XVI-XVIII w.)* (Varsóvia: Campidoglio, 2013). O crânio: Jonathan Shepard, "The Origins of Rus'", pp. 43-6.

3. INTEGRAÇÃO OU IMPÉRIO [pp. 87-137]

1. Ver Mark Mazower, *Dark Continent* (Nova York: Knopf, 1999). Para uma concisa descrição fascista da democracia, ver Corneliu Zelea Codreanu, "A Few Remarks on Democracy", 1937; para uma ideia das atrocidades da extrema esquerda, ver François Furet, *Le Passé d'une illusion* (Paris: Robert Laffont, 1995); Marci Shore, *Caviar and Ashes* (New Haven: Yale University Press, 2006); Richard Crossman (Org.), *The God that Failed* (Londres: Hamilton, 1950).

2. Sobre a longa Primeira Guerra Mundial: Jörn Leonhard, *Die Büchse der Pandora* (Munique: Beck, 2014); Robert Gerwarth, *Die Besiegten* (Munique: Siedler, 2017). Sobre a política das grandes potências no entreguerras: Sergei Gorlov, *Sovershenno sekretno, MoskvaBerlin, 1920-1933* (Moscou: RAN, 1999); Jonathan Haslam, *The Soviet Union and the Struggle for Collective Security in Europe, 1933-39* (Houndmills, Reino Unido: Macmillan, 1984); Marek Kornat, *Polityka zagraniczna Polski 1938-1939* (Gdańsk: Oskar, 2012); Hans Roos, *Polen und Europa* (Tübingen: J. C. B. Mohr, 1957); Frank Golczewski, *Deutsche und Ukrainer, 1914-1939* (Paderborn: Ferdinand Schöning, 2010); Hugh Ragsdale, *The Soviets, the Munich Crisis, and the Coming of World War II* (Cambridge, Reino Unido: Cambridge University Press, 2004); Gerhard L. Weinberg, *The Foreign Policy of Hitler's Germany* (Chicago: University of Chicago Press, 1980); Piotr Stefan Wandycz, *The Twilight of French Eastern Alliances, 1926-1936* (Princeton: Princeton University Press, 1988). Sobre economia política e Estado-nação entre as duas guerras, ver E. A. Radice, "General Characteristics of the Region Between the Wars", em Michael Kaser (Org.), *An Economic History of Eastern Europe*, v. 1 (Nova York: Oxford University Press, 1985), pp. 23-65; Joseph Rothschild, *East Central Europe Between the World Wars* (Seattle: University of Washington Press, 1992), pp. 281-311; Bruce F. Pauley, "The Social and Economic Background of Austria's Lebensunfähigkeit", em Anson Rabinbach (Org.), *The Austrian Socialist Experiment* (Boulder: Westview Press, 1985), pp. 21-37. O governador regional polonês: "Protokoł z zebrania polskiej grupy parlamentarnej Wołynia", Centralne Archiwum Wojskowe, Rembertów, i.302.4.122. Kennan: Ira Katznelson, *Fear Itself* (Nova York: Norton, 2013), p. 32.

3. Sobre o Pacto Mólotov-Ribbentrop, ver Gerd Koenen, *Der Russland-Komplex* (Munique: Beck, 2005); Sławomir Dębski, *Między Berlinem a Moskwą. Stosunki niemieckosowieckie 1939-1941* (Varsóvia: PISM, 2003); John Lukacs, *The Last European War* (New Haven: Yale University Press, 2001); Roger Moorhouse, *The Devils' Alliance* (Londres: Bodley Head, 2014). Sobre a guerra alemã na Polônia, ver Jochen Böhler, *"Größte Härte": Verbrechen der Wehrmacht in Polen September/Oktober 1939* (Osnabrück: Deutsches Historisches Institut, 2005).

Sobre crimes de guerra soviéticos simultâneos, ver Anna M. Cienciala, Natalia S. Lebedeva e Wojciech Materski (Orgs.), *Katyn* (New Haven: Yale University Press, 2007); Grzegorz Hryciuk, "Victims 1939-1941", em Elazar Barkan, Elisabeth A. Cole e Kai Struve (Orgs.), *Shared History-Divided Memory* (Leipzig: Leipzig University-Verlag, 2007), pp. 173-200. Sobre a centralidade da Ucrânia, ver Snyder, *Bloodlands*; Timothy Snyder, *Black Earth* (Nova York: Crown, 2015) [Ed. bras.: *Terra negra*. Trad. de Donaldson M. Garschagen e Renata Guerra. (São Paulo: Companhia das Letras, 2016)]. Ver também Adam Tooze, *The Wages of Destruction* (Nova York: Viking, 2007); Rolf-Dieter Müller, *Der Feind steht im Osten* (Berlim: Ch. Links, 2011); Ulrike Jureit, *Das Ordnen von Räumen* (Hamburgo: Hamburger, 2012); Christian Gerlach, *Krieg, Ernährung, Völkermord* (Hamburgo: Hamburger, 1998); Alex J. Kay, Exploitation, *Resettlement, Mass Murder* (Nova York: Berghahn, 2006).

4. Referências para essa transição: Thomas W. Simons Jr., *Eastern Europe in the Postwar World* (Nova York: St. Martin's, 1993); Hugh Seton-Watson, *The East European Revolution* (Nova York: Praeger, 1956), pp. 167-211; Jan T. Gross, "The Social Consequences of War", East European Politics and Societies, v. 3, 1989, pp. 198-214; Bradley F. Abrams, "The Second World War and the East European Revolutions", *East European Politics and Societies*, v. 16, n. 3, 2003, pp. 623-64; T. V. Volokitina et al. (Orgs.), *Sovetskii faktor v Vostochnoi Evrope 1944--1953* (Moscou: Sibirskii khronograf, 1997).

5. Alan Milward, *The European Rescue of the Nation State* (Berkeley: University of California Press, 1992). Ver também Harold James, *Europe Reborn: A History, 1914-2000* (Harlow: Pearson, 2003).

6. *Nashi zadachi*, pp. 94-5, 166-8. Ver Evlampiev, "Ivan Il'in kak uchastnik sovremennykh diskussii", p. 15, ressaltando que Ilin defendia uma ditadura nacional "com claras conotações fascistas" até o fim da vida.

7. Uma história que leva em conta tanto a descolonização como a integração é a de Tony Judt, *Postwar: A History of Europe Since 1945* (Nova York: Penguin, 2005). Sobre a escala das perdas alemãs na guerra, ver Rüdiger Overmans, *Deutsche militärische Verluste im Zweiten Weltkrieg* (Munique: Oldenbourg, 1999); ver também Thomas Urban, *Der Verlust: Die Vertreibung der Deutschen und Polen im 20. Jahrhundert* (Munique: C. H. Beck, 2004).

8. O argumento sobre racionalidade econômica é apresentado em Andrew Moravcsik, *The Choice for Europe* (Ithaca, NY: Cornell University Press, 1998).

9. Uma análise clássica do caso polonês é Antony Polonsky, *Politics in Independent Poland 1921-1939* (Oxford: Clarendon, 1972).

10. Timothy Snyder, "Integration and Disintegration: Europe, Ukraine, and the World", *Slavic Review*, v. 74, n. 4, inverno 2015.

11. Ver Mark Mazower, "An International Civilization?", *International Affairs*, v. 82, n. 3, 2006, pp. 553-66.

12. Sobre a Itália, ver Davide Rodogno, *Fascism's European Empire*, trad. de Adrian Belton (Cambridge, Reino Unido: Cambridge University Press, 2006).

13. Uma boa análise do caso francês é Patrick Weil, *How to Be French*, trad. para o inglês de Catherine Porter (Durham: Duke University Press, 2008).

14. Em 2013, a ideia de destruir a União Europeia foi lançada por políticos russos na forma de uma fusão com a Eurásia. Com o tempo, a ameaça russa de destruir a União Europeia ficou mais explícita: Isabelle Mandraud, "Le Document de Poutine qui entérine la nouvelle guerre froide", *LM*, 6 dez. 2016.

15. Rússia, Pútin e a União Europeia: Jackie Gower, "European Union-Russia Relations at the End of the Putin Presidency", *Journal of Contemporary European Studies*, v. 16, n. 2, ago. 2008, pp. 161-7; Eltchaninoff, *Dans la tête de Vladimir Poutine*, p. 37. Pútin sobre a Ucrânia em 2004: "Putin: EU-Beitritt der Ukraine 'kein Problem'", *FAZ*, 10 dez. 2004. Rogozin sobre a Otan: Artemy Kalinovsky, *A Long Goodbye: The Soviet Withdrawal from Afghanistan* (Cambridge, Mass.: Harvard University Press, 2011), p. 226.

16. Cleptocracia: O *locus classicus* é Karen Dawisha, *Putin's Kleptocracy* (Nova York: Simon & Schuster, 2014). Karl Schlögel apresenta o argumento vigorosamente em seu *Entscheidung in Kiew* (Munique: Carl Hanser, 2015), p. 78. Ver também Anders Åslund e Andrew Kuchins, *The Russia Balance Sheet* (Washington, DC: Peterson Institute, 2009).

17. Estônia: Hannes Grassegger e Mikael Krogerus, "Weaken from Within", *New Republic*, dez. 2017, p. 18; Marcel Van Herpen, *Putin's Propaganda Machine* (Lanham: Rowman and Littlefield, 2016), p. 121. Geórgia: John Markoff, "Before the Gunfire, Cyberattacks", *NYT*, 12 ago. de 2008; D. J. Smith, "Russian Cyber Strategy and the War Against Georgia", *Atlantic Council*, 17 jan. 2014; Irakli Lomidze, "Cyber Attacks Against Georgia", Ministério de Justiça da Geórgia: Agência de Intercâmbio de Dados; Sheera Frenkel, "Meet Fancy Bear, the Russian Group Hacking the US election", *BuzzFeed*, 15 out. 2016.

18. Vladímir Pútin, "Von Lissabon bis Wladiwostok", *Süddeutsche Zeitung*, 25 nov. 2010.

19. A adoção da ideologia de Ilin por Pútin a partir de 2010 é um dos assuntos deste livro. Sobre suas relações com a lei e a política antes de 2010, e para uma argumentação complementar, ver Masha Gessen, *The Man Without a Face* (Nova York: Riverhead, 2013). Ilin na juventude: Ilin, "Concepts of Law and Power", p. 68; Grier, "Complex Legacy", p. 167; Kripkov, "To Serve God and Russia", p. 13.

20. Ilin, "O russkom' fashizmie", p. 60.

21. Vladímir Pútin, "Novyi integratsionnyi proekt dla Evrazii — budush-chee, kotoroe rozhdaetsia segodnia", *Izvestiia*, 3 out. 2011. Ver também Vladímir Pútin, "Rossiia: natsional'nyi vopros", *Nezavisimaia Gazeta*, 23 jan. 2012.

22. Pútin sobre a Eurásia: "Rossiia i meniaiushchiisia mir", *Moskovskie Novosti*, 27 fev. 2012. União econômica eurasiana: Jan Strzelecki, "The Eurasian Economic Union: A Time of Crisis", *OSW Commentary*, n. 195, 27 jan. 2016.

23. Ver capítulo 2.

24. Pútin sobre Eurásia em maio: "Vladimir Putin vstupil v dolzhnost' Prezidenta Rossii", kremlin.ru, 7 maio 2012. Ver também Aleksandr Dúguin, "Tretii put' i tret'ia sila", *Izborsk Club*, 4 dez. 2013, artigo 1300. Pútin em dezembro: Discurso na Assembleia Federal, 12 dez. 2012.

25. De acordo com Kripkov, Ilin era um ocidentalizante quando a Primeira Guerra Mundial começou: "To Serve God and Russia", p. 120. Ver Martin Malia, *Alexander Herzen and the Birth of Russian Socialism, 1812-1855* (Cambridge, Mass.: Harvard University Press, 1961); Andrzej Walicki, *The Controversy over Capitalism* (Oxford, Reino Unido: Clarendon Press, 1969).

26. Clover, *Black Wind, White Snow*, pp. 47-63.

27. Sobre o gulag e verdades biológicas, ver Clover, *Black Wind, White Snow*, p. 124; Golfo Alexopoulos, *Illness and Inhumanity in the Gulag* (New Haven: Yale University Press, 2017). Sobre o gulag em geral, ver Oleg V. Khlevniuk, *The History of the Gulag* (New Haven: Yale University Press, 2004); Lynna Viola, *The Unknown Gulag* (Nova York: Oxford University Press, 2007); Anne Applebaum, *Gulag: A History* (Nova York: Doubleday, 2003). Ver também Barbara Skarga, *Penser après le Goulag*, org. de Joanna Nowicki (Paris: Editions du Relief, 2011). Sobre o Grande Terror, ver Karl Schlögel, *Terror und Traum* (Munique: Carl Hanser, 2008); Nicolas Werth, *La Terreur et le désarroi* (Paris: Perrin, 2007); Rolf Binner e Marc Junge, "Wie der Terror 'Gross' wurde", *Cahiers du Monde Russe*, v. 42, n. 2-4, 2001, pp. 557-614.

28. Clover, *Black Wind, White Snow*, p. 139.

29. Id., pp. 125, 129, 134.

30. Alexander Sergeevich Titov, *Lev Gumilev, Ethnogenesis and Eurasianism*, tese de doutorado, University College London, 2005, p. 102; Clover, op. cit., p. 129. Sobre o antissemitismo de Gumilióv, ver Mark Bassin, *The Gumilev Mystique* (Ithaca, NY: Cornell University Press, 2016), p. 313: "Gumilev Was a Zealous Antisemite".

31. Ver em geral Andreas Umland, *Post-Soviet 'Uncivil Society' and the Rise of Aleksandr Dugin*, tese de doutorado, University of Cambridge, 2007. Borodai e Gumilióv: Titov, "Lev Gumilev", pp. 102, 236; Bassin, *Gumilev Mystique*, p. 314.

32. Formos: Clover, op. cit., p. 155. Dúguin e Gumilióv: Titov, "Lev Gumilev", p. 13; Clover, op. cit., p. 180; Bassin, *Gumilev Mystique*, pp. 308-9.

33. Influências: *Shekhovtsov, Russia and the Western Far Right*, capítulo 2.

34. Sievers e De Benoist: Clover, op. cit., pp. 158, 177.

35. São Cirilo e Metódio e saudar a morte: Clover, op. cit., pp. 11, 225. Sem fronteiras e vermelho: Aleksandr Dúguin, "Fashizm — Bezgranichnyi i krasnyi", 1997. Destino: Aleksandr Dúguin, "Horizons of Our Revolution from Crimea to Lisbon", *Open Revolt*, 7 mar. 2014.

36. Na valiosa introdução de Marlene Laruelle às influências europeias de Dúguin, ela defende o argumento de que ele era incapaz de distinguir Schmitt da tradição nacional-socialista. Trata-se de um fracasso instrutivo. Ver "Introduction", em Marine Laruelle (Org.), *Eurasianism and the European Far Right* (Lanham: Lexington Books, 2015), pp. 10-1. Citações de Schmitt: Carl Schmitt, *Writings on War*, trad. para o inglês de Timothy Nunan (Cambridge, Reino Unido: Polity, 2011), pp. 107, 111, 124. A introdução de Nunan é um excelente guia para Schmitt como teórico de relações internacionais. Sobre a oposição de Schmitt ao Estado convencional e a postura nazista em relação ao direito internacional, ver Czesław Madajczyk, "Legal Conceptions in the Third Reich and Its Conquests", *Michael: On the History of Jews in the Diaspora*, v. 13, 1993, pp. 131-59. Madajczyk utilizou-se de Alfons Klafkowski, *Okupacja niemiecka w Polsce w świetle prawa narodów* (Poznań: Wydawnictwo Instytutu Zachodniego, 1946), escrito durante a guerra como resposta a Schmitt. Mark Mazower é um dos poucos estudiosos ocidentais a captar o significado dessa discussão germano-polonesa: *Governing the World* (Nova York: Penguin, 2012) e *Hitler's Empire* (Londres: Allen Lane, 2008).

37. Arquétipos: Aleksandr Dúguin, "Arkhetip vampirov v soliarnykh misteriiakh", propagandahistory.ru, 51; Clover, *Black Wind, White Snow*, p. 189. Perversidade: Aleksandr Dúguin, "Printsipy i strategiia griadushchei voiny", *4 Pera*, 20 dez. 2015. Função técnica: Eltchaninoff, *Dans la tête de Vladimir Poutine*, p. 110. Sobre Obama: "Obama rozvalit Ameriku", disponível em: <www.youtube.com/watch?v=9AAyz3YFHhE>. Recursos espirituais: "Ideinye istoki Vladimira Putina", Odinnadtsatyi Kanal, 17 maio 2016.

38. Perigo enorme: Clover, op. cit., p. 238. Movimento juvenil e a batalha pela Crimeia: Anton Shekhovtsov, "How Alexander Dugin's Neo-Eurasianists Geared Up for the Russian-Ukrainian War in 2005-2013", *TI*, 26 jan. 2016. Ver também Aleksandr Dúguin, "Letter to the American People on Ukraine", *Open Revolt*, 8 mar. 2014.

39. Membros: "Manifest Ottsov — Osnovaetlei", *Izborsk Club*, datado de

8 set. 2012, publicado em 1º dez. 2012, artigo 887. Sobre Chevkunov em 2012: Charles Clover, "Putin and the Monk", *Financial Times*, 25 jan. 2013.

40. Sobre Prokhanov, ver Clover, *Black Wind, White Snow*, pp. 183-7; para uma boa contextualização, ver G. V. Kostyrchenko, *Gosudarstvennyi antisemitizm v SSSR* (Moscou: Materik, 2005). Reação a Obama: *Ekho Moskvy*, 8 jun. 2009, 604 015.

41. "Yanukovich i Timoshenko: eto ne lichnosti, a politicheskie mashiny — Aleksandr Prokhanov", News24UA.com, 31 ago. 2012.

42. "Ukraina dolzhna stat' tsentrom Evrazii — Aleksandr Prokhanov", News24UA.com, 31 ago. 2012.

43. Ibid.

44. Esta e as longas citações que se seguem são do manifesto: "Manifest Ottsov — Osnovaetlei", *Izborsk Club*, datado de 8 set. 2012, publicado em 1º dez. 2012, artigo 887.

45. Prokhanov: entrevista para *Ekho Moskvy*, 8 jul. 2009, 604 015.

46. "Líderes sionistas": Oleg Platonov, "Missiia vypolnima", *Izborsk Club*, 6 fev. 2014, artigo 2816. Colapso da União Europeia e integração da Europa com a Rússia: Yuri Baranchik e Anatol Zapolskis, "Evrosoiuz: Imperiia, kotoraia ne sostoialas", *Izborsk Club*, 25 fev. 2015, artigo 4847. Prokhanov: "Parizhskii Apokalipsis", *Izborsk Club*, 15 nov. 2015. O especialista em Ucrânia do Izborsk: Valery Korovin, entrevista, "Ukraina so vremenem vernetsia k Rossii", *Svobodnaia Pressa*, 22 mar. 2016. Dúguin: "Tretii put' i tret'ia sila", Izborsk Club, 4 dez. 2013.

47. "Nachalo", Izborsk Club, 12 set. 2012, artigo 887.

48. Andrei Volkov, "Prokhanov prokatilsia na novom raketonostse Tu-95", *Vesti*, 16 ago. 2014.

49. Sobre a economia de Glaziev: Sergei Glaziev e Sergei Tkachuk, "Eurasian Economic Union", em Piotr Dutkiewicz e Richard Sakwa, *Eurasian Integration* (New Brunswick: Routledge, 2014), pp. 61-83. Sobre Glaziev e LaRouche: Sergei Glaziev, *Genocide: Russia and the New World Order* (publicado por *Executive Intelligence Review*, 1999). Sobre a Ucrânia: Sergei Glaziev, "Eurofascism", *Executive Intelligence Review*, 27 jun. 2014.

50. Sergei Glaziev, "Who Stands to Win? Political and Economic Factors in Regional Integration", *Global Affairs*, 27 dez. 2013. Ou "Takie raznye integratsii," globalaffairs.ru, 16 dez. 2013. "Conceito espacial": Glaziev e Tkachuk, "Eurasian Economic Union", p. 82. Mosaico: Sergei Glaziev, "SSh idut po puti razviazyvaniia mirovoi voiny", 29 mar. 2016, lenta.ru.

51. Citações neste e nos parágrafos seguintes do Ministério das Relações Exteriores da Federação Russa, "Kontseptsiia vneshnei politiki Rossiiskoi Fede-

ratsii (utverzhdena Prezidentom Rossiiskoi Federatsii V.V. Putinym 12 fevralia 2013 g.)".

52. Serguei Lavrov, "Istoricheskaia perspektiva vneshnei politiki Rossii", 3 mar. 2016.

53. Zeman: Péter Krekó et al., *The Weaponization of Culture* (Budapeste: Political Capital Institute, 2016), pp. 6, 61; Van Herpen, *Putin's Propaganda Machine*, p. 109; "Miloš Zeman", *TG*, 14 set. 2016. A Lukoil pagou uma multa de 1,4 milhão de dólares devida por Martin Nejedly', assessor de Zeman e vice--presidente do seu partido (Roman Gerodimos, Fauve Vertegaal e Mirva Villa, "Russia Is Attacking Western Liberal Democracies", NYU Jordan Center, 2017). Campanha de 2018: Veronika Špalková e Jakub Janda, "Activities of Czech President Miloš Zeman", Kremlin Watch Report, 2018. Como Pútin, Zeman presidia um país que praticamente não aceitava refugiados da Síria; e como Pútin usava a imagem da ameaça, falando de um "super-Holocausto" que os muçulmanos poderiam perpetrar contra os tchecos. Zeman também negava a presença russa na Ucrânia e juntou-se aos ataques contra gays e prisioneiros políticos russos. Zeman foi recompensado com a atenção da mídia russa: František Vrobel e Jakub Janda, *How Russian Propaganda Portrays European Leaders* (Praga: Semantic Visions, 2016). Citação de Pútin: "Putin: esli by Berluskoni byl geem, ego by pal'tsem nikto ne tronul", interfax.ru, 19 set. 2013. Sobre Berlusconi: Jochen Bittner et al., "Putins großer Plan", *Die Zeit*, 20 nov. 2014; Jason Horowitz, "Berlusconi Is Back", *NYT*, 29 jan. 2018. Sobre Schröder: Rick Noack, "He Used to Rule Germany. Now, He Oversees Russian Energy Companies and Lashes out at the U.S.", *WP*, 12 ago. 2017; Erik Kirschbaum, "Putin's apologist?", Reuters, 27 mar. 2014.

54. Em geral: Van Herpen, *Putin's Propaganda Machine*. Intervenções na internet: Krekó, "Weaponization of Culture"; Anton Shekhovtsov, "Russian Politicians Building an International Extreme Right Alliance", *TI*, 15 set. 2015. Le Pen sobre a RT: Marine Turchi, "Au Front national, le lobbying pro-russe s'accélère", *Mediapart*, 18 dez. 2014; ver também Iurii Safronov, "Russkii mir 'Natsional'nogo Fronta'", *NG*, 17 dez. 2014. A RT começou a transmitir em espanhol em 2009, em alemão em 2014 e em francês em 2017.

55. Nigel Farage, "Leave Euro, Retake Democracy!", RT, 8 jul. 2013; ver também Bryan MacDonald, "Could UKIP's Rise Herald a New Chapter in Russian-British Relations", RT, 25 nov. 2014. Le Pen: Alina Polyakova, Marlene Laruelle, Stefan Mesiter e Neil Barnett, *The Kremlin's Trojan Horses* (Washington, DC: Atlantic Council, 2016); ver também discussão a seguir sobre empréstimos e casamento gay.

56. Le Pen e política sexual na Rússia: Polyakova et al., *Kremlin's Trojan*

Horses, p. 10. Le Pen sobre homofilia: Aleksandr Terent'ev-Ml., entrevista com Marine Le Pen, "Frantsiia davno uzhe ne svobodnaia strana", *Odnako*, 6 ago. 2013. Chauprade: Marine Turchi, "Les Réseaux russes de Marine Le Pen", *Mediapart*, 19 fev. 2014; *Sputnik France*, 16 out. 2013; Aymeric Chauprade, discurso na Duma russa, *Realpolitik TV*, 13 jun. 2013. Le Pen sobre Eurásia: "Au congrès du FN, la 'cameraderie' russe est bruyamment mise en scène", *Mediapart*, 29 nov. 2014.

57. Spencer como admirador de Pútin: Sarah Posner, "Meet the Alt-Right Spokesman Thrilled by Putin's Rise", *Rolling Stone*, 18 out. 2016. "Única potência branca": Natasha Bertrand, "Trump Won't Condemn White Supremacists or Vladimir Putin", *BI*, 14 ago. 2017. Spencer e Kouprianova: Casey Michel, "Meet the Moscow Mouthpiece Married to a Racist Alt-Right Boss", *DB*, 20 dez. 2016; cântico de Spencer: Daniel Lombroso e Yoni Appelbaum, "'Hail Trump!'", *The Atlantic*, 21 nov. 2016; Adam Gabbatt, "Hitler Salutes and White Supremacism", *TG*, 21 nov. 2016.

58. Rikov: Scott Shane e Mark Mazzetti, "The Plot to Subvert and Election", *NYT*, 20 set. 2018. Envolvimento do RT com dúvidas sobre o país de nascimento de Obama e ideias semelhantes: Sonia Scherr, "Russian TV Channel Pushes 'Patriot' Conspiracy Theories", Southern Poverty Law Center Intelligence Report, 1º ago. 2010; ver também Shekhovtsov, *Russia and the Western Far Right*, capítulo 5. Tuíte: Donald Trump, 18 jun. 2013.

59. Trump e o concurso de Miss: Jim Zarroli, "At the 2013 Miss Universe Contest, Trump Met Some of Russia's Rich and Powerful", *NPR*, 17 jul. 2017. Sobre as finanças de Trump: Reuters, "Trump Bankers Question His Portrayal of Financial Comeback", *Fortune*, 17 jul. 2016; Jean Eaglesham e Lisa Schwartz, "Trump's Debts Are Widely Held on Wall Street, Creating New Potential Conflicts", 5 jan. 2017; Trump, Moguilevitch e Tokhtakhounov: Craig Unger, "Trump's Russian Laundromat", *New Republic*, 13 jul. 2017; Tokhtakhounov: Chris Francescani, "Top NY Art Dealer, Suspected Russian Mob Boss Indicted on Gambling Charges", Reuters, 16 abr. 2013; David Corn e Hannah Levintova, "How Did an Alleged Russian Mobster End Up on Trump's Red Carpet?", *Mother Jones*, 14 set. 2016. Ver também Tomasz Piątek, *Macierewicz i jego tajemnice* (Varsóvia: Arbitror, 2017).

60. Trump e Agalarov: Luke Harding, *Collusion* (Nova York: Vintage, 2017), pp. 229-37; "Here's What We Know about Donald Trump and His Ties to Russia", *WP*, 29 jul. 2016; "How Vladimir Putin Is Using Donald Trump to Advance Russia's Goals", *NW*, 29 ago. 2016; Cameron Sperance, "Meet Aras Agalarov", *Forbes*, 12 jul. 2017; Shaun Walker, "The Trumps of Russia?", *TG*, 15 jul. 2017; Mandalit Del Barco, "Meet Emin Agalarov", *NPR*, 14 jul. 2017. Agala-

rov manda para Trump informações sobre Clinton: Jo Becker, Adam Goldman e Matt Apuzzo, "Russian Dirt on Clinton? 'I Love It,' Donald Trump Jr. Said", *NYT*, 11 jul. 2017.

61. Ordem de Honra: "How Vladimir Putin Is Using Donald Trump to Advance Russia's Goals", *NW*, 29 ago. 2016. Le Pen visita Moscou: Vivienne Walt, "French National Front Secures Funding from Russian Bank", *Time*, 25 nov. 2014. Trump apoia Le Pen: Aidan Quigley, "Trump Expresses Support for French Candidate Le Pen", *Politico*, 21 abr. 2017; Aaron Blake, "Trump is Now Supporting Far-right French Candidate Marine Le Pen", *WP*, 21 abr. 2017; Gideon Rachman, "Le Pen, Trump and the Atlantic Counter-revolution", *FT*, 27 fev. 2017. Le Pen apoia Trump: James McAuley, "Marine Le Pen's Tricky Alliance with Donald Trump", 2 abr. 2017. Front National financiado pela Rússia: Marine Turchi, "Le FN attend 40 million d'euros de Russie", *Mediapart*, 26 nov. 2014; Karl Laske e Marine Turchi, "Le Troisème Prêt russe des Le Pen", *Mediapart*, 11 dez. 2014; Abel Mestre, "Marine Le Pen justifie le prêt russe du FN", *LM*, 23 nov. 2014; Anna Mogilevskaia, "Partiia Marin Le Pen vziala kredit v rossiiskom banke", *Kommersant*, 23 nov. 2014.

62. Russos hackeiam estação francesa de TV: Frenkel, "Meet Fancy Bear"; Gordon Corera, "How France's TV5 Was Almost Destroyed by 'Russian Hackers'", BBC, 10 out. 2016; Joseph Menn e Leigh Thomas, "France Probes Russian Lead in TV5Monde Hacking: Sources", Reuters, 10 jun. 2015. Prokhanov: "Parizhskii Apokalipsis", Izborsk Club, 15 nov. 2015.

63. Le Pen sobre Pútin: Turchi, "Le Front national décroche les millions russe"; Shaun Walker, "Putin Welcomes Le Pen to Moscow with a Nudge and a Wink", *TG*, 24 mar. 2017; Ronald Brownstein, "Putin and the Populists", *The Atlantic*, 6 jan. 2017. Propaganda russa sobre Macron: Götz Hamann, "Macron Is Gay, Not!", *Zeit Online*, 24 fev. 2017; "Ex-French Economy Minister Macron Could Be 'US Agent'", *Sputnik News*, 4 fev. 2017.

64. Farage apoia a Russia: Patrick Wintour e Rowena Mason, "Nigel Farage's Relationship with Russian Media Comes Under Scrutiny", *TG*, 31 mar. 2014. Farage sobre a União Europeia: "Leave Euro, Retake Democracy!", RT, 8 jul. 2015.

65. Robôs e trolls em apoio de alegações de fraude: Severin Carrell, "Russian Cyber-activists", *TG*, 13 dez. 2017. "Falsificação total": "Russia Meddled in Scottish Independence Referendum", *Daily Express*, 15 jan. 2017. Eleições fraudadas no Reino Unido: Neil Clark, "UK general election", RT, 10 maio 2015. Apoio ao referendo: Bryan MacDonald, "Ireland Needed Guns, but Scots Only Need a Pen for Independence", RT, 3 set. 2014; ver também Ben Riley-Smith, "Alex Salmond: I Admire 'Certain Aspects' of Vladimir Putin's Leadership", *Telegraph*, 28 abr. 2014; Anastasia Levchenko, "Russia, Scotland Should Seek Closer

Ties — Ex-SNP Leader", *Sputnik*, 7 maio 2015. Russell Jackson, "Alex Salmond Show on Russia Today to Continue", *The Scotsman*, 24 ago. 2018.

66. Sobre Farage e a RT, ver anteriormente. Sobre Farage e Putin: "Nigel Farage: I Admire Vladimir Putin", *TG*, mar. 2014. Funcionário: Stephanie Kirchgaessner, "The Farage Staffer, the Russian Embassy, and a Smear Campaign", *TG*, 18 dez. 2017. Amigos Conservadores da Rússia: Carole Cadwalladr, "Brexit, the Ministers, the Professor and the Spy", *TG*, 4 nov. 2017.

67. Propaganda russa sobre o referendo: "General Referendum May Trigger a Domino Effect in Europe", Rossiia-24, 24 jun. 2016; RT sobre o Brexit: "Is Parliament Preparing to Ignore Public Vote for Brexit?", RT, 6 jun. 2016; "EU Army Plans 'Kept Secret' from British Voters until after Brexit Referendum", RT, 27 maio 2016. Para as estatísticas sobre robôs e o Brexit, ver Marco T. Bastos e Dan Mercea, "The Brexit Botnet and User-Generated Hyperpartisan News", *Social Science Computer Review*, 2017, para a conclusão de que 90% de robôs relevantes estavam fora do Reino Unido. Os 419: Severin Carrell, "Russian Cyber-activists", *TG*, 13 dez. 2017. Sobre a influência sobre eleitores: Yuriy Gordonochenko et al., "Social Media, Sentiment, and Public Opinion", National Bureau of Economic Research, Working Paper 24631, maio 2018. Para análise, ver Carole Cadwalladr, "The Great British Brexit Robbery", *TG*, 7 maio 2017; Gerodimos et al., "Russia Is Attacking Western Liberal Democracies".

68. Kossatchov: relatório sobre resultados eleitorais, *Telegraph*, 9 jan. 2015. Compromissos não vinculantes: *PK*, 3 jun. 2016. Pútin: "Vladimir Putin ne ozhidaet 'global'noi katastrofy", *PK*, 24 jul. 2016, "V Velikobritanii nabiraet oboroty agitatsionnaia kompaniia za vykhod strany iz Evrosoiuza", *PK*, 27 maio 2016.

69. Sobre Gudenus e informações básicas quanto às conexões da extrema direita austríaca com Moscou, ver Shekhovtsov, *Russia and the Western Far Right*. Sobre a Áustria no século XX: Gerald Stourzh, *Vom Reich zur Republik* (Viena: Editions Atelier, 1990); Walter Goldinger e Dieter Binder, *Geschichte der Republik Österreich 1918-1938* (Oldenbourg: Verlag für Geschichte und Politik, 1992); Anson Rabinbach, *The Crisis of Austrian Socialism* (Chicago: University of Chicago Press, 1983); Wolfgang Müller, *Die sowjetische Besatzung in Österreich 1945-1955 und ihre politische Mission* (Viena: Böhlau, 2005); Rolf Steininger, *Der Staatsvertrag* (Innsbruck: Studien, 2005).

70. Bernhard Weidinger, Fabian Schmid e Péter Krekó, *Russian Connections of the Austrian Far Right* (Budapeste: Political Capital, 2017), pp. 5, 9, 28, 30.

71. Acordo de cooperação: "Austrian Far Right Signs Deal with Putin's Party, Touts Trump Ties", Reuters, 19 dez. 2016.

72. "Ukrainian Oligarchs Stay Above the Fray and Let the Crisis Play Out",

IBTimes, 26 fev. 2014; "Behind Scenes, Ukraine's Rich and Powerful Battle over the Future", *NYT*, 12 jun. 2013.

73. Prokhanov: "Yanukovich i Timoshenko". Ameaça de Glaziev: Shaun Walker, "Ukraine's EU Trade Deal will Be Catastrophic, says Russia", *TG*, 22 set. 2013. Ver Schlögel, *Entscheidung in Kiew*, p. 80.

4. NOVIDADE OU ETERNIDADE [pp. 138-93]

1. Vladímir Pútin, "Reunião com membros do Santo Sínodo da Igreja Ortodoxa Ucraniana do Patriarcado de Moscou", 27 jul. 2013, Krêmlin, 18 960. Ele fazia esse tipo de declaração com frequência cada vez maior em 2013: John Lough, "Putin's Communications Difficulties Reflect Serious Policy Problem", Chatham House, 2014.

2. Vladímir Pútin, "Excertos da ata da reunião do Clube de Discussão Internacional de Valdai", 19 set. 2013. O "modelo orgânico" foi discutido no capítulo 1.

3. A independência e soberania do Rus foram discutidas no capítulo 2. Ver em geral Franklin e Shepard, *Emergence of Rus*; Winroth, *Conversion of Scandinavia*.

4. Isaiah Berlin, em "The Concept of Scientific History", cita Lewis Namier com desdobramentos interessantes: "O que se quer dizer com sentido histórico é o conhecimento não do que aconteceu, mas do que não aconteceu".

5. Sobre a comunidade política, ver Daniel Stone, *The Polish-Lithuanian State, 1386-1795* (Seattle: University of Washington Press, 2001). Sobre a tensão, ver Timothy Snyder, *The Reconstruction of Nations: Poland, Ukraine, Lithuania, Belarus, 1569-1999* (New Haven: Yale University Press, 2003); Oskar Halecki, *Przyłączenie Podlasia, Wołynia, i Kijowszczyzny do Korony w Roku 1569* (Carcóvia: Gebethner and Wolff, 1915); Nataliia Iakovenko, *Narys istorii Ukrainy z naidavnishykh chasiv do kintsia XVIII stolittia* (Kíev: Heneza, 1997); Jan Rotkowski, *Histoire économique de la Pologne avant les partages* (Paris: Champion, 1927).

6. Ver David Frick, *Polish Sacred Philology in the Reformation and Counter-Reformation* (Berkeley: University of California Press, 1989); André Martel, *La Langue Polonaise dans les pays ruthènes* (Lille: Travaux et Mémoires de l'Université de Lille, 1938).

7. Vitalii Shcherbak, *Ukrains'ke kozatstvo* (Kíev: KM Akademia, 2000); Tetiana Iakovleva, *Hetmanshchyna v druhii polovini 50kh rokiv XVII stolittia* (Kíev: Osnovy, 1998).

8. Ver Jarosław Pelenski, "The Origins of the Official Muscovite Claim to the 'Kievan Inheritance'", *Harvard Ukrainian Studies*, v. 1, n. 1, 1977, pp. 48-50.

9. Ver David Saunders, *The Ukrainian Impact on Russian Culture, 1750-1850* (Edmonton: Cius, 1985); K. V. Kharlampovich, *Malorossiiskoe vliianie na velikorusskuiu tserkovnuiu zhizn'* (Kazan: Golubeva, 1914).

10. Daniel Beauvois, *Pouvoir russe et noblesse polonaise en Ukraine, 1793-1830* (Paris: CNRS, 2003); Id., *Le Noble, le serf, et le revizor* (Paris: Editions des archives contemporaines, 1985); Jarosław Hrycak, *Historia Ukrainy: 1772-1999* (Lublin: Instytut Europy Środkowo-Wschodniej, 2000); Andreas Kappelar, *Russland als Vielvölkerreich* (Munique: Beck, 1982).

11. Iryna Vushko, *The Politics of Cultural Retreat* (New Haven: Yale University Press, 2017); John Paul Himka, *Socialism in Galicia* (Cambridge, Mass.: Harvard University Press, 1983); Ivan L. Rudnyts'kyi, *Essays in Modern Ukrainian History* (Edmonton: Canadian Institute for Ukrainian Studies, 1987); Roman Szporluk, "The Making of Modern Ukraine: The Western Dimension", *Harvard Ukrainian Studies*, v. 25, n. 1-2, 2001, pp. 57-91; Harald Binder, *Galizien in Wien* (Viena: Verlag der Österreichischen Akademie der Wissenschaften, 2005); Mykhailo Vozniak, *Iak probudylosia ukrains'ke narodnie zhyttia v Halychyni za Avstrii* (L'viv: Dilo, 1924).

12. Sobre a continuidade do período imperial para o período soviético: Richard Pipes, *The Formation of the Soviet Union* (Cambridge, Mass.: Harvard University Press, 1997). Sobre a Ucrânia e as potências da Entente: Oleksandr Pavliuk, *Borot'ba Ukrainy za nezalezhnist' i polityka SShA, 1917-1923* (Kíev: KM Akademia, 1996); Caroline Milow, *Die ukrainische Frage 1917-1923 im Spannungsfeld der europäischen Diplomatie* (Wiesbaden: Harrassowitz, 2002); Mark Baker, "Lewis Namier and the Problem of Eastern Galicia", *Journal of Ukrainian Studies*, v. 23, n. 2, 1998, pp. 59-104. Sobre a geopolítica russo-polonesa: Andrzej Nowak, *Polska a trzy Rosje* (Cracóvia: Arcana, 2001); ver também Richard Ullman, *AngloSoviet Relations 1917-1920* (Princeton: Princeton University Press, 3 v., 1961-73). Sobre os distritos que ficaram com a Polônia: Werner Benecke, *Die Ostgebiete der Zweiten Polnischen Republik* (Colônia: Böhlau, 1999); Jan Tomasz Gross, *Revolution from Abroad* (Princeton: Princeton University Press, 1988); Katherine R. Jolluck, *Exile and Identity* (Pittsburgh: University of Pittsburgh Press, 2002).

13. Sobre colonialismo alemão: Willeke Hannah Sandler, *"Colonizers are Born, Not Made": Creating a Colonial Identity in Nazi Germany, 1933-1945*, tese de doutorado, Duke University, 2012; Lora Wildenthal, *German Women for Empire, 1884-1945* (Durham: Duke University Press, 2001); Jürgen Zimmerer, *Von Windhuk nach Auschwitz* (Münster: LIT, 2011); Wendy Lower, *Nazi Empire-Building and the Holocaust in Ukraine* (Chapel Hill: University of North Caroli-

na Press, 2005); cf. Alexander Victor Prusin, *The Lands Between: Conflict in the East European Borderlands, 1870-1992* (Oxford: Oxford University Press, 2010). Sobre a linguagem da autocolonização soviética: Alvin Gouldner, "Stalinism: A Study of Internal Colonialism", *Telos*, n. 34, 1978, pp. 5-48; Lynne Viola, "Selbstkolonisierung der Sowjetunion", *Transit*, n. 38, 2009, pp. 34-56.

14. Sobre o número de judeus assassinados na Ucrânia: Alexander Kruglov, "Jewish Losses in Ukraine", em Ray Brandon e Wendy Lower (Orgs.), *The Shoah in Ukraine* (Bloomington: Indiana University Press, 2008), pp. 272-90. Sobre o número de vítimas do Holocausto na União Soviética, ver Yitzhak Arad, *The Holocaust in the Soviet Union* (Lincoln; Jerusalém: University of Nebraska Press/ Yad Vashem, 2009). Para mais estimativas, ver Dieter Pohl, *Verfolgung und Massenmord in der NSZeit 1933-1945* (Darmstadt: Wissenschaftliche Buchgesellschaft, 2008); Snyder, *Bloodlands*.

15. Sobre o acordo propriamente, ver John Basarab, *Pereia slav 1654* (Edmonton: Cius, 1982).

16. Sobre deportações, ver Snyder, *Reconstruction of Nations*; Grzegorz Motyka, *Od rzezi wołyńskiej do akcji "Wisła". Konflikt polsko ukraiński 1943-1947* (Varsóvia: Wydawnictwo Literackie, 2011); Jeffrey Burds, "Agentura: Soviet Informants Networks and the Ukrainian Underground in Galicia", *East European Politics and Societies*, v. 11, n. 1, 1997, pp. 89-130.

17. Sobre a epidemia de fome de 1933, ver Andrea Graziosi, *The Great Soviet Peasant War* (Cambridge, Mass.: Harvard University Press, 1996); Barbara Falk, *Sowjetische Städte in der Hungersnot 1932/33* (Colônia: Böhlau, 2005); Robert Kuśnierz, *Ukraina w latach kolektywi zacji i wielkiego głodu* (Toruń: Grado, 2005); Anne Applebaum, *Red Famine: Stalin's War on Ukraine* (Nova York: Doubleday, 2017). Um guia contemporâneo das décadas de 1970 e 1980 são os ensaios posteriormente reunidos em Roman Szporluk, *Russia, Ukraine, and the Breakup of the Soviet Union* (Stanford: Hoover Press, 2000).

18. Sobre as últimas décadas da história da Ucrânia soviética, ver Serhii Plokhy, *The Gates of Europe* (Nova York: Basic, 2015), pp. 291-336.

19. Para uma breve comparação: "Ukraine's Biggest Problem: No Money", *American Interest*, 24 fev. 2014; "On Putin and Oligarchs", *American Interest*, 19 set. 2014; "Private Banks Fuel Fortune of Putin's Inner Circle", *NYT*, 29 set. 2014. Ver em geral Dawisha, *Putin's Kleptocracy*.

20. Franklin Foer, "The Quiet American", *Slate*, 28 abr. 2016; Franklin Foer, "Putin's Puppet", *Slate*, 21 jul. 2016; Roman Romaniuk, "How Paul Manafort Brought us Politics to Ukraine (and Ukrainian Politics to the us)", *UP*, 18 ago. 2016; Nick Robins-Early, "Who is Viktor Yanukovych and What's His Connection to Paul Manafort?", *HP*, 30 out. 2017; Steven Lee Myers e Andrew

Kramer, "How Paul Manafort Wielded Power in Ukraine Before Advising Donald Trump", *NYT*, 31 jul. 2016.

21. Riqueza da família Yanukóvytch: Benjamin Bidder, "The Dubious Business of the Yanukovych Clan", *Spiegel Online*, 16 maio 2012; Alexander J. Motyl, "Ukraine: The Yanukovych Family Business", *World Affairs*, 23 mar. 2012; H. E. Hale e R. W. Orttung, *Beyond the Euromaidan* (Palo Alto: Stanford University Press, 2016), p. 191. Yanukóvytch encarcera oposição: Kathy Lally, "Ukraine Jails Former Prime Minister", *WP*, 11 out. 2011; Luke Harding, "Ukraine's New Government Puts Final Nail in Coffin of the Orange Revolution", *TG*, 11 mar. 2010.

22. Acordo de Associação com a Ucrânia: Amanda Paul, "Ukraine under Yanukovych: Plus ça change?", European Policy Centre, 19 fev. 2010; "Ukraine Protests after Yanukovych EU Deal Rejection", BBC, 30 nov. 2013; "How the EU Lost Ukraine", *Spiegel Online*, 25 nov. 2013.

23. Patriarkos, *War in 140 Characters*, p. 93; Shore, *Ukrainian Night*.

24. "Berkut' besposhchadno rastoptal kyevskyy evromaydan", *Fakty UA*, 30 nov. 2013. Citação típica: "A última gota de nossa paciência foi a primeira gota de sangue derramada na Maidan". Sergei Gusovsky, 13 dez. 2013, em Timothy Snyder e Tatiana Zhurzhenko (Orgs.), "Diaries and Memoirs of the Maidan", *Eurozine*, 27 jun. 2014.

25. Nihoyan por ele próprio: entrevista, 19 jan. 2014, TSN. Ver também Daisy Sindelar, Yulia Ratsybarska e Franak Viachorka, "How an Armenian and a Belarusian Died for the Ukrainian Revolution", *The Atlantic*, 24 jan. 2014; "First Victims of Maidan Crackdown Remembered in Ukraine", *RFE/RL*, 22 jan. 2015. Sobre Donbas e seus operários, ver Hiroaki Kuromiya, *Freedom and Terror in the Donbas* (Cambridge: Cambridge University Press, 1998); Tanja Penter, *Kohle für Stalin und Hitler* (Essen: Klartext, 2010).

26. Citações neste parágrafo: Snyder e Zhurzhenko, "Diaries and Memoirs of the Maidan".

27. "Priniaatye Radoi 16 ianvaria skandal'nye zakony opublikovany", *Liga Novosti*, 21 jan. 2014; Will Englund, "Ukraine Enacts Harsh Laws Against Protests", *WP*, 17 jan. 2014; Timothy Snyder, "Ukraine: The New Dictatorship", *NYR*, 20 fev. 2014.

28. Nataliya Trach, "Two EuroMaidan Activists Missing", *Kyiv Post*, 21 jan. 2014. David M. Herszenhorn, "Unrest Deepens in Ukraine as Protests Turn Deadly", *NYT*, 22 jan. 2014; "Timeline: How Ukrainian Protests Descended into Bloodbath", *RFL/RE*, 19 fev. 2014; Piotr Andrusieczko, "Ofiary kijowskiego Majdanu nie byly daremne", *GW*, 21 nov. 2014.

29. Fond Demokratychni Initsiatyvy im. Il'ka Kucheriva, "Vid Maidanu--taboru do Maidanu-sichi", pesquisa de opinião entre os participantes, fev. 2014.

30. Sobre o ataque a bomba, ver "Ukrainian Interior Ministry has Questions", Interfax Ukraine, 7 fev. 2018.

31. Consulta: "Vid Maidanu-taboru do Maidanu-sichi", pesquisa entre participantes, fev. 2014. Surenko: Snyder e Zhurzhenko, "Diaries and Memoirs of the Maidan".

32. Volodymyr Yermolenko, "O dvukh Evropakh", inache.net, 18 dez. 2013.

33. Bihun: Leonid Finberg e Uliana Holovach (Org.), *Maidan. Svidchennia* (Kiev: Dukh i Litera, 2016), p. 89. Andrij Bondar: Snyder e Zhurzhenko, op. cit.

34. Economia da doação: Valeria Korablyova, "The Idea of Europe, or Going Beyond Geography", artigo inédito, 2016. Citações: Snyder e Zhurzhenko, op. cit.

35. Dados: "Vid Maidanu-taboru do Maidanu-sichi". Cherepanyn: experiência pessoal, 2014. Ver também Natalie Wilson, "Judith Butler's Corporeal Politics: Matters of Politicized Abjection", *International Journal of Sexuality and Gender Studies*, v. 6, n. 1-2, 2001, pp. 119-21.

36. Snyder e Zhurzhenko, op. cit.

37. Yermolenko: "O dvukh Evropakh". Hrytsak citado em Snyder e Zhurzhenko, op. cit. Citação de Franklin: Korablyova, "The Idea of Europe, or Going Beyond Geography".

38. Finberg e Holovach, *Maidan. Svidchennia*, p. 100.

39. Vladimir Korovin, "Putin i Evraziiskaia ideologiia", Izborsk Club, 15 abr. 2014, artigo 2801.

40. "'Ia ne gei!': khakery vzlomali sotsseti Klichko posle ego prizyva vyiti na Maidan", *NTV*, 22 nov. 2013, 714 256. Para uma boa contextualização, ver Oleg Riabov e Tatiana Riabova, "The Decline of Gayropa?", *Eurozine*, fev. 2013.

41. Homoditadura: "V Kieve aktivisty vodili khorovod i protykali puzyr' evrogomointegratsii", *NTV*, 24 nov. 2014, 735 116. "The 'gay' maelstrom of euro-integration", *Trueinform*, 22 dez. de 2013; Viktor Chestakov, "'Goluboi' omut 'evrorevoliutsii,' ili Maidan sdali", *Odna Rodina*, 21 dez. 2014.

42. Jim Rutenberg, "How the Kremlin built one of the most powerful information weapons of the 21st century", *NYT*, 13 set. 2017.

43. Kisselióv sobre a aliança polono-lituano-sueca: Dmitrii Kiselev, "Vesti Nedeli", Rossiia-1, 1º dez. 2013, 928 691.

44. Dmitrii Kiselev, "Vesti Nedeli", Rossiia-1, 8 dez. 2013. *Segodnia*: Nikolai Telepnev, "Gei-Udar Po 'Udaru'", 20 dez. 2013, 133 168.

45. Maloféiev: Nataliia Telegina, "Put' Malofeeva: ot detskogo pitaniia k sponsorstvu Donbassa i proshchennym", republic.ru, 12 maio 2015, 50 662. Artigo no *KP*: "Gei-drovishki v koster Mai dana", *KP*, 12 maio 2013, 3 055 033.

46. "V Kieve aktivisty vodili khorovod i protykali puzyr' evrogomointe-gratsii", NTV, 24 nov. 2014.

47. Acordo sobre o gás natural: "Putin Pledges Billions, Cheaper Gas to Yanukovych", *RFE/RL*, 17 dez. 2013; Carol Matlack, "Ukraine Cuts a Deal It Could Soon Regret", *Bloomberg*, 17 dez. 2013; David Herszenhorn e Andrew Kramer, "Russia Offers Cash Infusion for Ukraine", *NYT*, 17 dez. 2013. Uso da força pela polícia de choque ucraniana: Andrew Kramer, "Police and Protestors in Ukraine Escalate Use of Force", *NYT*, 20 jan. 2014; para registros de violên-cia, ver também Snyder e Zhurzhenko, op. cit.; Finberg e Holovach, *Maidan. Svidchennia.*

48. Ilya Arkhipov, Henry Meyer e Irina Reznik, "Putin's 'Soros' Dreams of Empire as Allies Wage Ukraine Revolt", *Bloomberg*, 15 jun. 2014.

49. Gírkin: Telegina, "Put' Malofeeva". Passado de Gírkin e autodefinição como "oficial de operações especiais": Aleksandr Prokhanov, entrevista com Gírkin, "Kto ty, Strelok?", *Zavtra*, 20 nov. 2014. Gírkin se define como "coronel": Aleksandr Chalenko, entrevista com Gírkin, *Politnavigator*, 1º dez. 2014.

50. Andrei Lipskii, "'Predstavliaetsia pravil'nym initsiirovat' prisoedinenie vostochnykh oblastei Ukrainy k Rossii'", *NG*, fev. 2015. Avaliação do memorando sobre o regime de Yanukóvytch: "Vo-pervykh, rezhim V. Yanukovicha okoncha-tel'no obankrotilsia. Ego politicheskaia, diplomaticheskaia, finansovaia, infor-matsionnaia podderzhka Rossiskoi Federatsiei uzhe ne imeet nikakogo smysla". Para uma tradução para o alemão, ver "Russlands Strategiepapier im Wortlaut", *Die Zeit*, 26 fev. 2016; para discussão, ver Steffen Dobbert, Christo Grosev e Mei-ke Dülffer, "Putin und der geheime Ukraine-Plan", *Die Zeit*, 26 fev. 2015.

51. "Spasti Ukrainu! Memorandum ekspertov Izborskogo Kluba", 13 fev. 2014.

52. Lavrov e hedonismo: Serguei Lavrov, "V ponimanii EC i CShA 'svo-bodnyi' vybor za ukraintsev uzhe sdelan", *Kommersant*, 13 fev. 2014. Surkov e armas: Kurczab-Redlich, *Wowa*, pp. 667-8.

53. Você acredita que Victoria Nuland, secretária de Estado assistente dos Estados Unidos na época, distribuiu biscoitinhos na Maidan? Se acredita, a ver-são dos acontecimentos que está em sua cabeça passou pela propaganda russa. Ela distribuiu sanduíches. Essa discrepância, que em si não tem importância, é uma boa pista. Se a história que você guarda na cabeça inclui o elemento fictício "biscoitinhos", inclui também outros elementos fictícios.

54. Negociações, tiros, fuga: "À Kiev, la diplomatie européenne négocie directement avec Ianoukovitch", *LM*, 20 fev. 2014; Matthew Weaver e Tom Mc-Carthy, "Ukraine Crisis: Deadly Clashes Shatter Truce", *TG*, 20 fev. 2014. Yanu-kóvytch renuncia: Shiv Malik, Aisha Gani e Tom McCarthy, "Ukraine Crisis:

Deal Signed in Effort to end Kiev Standoff", *TG*, 21 fev. 2014; "Ukraine's Parliament, President Agree to Opposition Demands", *RFE/RL*, 21 fev. 2014; Sam Frizell, "Ukraine Protestors Seize Kiev as President Flees", *Time*, 22 fev. 2014; Alan Taylor, "Ukraine's President Voted Out, Flees Kiev", *The Atlantic*, 22 fev. 2014.

55. Presença do FSB em 20-1 de fevereiro: Kurczab-Redlich, *Wowa*, pp. 667-8; Andrei Soldatov, "The True Role of the FSB in the Ukrainian Crisis", *Moscow Times*, 15 abr. 2014. Ver também Simon Shuster, "The Russian Stronghold in Ukraine Preparing to Fight the Revolution", *Time*, 23 fev. 2014; Daniel Boffey e Alec Luhn, "EU Sends Advisers to Help Ukraine Bring Law and Order to Rebel Areas", *TG*, 26 jul. 2014. Para uma investigação forense digital, ver Carnegie Mellon University Center for Human Rights, "Euromaidan Event Reconstruction", 2018.

56. Yanukóvytch perde maioria parlamentar: "Parliament Votes 328-0 to Impeach Yanukovych on Feb. 22; sets May 25 for New Election; Tymoshenko free", *Kyiv Post*, 23 fev. 2014; Uri Friedman, "Ukraine's Government Disappears Overnight", *The Atlantic*, 22 fev. 2014.

57. Cibercampanha na Crimeia: Owen Matthews, "Russia's Greatest Weapon May Be Its Hackers", *NW*, 7 maio 2015; Hannes Grassegger e Mikael Krogerus, "Weaken from Within", *New Republic*, dez. 2017, p. 21; Adam Entous, Ellen Nakashima e Greg Jaffe, "Kremlin Trolls Burned Across the Internet", *WP*, 25 dez. 2017. Agência de Pesquisa de Internet: Adrian Chen, "The Agency", *NYT*, 2 jun. 2015. Para a atmosfera que cercava os primeiros dias da invasão, ver os primeiros relatos da série "Russian Roulette", de Simon Ostrovsky em Vice News online.

58. Números das unidades: Thomas Gutschker, "Putins Schlachtplan", *FAZ*, 9 jul. 2014. Alguma cobertura inicial da invasão russa da Ucrânia: "Russian Troops in Crimea and the Traitor Admiral" ("Russkie voiska v Krymu i admiral predatel'"), *BigMir*, 3 mar. 2014; Telegina, "Put' Malofeeva". Ver também Pavel Nikulin, "Kak v Krymu otneslis' k vvodu rossiiskikh voisk", *Slon*, 1º mar. 2014; Il'ia Shepelin, "Prorossiiskie soldaty otkryli ogon' v vozdukh, chtoby ne dat' ukrainskim vernut' aerodrom Bel'bek", *Slon*, 3 mar. 2014.

59. Invasão russa da Crimeia: Anton Bebler, "Crimea and the Russian-Ukrainian Conflict," *Romanian Journal of Foreign Affairs*, v. 15, n. 1, 2015, pp. 35-53; Ashley Deels, "Russian Forces in Ukraine", *Lawfare*, 2 mar. 2014; Anatoly Pronin, "Republic of Crimea", *Russian Law Journal*, v. 3, n. 1, 2015, pp. 133--42. Simferopol: Mat Babiak, "Russians Seize Simferopol", *Ukrainian Policy*, 27 fev. 2014; Simon Shuster, "Gunmen Seize Parliament in Ukraine's Russian Stronghold", *Time*, 27 fev. 2014. Recordações de Gírkin: Sergei Shargunov, entrevista com Ivan Gírkin, *Svobodnaia Pressa*, 11 nov. 2014. Chamada de Glaziev:

"Kiev Releases Audio Tapes", *Meduza*, 22 ago. 2016; ver também Gerard Toal, *Near Abroad* (Londres: Oxford University Press, 2016). Aksiónov: Simon Shuster, "Putin's Man in Crimea Is Ukraine's Worst Nightmare", *Time*, 10 mar. 2014. Obama sobre Ucrânia: Thomas Sparrow, "From Maidan to Moscow: Washington's Response to the Crisis in Ukraine", em Klaus Bachmann e Igor Lyybashenko (Orgs.), *The Maidan Uprising, Separatism and Foreign Intervention* (Frankfurt: Peter Lang, 2014), pp. 322-3. Citação de Obama: Bill Chappell, "Obama Warns Russia Against Using Force in Ukraine", NPR, 28 fev. 2014.

60. Lobos Noturnos na Crimeia: "Night Wolves, Putin's 'Biker Brothers', To Ride to Ukraine to Support Pro-Russia Cause", *HP*, 28 fev. 2014; Harriet Salem, "Crimea's Putin Supporters Prepare to Welcome Possible Russian Advance", TG, 1º mar. 2014. Alexei Weitz citado em Peter Pomerantsev, "Forms of Delirium", *London Review of Books*, v. 35, n. 19, 10 out. 2013.

61. Citações de Zaldostanov: Damon Tabor, "Putin's Angels", *Rolling Stone*, 8 out. 2015; Shaun Walker, "Patriotic Group Formed to Defend Russia Against Pro-democracy Protestors", *TG*, 15 jan. 2015. Pútin: "Vladimir Putin otvetil na voprosy zhurnalistov o situatsii na Ukraine", 4 mar. 2014.

62. Sobre a reunião de Viena e para citação de Dúguin: Bernhard Odehnal, "Gipfeltreffen mit Putins fünfter Kolonne", *Tages-Anzeiger*, 3 jun. 2014. Deixou de existir: Aleksandr Dúguin, "Letter to the American People on Ukraine", *Open Revolt*, 8 mar. 2014.

63. Referendo: David Patrikarakos, *War in 140 Characters* (Nova York: Basic, 2017), pp. 92-4, 153; Richard Balmforth, "No Room for 'Nyet' in Ukraine's Crimea Vote to Join Russia", Reuters, 11 mar. 2014. Resultados: Paul Roderick Gregory, "Putin's Human Rights Council Accidentally Posts Real Crimean Election Results", *Kyiv Post*, 6 maio 2014; "Krym vybral Rossiiu", Gazeta.ru, 15 mar. 2014; "Za zlyttia z Rosiieiu proholosovalo 123% sevastopoltsiv", *Ukrains'ka Pravda*, 17 mar. 2014; "V Sevastopole za prisoedinenie k Rossii progolosovalo 123% naseleniia", Unian, 17 mar. 2014. Agradecer aos franceses: Agathe Duparc, Karl Laske e Marine Turchi, "Crimée et finances du FN: les textes secrets du Kremlin", *Mediapart*, 2 abr. 2015.

64. Memorando de Budapeste: Czuperski et al., "Hiding in Plain Sight", p. 4. Implicações jurídicas: Deels, "Russian Forces in Ukraine"; Ivanna Bilych et al., "The Crisis in Ukraine: Its Legal Dimensions", Relatório da Razom, 14 abr. 2014; Anne Peters, "Sense and Nonsense of Territorial Referendums in Ukraine", ejiltalk.org, 16 abr. 2014; Anne Peters, "The Crimean Vote of March 2014 as an Abuse of the Institution of Territorial Referendum", em Christian Calliess (Org.), *Staat und Mensch im Kontext des Volkerund Europarechts* (Baden-Baden, Noms, 2015), pp. 255-80. Desarmamento: Sergei L. Loiko e Carol J. Williams,

"Ukraine Troops Struggle with Nation's Longtime Neglect of Military", *Los Angeles Times*, 18 out. 2014.

65. Declaração de 17 de março: Ministério das Relações Exteriores, "Zaiavlenie MID o Gruppe podderzhki dlia Ukrainy", 17 mar. 2014. Ver Paul Roderick Gregory, "Putin Demands Federalization for Ukraine, But Declares It Off-Limits for Siberia", *Forbes*, 1º set. 2014; Maksim Trudoliubov e Nikolai Iepple, "Rossiiskoe obshchestvo ne vidit sebia", *Vedomosti*, 2 jul. 2015; "M.I.D. Ukrainy schitaet nepriemlemymi predlozheniia Rossii po uregulirovaniiu kriziza v strane", *Interfax*, 17 mar. 2014, 196 364.

66. Tatiana Saenko, "Parlamentarii o priniatii v sostav Rossiiskoi Federatsii novykh sub'yektov", *KabardinoBalkarskaya Pravda*, n. 49, 18 mar. 2014.

67. Citação de Pútin: "Priamaia liniia s Vladimirom Putinym", Krêmlin, 17 abr. 2014. Citação de Maloféiev: Dmitrii Sokolov-Mitrich e Vitalii Leibin, "Ostavit' Bogu mesto v istorii", *Russkii Reporter*, 4 mar. 2015. Trata-se aqui de noções de tempo que iniciam guerras, mas não as descrevem. Ao ler entrevistas com voluntários que Maloféiev imaginava fossem viris guerreiros cristãos combatendo o diabo, não pude deixar de sorrir ao ver que a primeira com que me defrontei era o testemunho de um homem de origem judaica que adotara uma referência literária russa a Satanás como seu nome de guerra, e a segunda era de uma mulher que descrevia sua própria religião como satanismo. Meu sorriso durava pouco: suas histórias, como a de todos os moradores locais empurrados para aquela guerra, eram muito tristes. (Entrevistas (B) e (V) de separatistas, transcrições fornecidas por Oksana Mikhaevna.)

68. Glaziev: "Ukraine Publishes Video Proving Kremlin Directed Separatism in Eastern Ukraine and Crimea", *Euromaidan Press*, 23 ago. 2016; "English Translation of Audio Evidence of Putin's Adviser Glazyev and Other Russian Politicians' Involvement in War in Ukraine", *Focus on Ukraine*, 30 ago. 2016. Discussão: Veronika Melkozerova, "Two Years Too Late, Lutsenko Releases Audio of Russian Plan that Ukrainians Already Suspected", *Kyiv Post*, 27 ago. 2016; Halya Coynash, "Odesa Smoking Gun Leads Directly to Moscow", *Human Rights in Ukraine*, 20 set. 2016; "The Glazyev Tapes", *European Council on Foreign Relations*, 1 nov. 2016.

69. Gírkin e Borodai retorno em abril: Czuperski et al., "Hiding in Plain Sight", pp. 4, 20. Os cargos de Gírkin e Borodai: Dmitrii Sokolov-Mitrich e Vitalii Leibin, "Ostavit' Bogu mesto v istorii", *Russkii reporter*, 4 mar. 2015; "Profile of Russian Tycoon's Big New Christian TV Channel", FT, 16 out. 2015. Gúbarev como governador do povo de Donetsk: Nikolai Mitrokhin, "Transnationale Provokation", *Osteuropa*, 5-6/2014, p. 158; Mitrokhin, "Infiltration, Instruktion, Invasion", *Osteuropa* 8/2014, pp. 3-16; "Russian Ultra-nationalists Come

to Fight in Ukraine", *StopFake*, 8 mar. 2014; "After Neutrality Proves Untenable, a Ukrainian Oligarch Makes His Move", *NYT*, 20 maio 2014. Citação de Gúbarev: Paweł Pieniążek, *Pozdrowienia z Noworosji* (Varsóvia: Krytyka Polityczna, 2015), p. 18.

70. Primavera russa: "Ukraine and Russia Are Both Trapped by the War in Donbas", *The Economist*, 25 maio 2017. Citações de Dúguin: Aleksandr Dúguin, "Horizons of our Revolution from Crimea to Lisbon", *Open Revolt*, 7 mar. 2014. Zakamskaia: "Blogery Ishchut Antisemitizm Na 'Rossii 24': 'Korichnevaia Chuma' Raspolzaetsia", *Medialeaks*, 24 mar. 2014. Neonazistas em Moscou: Alec Luhn, "Moscow Holds First May Day Parade Since Soviet Era", *TG*, 1º maio 2014.

71. Esquizofascismo é um exemplo do que o filósofo Jason Stanley define como "propaganda de enfraquecimento": usar um conceito para destruí-lo. Aqui o antifascismo está sendo usado para destruir o antifascismo. *How Propaganda Works* (Princeton: Princeton University Press, 2016).

72. Prokhanov: Alexander Prokhanov, "Odinnadtsatyi stalinskii udar. O nashem novom Dne Pobedy", *Izvestiia*, 5 maio 2014; Dúguin: "Towards Laocracy", 28 jul. 2014; Glaziev: "Predotvratit' voinu — pobedit' v voine", Izborsk Club, set. 2014, artigo 3962. Ver também Pieniążek, *Pozdrowiena z Noworosji*, p. 167.

73. Glaziev, "Predotvratit' voinu — pobedit' v voine".

74. Vladímir Pútin, Discurso do presidente da Federação Russa, 18 mar. 2014.

75. Lavrov: "Comment by Russian Ministry of Foreign Affairs", 14 mar. 2014; ver também Damien McElroy, "Moscow Uses Death of Protestor to Argue for 'Protection' of Ethnic Russians in Ukraine", *Telegraph*, 14 mar. 2014.

76. Defensores norte-americanos da supremacia branca: Casey Michel, "Beyond Trump and Putin", *Diplomat*, 13 out. 2016. Defesa da invasão russa por Spencer: "Russian State Propaganda Uses American Fascist to Blame Ukrainian Fascists for Violence", *Daily Surge*, 5 jun. 2014. Poloneses: *Piątek, Macierewicz i jego tajemnice*, pp. 176, 180-1.

77. Citações extraídas de: Shekhovstov, *Russia and the Western Far Right*, cap. 5. Ver em geral P. Krekó et al., "The Weaponization of Culture", *Political Capital Institute*, 4 ago. 2016, pp. 8, 14, 30-40, 59; Alina Polyakova, "Putinism and the European Far Right", *Atlantic Council*, 19 nov. 2015, p. 4. Sobre reações da extrema direita ao conflito ucraniano: Timothy Snyder, "The Battle in Ukraine Means Everything", *New Republic*, 11 maio 2014. Budapeste: Anton Shekhovtsov, "Far-right International Conferences in 2014", *Searchlight*, inverno 2014. Ochsenreiter: Van Herpen, *Putin's Propaganda Machine*, p. 73.

78. Em geral: Patrick Jackson, "Ukraine War Pulls in Foreign Fighters", BBC, 1º set. 2014. França: Mathieu Molard e Paul Gogo, "Ukraine: Les docs qui mon-

trent l'implication de l'extrême droite française dans la guerre", *Streetpress*, 29 ago. 2016. Nacionalista sérvio: "Serbia Arrests Suspect Linked to Montenegro Election Plot: Report", Reuters, 13 jan. 2017. Nazistas suecos: "Three Swedish Men Get Jail for Bomb Attacks on Asylum Centers", Reuters, 7 jul. 2017; "Russia Trains Extremists Who May Wreak Havoc in Europe — Probe", Unian, 24 jul. 2017.

79. Movimento Nacional-Conservador Mundial: Anton Shekhovtsov, "Slovak Far-Right Allies of Putin's Regime", *TI*, 8 fev. 2016. Ver também "Europe's Far Right Flocks to Russia: International Conservative Forum Held in St. Petersburg", *Meduza*, 24 mar. 2015. Usovsky: Yaroslav Shimov e Aleksy Dzikawicki, "E-Mail Hack Gives Glimpse into Russia's Influence Drive in Eastern Europe", *RFE/RL*, 17 mar. 2017; Andrew Higgins, "Foot Soldiers in a Shadowy Battle Between Russia and the West", *NYT*, 28 maio 2017. As fontes: "Za antiukrainskimi aktsiami v Pol'she stoit Kreml", InfoNapalm, 22 fev. 2017, 33 652.

80. Odehnal, "*Gipfeltreffen*"; o *think tank* se chama Katekhon, e os artigos em seu site em idioma russo começaram a aparecer em dezembro de 2015.

81. Sobre Mykhailo Martynenko (1992-) e Bohdan Solchanyk (1985- -2014) e as perspectivas de estudantes e seus professores sobre a revolução, ver Marci Shore, *The Ukrainian Night: An Intimate History of Revolution* (New Haven: Yale University Press, 2018).

82. "RF traktuet proiskhodiashchee na Ukraine kak popytku gosperevorota, zaiavil press-sekretar' Prezidenta", PK, 19 fev. 2014, 52 312.

83. Anton Shekhovtsov, "Spectre of Ukrainian 'Fascism': Information Wars, Political Manipulation, and Reality", *Euromaidan Press*, 24 jun. 2015.

84. Olga Rudenko, "Oleksandr Turchynov's Baptist Faith May Help Defuse Ukrainian Crisis", *WP*, 26 fev. 2014; "Ukraine Turns to Its Oligarchs for Political Help", *NYT*, 2 mar. 2014; "Avakov Appointed Interior Minister of Ukraine", *ArmenPress*, 22 fev. 2014.

85. Serguei Glaziev insistia em chamar Poroshenko de "nazista". "Glazyev: Poroshenko — natsist, Ukraina — Frankenshtein", BBC, 27 jun. 2014.

86. Steven Pifer, "Ukraine's Parliamentary Election", Brookings Institute, 27 out. 2014.

87. Civilização comum: Pavel Kanygin, "Aleksandr Borodai: 'Zakliuchat' mir na usloviiakh kapituliatsii my nikak ne gotovy'", *NG*, 12 ago. 2014. Sobre paisagens temporais: Tatiana Zhurzhenko, "Russia's Never-ending War Against 'Fascism'", *Eurozine*, 5 ago. 2015.

88. Konstantin Skorkin, "Post-Soviet Science Fiction and the War in Ukraine", *Eurozine*, 22 fev. 2016.

89. Lei Federal, 5 maio 2014, N. 128-Fr, "O vnesenii izmenenii v otdel'nye zakonodatel'nye akty Rossii skoi Federatsii". Pútin defendendo o pacto Mólo-

tov-Ribbentrop: Vladímir Pútin, "Reunião com jovens estudantes e professores de história", 5 nov. 2014, Krêmlin, 46 951. Condenação: Gleb Bugush e Ilya Nuzov, "Russia's Supreme Court Rewrites History of the Second World War", *EJIL Talk!*, 28 out. 2016.

90. Issio Ehrich, "Absturz von MH17: Igor Strelkow — 'der Schütze'", N-TV.de, 24 jul. 2014. Gírkin, execuções e Stálin: Anna Shamanska, "Former Commander of Pro-Russian Separatists Says He Executed People Based on Stalin-Era Laws", *RFE/RL*, 29 jan. 2016.

91. Operações punitivas: "Ukraine Conflict: Turning UP the TV Heat", BBC, 11 ago. 2014. Tanque: "Lies: Luhansk Gunmen to Wage War on Repaired T-34 Museum Tank", *StopFake*, 13 maio 2014. "1942": Entrevista (B) com separatista. "Por Stálin": "Russia's 200th Motorized Infantry Brigade in the Donbass", *Bellingcat*, 16 jan. 2016. Soldados na Crimeia: Ekaterina Sergatskova, Artiom Chapai, Vladimir Maksakov (Orgs.), *Voina na tri bukvy* (Carcóvia: Folio, 2015), p. 24. Tanque e prisioneiros: Zhurzenko, "Russia's Never-ending War".

92. Índices de aprovação: "Praviteli v Otechestvennoi Istorii", Levada Center, 1º mar. 2016.

93. "V Kiyeve Pereimenovali Muzei Velikoi Otechestvennoi Voiny", ru.tsn. ua, 16 jul. 2015. A Ucrânia tinha um segundo mito dessa guerra, com os nacionalistas na parte oeste do país exaltando os guerrilheiros que lutaram contra a instalação da autoridade soviética. A guerra de 2014, porém, foi travada no Sudeste da Ucrânia, e predominantemente por soldados locais.

5. VERDADE OU MENTIRAS [pp. 194-261]

1. O romance: Natan Dubovitsky [Vladislav Surkov], "My ischeznem, kak tol'ko on otkroet glaza. Dolg obshchestva i vash, prezhde vsego — prodolzhat' snitsia emu", *Okolonolia,* Media Group Live, Moscou, 2009. Ver também: Peter Pomerantsev, "The Hidden Author of Putinism", *The Atlantic,* 7 nov. 2014; "Russia: A Postmodern Dictatorship", Institute of Modern Russia, 2013, p. 6; e principalmente Pomerantsev, *Nothing Is True.*

2. Vladislav Surkov, "Russkaia politicheskaia kul'tura. Vzgliad iz utopii," *Russkii Zhurnal,* 15 jun. 2007.

3. Maksim Trudoliubov e Nikolai Iepple, "Rossiiskoe obshchestvo ne vidit sebia", *Vedomosti,* 2 jul. 2015. Pavlóvski estava fazendo um contraste entre a Rússia contemporânea e a prática soviética anterior. No período stalinista, as conspirações descritas nos julgamentos encenados para o público enveredavam pela ficção e, em alguns casos mais dramáticos, pela teoria conspiratória an-

tissemítica; ver Snyder, *Bloodlands*; ver também *Proces z vedením protistátního spikleneckého centra v čele s Rodolfem Slánským* (Praga: Ministerstvo Spravedlnosti, 1953); Włodzimierz Rozenbaum, "The March Events", *Polin*, v. 21, 2008, pp. 62-3; Dariusz Stola, "The Hate Campaign of March 1968", *Polin*, v. 21, 2008, pp. 16-36. Volin: Masha Gessen, "Diadia Volin", *RFE/RL*, 11 fev. 2013. 90%: Levada Center, "Rossiiskii Media Landshaft", 17 jun. 2014. Orçamento: Peter Pomerantsev, "Unplugging Putin TV", *Foreign Affairs*, 18 fev. 2015.

4. Exemplos de convidados: Peter Pomerantsev e Michael Weiss, "The Menace of Unreality: How the Kremlin Weap onizes Information, Culture, and Money", Institute of Modern Russia, 22 nov. 2014, p. 15. Citação de Pútin: entrevista de Margarita Simonyan, RT, 12 jun. 2013. "Não existe jornalismo objetivo": "Interv'iu/Margarita Simon'ian", *RNS*, 15 mar. 2017. Ver também Peter Pomerantsev, "Inside Putin's Information War", *Politico*, 4 jan. 2015; Peter Pomerantsev, "Inside the Kremlin's Hall of Mirrors", *TG*, 9 abr. 2015. Verba da RT: Gabrielle Tetrault-Farber, "Looking West, Russia Beefs Up Spending in Global Media Giants", *Moscow Times*, 23 set. 2014. O slogan "Questione Mais" foi criado por uma empresa norte-americana de relações públicas.

5. Cf. Pomerantsev, *Nothing Is True*, pp. 73, 228.

6. Citação: Peter Pomerantsev, "Inside Putin's Information War", *Politico*, 4 jan. 2015.

7. Gírkin e Borodai: Sokolov-Mitrich e Leibin, "Ostavit' Bogu mesto v istorii"; "Profile of Russian Tycoon's Big New Christian TV Channel", FT, 16 out. 2015; Mitrokhin, "Transnationale Provokation", p. 158, e "Infiltration", pp. 3-16; "Russian Ultra-nationalists Come to Fight in Ukraine", *StopFake*, 8 mar. 2014; "After Neutrality Proves Untenable, a Ukrainian Oligarch Makes His Move", *NYT*, 20 maio 2014.

8. Barulheira: Kurczab-Redlich, *Wowa*, p. 671. Fardas: "Vladímir Pútin respondeu a perguntas de jornalistas sobre a situação na Ucrânia, 4 mar. 2014", Krêmlin, 20366. Cronograma de tropas: Thomas Gutschker, "Putins Schlachtplan", *FAZ*, 9 jul. 2014.

9. Clover, *Black Wind, White Snow*, p. 19.

10. Sobre "homenzinhos verdes": Miller et al., "An Invasion by Any Other Name", pp. 10, 12, 27, 30, 45, 47; Bebler, "Crimea and the Russian-Ukrainian Conflict", pp. 35-53. Sergatskova: *Voina na tri bukvy*, p. 24. Sobre o antigo uso da negativa implausível, para a entrevista completa e o contexto, ver Rick Perlstein, "Lee Atwater's Infamous 1981 Interview on the Southern Strategy", *The Nation*, 13 nov. 2012.

11. Simon Shuster, "Putin's Confessions on Crimea Expose Kremlin Media", *Time*, 20 mar. 2015. O ato seria então repetido uma segunda vez com a

intervenção russa em Donbas. Shaun Walker, "Putin Admits Russian Military Presence in Ukraine for First Time", *TG*, 17 dez. 2015.

12. "Vladímir Pútin respondeu a perguntas de jornalistas sobre a situação na Ucrânia, 4 mar. 2014", Krêmlin, 20 366.

13. A remoção de insígnias antes da invasão era assunto frequente nas últimas comunicações entre soldados russos e pais ou esposas. Ver, por exemplo, Elena Racheva, "'On sam vybral etu professiiu. Ia sama vybrala ego. Nado terpet'", *NG*, 30 ago. 2014.

14. "Vladímir Pútin respondeu a perguntas de jornalistas sobre a situação na Ucrânia, 4 mar. 2014", Krêmlin, 20 366.

15. Sherr, "A War of Perception". Referência de Pútin à "Novorossiia": "Linha Direta com Vladímir Pútin", 17 abr. 2014, Krêmlin, 20 796.

16. Dúguin falou em "Novorossiia" em 3 de março: Clover, *Black Wind, White Snow*, p. 13.

17. Mitrokhin, "Infiltration".

18. Citação de soldado: Pavel Kanygin, "Bes, Fiks, Roman i goluboglazyi", *NG*, 17 abr. 2014. Sobre a presença de soldados russos, ver Pieniążek, *Pozdrowienia z Noworosji*, pp. 72, 93. Ver também o vídeo da entrevista com Gírkin, de 26 abr. 2014: "Segodnia otkryl litso komanduiushchii otriadom samooborony Slavianska Igor' Strelkov", disponível em: <www.youtube.com/watch?v=8mGX-DcO9ugw>, e as lembranças da população em Olha Musafirova, "Po leninskim mestam", *NG*, out. 2014; Iulia Polukhna, "Dolgaia doroga v Lugansk", *NG*, 21 out. 2014. Citação de Borodai: Kanygin, "Aleksandr Borodai".

19. Czuperski et al., "Hiding in Plain Sight", pp. 4-6; Miller et al., "An Invasion by Any Other Name".

20. Sobre Kolomois'kyi: Pieniążek, Pozdrowienia z Noworosji; "Ukraine's Catch 22 Over Its Oligarch Class", *Johnson's Russia List*, 25 mar. 2015. Russos hasteando bandeira em Carcóvia: "Protestors Raise Russian Flag in Two East Ukrainian Cities", Reuters, 1 mar. 2014. Tomada do edifício da administração de Odessa: Oksana Grytsenko, "Pro-Russia Groups Take Over Government Buildings", *TG*, 3 mar. 2014; Charles King, "Forgetting Odessa", *Slate*, 8 maio 2014; Mitrokhin, "Infiltration".

21. Odessa: a cobertura jornalística de Ekaterina Sergatskova de 3 maio 2014, a edição russa do *Ukrains'ka Pravda* e o relato de Artiom Chapai, no *Insider* de 5 maio 2014 estão reproduzidos em *Voina na try bukvy*, pp. 64-68, 77-84. Ver também Natalia Zinets, "More than 40 Killed in Fire, Clashes in Ukraine's Odessa", Reuters, 2 maio 2014; Howard Amos e Harriet Salem, "Ukraine clashes", *TG*, 2 maio 2014.

22. Prokhanov, "Odinnadtsatyi stalinskii udar".

23. Sobre Vostok, ver a cobertura de Ekaterina Sergatskova na edição russa de *Ukrains'ka Pravda*, de 2 jun. 2014, reproduzida em *Voina na tri bukvy*, p. 117. Ver também James Sherr, "A War of Perception", em Keir Giles et al. (Orgs.), *The Russian Challenge* (Londres: Chatham House, 2015); James Rupert, "Russia Allows — or Organizes — Chechen Fighters to Reinforce the Secessionist War in Ukraine", *New Atlanticist*, 30 maio 2014. Citação de Gírkin: Sherr, "A War of Perception".

24. Maria Turchenkova, "Gruz 200", blog *Ekho Moskvy*, 4 jun. 2014. Sobre a motivação dos voluntários da Federação Russa: entrevistas (K) e (L) com separatistas russos.

25. Elena Kostiuchenko, "'Vash muzh dobrovol'no poshel pod ostrel'", *NG*, 17 jun. 2014. Famílias russas cujos filhos foram mortos na Síria enfrentaram problemas parecidos. Maria Tsvetkova, "Death Certificate Offers Clues on Russian Casualties in Syria", Reuters, 27 out. 2017.

26. *Voina na tri bukvy*, p. 117; Serhyi Kudelia, "The Donbas Rift", *Russian Politics and Law*, v. 54, n. 1, 2016, p. 20. Citação de Khodakovskii: "Komandir batal'ona 'Vostok': Kiev schel, chto dlia nego region poterian", RIA.ru, 4 jun. 2014.

27. Entrevista com Gírkin: Alekander Chalenko, *Politnavigator*, 1º dez. 2014; ver também Alekander Prokhanov, entrevista com Gírkin, "Kto ty, Strelok?", *Zavtra*, 20 nov. 2014; "Igor' Strelkov: Ia sebia s Zhukovym ne sravnivaiu, no, kak i on, shtabnoi raboty ne liubliu", politnavigator.net, 1º dez. 2014. Sobre a posição estratégica, ver Michael Weiss, "All Is not Well in Novorossiya", *Foreign Policy*, 12 jul. 2014.

28. Pesquisa: Kudelia, "Donbas Rift", p. 20. Autodefesa foi um dos assuntos das entrevistas com separatistas, incluindo aqueles que também expressavam opiniões ideológicas: entrevistas (B) e (V) com separatistas, esta última também sobre crianças e bombas. Havia, claro, exceções: ver "Varyag: Moe mirovozzrenie sformirovali trudy Dugina", evrazia.org, 19 nov. 2015.

29. Entrevista (V) com separatista.

30. "Vladimir Antiufeev — novyi glava gosbezopasnosti DNR", politikus. ru, 10 jul. 2014; Irene Chalupa, "Needing Better Control in Ukraine War, Moscow Sends in an Old KGB Hand", *New Atlanticist*, 17 jul. 2014.

31. As citações são de uma entrevista: Pavel Kanygin, "'Pridnestrovskii general' Vladimir Antiufeev, stavshii liderom DNP: 'Slabaki! Ispugalis' sanktsii! Gde klad, tam i serdtse'", *NG*, 15 ago. 2014. Para trechos em inglês, ver "Rebel Leader Blames Ukrainian War on Masons", *Moscow Times*, 15 ago. 2014.

32. Kanygin, "'Pridnestrovskii general' Vladimir Antiufeev".

33. Ibid.

34. Evgenii Zhukov, post no Facebook, 11 jul. 2014.

35. Citação de Gregoriev: "Rossiia obstrelivaet Ukrainu s svoei territorii", *Novoe Vremia*, 23 jul. 2014. Ataques de artilharia partindo da Rússia: Sean Case, "Smoking GRADS: Evidence of 90 Cross-border Artillery Strikes from Russia to Ukraine in Summer 2014", mapinvestigation.blogspot.com, 16 jul. 2015; "Origin of Artillery Attacks on Ukrainian Military Positions in Eastern Ukraine Between 14 July 2014 and 8 Aug. 2014", *Bellingcat*, 17 fev. 2015.

36. Elena Racheva, "Pogranichnoe sostoianie", *NG*, 11 ago. 2014.

37. Ibid.

38. Natalya Telegina, "Kak by voina. Reportazh s ukrainskoi granitsy", *Dozhd'*, 5 ago. 2014. Gírkin assumindo a responsabilidade: Alekander Prokhanov, entrevista com Gírkin, "Kto ty, Strelok?", *Zavtra*, 20 nov. 2014.

39. História de crucificação: "Bezhenka iz Slavianska vspominaet, kak pri nei kaznili malen'kogo syna i zhenu opolchentsa", *PK*, 12 jul. 2014, 37175. Recepção da história de crucificação "Aleksey Volin o siuzhete 'Pervogo kanala' pro raspiatogo mal'chika", 15 jul. 2014, disponível em: <www.youtube.com/watch?-v=7TVV5atZ0Qk>.

40. Post original de Dúguin disponível em: <www.facebook.com/alexandr.dugin/posts/811615568848485>.

41. Armas: Miller et al., "An Invasion by Any Other Name", pp. 5-65. Ver também: Comando de Operações da Otan, "Nato Releases Imagery: Raises Questions on Russia's Role in Providing Tanks to Ukraine", 14 jun. 2014.

42. Michael Weiss e James Miller, "How We Know Russia Shot Down MH17", *DB*, 17 jul. 2015; Miller et al., "An Invasion by Any Other Name", pp. 17-34.

43. O destacamento russo: "Pre-MH17 Photograph of Buk 332 Discovered", *Bellingcat*, 5 jun. 2017; Wacław Radzinowicz, "Donbas, Syria, zestrzelony boeing", *GW*, 31 maio 2017.

44. Para mais informações, ver Bellingcat Investigation Team, "MH-17", pp. 3-16, 36-44, sic passim, disponível em: <www.bellingcat.com/tag/mh17/>; Weiss e Miller, "How We Know". Fanfarronice de Gírkin disponível em: <web.archive.org/web/2014071715222'/http://vk.com/strelkov_info>. Khodakovski e outros: Pieniążek, *Pozdrowienia z Noworosji*, pp. 199, 210; também "Aleksandr Khodakovskii: Ia znal, chto 'Buk' shel iz Luganska", echo.msk.ru, 12 jul. 2014. Sobre o relatório holandês, ver Landelijk Parket, "Update in criminal investigation", *Openbaar Ministrerie*, 24 maio 2018.

45. Confusão de Surkov: Weiss e Miller, "How We Know". Em 2017, o Dutch Safety Board [comitê holandês de segurança] buscava informações sobre dois homens que pareciam ser oficiais militares russos de alta patente. "Russian Colonel General Identified as Key MH17 Figure", *Bellingcat*, 8 dez. 2017. As variações fictícias são discutidas adiante.

46. "Istochnik: ukrainskie siloviki mogli pereputat' malaiziiskii 'Boing' s samoletom Putina", *NTV*, 17 jul. 2014, 1 144 376; "Minoborony: Riadom s 'boingom' letel ukrainskii shturmovik", life.ru, 21 jul. 2014, 137 035; "Veroiatnoi tsel'iu sbivshikh malaiziiskii 'Boing' mog byt' samolet Prezidenta Rossii", *PK*, 18 jul. 2014, 37 539; "Reports that Putin flew similar route as MH17", RT, 17 jul. 2014, 173 672.

47. "Dispetchery vynudili Boeing snizitsia nezadolgo do krusheniia", *TVC*, 18 jul. 2014, 45 179; "Neverov: Kolomoiskii mog otdavat' prikazy dispetcheram po Boeing", *TVC*, 23 jul. 2014, 45 480; "Fizionomist: Ochevidno, chto Kolomoiskii znaet, kto sbil 'boing'", life.ru, 22 out. 2014, 3329.

48. "Dispetcher: riadom s Boeing byli zamecheny dva ukrainskikh istrebitelia", *Vesti*, 17 jul. 2014, 1 807 749. Terceira versão: "V silovykh strukturakh Ukrainy est' versiia, chto Boeing sbili na ucheniiakh", RIA.ru, 7 jul. 2014, 20 140 725. Quarta versão: "Igor' Strelkov: chast' liudei iz Boinga umerli za neskol'ko sutok do katastrofy", Rusvesna.su, 18 jul. 2014.

49. Serguei Lavrov, entrevista, *Rossiiskaia Gazeta*, 26 ago. 2014.

50. "Rassledovanie Katastrofy 'Boinga'", Levada Center, 27 jul. 2015.

51. O vídeo pode ser visto com o título "Bike Show — 2014. Sevastopol", 15 jun. 2015, disponível em: <https://www.youtube.com/watch?v=8K3ApJ-2MeP8>.

52. Os russos, é claro, não foram inocentes durante a ocupação alemã. Colaboraram com os nazistas de forma muito parecida com outros cidadãos soviéticos. Para uma discussão a respeito, ver Snyder, *Black Earth*.

53. O texto de Prokhanov, aqui e subsequentemente, é "Odinnadtsatyi stalinskii udar. O nashem novom Dne Pobedy", *Izvestiia*, 5 maio 2014. Ele escreveu em outro texto sobre a Eurásia como lar de "deusas douradas": "Zolotye bogini Evrazii", *Izvestiia*, 2 jun. 2014.

54. Sobre a ocupação alemã da Ucrânia soviética, ver Karel C. Berkhoff, *Harvest of Despair* (Cambridge, Mass.: Harvard University Press, 2004).

55. Citação e contexto geral: "Glava fonda sverdlovskikh veteranov spetsnaza: 'Ia pomogaiu dobrovol'tsam otpravit'sia na Ukrainu'", entrevista com Vladimir Efimov, Novosti E1.ru, 24 dez. 2014. Ver também Miller et al., "An Invasion by Any Other Name", p. 64. Sobre o período, vale a pena consultar Aleksei Levinson, "Mentalnaia iama", *NG*, 4 jun. 2014; Levada Center, "Rossiiskii Media Landshaft", 17 jun. 2014; Ekaterna Vinokurova, "Ischezaiuschchaia federalizatsiia", *Znak*, 25 ago. 2014.

56. Motivação e caminhões: Elena Racheva, "Tyl", *NG*, ago. 2014. Distância: entrevista (K) com voluntário russo. Chamado do coração: entrevista (L) com voluntário russo. Sodoma global: Dmytro Fionik, "Pryhody Boha v Ukraini", em

Veni, vidi, scripsi: Istoriia nazhyvo (Kíev: Tempura, 2015), p. 73. Sobre recrutamento, ver "Glava fonda sverdlovskikh veteranov spetsnaza". Para mais perfis de voluntários, ver Walker, *The Long Hangover*, prólogo, sic passim.

57. Reforço de tropas: Miller et al., "An Invasion by Any Other Name". Acampamentos: Racheva, "Pogranichnoe sostoianie"; Racheva, "Tyl".

58. Dança: Racheva, "Pogranichnoe sostoianie". Soldados do Daguestão mortos: Ruslan Magomedov, "Gruz 200", *Chernovik*, 22 ago. 2014.

59. Tumanov: Elena Racheva, "Drugoi raboty to net", *NG*, set. 2014; ver também Parfitt, "Secret Dead of Russia's Undeclared War"; Konrad Schuller e Friedrich Schmidt, "Ein offenes Staatsgeheimnis", *FAZ*, 22 nov. 2014. Sobre a 18ª Independente Motorizada, ver também "Sovet po pravam cheloveka peredal Dozhdiu kopiiu obrashcheniia v sk s imenami propavshykh soldat", *Dozhd'*, 2 set. 2014; Sergei Kanev, "Lapochka iz Kushchevki", *NG*, 9 set. 2014; Evgenii Titov, "Stavropol'skaia pravozashchitnitsa, rasskazavshaia o pogibshikh v Ukraine voennosluzhashchikh, arestovana i dostavlena v Piatigorsk", *NG*, 19 out. 2014; Courtney Weaver, "Café Encounter Exposes Reality of Russian Soldiers in Ukraine", *FT*, 22 out. 2014.

60. Citações: Parfitt, "Secret Dead of Russia's Undeclared War". Redes sociais: Racheva, "Drugoi raboty-to net".

61. Konstantin Kuzmin, citação de Steven Rosenberg, "Ukraine Crisis: Forgotten Death of a Russian Soldier", BBC, 18 set. 2014.

62. Rufat: Kanev, "Lapochka iz Kushchevki".

63. Serguei: Ivan Zhilin, "On otdal svoiu zhizn', a ego privezli ot tak...", *NG*, 21 nov. 2014. Funeral de Pskov: Aleksei Ponomarev, "V Pskove proshli zakrytye pokhorony mestnykh desantnikov", *Slon*, 25 ago. 2014; ver também "K poslednemu moriu", *Pskovskaia Gubernaia*, 12-3 set. 2014; e David M. Herszenhorn e Alexandra Odynova, "Soldiers' Graves Bear Witness to Russia's Role in Ukraine", *NYT*, 21 set. 2014. 137º Regimento de Paraquedistas e Andrianov: Ivan Zhilin, "On otdal svoiu zhizn', a ego privezli ot tak...", *NG*, 21 nov. 2014.

64. Elena Racheva, "Bilet v odin konets", *NG*, 8 set. 2014.

65. Herszenhorn e Odynova, "Soldiers' Graves Bear Witness".

66. "Russia's 200th Motorized Infantry Brigade in the Donbass: The Tell--Tale Tanks", *Bellingcat*, 4 jul. 2016.

67. Sobre Trundaiev e a 200ª: "Russia's 200th Motorized Infantry Brigade in the Donbass: The Hero of Russia", *Bellingcat*, 21 jun. 2016. Ilovaisk: "Russia's 6th Tank Brigade", *Bellingcat*, 22 set. 2015; Racheva, "Bilet v odin konets"; Miller et al., "An Invasion by Any Other Name", pp. 7, 26-37; "The Battle of Ilovaisk", *TI*, 15 set. 2014.

68. Piotr Andrusieczko, "Lotnisko w Doniecku — ukraiński Stalingrad",

GW, 3 out. 2014; Sergei L. Loiko, "Ukraine Fighters, Surrounded at Wrecked Airport, Refuse to Give Up", *Los Angeles Times*, 28 out. 2014. Natalia Zinets e Maria Tsvetkova, "Ukraine's Poroshenko Tells Army Not to Give Up Donetsk Airport", Reuters, 5 dez. 2014. "Cyborgs": Miller et al., "An Invasion by Any Other Name", pp. 8, 36. Rebeldes ucranianos executados: Oleg Sukhov, "Russian Fighter's Confession of Killing Prisioners Might Become Evidence of War Crimes", *Kyiv Post*, 6 abr. 2015.

69. Il'ia Barabanov, "V pampasakh Donbassa", Kommersant.ru, 19 fev. 2015. Para uma rigorosa confirmação da viagem de Dambaiev da Sibéria à Ucrânia, ver Simon Ostrovsky, "Russia Denies That Its Soldiers Are in Ukraine, But We Tracked One There Using His Selfies", *Vice*, 16 jun. 2015. Sobre a 200ª: "Russia's 200th Motorized Infantry Brigade in the Donbass," *Bellingcat*, 16 jan. 2016.

70. Barabanov, "V pampasakh Donbassa". Opinião sobre a propaganda: Elena Kostiuchenko, "My vse znali, na chto idem i chto mozhet byt'", *NG*, 3 fev. 2015.

71. Batomunkuev: Kostiuchenko, "My vse znali".

72. Ruslan Leviev, "Three Graves: Russian Investigation Team Uncovers Spetsnaz Brigade in Ukraine", *Bellingcat*, 22 maio 2015.

73. Dependência em relação ao contribuinte russo: Konrad Schuller, "Ohne Kohle in Kohlrevier", *FAZ*, 24 nov. 2014. Ligação de Moscou: Anton Zverev, "Ex-Rebel Leaders Detail Role Played by Putin Aide in East Ukraine", Reuters, 11 maio 2017. Instruções de Moscou: Jochen Bittner, Arndt Ginzel e Alexej Hock, "Cheerful Propaganda and Hate on Command", *Die Zeit*, 30 set. 2016. Estatísticas: o governo ucraniano fornece listas de soldados mortos (abaixo de 3 mil no momento em que este livro foi escrito) e estimativas de civis mortos (8 mil). Não há informações oficiais sobre soldados russos mortos, uma vez que a Rússia nega que esteja travando uma guerra na Ucrânia. Muito provavelmente, as baixas russas e ucranianas são comparáveis. Para uma discussão, ver "'Traceless Regiment': Russian Military Losses in Donbas", Ukrainian Crisis Media Center, 17 maio 2017, que é uma versão resumida do artigo de Oleksiy Bratushchak publicado na mesma data no *Ukrains'ka Pravda*. A contagem oficial ucraniana de pessoas desalojadas é de 1,6 milhão, mas esse número só inclui aquelas que se registraram nessa condição, e é certamente subestimado. Ver "5 Unreported Facts about Displaced People in Ukraine", *Hromadske International*, 18 maio 2017.

74. Andy Greenberg, "How an Entire Nation Became Russia's Test Lab for Cyberwar", *Wired*, 20 jun. 2017; Ellen Nakashima, "U.S. Government Officially Accuses Russia of Hacking Campaign", *WP*, 7 out. 2016; Frenkel, "Meet Fancy Bear". Hackeamento do resultado eleitoral: Patrikarakos, *War in 140 Characters*, p. 123.

75. Instituições norte-americanas: "Bears in the Midst: Intrusion in the Democratic National Convention", *Crowdstrike*, 15 jun. 2016. Departamento de Estado: Ellen Nakashima, "New Details Emerge about Russian Hack", *WP*, 3 abr. 2017. Softwares malignos em rede elétrica: Greenberg, "How an Entire Nation". Bannon: Philip Bump, "Everything You Need to Know about the Cambridge-Analytica-Facebook Debacle", *WP*, 19 mar. 2018; Erin Kelly, "Cambridge Analytical Whistleblower", *USA Today*, 25 abr. 2018; Ashley Gold, "Wylie to House Dems", *Politico*, 25 abr. 2018. Ver capítulo 6 para mais informações.

76. Para acompanhar o confronto ucraniano com a ciberguerra, consultar *StopFake* e *EuroMaidan Press*. Shane, "Plot to Subert".

77. Citação de Pútin: "Priamaia liniia s Vladimirom Putinym", Krêmlin, 17 abr. 2014. Forças especiais: Kanygin, "Bes, Fiks, Roman i goluboglazyi". Lavrov: Maria Gorelova, "Lavrov: Soobshcheniia o vvode voisk RF na Ukrainu — chast' informatsionnoi voiny", *KP*, 23 ago. 2016; "Lavrov nazval snimki vtorzheniia voisk RF v Ukrainu kadrami iz komp'iuternoi igry", NV.ua, 29 ago. 2014.

78. Levada Center, comunicado à imprensa, 11 dez. 2014.

79. São Petersburgo: Ministério da Justiça Russo, 29 ago. 2014, disponível em: <minjust.ru/ru/press/news/minyustom-rossii-vneseny-dopolneniya-v-reestr-nekommercheskih-organizaciy-1>. Piatigorsk: Evgenii Titov, "Stavropol'skaia pravozashchitnitsa, rasskazavshaia o pogibshikh v Ukraine voennosluzhashchikh, arestovana i dostavlena v Piatigorsk", *NG*, out. 2014. Ver Leviev, "Three Graves"; Rosenberg, "Ukraine crisis"; Miller et al., "Invasion by Any Other Name", p. 64.

80. Trata-se de uma aplicação lógica da ideia "realista" da teoria segundo a qual as relações internacionais dizem respeito a ganhos relativos, e não absolutos: afinal, perder menos do que todos os demais é um ganho relativo. O importante é compreender que as teorias de relações internacionais que se apresentam como "realismo" podem de fato ser normativas, no sentido de que os Estados nacionais se esforçam para torná-las verdadeiras. A busca pela Rússia de um jogo de soma negativa faz sentido da perspectiva estreita de uma oligarquia ameaçada, mas não é "realismo" no sentido convencional da palavra, pois sua aplicação muda o mundo. Nesse ponto, os construtivistas da teoria de relações internacionais estão corretos. O próprio "realismo" na teoria de relações internacionais começou como uma construção literária, e, por falar nisso, uma construção literária alemã. Remonta a Schmitt. Matthew Specter está explorando temas correlatos.

81. Citação: "Ukraine Chief Rabbi Accuses Russians of Staging Antisemitic 'Provocations'", Agência Telegráfica Judaica, 3 mar. 2014. Estatística: "Only 5,5% of Ukrainian Citizens Consider Themselves 'Russian'", Unian, 11 jul. 2017.

82. Lavrov: Lilia Shevtsova, "The Putin Doctrine", *The American Interest*,

14 abr. 2014; "Lavrov rasskazal, chto meshaet formirovaniiu novogo mirovogo poriadka", Ren.tv, 19. Para avaliações contemporâneas feitas pela China, ver as notas do capítulo 3.

83. Sobre a água como recurso precioso: Steven Solomon, *Water* (Nova York: HarperCollins, 2010).

84. "Kremlin Advisor Speaks at Yalta Conference Amid Separatists, European Far Right (August 25-31)", *TI*, 30 ago. 2014; Robert Beckhusen, "As Russia Invades Ukraine, the Kremlin's Far Right Allies Meet in Yalta", *Medium*, 31 ago. 2014.

85. Gauland: Melanie Amman e Pavel Lokshin, "German Populists Forge Ties with Russia", *Der Spiegel*, 27 abr. 2016. Bundestag: Serviço Federal de Inteligência suíço, Relatório de 2015, 76; Gerodimos et al., "Russia Is Attacking Western Liberal Democracies".

86. Decisão de Merkel: Helena Smith e Mark Tran, "Germany Says It Could Take 500 000 Refugees a Year", *TG*, 8 set. 2015. Sobre refugiados e a ascensão do AfD, ver Timothy Garton Ash, "It's the Kultur, Stupid", *NYR*, 7 dez. 2017; Mark Leonard, "The Germany Crisis", *New Statesman*, 5 mar. 2016. Harmonização: Vladímir Pútin, "70-ia sessiia General'noi Assamblei OON", *UN*, 28 set. 2015. Como os norte-americanos, os alemães de modo geral não viam a guerra na Ucrânia como assunto que lhes dissesse respeito diretamente; era um assunto que costumava ser discutido nos dois países através de filtros "exotizantes" que tornava isso impossível; o livro de Karl Schlögel, *Entscheidung in Kiew*, foi uma tentativa de explicar para alemães as relações entre o ataque russo à verdade na Ucrânia e a própria experiência deles com a fragilidade das instituições. Alguns repórteres alemães conhecedores do Leste Europeu também tentaram fazer essa mediação: Alice Bota, "Angst vor Ukraines Patrioten", *Die Zeit*, 24 out. 2014.

87. Sobre bombardeios russos: "Russia Air Strikes 'Strengthen IS'", BBC, 2 out. 2015; Jonathan Marcus, "Syria Crisis", BBC, 8 out. 2015; Tom Miles e Stephanie Nebehay, "U.N. Rights Boss Warns Russia over Syria Air Strikes", Reuters, 4 out. 2016; Alec Luhn, "Russian Media Could Almost Be Covering a Different War in Syria", *TG*, 3 out. 2016; Wacław Radzinowicz, "Donbas, Syria, zestrzelony boeing", *GW*, 31 maio 2017.

88. "Russia's Propaganda War Against Germany", *Der Spiegel*, 8 fev. 2016. Sputnik e de modo geral: Rutenberg, "How the Kremlin Built".

89. Pervi Kanal: "Avstriia vremenno priostanavlivaet deistvie Shengenskogo soglasheniia iz-za sluchaev nasiliia v Germanii", *PK*, 16 jan. 2016, 300 073. Declaração da polícia: Polizei Berlin, post no Facebook em 18 jan. 2016. Citações 1 e 2: "SMI FRG: iznasilovanie v Berline russkoi devochki zamiali, chtoby ne seat' paniku", *Vesti*, 18 jan. 2016; Elena Chinkova, "Liza, My s Toboy!", *KP*, 24 jan.

2016. Mais cobertura: Elena Minenkova, "Bednaia Liza...", rg-rb.de, 20 jan. 2016, 17 640; "Pervyi podozrevaemyi v seksual'nykh domogatel'stvakh vo vremia novogodnikh prazdnikov arestovan v Kol'ne", *PK*, 19 jan. 2016, 3166.

90. Damien McGuinness, "Russia Steps into Berlin 'Rape' storm Claiming German Cover-up", BBC, 27 jan. 2016. Lavrov sobre Lisa F.: "Vystuplenie i otvety na voprosy SMI Ministra inostrannykh del Rossii S.V.Lavrova", mid.ru, 26 jan. 2016, 2 032 328.

91. Anistia Internacional: "Syria: Russia's Shameful Failure to Acknowledge Civilian Killings", Amnesty International, 23 dez. 2015. Médicos pelos Direitos Humanos: "Russian Warplanes Strike Medical Facilities in Syria", Physicians for Human Rights, 7 out. 2015. Ver também Westcott, "NGO Says Russian Airstrikes Hit Three Syrian Medical Facilities in Two Days", *NW*, 7 out. 2015. Enquanto isso hackers russos atacavam aqueles que informavam sobre os bombardeios: "Pawn Storm APT Group Returns", *SC Magazine*, 23 out. 2015.

92. Ciberguerra russa contra Merkel: Sophie Eisentraut, "Russia Pulling Strings on Both Sides of the Atlantic", *The Cipher*, 22 set. 2017. Citação: "Wir werden Frau Merkel jagen", *Der Spiegel*, 24 set. 2017.

93. Para a posição de Tusk, ver "Statement by President Tusk on Maidan Square", *Ecceu*, 27 abr. 2015. Carta de Aleksandra Kovaleva: "Letter on 'Euromaydan'", Maidan Translations, 21 fev. 2014.

94. Rosalia Romaniec, "Curious Wiretapping Affair Rocks Polish Government", *Deutsche Welle*, 23 jun. 2014; Michael E. Miller, "Secret Recordings", *WP*, 11 jun. 2015. "Czy Rosja maczała palce w aferze tasmowej?", *Newsweek Polska*, 6 set. 2018; Christian Davies, "Russia Linked to 2014 Wiretapping Scandal in Poland", *TG*, 12 set. 2018.

95. Ver em geral Hannah Arendt, *The Origins of Totalitarianism* (Nova York: Harcourt, Brace, 1951) [Ed. bras.: *Origens do totalitarismo*. Trad. de Roberto Raposo. (São Paulo: Companhia das Letras, 1989)]. O melhor comentário na época foi Marcin Król, "Diabeł ma nas w swych objęciach", GW, 27 jun. 2014.

96. Promessa de que Macierewicz não seria ministro da Defesa: Agata Kondzińska, "Na kłopoty z Macierewiczem — generał Gowin", *GW*, 9 out. 2015.

97. São os temas de Piątek, *Macierewicz i jego Tajemnice*. Ver também Wojciech Czuchnowski, "Nocny atak Macierewicza na Centrum Kontrwywiadu Nato", *GW*, 18 dez. 2015; Julian Borger, "Polish Military Police Raid Nato Centre in Warsaw", *TG*, 18 dez. 2015.

98. Sobre a comemoração do massacre de Katyn antes de Macierewicz, bem como uma caracterização do desastre em Smolensk (pp. 132-53), ver Alexander Etkind et al., *Remembering Katyn* (Cambridge, Reino Unido: Polity, 2012).

99. Transcrição da caixa-preta, conforme estabelecida por peritos do governo polonês: "'Zmieścisz się śmiało.' Generał Błasik prowadził tupolewa na lotnisko w Smoleńsku", dziennik.pl, 7 abr. 2015, 4877256. Alguns fragmentos essenciais em inglês estão em "Poland Publishes Plane Crash Transcript", BBC, 10 jun. 2010. Relatório oficial polonês: "Raport Koncowy z. Badania zdarzenia lotniczego nr 192/2010/11 samolotu Tu-154M nr 101 zaistnialego dnia 10 kwietnia 2010 w rejonie lotniska Smolensk Poloczny", Varsóvia, Polônia, 29 jun. 2011. Os relatórios oficiais polonês e russo divergem no relato do comportamento dos controladores russos, mas não na questão essencial. Um valioso sumário de autoria de um piloto polonês é Jerzy Grzędzielski, "Prawda o katastrofie smoleńskiej".

100. Macierewicz publicou um Relatório Oficial: Zespół Parlamentarny ds. Badania Przyczyn Katastrofy TU-154 M z 10 kwietnia 2010 roku, "Raport Smolenski: Stan badań, Wydanie II" (Varsóvia: Polônia, maio 2013), p. 76.

101. "Monthly Warsaw March", Radio Poland, 10 nov. 2017, 329891.

102. Piątek, *Macierewicz i jego Tajemnice*; Schuller, "Die Moskau-Reise".

103. Schuller, "Die Moskau-Reise". Sobre Maloféiev, ver capítulo 3.

104. Aubrey McFate, "Poland's Defense Ministry Met with Dana Rohrabacher", *Daily Kos*, 18 ago. 2017; Adam Entous, "House Majority Leader to Colleagues in 2016: 'I Think Putin Pays' Trump", *WP*, 17 maio 2017; Nicholas Fandos, "He's a Member of Congress. The Kremlin Likes So Much It Gave Him a Code Name", *NYT*, 21 nov. 2017.

105. "OSCE Urges Poland's Restraint with Investigative Reporter", AP, 4 ago. 2017.

106. Pomerantsev, *Nothing Is True*, p. 227.

107. Ver discussão no capítulo 3.

108. Ron Paul, "The Ukraine Fuse Has Been Lit", podcast *Money and Markets*, 16 maio 2014.

109. Sobre Glaziev, ver capítulos 3, 4 e 5. Artigo de Glaziev publicado por LaRouche: "On Eurofascism", *Executive Intelligence Review*, 27 jun. 2014. Sobre judeus como responsáveis pelo fascismo e pela Ucrânia: "British Imperial Project in Ukraine: Violent Coup, Fascist Axioms, Neo-Nazis", *Executive Intelligence Review*, 16 maio 2014. Nas publicações de LaRouche, "britânico" significa "judeu". Ver também Lyndon LaRouche sobre a Ucrânia em *Executive Intelligence Review*, 3 jan. 2014, maio 2014.

110. Stephen F. Cohen, "The Silence of American Hawks about Kiev's Atrocities", *The Nation*, 20 jun. 2014.

111. Caracterização de Cohen: "Silence of American Hawks". A declaração de pêsames do primeiro-ministro ucraniano: "Arsenyi Iatseniuk vyrazyl sobo-

leznovannia", 14 jun. 2014, disponível em: <www.kmu.gov.ua>. Medidas legais contra a RT: Jasper Jackson, "RT sanctioned by Ofcom over series of misleading and biased articles", *TG*, 21 set. 2015. Ver também Pomerantsev and Weiss, "The Menace of Unreality", p. 32.

112. Citação: *Democracy Now!*, 18 jul. 2014. Para discussão do acontecimento e da campanha russa para desviar a atenção, ver capítulo 4.

113. Ver citações anteriores sobre Spencer e Le Pen; ver também Shekhovtsov, *Russia and the Western Far Right*, cap. 5, para o padrão maior: da Rússia para intermediários para o público. De 2014 a 2017, artigos em *The Nation* empregavam o termo com regularidade. Para uma análise sóbria da comparação entre as duas eras, ver Nikolay Koposov, "Back to Yalta? Stephen Cohen and the Ukrainian Crisis", *Eurozine*, 5 set. 2014.

114. Citação: *Democracy Now!*, 24 jul. 2014. Tecnólogos políticos: Mitrokhin, "Infiltration". Antiuféiev foi discutido anteriormente.

115. Jornalismo russo sobre bombardeios: para citações, "Rossiia obstrelivaet Ukrainu s svoei territorii", *Novoe Vremia*, 23 jul. 2014. O artigo foi disponibilizado no mesmo dia em inglês: "Direct Translation: Russian Army Gunner Brags, 'All Night We Pounded Ukraine'", *New Atlanticist*, 23 jul. 2014.

116. John Pilger, "In Ukraine, the US Is Dragging Us Towards War with Russia", *TG*, 13 maio 2014. Esses acontecimentos já foram descritos. Um resumo em inglês da entrevista para a TV: "Jews Brought Holocaust on Themselves, Russian TV Host Says", Jewish News Service, 24 mar. 2014.

117. Walker, *The Long Hangover*, cap. 11.

118. Citações: Seumas Milne, "In Ukraine, Fascists, Oligarchs and Western Expansion Are at the Heart of the Crisis", *TG*, 29 jan. 2014; Seumas Milne, "It's Not Russia that's Pushed Ukraine to the Brink of War", *TG*, 30 abr. 2014. Ver também "Projecting the Kremlin Line", *Left Foot Forward*, 15 mar. 2015.

119. Stephen Bush, "Jeremy Corbyn Appoints Seumas Milne as Head of Strategy and Communications", *New Statesman*, 20 out. 2015; Laura Kuenssberg, "Corbyn Office 'Sabotaged' EU Remain Campaign — sources", BBC, 26 jun. 2016. Sobre a Rússia e o Brexit, ver a discussão no capítulo 3.

120. Citação de Trump: Melissa Chan, "Donald Trump Says Vladimir Putin Won't 'Go Into Ukraine'", *Time*, 31 jul. 2016. Manafort e o Bloco de Oposição: Kenneth P. Vogel, "Manafort's Man in Kiev", *Politico*, 18 ago. 2016; Peter Stone e Greg Gordon, "Manafort Flight Records Show Deeper Kremlin Ties", *McClatchy*, 27 nov. 2017.

6. IGUALDADE OU OLIGARQUIA [pp. 262-337]

1. Timothy Snyder, "Trump's Putin Fantasy", *NYR*, 19 abr. 2016, inclui a maioria dessas citações e fontes. Ver também: Dúguin: "In Trump We Trust", vídeo do *think tank* Katekhon, postado em 4 mar. 2016; Shane, "Plot to Subvert". Kózirev: "Donald Trump's Weird World", *NYT*, 12 out. 2016. Para "nosso presidente": Ryan Lizza, "A Russian Journalist Explains How the Kremlin Instructed Him to Cover the 2016 Election", *NY*, 22 nov. 2017.

2. Citação: Lizza, "Russian Journalist". Sputnik: Craig Timberg, "Russian Propaganda Effort Helped Spread 'Fake News' During Election, Experts Say", *WP*, 24 nov. 2016; "Hillary Clinton's Axis of Evil", Sputnik, 11 out. 2016. Trump na RT em 8 set.: Adam Taylor e Paul Farhi, "A Trump Interview May Be Crowning Glory for RT", *WP*, 9 set. 2016.

3. Aplauso: "Donald Trump Has Been Made an Honorary Russian Cossack", *The Independent*, 12 nov. 2016. Kisselióv: *Vesti Nedeli*, Rossiia Odin, 13 nov. 2016; 20 nov. 2016; 25 dez. 2016; 22 jan. 2017. No texto suavizo um pouco a vulgaridade de Kisselióv.

4. Para informações de contexto: Craig Unger, "Trump's Russian Laundromat", *New Republic*, 13 jul. 2017; Franklin Foer, "Putin's Puppet", *Slate*, 4 jul. 2016.

5. Suas finanças serão discutidas mais adiante. Citação: Donald Trump, Twitter, 6 jan. 2018.

6. Unger, "Trump's Russian Laundromat". Luke Harding, "The Hidden History of Trump's First Mission to Moscow", *Politico*, 19 nov. 2017.

7. Harding, *Collusion*, p. 272. Dmítri Ribolovlev: Franklin Foer, "Donald Trump Isn't a Manchurian Candidate", *Slate*, 27 jul. 2016; Philip Ewing, "Subpoena for Deutsche Bank May Put Mueller on Collision Course with Trump", NPR, 5 dez. 2017. Dívidas bancárias: "Trump Bankers Question His Portrayal of Financial Comeback", *Fortune*, 17 jul. 2016; Keri Geiger, Greg Farrell e Sarah Mulholland, "Trump May Have a $300 Million Conflict of Interest with Deutsche Bank", *Bloomberg*, 22 dez. 2016. 55 milhões de dólares a mais: Luke Harding, *Collusion* (Londres: Guardian Books, 2017), pp. 13, 283. Lavagem de dinheiro pelo Deutsche Bank: Ed Caesar, "Deutsche Bank's $10-Billion Scandal", *NY*, 29 ago. 2016.

8. Unger, "Trump's Russian Laundromat"; Matt Apuzzo e Maggie Haberman, "Trump Associate Boasted", *NYT*, 28 ago. 2017; Natasha Bertrand, "The Trump Organization", *BI*, 23 nov. 2017.

9. Trump Tower em Moscou: Gloria Borger e Marshall Cohen, "Document Details Scrapped Deal", CNN, 9 set. 2017. Tuíte: 17 out. 2015.

10. "Nosso garoto": Apuzzo e Haberman, "Trump Associate Boasted". 70%: Natasha Bertrand, "The Trump Organization", *BI*, 23 nov. 2017.

11. A rt e a teoria de que Barack Obama não nasceu nos Estados Unidos: Scherr, "Russian tv Channel".

12. Jon Swaine e Shaun Walker, "Trump in Moscow", *TG*, 18 set. 2017. O vídeo: Allan Smith, "Trump Once Made a Cameo", *BI*, 10 jul. 2017; Mandalist Del Barco, "Meet Emin Agalarov", npr, 14 jul. 2017.

13. V. V. Doroshenko et al. (Orgs.), *Istoriia sovetskikh organov gosudarstvennoi bezopasnosti: Uchebnik* (Moscou: kgb, 1977), esp. pp. 206-7; Christopher Andrew e Oleg Gordievsky, *KGB* (Londres: Hodder & Stoughton, 1990), pp. 67--78; John Dziak, Chekisty (Lexington: Lexington Books, 1988), esp. p. 49; Władysław Michniewicz, *Wielki Bleff Sowiecki* (Chicago: Wici: 1991); [Jerzy Niezbrzycki], "'Trest'", *VO*, v. 7, n. 1, 1950, pp. 119-33; Timothy Snyder, *Sketches from a Secret War* (New Haven: Yale University Press, 2005); Iuri Shapoval, Volodymyr Prystaiko, Vadym Zolotar'ov, *Ch.K.H.P.U. NKVD v Ukraini* (Kíev: Abrys, 1997); Piotr Kołakowski, *NKWD i GRU na ziemiach polskich 1939-1945* (Varsóvia: Bellona, 2002); Rafał Wnuk, "Za pierwszego Sowieta" (Varsóvia: ipn, 2007).

14. Para reflexões parecidas, ver Pomerantsev, *Nothing Is True*, pp. 199, 213. Tempo diante da tela: Jacqueline Howard, "Americans Devote More than 10 Hours a Day to Screen Time, and Growing", cnn, 29 jul. 2016.

15. Dormiram o tempo todo: Vladímir Nikonov sobre o programa *Voskresnyi vecher s Solov'evym*, Rossiia-24, 10 set. 2017; discussão em Zachary Cohen, "Russian Politician: us Spies Slept while Russia Elected Trump", cnn, 12 set. 2017. A postura geral em relação a essa guerra era defensiva: Nikita Mironov, entrevista com Aleksandr Dúguin, *Open Revolt*, 20 mar. 2014; Vladimir Ovchinskii e Elena Larina, "Kholodnaia voina 2.0", Izborsk Club, 11 nov. 2014. Alvos anteriores: Matthews, "Russia's Greatest Weapon May Be Its Hackers"; "Seven Years of Malware Linked to Russian State-Backed Cyber Espionage", *Ars Technica*, 17 set. 2015; Frenkel, "Meet Fancy Bear"; Gerodimos et al., "Russia Is Attacking Western Liberal Democracies".

16. 2013: Jochen Bittner et al., "Putins großer Plan", *Die Zeit*, 20 nov. 2014. Izborsk: Vitaly Averianov, "Novaia staraia kholodnaia voina", Izborsk Club, 23 dez. 2014, artigo 4409. Citação: Rutenberg, "How the Kremlin Built". Ver também Donna Brazile: *Hacks* (Nova York: Hachette), p. 67.

17. Essas operações foram discutidas nos capítulos 3, 4 e 5. Para mais informações sobre a Estônia, ver "Estonia and Russia: A Cyber-riot", *The Economist*, 10 maio 2007; Kertu Ruus, "Cyber War i", *European Affairs*, v. 9, n. 1-2, 2008.

18. T-50: Kanygin, "Bes, Fiks, Romani i goluboglazyi". Bandeira vermelha: entrevista (V) com separatista. Borodai: "Eks-prem'er dnr posovetoval Obame

'zabrat'sia na pal'mu'", TopNews.ru, 21 ago. 2014. Citação de Antiuféiev: Kanygin, "'Pridnestrovskii general Vladimir Antiufeev". Em ação nos Estados Unidos: Shane, "Plot to Subvert". Citação de Glaziev: "Predotvratit' voinu — pobedit' v voine", Izborsk Club, set. 2014, artigo 3962. Citação de dez. 2014 do Izborsk: Averianov, "Novaia staraia kholodnaia voina".

19. "Fabrika trollei", RBK, 17 out. 2017, é o relato original; ver também Shaun Walker, "Russian Troll Factory Paid US Activists", *TG*, 17 out. 2017. Mark Mazzetti e Katie Benner, "12 Russian agents indicted", *NYT*, 13 jul. 2018.

20. Krutskikh: Scott Shane, "The Fake Americans Russia Created", *NYT*, 7 set. 2017. Vingança: Massimo Calabresi, "Hacking Democracy", *Time*, 29 maio 2017, p. 32. Pervi Kanal: 9 out. 2016, 31 169. Pútin: Andrew Higgins, "Maybe Private Russian Hackers Meddled in Election, Putin Says", *NYT*, 1º jun. 2017; Eugene Scott, "Trump Dismissed the Idea that Putin Wanted Him to Win", *WP*, 16 jul. 2018.

21. Hillary Clinton, talvez a norte-americana com mais razões para se preocupar, não esperava um ataque dessa natureza (*What Happened*, p. 333). Ver também Donna Brazile, op. cit., p. 135.

22. Elizabeth Dwoskin, Adam Entous e Craig Timberg, "Google Uncovers Russian-bought Ads", *NYT*, 9 out. 2017; Mike Isaac e Daisuke Wakabayashi, "Russian Influence Reached 126 Million Through Facebook Alone", *NYT*, 30 out. 2017, e fontes citadas adiante. Para uma análise do Facebook, ver Jen Weedon, William Nuland e Alex Stamos, "Information Operations and Facebook", 27 abr. 2017.

23. 5,8 milhões: Craig Timberg e Elizabeth Dowskin, "Facebook Takes Down Data", *WP*, 12 out. 2017; Graham Kates, "Facebook Deleted 5.8 Million Accounts Just Before the 2016 Election", CBS, 31 out. 2017. 470 sites da Agência de Pesquisa de Internet: Jon Swaine e Luke Harding, "Russia Funded Facebook and Twitter Investments Through Kushner Investor", *TG*, 5 nov. 2017. 5,8 milhões de norte-americanos: Kathkeen Hall Jamieson, *Cyberwar* (Nova York: Oxford University Press, 2018). 126 milhões: Shane, "Plot to Subvert". Sem declaração de responsabilidade: April Glaser, "Political Ads on Facebook Now Need to Say Who Paid for Them", *Slate*, 18 dez. 2017. Estimativas de compartilhamentos: Craig Timberg, "Russian Propaganda", *WP*, 5 out. 2017. Páginas de eventos: David McCabe, "Russian Facebook Campaign Included 100+ Event Pages", *Axios*, 26 jan. 2018. Três mil anúncios: Mike Snider, "See the fake Facebook Ads Russians Ran", *USA Today*, 1º nov. 2017; Scott Shane, "These Are the Ads Russia Bought on Facebook in 2016", *NYT*, 1º nov. 2017. Ver também a coleção feita por UsHadrons, disponível em: <medium.com/@ushadrons>. 60 milhões: Nicholas Confessore et al., "Buying Online Influencers", *NYT*, 28 jan. 2018.

24. Para os anúncios, ver nota anterior. DCCC: Jamieson, *Cyberwar*, p. 139.

Suscetibilidades: Calabresi, "Hacking Democracy". Ver também Adam Entous, Craig Timberg e Elizabeth Dwoskin, "Russian Operatives Used Facebook Ads", *WP*, 25 set. 2017; Nicholas Confessore e Daisuke Wkabayashi, "How Russia Harvested American Rage", *NYT*, 9 out. 2017. Exemplo de escolha de público-alvo: Rebecca Shabad, "Russian Facebook Ad Showed Black Woman", cbs, 3 de out. 2017. Exemplo muçulmano: "Russian Propaganda Pushed Pro-Hillary Rally", *DB*, 27 set. 2017; "Russians Impersonated Real American Muslims", *DB*, 27 set. 2017. Curiosamente, esse site citou o rapper de que Vladislav Surkov mais gostava, Tupac Shakur. Michigan e Wisconsin: Manu Rajy, Dylan Byers e Dana Bash, "Russian-linked Facebook Ads Targeted Michigan and Wisconsin", cnn, 4 out. 2017. Refugiados e estupradores: Ben Popken, "Russian Trolls Pushed Graphic, Racist Tweets to American in Announcing Voters", nbc, 30 nov. 2017. Trump: ao anunciar sua candidatura, 15 jun. 2015.

25. 10%: Onur Varol et al., "Online Human-Bot Interactions: Detection, Estimation, and Characterization", Ata da 11ª Conferência Internacional sobre Inteligência Artificial na Web e nas Redes Sociais, 27 mar. 2017, estimativa de 9-15% das contas. 50 mil e retuitando Trump: Jamieson, *Cyberwar*, p. 70. Sobre 20% e citação: Alessandro Bessit e Emilio Ferrara, "Social Bots Distort the 2016 U.S. Presidential Election Online Discussion", *First Monday*, v. 21, n. 11, 7 nov. 2016. Estimativa de robôs tão ativos como seres humanos: Marco T. Bastos e Dan Mercea, "The Brexit Botnet and User-Generated Hyperpartisan News", *Social Science Computer Review*, 10 out. 2017. 3814: Shane, "Plot to Subvert". Ben Popken, "Russian Trolls Went on Attack During Key Election Moments", nbc, 20 dez. 2017. Cálculo posterior do Twitter: Confessore, "Buying Online Influencers".

26. Twitter e voto por mensagem de texto: Twitter, "Update: Russian Interference in 2016 us Election, Bots, & Misinformation", 28 set. 2017. Anúncios, Tumblr, 39 estados: Jamieson, *Cyberwar*, pp. 11, 107-8. Carolina do Norte: Nicole Perlroth et al., "Russian Election Hacking Efforts", *NYT*, 1º set. 2017. Comitês eleitorais: "Assessing Russian Activities and Intentions in Recent U.S. Elections", Intelligence Community Assessment, 6 jan. 2017, iii.

27. Convenção e debate: Ben Popken, "Russian Trolls Went on Attack During Key Election Moments", nbc, 20 dez. 2017. Estados decisivos: "Study: Fake News on Twitter Flooded Swing States", *DB*, 29 set. 2017. Robôs no Brexit: Carrell, "Russian Cyber-activists". Tendência e os mesmos 1600: Selina Wang, "Twitter Is Crawling with Bots", *Bloomberg*, 13 out. 2017.

28. Ver citações adiante. Ataques a contas e e-mails: M. D. Shear e M. Rosenberg, "Released Emails Suggest the D.N.C. Derided the Sanders Campaign", *NYT*, 22 jul. 2016; Jenna McLaughlin, Robbie Gramer e Jana Winter, "Private

Email of Top U.S. Russia Intelligence Official Hacked", *Time*, 17 jul. 2017. Jamieson, *Cyberwar*, p. 74.

29. Os russos hackearam: Thomas Rid, depoimento no Senado dos Estados Unidos, 30 mar. 2017; Frenkel, "Meet Fancy Bear". Iermakov: Shane, "Plot to Subvert". Clima na convenção: Clinton, *What Happened*, p. 341; Brazile, *Hacks*, pp. 8, 9, 15.

30. As avaliações nos Estados Unidos: Relatório de Análise Conjunta do NCCIC e do FBI, "Grizzly Steppe: Russian Malicious Cyber Activity", 29 dez. 2016; "Assessing Russian Activities and Intentions in Recent U.S. Elections", Intelligence Community Assessment, 6 jan. 2017. Ver também Departamento do Tesouro dos Estados Unidos, "Issuance of Amended Executive Order 13 694; Cyber-Related Sanctions Designations", 29 dez. 2016. Pedido de Trump: Shane, "Plot to Subvert". Participação de Trump Jr. e Trump pai: Jack Shafer, "Week 26", *Politico*, 18 nov. 2017. Citações: Marshall Cohen, "What We Know about Trump Jr.'s Exchanges with WikiLeaks", CNN, 14 nov. 2017. Trump no Twitter: Jamieson, *Cyberwar*, p. 151. Negativas de Trump: Kurt Eichenwald, "Why Vladimir Putin's Russia Is Backing Donald Trump", *NW*, 4 nov. 2016.

31. Podesta: "Russia Twitter Trolls Rushed to Deflect Trump Bad News", AP, 9 nov. 2017. Trinta minutos: Adam Entous e Ellen Nakashima, "Obama's Secret Struggle to Punish Russia", *WP*, 23 jun. 2017. Um terço: Jamieson, *Cyberwar*, p. 151. Cohen: David A. Graham, "What Michael Cohen's Guilty Plea Means for Trump", *The Atlantic*, 21 ago. 2018.

32. Ver Brazile, op. cit., pp. 25, 43, 85.

33. Citação de Putin: Frenkel, "Meet Fancy Bear". De acordo com a inteligência norte-americana, os russos obtiveram material sobre os republicanos, mas não usaram. "Assessing Russian Activities and Intentions in Recent U.S. Elections", Intelligence Community Assessment, 6 jan. 2017, p. 3.

34. Sem salário: Philip Bump, "Paul Manafort: An FAQ about Trump's Indicted Former Campaign Chairman", *WP*, 30 out. 2017. Ver também: Kate Brannen, "A Timeline of Paul Manafort's Relationship with Donald Trump", *Slate*, 30 out. 2017.

35. Pagamento: Aggelos Petropolous e Richard Engel, "Manafort Had $60 Million Relationship With a Russian Oligarch", NBC, 15 out. 2017. Deripaska tinha dito que não houve pagamentos. Briefings: Julia Ioffe e Frank Foer, "Did Manafort Use Trump to Curry Favor with a Putin Ally?", *The Atlantic*, 2 out. 2017. Ver também: Andrew Roth, "Manafort's Russia Connection: What You Need to Know about Oleg Deripaska", *WP*, 24 set. 2017. Advogado: Rebecca Ruiz e Sharon LaFrontiere, "Role of Trump's Personal Lawyer Blurs Public and Private Lines", *NYT*, 11 jun. 2017.

36. Esses acontecimentos foram discutidos no capítulo 4. Ver Foer, "Quiet American"; Simon Shuster, "How Paul Manafort Helped Elect Russia's Man in Ukraine", *Time*, 31 out. 2017; e especialmente Franklin Foer, "The Plot Against America", *The Atlantic*, mar. 2018.

37. Não invadirá: Eric Bradner e David Wright, "Trump Says Putin Is 'not Going to Go into Ukraine', Despite Crimea", CNN, 1º ago. 2016. 12,7 milhões de dólares: Andrew E. Kramer, Mike McIntire e Barry Meier, "Secret Ledger in Ukraine Lists Cash for Donald Trump's Campaign Chief", *NYT*, 14 ago. 2016. A história da Turquia: Andrew Weisburd e Clint Watts, "How Russia Dominates Your Twitter Feed", *DB*, 6 ago. 2016; Linda Qiu, "Trump Campaign Chair Misquotes Russian Media in Bogus Claim about Nato Base Terrorist Attack", *Politifact*, 16 ago. 2016. Condenações: Spencer S. Hsu e Devlin Barrett, "Manafort will Cooperate with Mueller", *WP*, 14 set. 2018.

38. Racistas no centro do debate público: Sarah Posner, "How Donald Trump's New Campaign Chief Created an Online Haven for White Nationalists", *Mother Jones*, 22 ago. 2016. Para numerosos exemplos do entusiasmo dos defensores da supremacia branca por Trump, ver Richard Cohen, "Welcome to Donald Trump's America". Relatório do SPLC [Centro Jurídico para a Pobreza do Sul, na sigla em inglês], verão 2017; Ryan Lenz et al., "100 Days in Trump's America", Southern Poverty Law Center, 2017. Julgamento de Heimbach: "Will Trump Have to Testify on Rally Attacks?", *DB*, 19 abr. 2017. Citações de Heimbach: Michel, "Beyond Trump and Putin"; ver também Heather Digby Parton, "Trump, the Alt-right and the Kremlin", *Salon*, 17 ago. 2017. Bannon, David Bossie e Citizens United: Michael Wolff, "Ringside with Steve Bannon at Trump Tower as the President-Elect's Strategist Plots 'An Entirely New Political Movement'", *Hollywood Reporter*, 18 nov. 2016. Bannon e os Mercer: Matthew Kelly, Kate Goldstein e Nicholas Confessore, "Robert Mercer, Bannon Patron, Is Leaving Helm of $50 Billion Hedge Fund", *NYT*, 2 nov. 2017.

39. Philip Bump, "Everything You Need to Know about the Cambridge-Analytica-Facebook Debacle; Gold, "Wylie to House Dems"; Brennan Weiss, "New Details Emerge", *BI*, 24 mar. 2018; Janet Burns, "Whistleblower: Bannon Sought to Supress Black Voters", *Forbes*, 19 maio 2018.

40. Citação de Bannon: Owen Matthews, "Alexander Dugin and Steve Bannon's Ideological Ties to Vladimir Putin's Russia", *NW*, 17 abr. 2017. Ideologia e filmes de Bannon: Ronald Radosh, "Steve Bannon, Trump's Top Guy, Told Me He Was 'A Leninist' Who Wants to 'Destroy the State'", *DB*, 22 ago. 2016; Jeremy Peters, "Bannon's Views Can be Traced to a Book That Warns, 'Winter Is Coming'", *NYT*, 8 abr. 2017; Owen Matthews, "Alexander Dugin and Steve Bannon's Ideological Ties to Vladimir Putin's Russia", *NW*, 17 abr. 2017; Christopher

Dickey e Asawin Suebsaeng, "Steve Bannon's Dream: A Worldwise Ultra-Right", *DB*, 13 nov. 2016.

41. Citação de Bannon: Wolff, "Ringside with Steve Bannon". Opiniões: Radosh, "Steve Bannon"; Peters, "Bannon's Views"; Matthews, "Alexander Dugin". Bannon sobre o comportamento "traiçoeiro" de Manafort, Kushner e Donald Trump Jr.: David Smith, "Trump Tower Meeting with Russians 'Treasonous', Bannon Says in Explosive Book", *TG*, 3 jan. 2018. Protetorado: Greg Miller, Greg Jaffe e Philip Rucker, "Doubting the Intelligence, Trump Pursues Putin and Leaves a Russian Threat Unchecked", *WP*, 14 dez. 2017.

42. Cadre: Jon Swaine e Luke Harding, "Russia Funded Facebook and Twitter Investments Through Kushner Investor", *TG*, 5 nov. 2017. Deutsche Bank: Harding, *Collusion*, pp. 312-4; Michael Kranish, "Kushner Firm's $285 Million Deutsche Bank Loan Came just Before Election Day", *WP*, 25 jul. 2017. Boas relações: Andrew Kaczynski, Chris Massie e Nathan McDermott, "80 Times Trump Talked about Putin", cnn, mar. 2017.

43. Jo Becker e Matthew Rosenberg, "Kushner Omitted Meeting with Russians on Security Clearance Forms", *NYT*, 6 abr. 2017; Jon Swaine, "Jared Kushner Failed to Disclose Emails Sent to Trump Team about WikiLeaks and Russia", *TG*, 16 nov. 2017; Jason Le Miere, "Jared Kushner's Security Clearance Form Has Unprecedented Level of Mistakes, Says Leading Official", *NW*, 13 out. 2017. Vesselnitskaia e Agalarov: Harding, *Collusion*, p. 232. Comunicado à imprensa: Amber Phillips, "12 Things We Can Definitely Say the Russia Investigation Has Uncovered", *WP*, 23 dez. 2017. Ver também as fontes e outras discussões dessa reunião.

44. Palavras de elogio: Franklin Foer, "Putin's Puppet", *Slate*, 21 jul. 2016. Burt: Ben Schreckinger e Julia Ioffe, "Lobbyist Advised Trump Campaign While Promoting Russian Pipeline", *Politico*, 7 out. 2016; James Miller, "Trump and Russia", *DB*, 7 nov. 2016. Servidores: Frank Foer, "Was a Trump Server Communicating with Russia?", *Slate*, 31 out. 2016.

45. Karla Adams, Jonathan Krohn e Griff Witte, "Professor at Center of Russia Disclosures", *WP*, 31 out. 2017; Ali Watkins, "Mysterious Putin 'Niece' Has a Name", *Politico*, 9 nov. 2017; Sharon LaFraniere, Mark Mazzetti e Matt Apuzzo, "How the Russia Inquiry Began", *NYT*, 30 dez. 2017; Luke Harding e Stephanie Kirchgaessner, "The Boss, the Boyfriend and the fbi", *TG*, 18 jan. 2018.

46. Preso: Matt Apuzzo e Michael E. Schmidt, "Trump Campaign Advisor Met with Russian", *NYT*, 30 out. 2017. Citação: LaFraniere, Mazzetti e Apuzzo, "How the Russia Inquiry Began".

47. Meio amalucado: Stephanie Kirchgaessner et al., "Former Trump Advisor Carter Page Held 'Strong Pro-Kremlin Views,' Says Ex-Boss", Rosalind S.

Helderman, *TG*, 14 abr. 2017. Documentos de 2013: Harding, *Collusion*, p. 45. Clientes: "Here's What We Know about Donald Trump and His Ties to Russia", *WP*, 29 jul. 2016. Ações da Gazprom: Foer, "Putin's Puppet".

48. Membros importantes: Rosalind S. Helderman, Matt Zapotolsky e Karoun Demirjian, "Trump Adviser Sent Email Describing 'Private Conversation' with Russian Official", *WP*, 7 nov. 2017. Convenção: Natasha Bertrand, "It Looks Like Another Trump Advisor Has Significantly Changed His Story about the GOP's Dramatic Shift on Ukraine", *BI*, 3 mar. 2017.

49. Conexões no exterior: Michael Kranish, Tom Hamburger e Carol D. Leonnig, "Michael Flynn's Role in Mideast Nuclear Project Could Compound Legal Issues", *WP*, 27 nov. 2017. Tuítes de Flynn: Ben Collins e Kevin Poulsen, "Michael Flynn Followed Russian Troll Accounts, Pushed Their Messages in Days Before Election", *DB*, 1º nov. 2017; Michael Flynn, tuítes, 2 e 4 nov. 2016.

50. Flynn no banquete: Greg Miller, "Trump's Pick for National Security Adviser Brings Experience and Controversy", *WP*, 17 nov. 2016. GRU, Micha, festa da RT: Harding, *Collusion*, pp. 116, 121, 126. Tuítes: ver nota anterior; e também Bryan Bender e Andrew Hanna, "Flynn under Fire", *Politico*, 5 dez. 2016.

51. Citação de McFarland e contexto: Michael S. Schmidt, Sharon LaFraniere e Scott Shane, "Emails Dispute White House Claims That Flynn Acted Independently on Russia", *NYT*, 2 dez. 2017.

52. Conselhos de Obama e Yates: Harding, *Collusion*, pp. 130, 133. Trump demite Yates: Michael D. Shear, Mark Landler, Matt Apuzzo e Eric Lichtblau, "Trump Fires Acting Attorney General Who Defied Him", *NYT*, 30 jan. 2017. Flynn confessa-se culpado: Michael Shear e Adam Goldman, "Michael Flynn Pleads Guilty to Lying to the F.B.I. and Will Cooperate", *NYT*, 1º dez. 2017.

53. Philip Bump, "What Jeff Sessions Said about Russia, and When", *WP*, 2 mar. 2017. Pema Levy e Dan Friedman, "3 Times Jeff Sessions Made False Statements to Congress Under Oath", *Mother Jones*, 8 nov. 2017.

54. Banco de Chipre: "Kak novyi ministr torgovli SShA sviazan s Rossiei", RBK, 6 dez. 2016; James S. Henry, "Wilbur Ross Comes to D.C. with an Unexamined History of Russian Connections", *DCReport*, 25 fev. 2017; Stephanie Kirchgaessner, "Trump's Commerce Secretary Oversaw Russia Deal While at Bank of Cyprus", *TG*, 23 mar. 2017. Vekselberg: Harding, *Collusion*, p. 283. Novo sepultamento: Eltchaninoff, *Dans la tête de Vladimir Poutine*, p. 46.

55. Jon Swaine e Luke Harding, "Trump Commerce Secretary's Business Links with Putin Family Laid out in Leaked Files", *TG*, 5 nov. 2017; Christina Maza, "Putin's Daughter is Linked to Wilbur Ross", *NW*, 28 nov. 2017.

56. Elaine Lies, "Tillerson says State Department Spending 'Simply not Sustainable'", Reuters, 17 mar. 2017; Colum Lynch, "Tillerson to Shutter State

Department War Crimes Office", *Foreign Policy*, 17 jul. 2017; Josh Rogan, "State Department Considers Scrubbing Democracy Promotion from Its Mission", *WP*, 1º ago. 2017.

57. Agosto de 2016: Michael Morell, "I Ran the CIA. Now I'm Endorsing Hillary Clinton", *NYT*, 5 ago. 2016. Bênção: citação de Glenn Carle: Jeff Stein, "Putin's Man in the White House?", *NW*, 21 dez. 2017. Três especialistas: Alex Finley, Asha Rangappa e John Sipher, "Collusion Doesn't Have to Be Criminal to Be an Ongoing Threat", *Just Security*, 15 dez. 2017. Sanções: "Sanctioned Russian Spy Official Met with Counterparts in US", *NYT*, 30 jan. 2018; Julian Borger, "US 'Name-and-Shame' List of Russian Oligarchs Binned", *TG*, 30 jan. 2018; John Hudson, "Trump Administration Admits It Cribbed from Forbes Magazine", *BuzzFeed*, 30 jan. 2018. Encontro em Helsinki: "The Missing Middle", *The Economist*, 17 jul. 2018; John O. Brennan, tuíte, 16 jul. 2018.

58. Matthew Haag, "Preet Bharara Says Trump Tried to Build Relationship With Him Before Firing", *NYT*, 11 jun. 2017; Harriet Sinclair, "Preet Bharara, Fired By Trump, Says 'Absolutely' Enough Evidence for Obstruction Probe", *NW*, 11 jun. 2017. Trump usou o termo "farsa" várias vezes; por exemplo: Twitter, jan. 2018: "farsa total contra o público americano".

59. Aliados: Luke Harding, Stephanie Kirchgaessner e Nick Hopkins, "British Spies Were First to Spot Trump Team's Links with Russia", *TG*, 13 abr. 2017. FBI investiga Page: Marshall Cohen e Sam Petulla, "Papadopoulos' Guilty Plea Visualized", *CNN Politics*, 1º nov. 2017; Mark Mazzetti e Sharon LaFraniere, "George Papadopoulos, Ex-Trump Adviser, is Sentenced", *NYT*, 7 set. 2018; o mandado do FBI contra Page está no site do Judicial Watch. Cronologias de Comey: Glenn Kessler e Meg Kelly, "Timeline", *WP*, 20 out. 2017; Morgan Chalfant, "Timeline", *The Hill*, 9 maio 2017.

60. Pressão: Matt Apuzzo, Maggie Haberman e Matthew Rosenberg, "Trump Told Russians That Firing 'Nut Job' Comey Eased Pressure From Investigation", *NYT*, 19 maio 2017. Agente duplo israelense: Harding, *Collusion*, p. 194. Julie Hirschfeld Davis, "Trump Bars U.S. Press, but Not Russia's, at Meeting with Russian Officials", *NYT*, 10 maio 2017; Lily Hay Newman, "You Can't Bug the Oval Office (for Long Anyway)", *Wired*, 11 maio 2017.

61. Fantoche: *PK*, 10 maio 2017. Pútin sobre Comey: *Vesti*, 14 maio 2017. Demissão de Mueller: Michael E. Schmidt e Maggie Haberman, "Trump Ordered Mueller Fired", *NYT*, 25 jan. 2018. Trump mentiu: James Hohmann, "Five Takeaways from Trump's Threatened Effort to Fire Mueller", *WP*, 26 jan. 2018. A lei e a ordem: "FBI Urges White House Not to Release GOP Russia-Probe Memo", NBC, 31 jan. 2018.

62. Pomerantsev, *Nothing Is True*, p. 49.

63. Chava Gourarie, "Chris Arnade on His Year Embedded with Trump Supporters", *Columbia Journalism Review*, 15 nov. 2016; Timothy Snyder, "In the Land of No News", *NYR*, 27 out. 2011. Layoffs: Mark Jurkowitz, "The Losses in Legacy", Pew Research Center, 26 mar. 2014.

64. Moonves: James Williams, "The Clickbait Candidate", *Quillette*, 3 out. 2016. Contas do Twitter: Steven Levitsky e Daniel Ziblatt, *How Democracies Die* (Nova York: Crown, 2018), p. 58. [Ed. bras.: *Como as democracias morrem*. Trad. de Renato Aguiar. (Rio de Janeiro: Zahar, 2018)]. Sobre espetáculo, ver Peter Pomerantsev, "Inside the Kremlin's hall of mirrors", *TG*, 9 abr. 2015. Debates: Jamieson, Cyberwar, pp. 165-80.

65. Alice Marwick e Rebecca Lewis, "Media Manipulation and Disinformation Online", Data & Society Research Institute, 2017, pp. 42-3, sic passim. Tamsin Shaw, "Invisible Manipulators of Your Mind", *NYR*, 20 abr. 2017; Paul Lewis, "Our Minds Can Be Hijacked", *TG*, 6 out. 2017. Cifra de 44%: Pew Research Center, citada em Olivia Solon, "Facebook's Failure", *TG*, 10 nov. 2016. Para uma descrição profunda da destruição das precondições psicológicas da política democrática, ver Schlögel, *Entscheidung in Kiew*, pp. 17-22.

66. Produtos do Facebook: Elizabeth Dwoskin, Caitlin Dewey e Craig Timberg, "Why Facebook and Google Are Struggling to Purge Fake News", *WP*, 15 nov. 2016. 56 milhões: Craig Timberg, "Russian Propaganda Effort Helped Spread 'Fake News' During Election, Experts Say", *WP*, 24 nov. 2016. Russos promovem Fox e Breitbart: Eisentraut, "Russia Pulling Strings".

67. Marc Fisher, John Woodrow Cox e Peter Hermann, "Pizzagate: From Rumor, to Hashtag, to Gunfire in D.C.", *WP*, 6 dez. 2016; Ben Popken, "Russian Trolls Pushed Graphic, Racist Tweets to American Voters", NBC, 30 nov. 2017; Mary Papenfuss, "Russian Trolls Linked Clinton to 'Satanic Ritual'", *HP*, 1º dez. 2016.

68. Ben Collins, "WikiLeaks Plays Doctor", *DB*, 25 ago. 2016.

69. Casey Michel, "How the Russians Pretended to Be Texans", *WP*, 17 out. 2017; Ryan Grenoble, "Here Are Some of the Ads Russia Paid to Promote on Facebook", *HP*, 1º nov. 2017. Mais sobre secessão: "Is Russia Behind a Secession Effort in California?", *The Atlantic*, 1º mar. 2017. O Reino Unido, a França e a União Europeia foram assuntos do capítulo 3. Sobre a Catalunha: David Alandete, "Putin Encourages Independence Movement", *El País*, 26 out. 2017.

70. Partido Republicano do Tennessee e Obama: "Russia Twitter Trolls Rushed to Deflect Trump Bad News", AP, 9 nov. 2017. Conway retuitando: Denise Clifton, "Putin's Pro-Trump Trolls", *Mother Jones*, 31 out. 2017. Posobiec e contexto geral: Kevin Collier, "Twitter Was Warned Repeatedly", *BuzzFeed*, 18 out. 2017. "Love You Back": Ryan Lenz et al., "100 Days in Trump's America", Southern Poverty Law Center, 2017. Flynn: Collins e Poulsen, "Michael Flynn

Followed Russian Troll Accounts". Para uma análise sofisticada e convincente, ver Jamieson, *Cyberwar*, pp. 39-50.

71. Trump: Discurso em Miami, 16 set. 2016.

72. Sobre Bútina: "The Kremlin and the GOP Have a New Friend — and Boy Does She Love Guns", *DB*, 23 fev. 2017. Rosalind S. Helderman e Tom Hamburger, "Guns and Religion", *WP*, 30 abr. 2017. Nicholas Fandos, "Operative Offered Trump Campaign 'Kremlin Connection'", *NYT*, 3 dez. 2017. Anúncios e memes russos específicos, como "American Gunslinger", já foram e serão discutidos.

73. Bútina a Torchin: Matt Apuzzo, Matthew Rosenberg e Adam Goldman, "Top Russian Official Tried to Broker 'Backdoor' Meeting Between Trump and Putin", *NYT*, 18 nov. 2017; ver também Tim Mak, "Top Trump Ally Met with Putin's Deputy in Moscow", *DB*, mar. 2017. Trump Jr. e Torchin: "Trump Jr. Met with Man with Close Ties to Kremlin", CBS, 20 nov. 2017. NRA e *NYT*: Amanda Holpuch, "'We're Coming for You'", *TG*, 5 ago. 2017. Torchin negou as acusações de lavagem de dinheiro. Paramilitares: Anton Shekhovtsov, "Slovak Far-Right Allies of Putin's Regime", *TI*, 8 fev. 2016; Petra Vejvodová, Jakub Janda e Veronika Víchová, *The Russian Connections of Far Right and Paramilitary Organizations in the Czech Republic* (Budapeste: Political Capital, 2017); Attila Juhász, Lóránt Györi, Edit Zgut e András Dezsö, *The Activity of ProRussian Extremist Groups in Hungary* (Budapeste: Political Capital, 2017).

74. Carol Anderson, *White Rage* (Nova York, Londres: Bloomsbury, 2017), pp. 151, 163; Zachary Roth, "The Real Voting Problem in the 2016 Election", *Politico*, 24 out. 2016. Ver também Levitsky e Ziblatt, *How Democracies Die*, p. 183.

75. Anderson, op. cit., pp. 163, 165, 168.

76. Ryan C. Brooks, "How Russians Attempted to Use Instagram to Influence Native Americans", *BuzzFeed*, 23 out. 2017; Ryan Grenoble, "Here Are Some of the Ads Russia Paid to Promote on Facebook", *HP*, 1º nov. 2017; Cecilia Kang, "Russia-Financed Ad Linked Clinton and Satan", *NYT*, 2 nov. 2017; Ben Collins, Gideon Resnick e Spencer Ackerman, "Russia Recruited YouTubers", *DB*, 8 out. 2017; April Glaser, "Russian Trolls Are Still Co-Opting Black Organizers' Events", *Technology*, 7 nov. 2017.

77. Deputado: Elena Chinkova, "Rodnina 'pokazala' Obame banan", KP, 14 set. 2013. Aniversário: fotos e comentários na página dos estudantes na VKontat, disponível em: <vk.com/mskstud?w=wall 73663964_66>. Rede de mercados: Vesti.ru, 10 dez. 2015, 2 698 780. Lava-jatos: Amur.info, 25 maio 2016, 111 458; LifeNews: Life.ru, 30 dez. 2016, 954 218.

78. A importância das convenções e dos costumes é tese principal de Levitsky e Ziblatt, *How Democracies Die*. Citação: *Vesti*, 20 fev. 2016, 2 777 956. Esse

argumento sobre racismo e Rússia foi apresentado por Anderson, *White Rage*, p. 163; bem como por Ta-Nehisi Coates, "The First White President", *The Atlantic*, out. 2017, pp. 74-87.

79. Adam Entous, "House Majority Leader to Colleagues in 2016: 'I Think Putin Pays' Trump'", *WP*, 17 maio 2017. Para sermos justos, o senador Lindsey Graham declarou, em maio de 2017: "Quando um partido é atacado, todos nós deveríamos sentir o ataque". Não era uma opinião amplamente manifestada, e àquela altura já era tarde. Camila Domonoske, "Sally Yates Testifies: 'We Believed Gen. Flynn Was Compromised'", NPR, 8 maio 2017.

80. McConnell: Adam Entous, Ellen Nakashima e Greg Miller, "Secret CIA Assessment Says Russia Was Trying to Help Trump Win White House", *WP*, 9 dez. 2016; Greg Miller, Ellen Nakashima e Adam Entous, "Obama's Secret Struggle to punish Russia", *WP*, 23 jun. 2017. Citação: "Background to 'Assessing Russian Activities and Intentions in Recent US Elections': The Analytic Process and Cyber Incident Attribution", Director of National Intelligence (DNI), 6 jan. 2017.

81. Citação: Aaron Blake, "'I Feel Like We Sort of Choked'", *WP*, 23 jun. 2017.

82. Rubio: Sparrow, "From Maidan to Moscow", p. 339. Kasich: Caitlin Yilek, "Kasich Campaign Launches 'Trump-Putin 2016' Website", *The Hill*, 19 dez. 2015.

83. Sobre desigualdade globalmente, ver Paul Collier, *The Bottom Billion* (Oxford, Reino Unido: Oxford University Press, 2007). Donald Trump, anúncio da candidatura, 15 jun. 2015: "Infelizmente, o sonho americano está morto".

84. *Trotsky*, 2017, dir. Aleksandr Kott e Konstantyn Statskii, debate entre Trotski e Ilin no episódio 8, aos 26min20-29min40.

85. Número de Anastasiya Novatorskaya, "Economic Inequality in the United States and Russia, 1989-2012", 2017; ver também (89% e 76%) Credit Suisse, "Global Wealth Report 2016". Amigos: Anders Åslund, "Russia's Crony Capitalism", *Zeszyty mBank*, n. 128, 2017. Violoncelista: Luke Harding, "Revealed: the $2bn Offshore Trail that Leads to Vladimir Putin", *TG*, 3 abr. 2006.

86. 7 trilhões de dólares: Oxfam Briefing Paper, 18 jan. 2016. 21 trilhões de dólares: entrevista com James Henry, "World's Super-Rich Hide $21 Trillion Offshore", *RFE/RL*, 31 jul. 2016.

87. Anders Åslund, "Putin's Greatest Weakness May be Located on US Shores", *The Hill*, 17 out. 2017; Harding, *Collusion*, p. 244; Anne Applebaum, "The Ugly Way Trump's Rise and Putin's Are Connected", *WP*, 25 jul. 2017. Sobre a reunião: Sharon LaFraniere e Andrew E. Kramer, "Talking Points Brought to Trump Tower Meeting Were Shared with Kremlin", *NYT*, 27 out. 2017.

88. Unger, "Trump's Russian Laundromat". Citações de Trump: Twitter, 6 jan. 2018. Em Londres, um ladrão entrou nas casas dos ricos usando sotaque russo. Pomerantsev, *Nothing Is True*, p. 219.

89. Ver Tony Judt e Timothy Snyder, *Thinking the Twentieth Century* (Nova York: Penguin, 2012) [Ed. bras.: *Pensando o século XX*. Trad. de Otacílio Nunes (Rio de Janeiro: Objetiva, 2014)].

90. Para estatísticas e sobre as relações entre dessindicalização e desigualdade, ver Bruce Western e Jake Rosenfeld, "Unions, Norms, and the Rise in U.S. Wage Inequality", *American Sociological Review*, v. 76, n. 4, 2011, pp. 513-37. Sua estimativa é de que a dessindicalização explica de um quinto a um terço do aumento da desigualdade. Impostos: Thomas Piketty, Emmanuel Saez e Gabriel Zucman, *Distributional Accounts: Methods and Estimates for the United States* (Cambridge, Mass.: National Bureau of Economic Research, 2016), p. 28.

91. Números neste parágrafo de Piketty, Saez, Zucman, "Distributional Accounts", pp. 1, 17, 19, a não ser quando se indicar o contrário. Ben Casselman, "Wealth Grew Broadly Over Three Years, but Inequality Also Widened", *NYT*, 28 set. 2017. Para 7% a 22%, e 222 a 1120: Emmanuel Saez e Gabriel Zucman, "Wealth Inequality in the United States Since 1913: Evidence from Capitalized Income Tax Data", National Bureau of Economic Research, Working Paper 20265, out. 2014, pp. 1, 23.

92. Tempo perdido: Katznelson, *Fear Itself*, p. 12. Ver também Studs Terkel, *Hard Times* (Nova York: Pantheon, 1970). Expectativas de gerações: Raj Chetty et al., "The Fading American dream", *Science*, v. 356, 28 abr. 2017. Queda de um terço: Mark Muro, "Manufacturing Jobs Aren't Coming Back", *MIT Technology Review*, 18 nov. 2016.

93. Dívida estudantil: Casselman, "Wealth Grew Broadly Over Three Years, but Inequality Also Widened". Exposição à desigualdade: Benjamin Newman, Christopher Johnston e Patrick Lown, "False Consciousness or Class Awareness?", *American Journal of Political Science*, v. 59, n. 2, pp. 326-40. O crescente valor econômico da educação formal: "The Rising Cost of Not Going to College", Pew Research Center, 11 fev. 2014. Vivendo com os pais: Rebecca Beyer, "This Is not Your Parents' Economy", *Stanford*, jul./ ago. 2017, p. 46. Crianças: Melissa Schettini Kearney, "Income Inequality in the United States", depoimento perante o Comitê Econômico Conjunto do Congresso dos Estados Unidos, 16 jan. 2014. São Francisco: Rebecca Solnit, "Death by Gentrification", em John Freeman (Org.), *Tales of Two Americas: Stories of Inequality in a Divided Nation* (Nova York: Penguin, 2017).

94. Citação de Buffett: Mark Stelzner, *Economic Inequality and Policy Control in the United States* (Nova York: Palgrave Macmillan, 2015), p. 3. Sobre saúde e votos, ver a nota seguinte.

95. Crise de opioides e de saúde pública no nível dos condados e a votação em Trump: James S. Goodwin et al., "Association of Chronic Opioid Use with

Presidential Voting patterns in U.S. Counties in 2016", *Jama Network Open*, 22 jun. 2018; J. Wasfy et al., "County Community Health Associations of Net Voting Shift in the 2016 U.S. Presidential Election", *PLoS One*, v. 12, n. 10, 2017; Shannon Monnat, "Deaths of Despair and Support for Trump in the 2016 Presidential Election", Research Brief, 2016; ver também "The Presidential Election: Illness as Indicator", *The Economist*, 19 nov. 2016. Desigualdade e crise na saúde: John Lynch et al., "Is Inequality a Determinant of Population Health?", *The Milbank Quarterly*, v. 82, n. 1, 2004, pp. 62, 81, sic, passim. Suicídio entre agricultores: Debbie Weingarten, "Why are America's Farmers Killing Themselves in Record Numbers?", *TG*, 6 dez. 2017. Todos os dias cerca de vinte veteranos de guerra norte-americanos cometeram suicídio em 2014: "Suicide Among Veterans and Other Americans", Departamento de Assuntos de Veteranos dos Estados Unidos, 3 ago. 2016, p. 4.

96. Sam Quinones, *Dreamland: The True Tale of America's Opiate Epidemic* (Londres: Bloomsbury, 2016), pp. 87, 97, 125-6, 133, 327. Para um contexto geral, ver Nora A. Volkow e A. Thomas McLellan, "Opioid Abuse in Chronic Pain: Misconceptions and Mitigation Strategies", *New England Journal of Medicine*, v. 374, 31 mar. 2016.

97. Quinones, *Dreamland*, pp. 134, 147, 190, 193, 268, 276. Ver também Sabrina Tavernise, "Ohio County Losing Its Young to Painkillers' Grip", *NYT*, 19 abr. 2011. Sobre outro padrão que precisa de mais estudo: Jan Hoffman, "In Opioid Battle, Cherokee Look to Tribal Court", *NYT*, 17 dez. 2017.

98. Sobre a ideia de zumbis, ver Shore, *Ukrainian Nights*.

99. Anne Case e Angus Deaton, "Rising Morbidity and Mortality in Midlife Among White Non-Hispanic Americans in the 21st Century", *PNAS*, v. 112, n. 49, 8 dez. 2015. Ver também Case ed Deaton, "Mortality and Morbidity in the 21st Century", Brookings Paper, 17 mar. 2017, analgésicos na p. 32. Expectativa de vida em 2015 e 2016, cifra de 63 600, e triplicação da taxa de mortalidade: Kim Palmer, "Life Expectancy is Down for a Second Year", *USA Today*, 21 dez. 2017. Eleições primárias: Jeff Guo, "Death Predicts Whether People Vote for Donald Trump", *WP*, 3 mar. 2016.

100. Volkow e McLellan, "Opioid Abuse in Chronic Pain", p. 1257; Quinones, *Dreamland*, p. 293. O romance de David Foster Wallace, *Graça infinita*, publicado em 1996, parece uma profecia duas décadas depois.

101. Condados de Scioto e Coös: Monnat, "Deaths of Despair". Condados de Ohio e da Pensilvânia: Kathlyn Fydl, "The Oxy Electorate", *Medium*, 16 nov. 2016; Harrison Jacobs, "The Revenge of the 'Oxy Electorate' Helped Fuel Trump's Election Upset", *BI*, 23 nov. 2016. Condado de Mingo: Lindsay Bever, "A Town of 3,200 Was Flooded with Nearly 21 Million Pain Pills", *WP*, 31 jan. 2018.

Ver também Sam Quinones, "Donald Trump and Opiates in America", *Medium*, 21 nov. 2016; Zoe Carpenter, "Did the Opioid Epidemic Help Donald Trump Win?", *The Nation*, 7 dez. 2016.

102. 91 dias: Fact Checker, *WP*, 10 out. 2017. 298 dias: Fact Checker, *WP*, 14 nov. 2017. Para uma comparação com Obama e Bush, ver David Leonhardt, "Trump's Lies vs. Obama's", *NYT*, 17 dez. 2017. Meia hora: Fact Checker, *NYT*, 29 dez. 2017. Ver também o compêndio publicado pelo *Los Angeles Times* sob o título *Our Dishonest President.*

103. Inimigos: Michael M. Grynbaum, "Trump Calls the News Media the 'Enemy of the American People'", *NYT*, 17 fev. 2017. "Fake news": "Trump, in New TV Ad, Declares First 100 Days a Success", *NYT*, 1º maio 2017; Donald Trump, Twitter, 6 jan. 2018: "the Fake News Mainstream Media". Cf "The Kremlin's Fake Fake-News Debunker", *RFE/RL*, 22 fev. 2017. Giuliani: Melissa Gomez, "Giuliani Says 'Truth isn't Truth'", *NYT*, 19 ago. 2018.

104. Ver Matthew Gentzkow, "Polarization in 2016", Stanford University, 2016.

105. Anos 1930 como um ideal: Wolff, "Ringside with Steve Bannon"; Timothy Snyder, "Trump Is Ushering in a Dark New Conservatism", *TG*, 15 jul. 2017. 1929 e 0,1%: Saez e Zucman, "Wealth Inequality", p. 3. Cf. Robbie J. Taylor, Cassandra G. Burton-Wood e Maryanne Garry, "America Was Great When Nationally Relevant Events Occurred and When Americans Were Young", *Journal of Applied Memory and Cognition*, v. 30, 2017. Uma realidade alternativa dessa natureza foi descrita no romance *Complô contra a América*, de Philip Roth.

106. Usando um termo diferente ("anti-história"), Jill Lepore apresenta argumento parecido sobre o Tea Party: *The Whites of Their Eyes* (Princeton: Princeton University Press, 2010), pp. 5, 8, 15, 64, 125. Trump sobre "America First": Discurso em Miami, 16 set. 2016: "America First, Folks. America First. America. Right, America First. America First". Foi também o tema do seu discurso de posse. Ver Frank Rich, "Trump's Appeasers", *New York*, 1º nov. 2016.

107. Ver Timothy Snyder, "The White House Forgets the Holocaust (Again)", *TG*, 11 abr. 2017. Navajos: Felicia Fonseca e Laurie Kellman, "Trump's 'Pocahontas' Jab Stuns Families of Navajo War Vets", AP, 28 nov. 2017.

108. Eunuco: Kisselióv, "Vesti Nedeli", Rossiia Odin, 20 nov. 2016. Cornosservadores: Dana Schwarts, "Why Angry White Men Love Calling People 'Cucks'", *Gentleman's Quarterly*, 1º ago. 2016. Questionamento sobre o local de nascimento de Obama: Jeff Greenfield, "Donald Trump's Birther Strategy", *Politico*, 22 jul. 2015.

109. "Trump on Civil War", *NYT*, 1º maio 2017; Philip Bump, "Historians Respond to John F. Kelly's Civil War Remarks", *WP*, 31 out. 2017. A escravidão

foi tema de concessões durante todo o início da história dos Estados Unidos, desde o acordo para contar africanos como três quintos de uma pessoa para fins de recenseamento da população, aos mais difíceis, e em última análise insustentáveis, acertos com relação ao acréscimo de estados escravistas e não escravistas à União no século XIX. Não entender a própria história é parte da política da eternidade. Sobre símbolos: Sara Bloomfield, "White Supremacists Are Openly Using Nazi Symbols", *WP*, 22 ago. 2017.

110. Rosie Gray, "Trump Defends White-Nationalist Protestors: 'Some Very Fine People on Both Sides'", *WP*, 15 ago. 2017. W. E. B. Du Bois, *Black Reconstruction: An Essay Toward a History of the Part Which Black Folk Played in the Attempt to Reconstruct Democracy in America, 1860-1880* (Nova York: Harcourt, Brace and Company, 1935), p. 241; ver também p. 285. Will Rogers, *The Autobiography of Will Rogers*, org. de Donald Day (Nova York: Lancet, 1963), p. 281. Du Bois era afro-americano, e Rogers identificava-se como cherokee.

111. Patrick Condon, "Urban-Rural Split in Minnesota", *Minnesota Star-Tribune*, 25 jan. 2015; "Rural Divide" (Pesquisa de opinião na zona rural e nas cidades do interior dos Estados Unidos), 17 jun. 2017; Nathan Kelly e Peter Enns, "Inequality and the Dynamics of Public Opinion", *American Journal of Political Science*, v. 54, n. 4, 2010, p. 867. Numa pesquisa, 45% dos eleitores de Trump disseram que brancos sofrem "muita discriminação" nos Estados Unidos, ao passo que apenas 22% afirmaram o mesmo sobre os negros. Em outra pesquisa, 44% dos eleitores de Trump disseram que os brancos estavam perdendo para negros e "hispânicos", com 16% afirmando o oposto. Respectivamente: Huffington Post/ YouGov Poll, noticiada em *HP*, 21 nov. 2016; Washington Post/ Kaiser Family Foundation Poll, noticiada em *WP*, 2 ago. 2016.

112. Exemplos de violência são de Richard Cohen, "Welcome to Donald Trump's America", SPLC Report, verão 2017; Ryan Lenz et al., "100 Days in Trump's America", Southern Poverty Law Center, 2017. Sobre escolas, ver Christina Wilkie, "'The Trump Effect': Hatred, Fear and Bullying on the Rise in Schools", *HP*, 13 abr. 2016; Dan Barry e John Eligon, "A Rallying Cry or a Racial Taunt", *NYT*, 17 dez. 2017. Reação a furacão: Ron Nixon and Matt Stevens, "Harvey, Irma, Maria: Trump Administration's Response Compared", *NYT*, 27 set. 2017. Sobre programa de denúncia: Timothy Snyder, "The VOICE program enables citizens to denounce", *Boston Globe*, 6 maio 2017. Manifestantes pagos: "Trump Lashes Out at Protestors", *DB*, 16 abr. 2017. Holocausto: Snyder, "White House Forgets". "Filho da puta": Aric Jenkins, "Read President Trump's NFL Speech on National Anthem Protests", *Time*, 23 set. 2017. Ver Victor Klemperer, *The Language of the Third Reich*, trad. para o inglês de Martin Brady (Londres: Continuum, 2006).

113. Michael I. Norton e Samuel R. Sommers, "Whites See Racism as a Zero-Sum Game That They Are Now Losing", *Perspectives on Psychological Science*, v. 6, n. 215, 2011; Kelly e Enns, "Inequality and the Dynamics of Public Opinion"; Victor Tan Chen, "Getting Ahead by Hard Work", 18 jul. 2015. Quando interrogado sobre planos de saúde em 24 de maio de 2017, o candidato ao congresso Greg Gianforte reagiu atacando fisicamente o repórter. Foi uma atitude reveladora: trata-se de *sofrimento*. Quando políticos acham que seu trabalho consiste em provocá-lo e distribuí-lo, falar em saúde vira provocação.

114. Ed Pilkington, "Trump Turning us into 'World Champion of Extreme Inequality', un Envoy Warns", *TG*, 15 dez. 2017. 13 milhões: Sy Mukherjee, "The gop Tax Bill Repeals Obamacare's Individual Mandate", *Fortune*, 20 dez. 2017. Citação de Trump: "Excerpts from Trump's Interview with the *Times*", *NYT*, 28 dez. 2017.

115. Ver Katznelson, *Fear Itself*, p. 33, sic passim. Cf Zygmunt Bauman, *Liquid Modernity* (Londres: Polity, 2000) [Ed. bras.: *Modernidade líquida*. Trad. de Plínio Dentzien (Rio de Janeiro: Zahar, 2001)]: "a falta de soluções viáveis à disposição deles precisa ser compensada por soluções imaginárias". Claro, algumas soluções viáveis estão disponíveis para governos, quando não para indivíduos; a tarefa do racismo político é fazer com que não pareçam viáveis, e a tarefa da ficção política é impedir que a questão da viabilidade nem mesmo apareça. Sobre propostas específicas para uma democracia mais representativa, ver Martin Gilens, *Affluence and Influence* (Princeton: Princeton Univeristy Press, 2012), cap. 8. Quanto a propostas específicas para diminuir a desigualdade, ver World Inequality Report, 2017, wir2018.wid.world.

116. Este argumento sobre jogos de soma negativa foi apresentado por Volodomyr Yermolenko, "Russia, Zoopolitics, and Information Bombs," *Euromaidan Press*, 26 maio 2015.

117. Primeiro a: Levitsky e Ziblatt, *How Democracies Die*, pp. 61-4. As duas ocasiões em que Trump sugeriu que Clinton deveria ser assassinada: Wilmington, Carolina do Norte, 9 ago. 2016: "Se ela escolher os seus juízes, não há nada que se possa fazer, pessoal. Se bem que os defensores da Segunda Emenda, talvez haja". Miami, 16 set. 2016: "Acho que os guarda-costas dela deveriam abandonar suas armas. Eles deviam ser desarmados, não é? Acho que deveriam ser desarmados imediatamente. E vocês, o que acham? Sim? É isso aí. Tomem as armas deles. Ela não quer saber de armas. Tirem as deles... Vejamos o que acontece com ela". Ditadores: "Trump's 'Very Friendly' Talks with Duterte", *NYT*, 30 abr. 2017; Lauren Gambino, "Trump Congratulates Erdoğan", *TG*, 18 abr. 2017. Trump se referia ao presidente Xi, da China, como "meu amigo": "Excerpts from Trump's Interview with the *Times*", *NYT*, 28 dez. 2017. Almas mortas: pk, 1º nov. 2016.

118. O comitê de supressão de eleitores funcionou durante um ano dentro da Casa Branca e depois foi transferido para o Departamento de Segurança Interna, para esquivar-se de contestações jurídicas. Michael Tackett e Michael Wines, "Trump Disbands Commission on Voter Fraud", *NYT*, 3 jan. 2018. "Importante acontecimento": Eric Levitz, "The President Seems to Think a Second 9/11 Would Have Its Upsides," *NY*, 30 jan. 2018; Yamiche Alcindor, "Trump Says It Will Be Hard to Unify the Country without a 'Major Event'", PBS, 30 jan. 2018. Ver também Mark Edele e Michael Geyer, "States of Exception", em Michael Geyer e Sheila Fitzpatrick (Orgs.), *Beyond Totalitarianism* (Cambridge, Reino Unido: Cambridge University Press, 2009), pp. 345-95.

119. Concentro-me aqui nos riscos imediatos para os Estados Unidos. Sobre a possibilidade de um retorno global aos assassinatos em massa, ver a conclusão de Snyder, *Black Earth*.

Índice remissivo

11 de setembro, ataques terroristas (Nova York, 2001), 64; *ver também* terrorismo
13 Sozvezdie (banda russa), 225-6
1984 (Orwell), 271

Acordo de Minsk (2014), 232
Adenauer, Konrad, 93
AfD (Alternative für Deutschland), 240-1, 245, 280
Afeganistão, 72, 102, 154
África, 15, 96, 241, 303
afro-americanos, 89, 92, 278, 287, 309-10, 329-30
Agalarov, Aras, 130, 289, 316
Agência de Pesquisa de Internet (Rússia), 133, 171, 274, 276, 278
agricultura soviética, 47, 53, 148
Akhmátova, Anna, 108
Akhmedov, Ruslan, 231
Akhmetov, Rinat, 285

Aksiónov, Serguei, 172
Alemanha, 93, 109, 240-5, 277, 280; Oriental, 60, 109
Alemanha nazista, 11, 32, 53, 89, 91, 114, 135, 179, 191-2, 223, 242; e o movimento "America First", 328; Pacto Mólotov-Ribbentrop (1939), 11, 54, 91, 191; *ver também* Holocausto; nazismo; Segunda Guerra Mundial
Alfa-Bank, 290
aliança nazi-soviética *ver* Pacto Mólotov-Ribbentrop (1939)
"Allentown" (canção), 320
América do Norte, 270
"America First" (slogan de Trump), 327-9
Amigos Conservadores da Rússia (Grã-Bretanha), 133
Amsterdam, 90, 95, 218
Andrianov, Serguei, 230

413

Anistia Internacional, 244

antissemitismo, 181, 208, 224, 254-5; e a campanha de Trump, 293; e a extrema direita norte-americana, 255; e a invasão russa da Ucrânia, 178, 182, 184; e o eurasianismo, 111, 113, 116, 118, 123; e o governo Trump, 327-8; *ver também* Holocausto; judeus

Antiuféiev, Vladímir, 211-2, 217, 237, 239, 257, 273

Aprendiz, O (programa de TV), 269

Arendt, Hannah, 138

armas, posse de, 305-6

Ásia, 36, 47, 227; Central, 27, 47; *ver também* Eurásia

assimetria invertida, 202

Aurora Dourada (partido grego), 183

Áustria, 90, 100, 135, 146, 181

autoritarismo, 10, 58, 91, 93, 264, 304, 308, 315, 326, 339

Azerbaijão, 130

Bakhtin, Mikhail, 194

Banco de Chipre, 294

Bannon, Steve, 236, 286-8

Barakov, Vladislav, 231

Batalhão de Vostok, 208

Batomunkuev, Dorji, 233

Bauman, Zygmunt, 87

Bayrock Group, 267

Bélgica, 81, 93, 240

bem-estar social, 97, 158, 160, 318, 327

Berdiáiev, Nikolai, 45

Berlusconi, Silvio, 126-7

bespredel (ausência de limites), 104

Besseda, Serguei, 170

Bethlehem (Pensilvânia), 320

Bharara, Preet, 130, 296

Bielorrússia, 16, 47, 56-7, 84, 104, 118, 176

Bihun, Ihor, 159

bilinguismo na Ucrânia, 158-9

Bloco de Oposição (Ucrânia), 260

Bondar, Andrij, 160

Borodai, Aleksandr, 112, 172, 178, 190-1, 198, 206, 217, 273

Borodai, Iuri, 112

Breitbart News Network (site de notícias), 286, 301

Brêjniev, Leonid, 48, 54-5, 68, 150, 179-80, 193, 226; Doutrina Brêjniev, 55

Brexit, 20, 132-4, 260, 279

Bucareste, 101

Buchin, Nikolai, 231

Budapeste, 90, 95, 183

Budapeste, Memorando de (1994), 175

Buffett, Warren, 321

Bulgária, 54, 94, 183, 240

Burt, Richard, 290

Bush, George H. W., 57

Bútina, Maria, 306

Cadre (empresa), 288

Câmara dos Representantes (EUA), 307, 311

Cambridge Analytica, 236

Cameron, David, 133

Camus, Albert, 162

Canadá, 81

capitalismo: e a oligarquia russa, 21; e a sequência inevitabilidade-eternidade, 16-7, 26, 316; e desigualdade econômica, 17, 26, 317; e o primado da lei, 59; internacional, 315; marxismo sobre capitalismo, 44

Capitólio (Washington, DC), 273

Carcóvia (Ucrânia), 144, 178, 188, 204, 207

carisma, 52, 70-1

Casa Branca (Washington, DC), 235, 268, 272-3, 289, 297-8, 313

Cáucaso, 47, 61, 228, 238

Cazaquistão, 104, 227

Celan, Paul, 194, 225

Chamalov, Kiril, 294

Chao, Elaine, 313

Chauprade, Aymeric, 128, 131, 175, 184

Cherepanyn, Vasyl, 161

Chernev, Pavel, 240

Chestakov, Viktor, 163

Chevkunov, Tikhon, 77, 84, 116

China, 69, 72, 97, 227, 239-40

Chipre, Banco de, 294

CIA (Central Intelligence Agency), 221, 295-6

ciberguerra, 13, 14, 102, 235, 258, 263, 265, 270-5, 281, 284, 298, 305, 309, 312; ataques russos à Alemanha, 241; "de ciber-para-físico", 273; divulgação de informações privadas, 246, 279-80, 282-3, 286, 301, 311; e a invasão russa da Ucrânia, 177, 235, 273; e o ataque russo à União Europeia, 103, 125-6, 178, 279; e o fracasso democrático russo, 66; na campanha de Trump, 134, 274, 276-7, 279-80, 282-3, 286, 301, 303, 311; *ver também* hackers

Cioran, E. M., 33

Cirilo, são, 113

Clausewitz, Carl von, 272

cleptocracia, 20, 22, 29, 102, 106, 125, 151, 194, 238, 264, 294, 315; *ver também* oligarquia

Clinton, Hillary, 71, 73, 130, 263-4, 274, 279-81, 290-2, 296, 301-2, 305, 312, 316

Clover, Charles, 199

Clube Izborsk (laboratório russo de ideias), 116-8, 122-3, 163, 168, 175, 180, 212, 237, 253, 257, 272, 274

Codreanu, Corneliu, 34

Cohen, Michael, 282

Cohen, Stephen, 255-6, 261

colégio eleitoral, 307

colonialismo, 96, 204; *ver também* imperialismo

Comey, James, 296-8

Comitê de Mães de Soldados (Rússia), 237

Comunidade Europeia do Carvão e do Aço, 93

comunidade política polono-lituana, 142, 144, 146, 148

comunismo, 10, 16, 29, 31, 35, 46-8, 54-6, 58, 63, 72, 76-7, 90-1, 93-4, 127, 149-50, 226, 247

Confederação, monumentos dedicados à (EUA), 329

Conferência de Ialta (2014), 240-1

"conflito congelado", estratégia do, 211, 238

Congresso dos EUA, 252, 282, 294-5, 308, 311, 313, 331-2

Convenção Nacional Democrata, 280, 282; ataque de hackers à (2016), 296

Convenção Nacional Republicana (2016), 291

Conway, Kellyanne, 266, 303

Corbyn, Jeremy, 260

corrupção, 20, 48, 82, 102, 112, 123, 151, 153, 159, 186, 197, 262

cossacos, 142-4, 148-9
Creyelman, Frank, 240
Crimeia, 82, 95, 115, 144, 148, 169, 171-8, 190-2, 198, 200, 202, 204, 206, 222-4, 229, 231, 238-9, 241, 302
crise financeira mundial (2008), 10, 17, 65, 100, 151, 298-9
cristianismo, 31, 84-5, 108, 140-1; e a história da Ucrânia, 140; e desinformação, 195; e Ilin, 28, 33, 36-7, 42; e os eslavófilos, 108; e Pútin, 77; e Volodímir/Valdemar, 84-5

Dambaiev, Bato, 233
De Benoist, Alain, 113
democracia, 10, 16, 21, 26-7, 29, 40, 52, 56-9, 62-3, 67, 70-1, 74, 86, 89, 93-4, 97, 100, 113-4, 151-2, 173, 242, 263-4, 283, 295, 304-8, 316-7, 319, 330, 334-5, 337, 339; "democracia gerenciada", 61, 124; "democracia popular", 63; "democracia soberana", 63
Deripaska, Oleg, 285
desigualdade econômica, 17, 19-20, 26, 317-20, 326-7, 330-1, 336
desinformação, 103; e "suscetibilidades", 258, 277; e a esquerda britânica, 258; e a influência da internet, 270-1, 304; e Ilin, 28-9; e incerteza, 197; e o ataque russo à União Europeia, 133, 163, 238, 279; e refugiados sírios, 242-3; *ver também* ciberguerra
Deutsche Bank, 266-7, 289
Dezessete momentos da primavera (minissérie de TV), 60
Dinamarca, 93

direita política *ver* extrema direita
Direito de Portar Armas (grupo russo), 305-6
direito internacional, 81, 96, 175, 177, 240
direitos humanos, 69, 94, 197, 242, 264
Dnipropetrovsk (Ucrânia), 149, 188, 204, 207, 220
"Do nacionalismo russo" (Ilin), 38
doação, economia da, 158
Documentos do Panamá, 315
Documentos dos Paraísos Fiscais, 315
"Donbas" (canção), 226
Doutrina Brêjniev, 55
Drudge Report (site), 301
Du Bois, W. E. B., 329
Dúguin, Aleksandr, 63, 89, 112-6, 122, 128, 136, 174, 178-80, 183-4, 204, 217, 234, 240, 263
Duke, David, 182
Duma (assembleia legislativa russa), 134, 293
Dzerjinski, Félix, 74, 76

economia: da doação, 158; da União Europeia, 97; de mercado, 59, 94; russa, 64, 271
eleições: e a política da inevitabilidade, 58; e individualidade, 40, 339; e o colégio eleitoral, 307; e o fracasso democrático russo, 13, 40, 51, 64; federais, 335; *gerrymandering* (manipulação de distritos eleitorais), 307-8; Ilin sobre, 40, 67; Lei de Direito ao Voto (EUA, 1965), 309; supressão de votos, 278-9, 309, 334; *ver também* princípio de sucessão

Eliot, T. S., 271
Elliott, Matthew, 133
e-mail, hackeamento de contas de, 280, 282-3, 286, 290, 302, 311
empresas-fantasmas, 316
Escócia, 132, 302
escravidão, 142, 329
eslavófilos, 107-8
Espanha, 92-3, 99, 302, 306
espionagem russa, 296
Espírito, ideia hegeliana de, 43
esquerda norte-americana, 255-61
esquizofascismo, 179-81, 185, 224
Estado Islâmico, 131, 242, 297
Estado, durabilidade do, 39-41, 51, 63, 67; *ver também* princípio de sucessão
Estados Unidos: ciberguerra russa pré-2016 contra, 235; crise de saúde pública dos, 321; desigualdade econômica nos, 17, 317-20, 326-7, 330, 332; e a Segunda Guerra Mundial, 91; e a Ucrânia, 156, 172; e imperialismo, 89, 92, 96; e o desastre em Smolensk, 251; epidemia de opioides nos, 322-4; esquerda norte-americana, 255-61; "estratégia sulista", 152, 285; fraquezas da democracia nos, 16, 306-11; influência da internet nos, 270, 300; mídia nos, 73, 256, 264, 298; momentos eternos e, 327-9; monumentos dedicados à Confederação (Sul dos EUA), 329; oligarquia nos, 287, 319; resposta à invasão russa da Ucrânia, 172, 174, 239; sequência inevitabilidade-eternidade e, 297, 313-4, 317-20; *ver também* capitalismo; extrema direita norte-americana

Estônia, 54, 62, 91, 94, 96, 102, 182
estratégia do "conflito congelado", 211, 238
eternidade *ver* momentos eternos; política da eternidade; sequência inevitabilidade-eternidade
"Eu sei do que você precisa" (King), 303
Eurásia, 77, 88, 95, 105-6, 109, 112, 115-8, 120, 125-6, 132, 136, 156, 165, 167, 172, 177, 180-1, 183, 239, 241, 254-5
eurasianismo: Clube Izborsk sobre, 116, 118-22; e a extrema direita norte-americana, 254-5; e a invasão russa da Ucrânia, 172, 255; e a Ucrânia, 114-5, 118, 122, 125, 136; e fascismo, 89; e o antissemitismo, 111, 113, 116, 118, 123; e o ataque russo à União Europeia, 87-8, 104-6, 121-3, 125; e o Ocidente como inimigo da Rússia, 113-20, 181; e refugiados sírios, 241; Glaziev, 111-2, 123, 125; Gumilióv, 107-11; Ilin e, 108, 114, 125; Mikhalkov, 77; origens do (anos 1920), 107-8; Pútin e, 104-6, 111, 115, 125, 241; União Alfandegária Eurasiana, 104
Europa: Central, 89; Leste Europeu, 56, 58, 89, 91-2, 94, 99, 127, 146, 285, 313; Ocidental, 92, 97, 173, 260, 270, 275; *ver também* União Europeia
Evola, Julius, 288
Exército Vermelho, 28, 54-5, 90-1, 120, 146, 148, 180, 188, 226
extrema direita europeia: conferência de Ialta (2014), 240; e a ciber-

guerra russa, 279; e a expressão "nova Guerra Fria", 253; e a fábula da nação sábia, 100, 127; e a invasão russa da Ucrânia, 175, 182-4, 240, 253, 258; e eurasianismo, 112, 113; e o ataque russo à União Europeia, 126-7, 130-1, 136, 240, 242, 253; e o fracasso democrático russo, 67; e refugiados sírios, 244

extrema direita francesa: e a ciberguerra russa, 280; e a fábula da nação sábia, 100, 127; e a invasão russa da Ucrânia, 175, 184, 253, 258; e o ataque russo à União Europeia, 127, 131; e o eurasianismo, 113; Nouvelle Droite (movimento neofascista francês), 113

extrema direita norte-americana: antissemitismo, 255; e a campanha antigay, 128; e a internet, 300-1; e a invasão russa da Ucrânia, 182-3, 254-5, 259, 261; influência visual russa, 183

fábula da "nação sábia", 97-100, 127, 137, 147

Facebook, 153, 159, 214, 229, 275-8, 280, 287-8, 300, 302

fake news, 21, 326; *ver também* desinformação

Falenta, Marek, 246

Farage, Nigel, 100, 127, 132-3

fascismo, 26-8, 30-1, 33-4, 36, 38-9, 47, 90-2, 104, 112-3, 115, 131, 150, 178-80, 182, 208, 224-5, 228, 231, 251, 258, 261, 329-30, 340; e a invasão nazista da União Soviética, 91; e a sequência inevitabilidade--eternidade, 26, 30; e eurasianis-

mo, 89; e monumentos dedicados à Confederação (EUA), 329; e o governo Trump, 334; esquizofascismo, 179-81, 185, 224; italiano, 30; sobre o primado da lei, 340; *ver também* Ilin, Ivan

factualidade, assalto à, 19, 22, 35, 38, 50, 84, 117, 119, 122-3, 185, 195-200, 236-7, 250, 252, 261, 287

FBI (Federal Bureau of Investigation), 129-30, 252, 266, 291, 293, 296-7

ficção política, 18-9, 21, 23, 27, 61, 116, 194, 248-9, 252, 259, 261, 285; *ver também* desinformação; factualidade, assalto à

Finlândia, 98

Fiori, Roberto, 240

Flynn, Michael, 292-3, 296-7, 303

Fox News, 300-1

França, 32, 81, 89, 91-3, 98, 100, 127-8, 131-2, 135, 170, 184, 258, 277, 280; *ver também* extrema direita francesa

Franco, Francisco, 92

Franklin, Benjamin, 162

Freiheitliche (partido austríaco), 100, 135, 254

Freud, Sigmund, 31

Front Nacional (partido francês), 100, 127-8, 131-2, 175, 253, 258

Fronte Nazionale (partido italiano), 183

FSB (Serviço Federal de Segurança da Rússia), 60-1, 74, 166, 170, 215, 270, 274

"Fuga da morte" (Celan), 225

Gaj, Krzysztof, 251

Galícia (Leste Europeu), 146, 147

gás natural, 64, 102, 166, 212, 240, 294, 315

Gauland, Alexander, 241, 245

gays *ver* homossexualidade

Gazprom (empresa energética russa), 126, 291

Genocídio: A Rússia e a nova ordem mundial (Glaziev), 123

Geórgia, 102-3, 211

gerrymandering (manipulação de distritos eleitorais), 307-8

Gesamtkunstwerk ("obra de arte total"), 227

Gírkin, Igor, 167-8, 172, 178, 191-2, 206, 208, 210-1, 216-7, 219, 221, 256

glasnost ("transparência"), 150

Glaziev, Serguei, 89, 111-2, 116, 123-5, 136, 172, 177, 180-1, 204, 234, 240, 254-5, 274

globalização, 27, 30, 88, 128, 320

Goldsmith, Oliver, 262

Gongadze, Georgiy, 154

Google, 276

Gorbatchóv, Mikhail, 55-7, 93, 150

Gordon, J. D., 291

Gotemburgo (Suécia), 184

Grã-Bretanha, 66, 92-3, 98, 100, 114, 127, 132-5, 204, 240, 253, 260; Amigos Conservadores da Rússia, 133

Grande Depressão (EUA, anos 1930), 88-9, 319, 327

Grande Terror (URSS, 1937-8), 53, 77, 109

Grécia, 100, 183

Grécia Antiga, 108

Griffin, Nick, 66, 240

Grob, Rudolf, 32

Grossman, Vassili, 78

GRU (inteligência militar russa), 74, 167, 206, 208, 210, 234, 237, 256, 274, 280-1

Guardian, The (jornal britânico), 258-9

Gúbarev, Pável, 178

Gudenus, Johann, 135

guerra, 38-41; de guerrilhas, 210; guerra da Rússia contra a Ucrânia foi chamada de "guerra híbrida", 235; *ver também* Primeira Guerra Mundial; Segunda Guerra Mundial

Guerra Civil Americana (1861-65), 329

Guerra Civil Russa (1917-22), 28, 192

Guerra do Iraque (2003), 16-7

Guerra Fria, 149, 256, 270-1; "nova Guerra Fria", 128, 253, 257, 274

Guerras do Peloponeso, As (Tucídides), 19, 21-2

gulag (campos de concentração soviéticos), 109, 111, 149

Gumilióv, Liev, 107-9, 111-3, 115-6, 123, 172, 190, 199

Gyöngyös, Márton, 240, 254

Habsburgo, monarquia dos, 89, 135, 144, 146

hackers, 131, 235, 273, 275, 280, 283; ataque à Convenção Nacional Democrata (2016), 296; hackeamento de contas de e-mail, 280, 282-3, 286, 290, 302, 311; *ver também* ciberguerra

Hamilton, Alexander, 262-3

Hannity, Sean, 301

Heart of Texas (página no Facebook), 302

Hegel, G. W. F., 43-4
Heimbach, Matthew, 182, 286
Heráclito, 78
hidrocarbonetos russos, 239
história: como antídoto contra a sequência inevitabilidade-eternidade, 22-3, 336, 338; da Ucrânia, 139-47; e o princípio de sucessão, 52; hegelianismo sobre, 43; Ilin sobre, 33, 44; lições da, 10, 11; marxismo sobre, 43-4; origens da, 18-9; *ver também* supressão da história
Hitler, Adolf, 31, 37, 52, 54, 91, 116, 148, 181, 223, 225, 328-9; *ver também* Alemanha nazista; nazismo
Hitler: O último avatar (Serrano), 113
Hofer, Norbert, 135
Holanda, 93, 98
Holocausto, 10, 14, 66, 88, 116, 118, 123, 179, 185, 197, 208, 224-5, 255, 258, 328-30; *ver também* Segunda Guerra Mundial
"Homens ocos, Os" (Eliot), 271
homossexualidade, 68-70, 117, 126, 128, 131, 163-5, 167, 169, 173, 183-5, 253
Hrytsak, Yaroslav, 161-2
Hungria, 54, 91, 94, 100, 127, 240, 306

Iakunin, Vladímir, 69
Ialta, Conferência de (2014), 240-1
idioma ucraniano, 159
Iéltsin, Boris, 56-62, 64, 76, 101, 111, 123, 150, 196
Iermakov, Ivan, 280
Igreja ortodoxa, 76-7, 119
Igreja uniata, 145-6
igualdade, 339
Il'mitov, Arsêni, 231

Ilin, Ivan, 26-49; "Do nacionalismo russo" (artigo), 38; e a durabilidade do Estado, 39-41, 63, 67; e a ficção política, 195; e a invasão russa da Ucrânia, 176, 184; e a oligarquia, 26, 40-2, 57; e a política da eternidade, 27, 79, 314; e a Revolução Bolchevique, 28, 30, 36, 44-5, 79; e a Rússia como civilização, 35, 79; e a Segunda Guerra Mundial, 31-2, 46-7; e Hitler, 31; e Lênin, 44-5; e o cristianismo, 28, 33, 36-7, 42; e o da União Soviética, 76; e o eurasianismo, 108, 114, 125; e o hegelianismo, 43; e o modelo orgânico de soberania e independência russa, 35, 139, 169; e Pútin, 26, 28, 41-2, 48, 60, 76-7, 115; e sequência inevitabilidade--eternidade, 26, 29; e Stálin, 45-6; filosofia de, 32-3; *Nossas tarefas* (livro), 28; novo sepultamento de, 28, 77; sobre homossexualidade, 68; sobre imperialismo, 89, 92; sobre integração europeia, 92, 105; sobre o comunismo, 31, 35, 46; sobre o líder como redentor, 36-8, 57, 113; sobre o primado da lei, 36, 42, 45-6, 103-4, 162; *ver também* Rússia, narrativa da inocência da
imperialismo, 88, 93-6, 99, 115, 127, 135-6, 139, 153; *ver também* colonialismo
Império Otomano, 89, 142, 203
Império Russo, 27, 45, 92, 144, 146-7, 162, 203
indígenas norte-americanos, 96, 310, 331

individualidade, 24, 27, 29, 33, 37-8, 40, 49-50, 182, 338-9
inevitabilidade *ver* política da inevitabilidade; sequência inevitabilidade-eternidade
Inglaterra *ver* Grã-Bretanha
Instagram, 276
internet, influência da, 270-1, 300, 304; Agência de Pesquisa de Internet (Rússia), 133, 171, 274, 276, 278; *ver também* ciberguerra
Iraque, Guerra do (2003), 16-7
Irlanda, 93
islã *ver* muçulmanos
Itália, 31, 89, 93, 98, 240
Iugoslávia, 167, 307

Jesus Cristo, 37, 42, 74, 217
Jiznevsky, Mikhail, 188
Jobbik (partido húngaro), 183, 254
Joel, Billy, 320
Johnson, Andrew, 330
jornalismo, 19, 21, 149, 197, 221, 252, 298-9, 304; investigativo, 19, 153-4, 252, 315, 326
judeus, 10-1, 32, 37, 52, 80, 111-4, 116-8, 123, 148, 155, 179, 183-5, 188, 208, 226, 242, 255, 258, 292-3, 328, 330; *ver também* antissemitismo
Judt, Tony, 10
Jukov, Ievguêni, 214

Kaczyński, Jarosław, 249
Kaczyński, Lech, 248-9
Kadirov, Ramzan, 66, 68
Kardopolov, Ivan, 234
Kasich, John, 313
Kasowitz, Marc, 285

Katyn, massacre na floresta de (URSS, 1940), 11-3, 53, 191, 248-50
Kaveladze, Ike, 289, 316
Kelly, John, 329
Kennan, George, 89
KGB (serviço secreto soviético), 60, 74, 76-7, 130, 266, 270, 294
Khmelnitski, Bogdan, 142-3
Khodakovskii, Aleksandr, 209
Khruschóv, Nikita, 54, 149
Kíev (Ucrânia), 57, 82, 84-5, 108, 117-8, 120, 136, 138-9, 144, 146, 151, 153-5, 157, 160-1, 165-7, 169-70, 172, 175, 181, 185, 187, 193, 199, 224-5, 235, 245
Kil'chenbaiev, Il'nur, 231
King, Stephen, 303
Kisliak, Serguei, 289, 293
Kisselióv, Dmítri, 164, 197, 263-4, 272, 328
Klitschko, Vitali, 163-4
Kolomois'kyi, Ihor, 207, 220
Korolenko, Ievguêni, 209
Kossatchov, Konstantin, 134, 293
Kotas, Jacek, 248, 251
Kotlyev, Yevhen, 188
Kouprianova, Nina, 128
Kownacki, Bartosz, 250-1
Kózirev, Andrei, 263
Kozlov, Nikolai, 231
Krêmlin (Moscou), 29, 39, 60, 68, 71, 123, 131, 163, 165, 167-8, 184, 186, 198-9, 201, 272, 285, 311
Krutskikh, Andrei, 274
Kuala Lumpur, 218
Kushner, Jared, 288-9, 316
Kutchma, Leonid, 151

LaRouche, Lyndon, 123, 255, 259, 261

Lavrov, Serguei, 69, 125-6, 169, 181-2, 221, 237, 239-40, 244
Le Pen, Jean-Marie, 131
Le Pen, Marine, 100, 127-8, 131-2, 175, 184, 253, 257, 280
Lei de Assistência Acessível (EUA), 332
Lei de Direito ao Voto (EUA), 309
Lei e Justiça (partido polonês), 247-9, 251
lei *ver* primado da lei
Lênin, Vladímir, 44-6, 53, 216, 265
leninismo, 43, 53
Leste Europeu, 89, 91-2, 94, 99, 127, 146, 285, 313
Letônia, 54, 62, 90-1, 94, 96, 182
líder como "redentor", 36-44, 51-2, 58-9, 63, 79, 84, 104, 113, 118, 177
Liga das Nações, 149
Limonov, Eduard, 113
Lindbergh, Charles, 89, 327
Lituânia, 54, 62, 90-1, 94, 96, 133, 140, 145, 164, 182; comunidade política polono-lituana, 142, 144, 146, 148
livre mercado, 59, 94, 300
Lobos Noturnos (motoqueiros russos), 172-3, 198, 222
Lukoil (empresa russa de petróleo), 126
Luśnia, Robert, 183, 247
Luxemburgo, 93

Macierewicz, Antoni, 183, 247-52
maçons, 32, 212
Macron, Emmanuel, 131, 280
máfia russa, 246, 266, 316
Maidan, protestos na praça (Ucrânia, 2013), 151, 154-66, 168-70, 185-7, 190, 193, 206, 225, 245, 254, 260

Maloféiev, Konstantin, 167, 172, 177-8, 184, 190, 192, 251, 263
Mamaiusupov, Timur, 234
Manafort, Paul, 82, 152, 171, 260-1, 284-6, 288-90, 316
Marcha sobre Roma (1922), 30
Maréchal-Le Pen, Marion, 184
Marx, Karl, 43-4
marxismo, 43-5, 53-4
masculinidade, demonstração de, 70-1
McCarthy, Kevin, 252, 311
McConnell, Mitch, 311-3
McFarland, K. T., 293
Médicos pelos Direitos Humanos (ONG), 244
"medidas ativas", 270, 292
Medvedev, Dmítri, 29, 64-5, 67-8, 70, 101
"memes", 276, 293, 334
Memorando de Budapeste (1994), 175
Memorial (Moscou), 75
mentiras, 19, 24, 58, 185, 194-5, 199, 211, 221, 236, 250, 293, 325, 340; *ver também* desinformação; factualidade, assalto contra; fake news
Mercer, Robert, 287, 319
Merkel, Angela, 69, 224-5, 241-5, 280
Merta, Tomasz, 12
Metódio, são, 113
MH17, queda do *ver* voo 17 da Malaysia Airlines (MH17)
Michel, Luc, 240
mídia norte-americana, 73, 256, 264, 298
mídia ocidental: e a invasão russa da Ucrânia, 200, 254-61
Miguel Arcanjo, São, 34
Mikhalkov, Nikita, 60, 77, 79

422

Mikołajewski, Tomasz, 251

Milne, Seumas, 259-60

Miłosz, Czesław, 26

Minha luta (Hitler), 37

Minsk, Acordo de (2014), 232

Miss Universo, concurso de (Moscou, 2013), 130, 269, 316

mobilidade social, 26, 41, 47, 65

Moguilevitch, Semion, 246, 248

Moldávia, 211-2

momentos eternos: e escravidão, 329; e o conceito de "Novorossiia" (Nova Rússia), 203; e o movimento "America First", 327-9; Estados Unidos, 327-9; vitória soviética na Segunda Guerra Mundial, 46-7, 54-5, 179, 192, 203, 223, 226

mongóis, 108, 140

Mongólia, 108-9, 227

monumentos dedicados à Confederação (EUA), 329

Moscou, protestos em (2011-2), 66-7, 71, 73

Moscóvia, 120, 144, 148

muçulmanos, 85, 131, 142, 188, 228, 241, 243, 244, 277, 286, 334

Mueller, Robert, 298

Mussolini, Benito, 30, 38, 329

"nação sábia", fábula da, 97-100, 127, 137, 147

nacionalismo, 38, 63, 100, 118, 126-8, 149, 153, 180-1, 184, 187-8, 207, 211, 250, 259, 271, 286, 320

Nation, The (revista), 255-8

National Rifle Association (NRA), 306

Navigator Holdings (empresa transportadora), 294

Nayyem, Mustafa, 153

nazismo, 14, 31-2, 78, 89, 91, 112-3, 115, 174, 181, 184-5, 191-2, 215, 220, 245-6, 255, 327, 329; *ver também* Alemanha nazista; neonazistas

negativa implausível, 199-202, 217

negativa plausível, 199n

Negro, mar, 82, 203-4

neonazistas, 178, 181, 183, 197, 254, 258

Next News Network (site), 301

Nezavisimaia Gazeta (jornal russo), 105

Nihoyan, Serhyi, 154, 187

NKVD (Ministério do Interior da URSS), 74, 270

Nossas tarefas (Ilin), 28

"Nosso novo dia de vitória" (Prokhanov), 223

Nouvelle Droite (movimento neofascista francês), 113

"nova Guerra Fria", uso da expressão, 128, 253, 257, 274

Nova Inglaterra, 204

"Novorossiia", conceito de (Nova Rússia), 183, 203-4, 206-9, 217, 227, 239

Obama, Barack: dúvida sobre nacionalidade de, 15, 269, 303, 328; e a campanha antigay da Rússia, 128-9; e a campanha de Trump, 264, 313, 328; e a invasão russa da Ucrânia, 172, 174, 313; e Flynn, 293; e gastos militares, 72; e o Ocidente como inimigo da Rússia, 114-5, 117, 224-5, 293; e o racismo popular russo, 310; eleição de, 117; indicação para a Suprema Corte, 311

Ochsenreiter, Manuel, 183, 254

"ocidentalizantes" (Rússia), 107

Ocidente, 21, 31-2, 35, 47-9, 55, 68-70, 72-3, 78, 80-1, 86, 108, 111-2, 114-6, 119, 122, 149, 168, 180-1, 191, 212, 235, 237, 239, 253-4, 271; mídia ocidental e a invasão russa da Ucrânia, 200, 254-61

Okolonolia [Quase zero] (Surkov), 195

oligarquia, 21, 24, 26, 41, 152-3, 255, 259, 262-3, 269, 287, 294, 309, 315, 319, 330, 335-7; e a campanha de Trump, 309; e a ficção política, 27; e a invasão russa da Ucrânia, 187; e a sequência inevitabilidade-e-ternidade, 26; e a União Europeia, 102-3; e as ligações Trump-Rússia, 21-2, 130-1, 267, 269-70, 316; e Ilin, 26, 40-2, 57; e o colapso da União Soviética, 59; e o comunismo, 48; e o líder como "redentor", 41-3, 58; Estados Unidos e, 287, 319; Ucrânia e, 151; *ver também* Rússia, fracasso democrático na

onu (Organização das Nações Unidas), 167, 241

Opasnye (grupo de rap), 226

Operação Sucessor (Rússia), 60-1

opinião pública, 60, 169, 171, 239, 274

opioides, 322-5, 333

Oriente, 21, 239

Oriente Médio, 197, 292

Oroniiazov, Rufat, 230

Orwell, George, 271

Otan (Organização do Tratado do Atlântico Norte), 21, 64, 72, 82, 101-2, 211, 248, 251, 286

Pacto de Varsóvia (1955), 55

Pacto Mólotov-Ribbentrop (1939), 11, 54, 91, 191

Page, Carter, 291, 296

Países Bálticos, 191; *ver também* Estônia; Letônia; Lituânia

Panamá, Documentos do, 315

Papadopoulos, George, 290-1, 296

paraísos fiscais, 315-6; Documentos dos Paraísos Fiscais, 315

Partido Comunista (Rússia), 46, 52, 124

Partido da Independência do Reino Unido *ver* ukip

Partido Democrata (eua), 261, 280, 283, 302

Partido Nacional Britânico, 66

Partido Nacional Escocês, 132

Partido Republicano (eua), 152, 261, 302-3, 312

Parvulesco, Jean, 113

"passionaridade", 107, 111

patriotismo, 36, 61, 104, 319

Paul, Ron, 261

Pavlóvski, Gleb, 196

Péguy, Charles, 39

Pensando o século XX (Judt e Snyder), 15

petróleo, 64, 102, 126, 315

Pilger, John, 258-9

Piskorski, Mateusz, 254

"pizzagate", 301

Plataforma Cívica (partido polonês), 245-8

Podesta, John, 281-2, 301

"política corpórea", 161

política da eternidade, 17-8, 21-2, 26, 29, 34, 47-9, 68, 75, 81, 84, 100, 127-8, 153, 164, 177, 190, 193-4,

424

222, 226, 248, 250, 264, 288, 314-5, 317, 319, 325-8, 330-1, 337; definição, 17; e a campanha anti-gay, 128; e a comunidade política polono-lituana, 148; e a crise de saúde pública, 321; e a democracia soberana, 63; e a desigualdade econômica, 330, 332; e a ficção política, 18, 194-5; e a invasão russa da Ucrânia, 176-7, 182, 190, 203; e a narrativa da inocência russa, 36, 75-6, 79; e a política soviética no Leste Europeu, 55; e a Rússia como civilização, 79-80; e a Ucrânia, 150; e Bannon, 288; e dependência química, 324; e Ilin, 27, 79, 314; e o assalto à factualidade, 18, 195; e o esquizofascismo, 179; e o racismo, 327-30; e respostas à surpresa, 20; exportação russa da, 20-2, 26, 85, 304-5, 333, 336; narrativas de, 17-8; *ver também* momentos eternos; sequência inevitabilidade-eternidade

política da inevitabilidade, 16-8, 20, 23, 25-7, 30, 47, 53, 55, 59, 100, 298, 314, 320, 330, 336; definição, 16, 25; e a desigualdade econômica, 17; e a desinformação, 300; e eleições, 58; e globalização, 30; e o comunismo, 16, 52-3, 149; e o racismo, 330; e respostas à surpresa, 20; fábula da nação sábia, 97, 99-100, 127, 137, 147; narrativas de, 17-8; sobre o colapso da União Soviética, 27; *ver também* sequência inevitabilidade-eternidade

Polônia, 11, 14, 54, 90-1, 94, 96, 127, 140, 146-9, 164, 181-2, 191, 247,

251-2, 282; comunidade política polono-lituana, 142, 144, 146, 148; e a história da Ucrânia, 140, 146; e a invasão russa da Ucrânia, 247, 251; e desastre em Smolensk, 11-3, 32, 248-51; escândalo das gravações (2014), 247; extrema direita na, 183, 191, 247-52, 254; massacre da floresta de Katyn (1940), 11-2, 53, 191

Pomerantsev, Peter, 253

populismo, 101, 332; sadopopulismo, 332-3, 335

"Por que ucranianos matam outros ucranianos?" (canção), 225

Poroshenko, Petro, 189

Portugal, 92-3, 99

Pós-guerra (Judt), 10

Posobiec, Jack, 301, 303

posse de armas, 305-6

Praça da Independência de Kíev *ver* Maidan, protestos na praça (Ucrânia, 2013)

primado da lei, 30, 41, 48, 59, 67, 92, 97, 101, 103-5, 125, 136, 151, 153, 159, 177, 187, 225, 246, 252-3, 259, 305, 307, 334; e a invasão russa da Ucrânia, 176, 186; e a oligarquia, 41; e a posse de armas, 305; e a Rússia como civilização, 81; e a União Europeia, 97, 103, 105; e *bespredel* (ausência de limites), 104; e o capitalismo, 59; e o colonialismo, 96; e o eurasianismo, 113; e o fracasso democrático russo, 67; e o líder como redentor, 40; e o terror stalinista, 46; e os protestos da Maidan (Ucrânia, 2013), 158-9, 162, 186; e protestos

425

em Moscou, 67; e virtudes, 339; Ilin sobre, 36, 42, 45-6, 103-4, 162; Pútin e, 48

Primavera de Praga (1968), 55

Primeira Guerra Mundial, 28, 30, 89, 91, 192

Primeiro Plano Quinquenal (URSS, 1928-33), 53, 148

princípio de sucessão, 52, 57, 63, 81, 85, 87, 101, 106, 121, 151, 262, 305, 339-40; e a exportação russa da política da eternidade, 20-2, 26, 85, 304-5, 333, 336

proizvol (arbitrariedade), 36, 104

Prokhanov, Aleksandr, 75, 89, 116-9, 122-3, 131, 136, 167, 172, 179-80, 208, 223-5, 231, 240, 258, 328

propaganda *ver* ciberguerra; desinformação

Puchkov, Aleksei, 263

Purdue Pharma (empresa farmacêutica), 322

Pútin, Vladímir: e a "democracia gerenciada", 61; e a campanha antigay, 68-70, 126; e a cleptocracia, 315; e a invasão russa da Ucrânia, 174-7, 198, 200, 236; e a masculinidade, 70; e a narrativa da inocência russa, 75-6; e a Rússia como civilização, 78-80; e Brexit, 134; e eleições, 13, 51, 64; e Ilin, 26, 28, 41-2, 48, 60, 76-7, 115; e massacre da floresta de Katyn, 191; e o assalto contra a factualidade, 197-8, 200-1, 236; e o esquizofascismo, 181; e o eurasianismo, 104-6, 111, 115, 125, 241; e o líder como redentor, 51, 58, 177; e o modelo orgânico de soberania e

independência russas, 138-9; e o Ocidente como inimigo da Rússia, 73-4; e o primado da lei, 48; e o stalinismo, 13; e os Lobos Noturnos (motoqueiros russos), 173; e Trump, 130, 319; posse de, 60; sobre "passionaridade", 111; sobre a durabilidade do Estado, 51; *ver também* oligarquia; Rússia, fracasso democrático na

"quimera", conceito de (nação falsa), 111

Racheva, Elena, 215-6

racismo, 199-200, 269, 274, 279, 286, 309, 311, 319, 327-8, 330-2

Randa, Alexandru, 51

Reddit, 276

"redentor" *ver* líder como "redentor"

refugiados sírios, 241-4, 277

Rękas, Konrad, 183

relativismo estratégico, 238, 304, 333

"República Popular de Donetsk", 217, 232-4, 238, 257

"República Popular de Lugansk", 232-3, 238, 257

República Tcheca, 94, 126-7

repúblicas soviéticas, 56, 94, 148

Réquiem (Akhmátova), 109

Revolução Bolchevique (1917), 29-30, 36, 45, 54, 79, 146, 162, 314; e a política da inevitabilidade, 53-4; e a Ucrânia, 146; e Ilin, 28, 30, 36, 44-5, 79; e o princípio de sucessão, 52

Ribolovlev, Dmítri, 267

Riedweg, Albert, 32

Riedweg, Franz, 32

Rikov, Konstantin, 129, 263

robôs da internet, 133, 134, 264, 277-82, 301, 303, 312, 340

Rodina (partido nacionalista russo), 124, 164, 184

Rogers, Will, 329

Rogozin, Dmítri, 102, 306

Rohrabacher, Dana, 252

Roma Antiga, 108

Romney, Mitt, 72, 313, 325

Ross, Wilbur, 294

Roth, Joseph, 149

Rubio, Marco, 313

Rússia Hoje (conglomerado de mídia), 164

Rússia, assalto contra União Europeia pela: Brexit e, 20, 132-4, 260, 279; e a Áustria, 135; e a campanha antigay, 126, 128, 131, 163-4; e a ciberguerra, 102, 125-6, 177, 279; e a desinformação, 133, 163, 238, 279; e a extrema direita europeia, 126-7, 130-1, 136, 240, 242, 253; e a fábula da nação sábia, 57-85, 100; e Ilin, 28; e o eurasianismo, 87-8, 104-6, 121-3, 125; e o relativismo estratégico, 238; e refugiados sírios, 241

Rússia, fracasso democrático na: e a "democracia gerenciada", 61; e a campanha antigay, 68-70, 163; e a democracia soberana, 63; e a União Europeia, 106; e as relações Rússia-União Europeia, 64; e eleições, 13, 40, 51, 64; e Iéltsin, 58; e medidas repressivas, 74-5; e o líder como redentor, 51, 79; e o primado da lei, 67; e prosperidade econômica, 64; exportação do,

304; posse de Pútin, 60; protestos em Moscou (2011-2), 66-7, 71, 73; Pútin como líder eterno, 64-6

Rússia, narrativa de inocência da: e a campanha antigay, 69, 128; e a durabilidade do Estado, 51; e a ficção política, 194; e a influência ocidental como perversão, 35, 47, 49; e a invasão nazista da União Soviética, 223; e a Pacto Móloto-v-Ribbentrop (1939), 191; e a política da eternidade, 36, 75-6, 79; e a Rússia como civilização, 78; e a Ucrânia, 164; e contemplação, 34; e o colapso da União Soviética, 76; e o eurasianismo, 119-21; e o líder como redentor, 38, 41; e o modelo orgânico de soberania e independência russas, 35, 165, 169; e o voo 17 da Malaysia Airlines, 220

Rússia, Ocidente como inimigo da: e a "nova Guerra Fria", 253, 257, 274; e a campanha de Trump, 272; e a militarização russa, 121; e a Rússia como civilização, 81; e o antissemitismo, 113; e o assalto à factualidade, 237; e o eurasianismo, 113-20, 181; e o modelo orgânico da soberania e independência russas, 169, 224; e Obama, 114-5, 117, 224-5, 293

Rússia, Ucrânia invadida pela: Acordo de Minsk (setembro de 2014), 232; campanha de artilharia (julho de 2014), 214-6; como "guerra híbrida", 235; e a "zumbificação", 323; e a China, 239; e a ciberguerra, 177, 235, 273; e a estratégia do "conflito congelado", 211, 238; e a estratégia de guerra de guerrilhas, 210; e a extrema direita europeia, 175, 182-4, 240, 253, 258; e a mídia ocidental, 200, 254-61; e a plataforma republicana nos Estados Unidos, 291; e a política da eternidade, 176-7, 182, 190, 203; e a Segunda Guerra Mundial, 192; e a União Europeia, 14, 169-70, 239; e Gírkin, 167; e imperialismo, 173-4; e o assalto à factualidade, 197-8, 200; e o gênero "viajante acidental do tempo" (gênero russo de ficção científica), 190; e o governo provisório, 188, 199; e o jornalismo investigativo, 19; e o relativismo estratégico, 238; e os Lobos Noturnos (motoqueiros russos), 172-3, 198, 222; fracasso da, 238; negativa de Trump da, 260, 286; ofensiva em Debaltseve, 232; ofensiva no aeroporto de Donetsk, 208; progresso da anexação da Crimeia, 171; Pútin e, 174-7, 198, 200, 236; respostas do Ocidente, 172, 174, 239; respostas polonesas, 245, 251; segunda campanha, 202-7; unidades russas na, 228-34; voo 17 da Malaysia Airlines, 218, 220-1, 249, 256

Ryan, Paul, 311

sadopopulismo, 332-3, 335
Saenko, Tatiana, 176
Salazar, António de Oliveira, 92
Salmond, Alex, 132
Sanders, Bernie, 281
Sater, Felix, 267-8

saúde pública, crise da (EUA), 321
Saveliev, Anton, 234
Schmitt, Carl, 25, 38, 80, 107, 114, 116, 123-4
Schröder, Gerhard, 126
Segunda Guerra da Tchetchênia (1999), 61
Segunda Guerra Mundial, 10-1, 32, 46-8, 54, 60, 88, 90-1, 94, 96, 137, 149, 179-80, 191-3, 223, 250, 327; *ver também* Holocausto
Senado (EUA), 307, 311
separatismo escocês, 132
sequência inevitabilidade-eternidade: e a desigualdade econômica, 17, 19-20, 26, 317-20; e a fábula da nação sábia, 99-100; e Ilin, 26, 29; e o capitalismo, 16-7, 26, 316; e o comunismo, 46-7; e respostas à surpresa, 20; Estados Unidos, 297, 313-4, 317-20; história como antídoto contra, 22-3, 336, 338; papel do cidadão, 314; virtudes como restauração da, 24, 338-40
Serrano, Miguel, 113
Sertgatskova, Ekaterina, 200
Sessions, Jeff, 293-4
Sibéria, 238
Sibur (empresa russa), 294
Sierakowski, Sławomir, 160
Sievers, Wolfram, 113
Sikorski, Radosław, 170, 245
Síria: guerra da, 241; refugiados sírios, 241-4, 277
Smolensk, desastre aéreo em (Rússia, 2010), 12-3, 15, 18, 248-51
socialismo, 46-7, 53-4, 150
sociedade civil, 34, 158-60, 190
Solnechnyi udar [Insolação] (filme), 79

spasitelnii ("redentor"), 37; *ver também* líder como "redentor"

Spencer, Richard, 128-9, 132, 182-3, 254, 257

Spicer, Sean, 328

spirit cooking, 301, 303

Spoerri, Theophil, 32

Sputnik (agência russa de propaganda), 243, 264, 302

Stálin, Ióssif, 11, 45-7, 53-4, 91, 109, 147, 149, 173, 179-80, 182, 184, 191-3, 223; e Ilin, 45-6; e o esquizofascismo, 180; sobre a Segunda Guerra Mundial, 46-7, 53; terror sob, 11-2, 46, 53, 109; *ver também* União Soviética, vitória na Segunda Guerra Mundial

stalinismo, 13, 43, 45, 47, 75, 78, 222-3, 225, 231

Stelmakh, Natália, 160

Stierlitz, Max, 60

Strache, Heinz-Christian, 100, 254

Suécia, 184

Suíça, 28, 31-2, 45

Sul dos Estados Unidos, 329

Suprema Corte (EUA), 308-9, 311

supressão da história: e a campanha antigay, 164-5; e a campanha de Trump, 15; e a fábula da nação sábia, 99, 127; e a narrativa da inocência russa, 191; e o colapso da União Soviética, 76; e o eurasianismo, 114; *ver também* história; momentos eternos; política da eternidade; política da inevitabilidade

Surenko, Ivan, 159

Surkov, Vladislav, 29, 61-5, 70, 169-70, 173, 194-6, 198, 203-4, 219, 234, 252, 287-8, 326

"suscetibilidades", 258, 277

Svoboda (partido ucraniano), 187, 189

tártaros, 80, 142

Tchecoslováquia, 54-5, 90, 148, 181

Tcheká (antigo serviço secreto russo), 45, 74, 76, 108, 270

Tchernóbil, desastre nuclear de (1986), 150

Tchetchênia, 61, 64, 66, 68, 167, 228-9

tecnologia, 16, 18, 26, 44, 61, 238, 270-2, 287, 294

Teleguina, Natália, 216

televisão, 15, 29, 57, 60, 62, 69, 73, 79, 84, 116, 127, 133-4, 163, 168, 179, 185-6, 189, 192, 196-7, 207, 209, 211, 216-7, 219-20, 222, 227-8, 234-5, 242-4, 256-8, 265, 269, 298-9, 314

terra negra ucraniana, 147-8

terrorismo, 61-2, 64, 101, 131, 184, 202, 242, 252, 277, 286, 305, 321, 331, 335

Tikhonov, Viacheslav, 60

Timchenko, Guenadi, 294

Tokhtakhounov, Alimzhan, 129-30

Torchin, Aleksandr, 306

totalitarismo, 23, 25, 42, 49, 115, 246-7, 282-3

Trótski, Liev, 79

Trump, Donald: como ficção, 264, 269-70, 283, 297, 324-5; conexões financeiras russas, 21-2, 129, 264-5, 267, 269, 316; conta no Twitter, 281; e a dúvida sobre país de nascimento de Barack Obama, 15, 269, 303, 328; e a invasão russa da Ucrânia, 260, 286; gravação sobre agressão sexual, 281, 312; orientação da política externa, 295; político sem pudor, 283; Pútin e, 130, 319; reações norte-americanas a, 20

Trump, Donald, campanha de, 15, 130; "America First" (slogan), 327-9; e a crise de saúde pública nos EUA, 321; e a desigualdade econômica, 317, 326; e a exportação russa da política da eternidade, 333, 336; e a mídia norte-americana, 298; e a oligarquia, 309; e a Polônia, 251; e a sequência inevitabilidade-eternidade, 297; e as fraquezas da democracia, 308; e declaração de renda, 268; e epidemia de opioides, 323-4; e Manafort, 261, 284, 286, 289-90; e *O Aprendiz* (programa de TV), 269; e o assalto à factualidade, 287, 326; e o Ocidente como inimigo da Rússia, 272; e o Partido Republicano, 291, 311-3, 335; e o voto popular, 334; interações russas com, 284; investigações do FBI, 291, 296; receptividade ao papel russo na, 263; reunião na Trump Tower (junho de 2016), 289, 316

Trump, Donald, governo de: e a desigualdade econômica, 330-1; e o fascismo, 334; e o sadopopulismo, 332-5; racismo de, 327-30, 332

Trump Jr., Donald, 130, 267, 281, 289, 306, 316

Trump Tower (Nova York), 129-30, 152, 265-7, 288-91, 296, 316

Trundaiev, Ievguêni, 231

Tucídides, 19, 21-2

Tumanov, Anton, 229

Turchenkova, Maria, 208

Tusk, Donald, 245, 248-50

Twitter, 132-4, 264, 268, 276-82, 289, 292, 299-301, 303

Ucrânia: apoio norte-americano a Yanukóvytch, 156-7; bilinguismo na, 158-9; blecautes na, 236; desastre de Tchernóbil (1986), 150; e a campanha antigay, 163-4, 169; e a fábula na nação sábia, 147; e a Rússia como civilização, 35, 79-80, 82; e a União Soviética, 147-9; e o eurasianismo, 114-5, 118, 122, 125, 136; e o Primeiro Plano Quinquenal (1928-33), 53, 148; e oligarquia, 151; extrema direita na, 187, 189; história da, 139-47; liderança de Yanukóvytch, 81; Memorando de Budapeste (1994), 175; princípio de sucessão na, 151; terra negra ucraniana, 147-8; *ver também* Maidan, protestos na praça (Ucrânia, 2013); Rússia, Ucrânia invadida pela

Ucrânia, participação na União Europeia: acordo de associação na, 94, 117, 125, 136, 139, 152, 159, 189; e o eurasianismo, 125; propostas de filiação e, 64, 101, 126, 152-3

UKIP (Partido da Independência do Reino Unido), 100, 127

União Alfandegária Eurasiana, 104

União Democrata Cristã (partido alemão), 241

União Europeia, 98; e a extrema direita polonesa, 252; e a fábula da nação sábia, 97, 99-100; e a invasão russa da Ucrânia, 14, 169-70, 239; e imperialismos, 14, 87, 92, 94, 97,

99, 135; e o fracasso democrático russo, 106; e o Ocidente como inimigo da Rússia, 72; e o primado da lei, 97, 103, 105; filiação dos países do leste à, 10, 21, 62, 64, 94, 101, 126; força da, 96-7; origens da, 93; *ver também* Rússia, assalto à União Europeia pela; Ucrânia, participação na União Europeia

União Soviética: colapso da (1991), 16, 27, 59, 76, 266; e a política da inevitabilidade, 16, 52-4; e a Ucrânia, 147-9; e o hegelianismo, 43; e o Leste Europeu, 55-6, 91; Ilin sobre, 77; invasão nazista da, 32, 96, 148, 191-2, 223, 226; Pacto Mólotov-Ribbentrop (1939), 11, 54, 91, 191; Primeiro Plano Quinquenal (1928-33), 53, 148; repúblicas soviéticas, 56, 94, 148

União Soviética, vitória na Segunda Guerra Mundial, 203; Brêjniev sobre, 54; e a invasão russa da Ucrânia, 191, 223, 226, 246; e o fascismo, 179; Stálin sobre, 46-7, 53

Usovsky, Alyaksandr, 184

utopia, 16, 45, 54, 150

Vanden Heuvel, Katrina, 257

Vekselberg, Viktor, 294

verdade, 339-40

Vesselnitskaia, Natália, 289

Vesti Nedeli (programa de TV), 164, 198, 264

"viajante acidental do tempo" (gênero russo de ficção científica), 190-1

Vichinski, Andrei, 46

vício em drogas, 324-5

Viena, 9, 12, 14, 146, 184

virtudes políticas, 24, 29, 262

Volin, Aleksei, 196, 217

Volínia, 147

Volodímir/Valdemar (chefe guerreiro medieval), 84-5, 108, 116, 138-40, 176, 203

voo 17 da Malaysia Airlines (MH17), 218-22, 227, 229, 239, 249, 256, 257

Vostok, Batalhão de, 208

votação *ver* eleições

Washington, DC, 157, 181, 273, 331

Weber, Max, 70-1

WikiLeaks, 281, 302

Yanukóvytch, Viktor: apoio dos Estados Unidos a, 156-7; e a invasão russa, 168, 170-1; e Manafort, 81-2, 151-2, 170, 285-6; e o acordo de associação com a União Europeia, 136, 152-3, 165; e os protestos da Maidan, 155, 157, 165-6; e propostas de filiação à União Europeia, 151; fuga de, 170, 188; pagamento da Rússia para, 166; Prokhanov sobre, 118

Yates, Sally, 293, 296

Yermolenko, Volodymyr, 159, 161

YouTube, 243, 276

Zaldostanov, Alexander, 173, 222-6

Zeman, Miloš, 126

Zhadan, Serhiy, 178

ESTA OBRA FOI COMPOSTA POR ACOMTE EM MINION E IMPRESSA PELA
RR DONNELLEY EM OFSETE SOBRE PAPEL PÓLEN SOFT DA SUZANO PAPEL E CELULOSE
PARA A EDITORA SCHWARCZ EM ABRIL DE 2019

A marca FSC® é a garantia de que a madeira utilizada na fabricação do papel deste livro provém de florestas que foram gerenciadas de maneira ambientalmente correta, socialmente justa e economicamente viável, além de outras fontes de origem controlada.